ÖNSÖZ

Bu kitap, diğer konuşma kılavuzlarına kıyasla, çok daha fazla dilbilgisi ve oldukça geniş kapsamlı bir sözlük içererek, İngilizce konuşan kişilerle iletişim kurmanıza olduğu kadar, İngilizce bilginizi geliştirmenize de yardımcı olmayı amaçlamaktadır.

Konuşma kılavuzu bölümünde verilen çeşitli deyişlerden, **Dilbilgisi** bölümündeki açıklamalarla ilgili örnekler olarak da yararlanabileceğiniz gibi, **Konuşma kılavuzu**nda kullanılan bir tümcenin yapısını daha iyi anlayabilmek için **Dilbilgisi** bölümünü de inceleyebilirsiniz.

Kitabınızdan etkin bir başvuru kaynağı olarak yararlanabilmenizi çabuklaştırmak amacıyla, sayfaların dış taraflarında her konu için ayrı bir renk kullanılmıştır.

Önce, **Söyleniş** (Pronunciation) ile ilgili bölümü incelemeyi unutmayınız.

Başarılar.

Yazar hakkında:

Boğaziçi Üniversitesini 1984'de bitiren yazar, M.E.B.'na bağlı okullarda İngilizce öğretmeni olarak çalıştı. Halen, yabancı dil öğrenimiyle ilgili yazarlık ve yayıncılık yapmakta olan **B. Orhan Doğan**'ın ayrıca yayımlanmış olan **Fast & Easy English İngilizce Öğrenim Seti , Rusça Kasetli Öğrenim Seti , Rusça - Türkçe / Türkçe - Rusça Konuşma Kılavuzu - Dilbilgisi , Hızlı-Kolay Rusça Kasetli Öğrenim Seti , Modern Turkish , 80 Derste / 80 Günde İngilizce Kasetli Öğrenim Sistemi** ve **Teach Yourself English Kasetli Öğrenim Sistemi** adlı eserleri bulunmaktadır.

4

İÇİNDEKİLER CONTENTS

İNGİLİZ ALFABESİ
THE ENGLISH ALPHABET

A	a	ey	N	n	en
B	b	bi:	O	o	ou
C	c	si:	P	p	pi:
D	d	di:	Q	q	kyû
E	e	i:	R	r	a:(r)
F	f	ef	S	s	es
G	g	ci:	T	t	ti:
H	h	eyç	U	u	yu:
I	i	ay	V	v	vi:
J	j	jey	W	w	dabl yu:
K	k	key	X	x	eks
L	l	el	Y	y	vay
M	m	em	Z	z	zed , zi: *

*zed : İngiliz ingilizcesi
 zi : Amerikan ingilizcesi

SÖYLENİŞ (TELÂFFUZ)
PRONUNCIATION

İngilizce fonetik bir dil olmadığı için aynı harf her zaman aynı sesi vermez. Bu nedenle kitabınızda, söylenişler, örneğin bir **a** harfi için, **a, e, ı** veya **æ**(a-e arası), bir **g** harfi için **g** veya **c** ya da bir **y** harfi için **y, i** veya **ğ** olarak karşınıza çıkabilir. Bu farklı söylenişleri, karşılaştıkça inceleyiniz.

Söylenişle ilgili bazı ipuçları :

C : İnce ünlülerin (**e, i, y**) önünde **s** sesi, kalın ünlülerin (**a, o, u**) önünde **k** sesi verir.

G : Genellikle, ince ünlülerin önünde **c**, kalın ünlülerin önünde **g**, son harf olarak kullanıldığında ise **ğ** verir.

SH : **Ş** sesi verir.

OO : Genellikle uzunca bir **u** sesi verir.

UR : Genellikle **ö** sesi verir

EE : Genellikle uzunca bir **i** sesi verir.

Söylenişlerde Kullandığımız Simgeler

(**r**): **r** harfini vurgulamadan okumanız gerektiğini belirtir.

: : Uzatma simgesidir. Bu simgeden önce gelen harfi daha uzun okumanız gerektiğini belirtir.

ou: Ardından vurgulanmayan bir u sesinin geldiği uzunca bir **o** sesi belirtir.

w : İngiliz alfabesinin bu harfi değiştirilmeden alınmıştır. Yaklaşık olarak **uv** gibi bir ses verir. (Dudaklar öne doğru uzatılarak çıkarılan bir **v** sesi)

æ : a – e arası yayık bir ses belirtir.

th : Dilin ucu, dişlerin arasında olacak şekilde çıkartılan peltek bir **s** sesine benzer bir ses belirtir.

dh: Dilin ucu, dişlerin arasında olacak şekilde çıkartılan peltek bir **z** sesine benzer bir ses belirtir.

KONUŞMA KILAVUZU

TEMEL KONULAR
ESSENTIALS

Bazı Yararlı Deyişler
Some Useful Statements

- **Evet**.
  Yes.
  yes

- **Hayır**.
  No.
  no

- **Lütfen**.
  Please.
  pli:z

- **Teşekkür ederim**.
  Thank you.
  thænğk yu:

- **Hoş geldiniz**.
  Welcome.
  welkım

- **Burada**.
  Here it is.
  hiı(r) it iz

- **Buradalar**.
  Here they are.
  hiı(r) dhey a:(r)

- **Orada**.
  There it is.
  dheı(r) it iz

- **Oradalar**.
  There they are.
  dheı(r) dhey a:(r)

- **... vardır**.
  There is / are ... (*)
  dheı(r) iz / a:(r) ...

- **... var mı?**
  Is / Are there ...?
  iz / a:(r) dheı(r) ...

....
(*) Tekiller için   :   is / isn't ,
    Çoğullar için   :   are / aren't   kullanmalısınız.
....

- **... yoktur.**
  There isn't / aren't ...
  dheı(r) ıznt / a:(r)nt ...

- **Hiç yoktur.**
  There isn't/aren't any.
  dheı(r) ıznt / a:(r)nt eni

- **Biliyorum.**
  I know.
  ay nou

- **Bilmiyorum.**
  I don't know.
  ay dont nou

- **Öyle sanıyorum.**
  I think so.
  ay thingk sou

- **Acelem var.**
  I'm in a hurry.
  aym in e hari

- **Beni rahat bırakın.**
  Leave me alone.
  li:v mi: ılo:n

- **Bir dakika lütfen.**
  Just a minute, please.
  cast e minit, pli:z

- **Bu taraftan, lütfen.**
  This way, please.
  dhis wey, pli:z

- **İçeri gelin.**
  Come in.
  kam in

Sorular Questions

- **Ne?**
  What?
  wat

- **O ne(dir)?**
  What is that?
  wat iz dhæt

- **Kim?**
  Who?
  hu:

- **O kim(dir)?**
  Who is that?
  hu: iz dhæt

- **Nasıl?**
  How?
  hau

- **Nerede?**
  Where?
  weı(r)

- **Ne kadar?**
  How much?
  hau maç

- **Kaç tane?**
  How many?
  hau meni

- **Ne zaman?**
  When?
  wen

- **Niçin?, Neden?**
  Why?
  way

- **Hangi?**
  Which?
  wiç

- **Ne kadar uzaklıkta?**
  How far?
  hau fa:(r)

- **Ne kadar zaman(dır)?**
  How long?
  hau lonğ

- **..... alabilir miyim?**
  May I have .....
  mey ay hæv

- **Oraya nasıl gidebilirim?**
  How can I get there?
  hau kæn ay get dheı(r)

- **Ne yapmam gerek?**
  What must I do?
  wat mast ay du

- **Nerede .... bulabilirim?**
  Where can I find ....?
  weı(r) kæn ay faynd ...

- **Nerede .... alabilirim?**
  Where can I get ....?
  weı(r) kæn ay get ....

- **Nasılsınız?**
  How are you?
  hau a:(r) yu:

- **Sorun nedir?**
  What's the matter?
  wats dhı mætı(r)

- **Ne istiyorsun(uz)?**
  What would you like?/ What do you want? (*)
  wat wud yu: layk / wat du yu: want

- **(Sizde) ..... var mı?**
  Do you have .....? / Have you got .....?
  du yu: hæv / hæv yu: got

- **Bana yardım edebilir misiniz?**
  Can you help me?
  kæn yu: help mi:

....

(*)What would you like? daha kibar bir anlatım tarzıdır.

....

- **Size yardım edebilir miyim?**
  Can I help you?
  kæn ay help yu:

- **Bana .... söyleyebilir misiniz?**
  Can you tell me ...?
  kæn yu: tel mi:

- **Bana ..... gösterebilir misiniz?**
  Can you show me ....?
  kæn yu: şow mi:

Selâmlaşmalar - Karşılaşmalar
Greetings

- **Merhaba.**
  Hello / Hi.
  helou / hay

- **İyi günler.**
  Good day / Good afternoon.
  gud dey / gud a:ftınu:n

- **İyi geceler.**
  Good night.
  gud nayt

- **Tebrikler.**
  Congratulations.
  kongræculeyşıns

- **İyi şanslar.**
  Good luck! / All the best.
  gud lak / o:l dhı best

- **İyi dileklerimle.**
  Best wishes.
  best wişiz

- **Günaydın.**
  Good morning.
  gud mo:ninğ

- **İyi akşamlar.**
  Good evening.
  gud i:vninğ

- **Hoş geldiniz.**
  Welcome.
  welkım

- **İyi tatiller.**
  Have a good holiday.
  hæv e gud holidey

- **İyi yolculuklar.**
  Have a good journey.
  hæv e gud cö:(r)ni

- **İyi yıllar.**
  Happy new year!
  hæpi nyu: yiı(r)

- **Mutlu yıllar.**
  Happy birthday.
  hæpi bö:th'dey

- **Nasılsınız?**
  How are you?
  hau a:(r) yu:

- **İyi,Teşekkürler. Ya siz?**
  Fine, thanks. And you?
  fayn, thæŋks. en(d) yu:

- **Eşiniz(Karınız) nasıl?**
  How is your wife?
  hau iz yo:(r) wayf

- **"Oğlunuz/Kızınız" nasıl?**
  How is your "son/daughter"?
  hau iz yo:(r) san/do:tı(r)

- **Eşiniz(Kocanız) nasıl?**
  How is your husband?
  hau iz yo:(r) hazbınd

- **"Sonra/Yarın" görüşürüz.**
  See you "later / tomorrow".
  si: yu: leytı(r) / tımorou

- **....'ya selâmlar.**
  My regards to .....
  may riga:ds tu ....

- **Allahaısmarladık / Hoşça kalın / Güle güle.**
  Goodbye.
  gudbay

Kibar Deyişler   Polite Phrases

- **Afedersiniz.**
  Excuse me.
  eks'kyu:z mi:

- **Özür dilerim.**
  Sorry.
  sori

- **(Çok) Teşekkür ederim.**
  Thank you (very much)
  thæŋk yu: (veri maç)

- **Bir şey değil.**
  That's all right. / You're welcome. / Don't mention it.
  dhæts o:l rayt / yo:(r) welkım / dont menşın it

- **Her şey yolunda mı?**
  Everything all right?
  evrithiŋ o:l rayt

- **Pardon**. / **Afedersiniz**. / **Efendim** ? **(Duyamadım!)**
  I beg your pardon.
  ay beg yo:(r) pa:dın

- **Sizi rahatsız ediyor muyum?**
  Am I disturbing you?
  em ay distö:bing yu:

- **Yardımınız için teşekkür ederim.**
  Thank you for your help.
  thæñğk yu: fo(r) yo:(r) help

Dil Sorunları   Language Problems

- **İngilizce biliyor musunuz?**
  Do you speak English?
  du yu: spi:k ingliş

- **Burada birisi İngilizce biliyor mu?**
  Does anybody here speak English?
  daz enibadi hiı(r) spi:k ingliş

- **İngilizce bilmiyorum.**
  I don't speak English.
  ay dont spi:k ingliş

- **Anlıyor musunuz?**
  Do you understand?
  du yu: andıstænd

- **Anlıyorum.**
  I understand.
  ay andıstænd

- **Anlamıyorum.**
  I don't understand.
  ay dont andıstænd

- **Lütfen (daha) yavaş konuşun.**
  Please speak (more) slowly.
  pli:z spi:k mo:(r) slowli

- **Daha yavaş konuşursanız, anlayabilirim.**
  I can understand if you speak more slowly.
  ay kæn andıstænd, if yu: spi:k mo:(r) slowli

- **Tekrar söyler misiniz lütfen?**
  Would you say that again, please?
  wud yu: sey dhæt ıgen pli:z

- **Heceler misiniz, lütfen?**
  Could you spell it?
  kud yu: spel it

- **Lütfen onu yazar mısınız?**
  Please would you write it down?
  pli:z wud yu: rayt it daun

- **O, İngilizcede ne anlama gelir?**
  What does that mean in English?
  wat daz dhæt mi:n in ingliş

- **İngilizcede buna ne denir?**
  What do you call this in English?
  wat du yu: ko:l dhis in ingliş

- **İngilizcede o nasıl söylenir?**
  How do you say that in English?
  hau du yu: sey dhæt in ingliş

- **Bakayım onu kitapta bulabilir miyim.**
  I'll see if I can find it in the book.
  ayl si: if ay kæn faynd it in dhı buk

- **"Sözcüğü / Deyimi / Tümceyi" kitapta gösterir misiniz, lütfen?**
  Could you point to the "word / phrase / sentence" in the book?
  kud yu: poynt tu dhı "wö(r)d/freyz/sentıns" in dhı buk pli:z

- **Bunu bana tercüme edebilir misiniz?**
  Can you translate this for me?
  kæn yu: transleyt dhis fo(r) mi:

Bir şey isteme   Wanting

- **.... istiyorum / rica ediyorum.**
  I'd like .....
  ay'd layk ...

- **Lütfen bana ..... "veriniz / getiriniz / gösteriniz".**
  Please "give / bring / show" me ....
  pli:z 'giv / bring / şow mi: ...

- **Yorgunum.**
  I'm tired.
  aym tayıd

- **Acıktım.**
  I'm hungry.
  aym hanğgri

- **Susadım.**
  I'm thirsty.
  aym thö:sti

- **.... arıyorum.**
  I'm looking for ....
  aym lu:king fo(r) ....

- **Kayboldum.**
  I'm lost.
  aym lost

- **Önemlidir.**
  It's important.
  its impo:tınt

- **Aceledir.**
  It's urgent.
  its ö:cınt

Tanışma   Introductions

- **Benim adım .....**
  My name is ......
  may neym iz ....

- **Adınız ne(dir)?**
  What's your name?
  wats yo:(r) neym

- **(Size) .... i tanıştırabilir miyim?**
  May I introduce ..... ?
  mey ay intrıdyus ....

- **Mary, bu ...** • **Bu benim "karım / kocam / eşim".**
  Mary, this is ... This is my "wife / husband / partner".
  mæri, dhis iz ... dhis iz may "wayf / hazbınd / pa:tnı(r)"

- **Bu benim "kız / erkek" arkadaşım.**
  This is my "girlfriend / boyfriend".
  dhis iz may "gö:lfrend / boyfrend"

- **Tanıştığımıza sevindim (Memnun oldum).**
  Nice to meet you. / How do you do?
  nays tu mi:t yu: / hau du yu: du

Kendiniz ve aileniz hakkında konuşma
Talking about yourself and your family

- **Milliyetiniz nedir?** • **Ben Türküm.**
  What nationality are you? I'm Turkish.
  wat næşınaliti a:(r) yu: aym tö:kiş

- **Ben .... (y)ım/im/um/üm.**
  I'm ......
  aym ...

Alman	German	cö:mın
Amerikalı	American	ımerikın
Fransız	French	frenç
İngiliz	English	ingliş
İspanyol	Spanish	spæniş
İtalyan	Italian	itælyın
Kanadalı	Canadian	kıneydiın
Rus	Russian	raşın
Türk	Turkish	tö:kiş
Yunanlı	Greek	gri:k

- **"O (erkek) / O (kadın)" Amerikalı.**
  "He / She" is American
  "hi: / şi:" iz ımerikın

- **Nerelisiniz?**
  Where do you come from?/ Where are you from?
  weı(r) du yu: kam from / weı(r) a:(r) yu: from

- **İsviçreliyim.**
  I come from Switzerland. / I'm from Switzerland.
  ay kam from switzılınd / aym from switzılınd

- **"O** (erkek) **/ O** (kadın)**" nereli?**
  Where does "he / she" come from?
  weı(r) daz "hi: / şi:" kam from

- **"O** (erkek) **/ O** (kadın)**" İskoçyalı.**
  "He / She" comes from Scotland.
  "hi: / şi:" kamz from skotlınd

- **Ne kadar zamandır buradasınız?**
  How long have you been here?
  hau lonğ hæv yu: bi:n hiı(r)

- **..... gündür/ ..... haftadır buradayım.**
  I've been here for ...days / weeks.
  ayv bi:n hiı(r) fo(r) ..... deyz / wi:ks

- **Yalnız mısınız?**
  Are you on your own?
  a:(r) yu: on yo:(r) oun

- **... ile birlikteyim.**   I'm with ...   aym with ...

Ailem	my family	may fæmili
Arkadaşım	my friend	may frend
Çocuklarım	my children	may çildrın
Karım	my wife	may wayf
Kocam	my husband	may hazbınd
Eşim	my partner	may pa:tnı(r)
Kızım	my daughter	may do:tı(r)
Oğlum	my son	may san

- **Bekar mısınız? / Evli misiniz?**
  Are you "single / married"?
  a:(r) yu: "sinğgıl / mæri:d"

- **Bekarım / Evliyim**
  I'm single / married
  aym sinğgıl / mæri:d

- **Hiç çocuğunuz var mı?**
  Do you have any children?
  du yu: hæv eni çildrın

- **Üç çocuğum var.**
  I have three children.
  ay hæv thri: çildrın

- **Bir (tane)oğlum var.**
  I have one son.
  ay hæv wan san

- **İki kızım var.**
  I have two daughters.
  ay hæv tu: do:tı(r)s

- **"Oğlunuz / Kızınız" kaç yaşında?**
  How old is your "son / daughter"?
  hau ould iz yo:(r) "san / do:tı(r)"

- **"Oğlum / Kızım" üç yaşında.**
  My "son / daughter" is three years old.
  may "san / do:tı(r)" iz thri: yıı(r)z ould

- **Erkek kardeşiniz ya da kız kardeşiniz var mı?**
  Do you have any brothers or sisters?
  du yu: hæv eni bradhı(r)s o(r) sistı(r)s

- **İki "erkek kardeşim / kız kardeşim" var.**
  I have two "brothers / sisters".
  ay hæv tu: "bradhı(r)s / sistı(r)s"

- **Nerede kalıyorsunuz?**
  Where are you staying?
  weı(r) a:(r) yu: steyinğ

- **Tatilde misiniz?**
  Are you on holiday?
  a:(r) yu: on holidey

- **Bir otelde kalıyorum.**
  I'm staying in a hotel.
  aym steyinğ in e houtel

- **Tatildeyim.**
  I'm on holiday.
  aym on holidey

- **Burada bir iş gezisindeyim.**
  I'm here on a business trip.
  aym hiı(r) on e biznis trip

- **Bu ilk gelişiniz mi?**
  Is this your first visit?
  iz dhis yo:(r) fö:st vizit

- **Bu ilk gelişim.**
  This is my first visit.
  dhis iz may fö:st vizit

- **Bu buraya "ikinci / üçüncü" gelişim.**
  This is the "second / third" time I've been here.
  dhis iz dhı "sekınd / thö(r)d" taym ayv bi:n hiı(r)

- **Nerede yaşıyorsunuz?**
  Where do you live?
  weı(r) du yu: liv

- **İstanbul'da yaşıyorum.**
  I live in Istanbul.
  ay liv in istanbul

- **Hobileriniz nelerdir?**
  What are your hobbies?
  wat a:(r) yo:(r) hobiiz

- **Hobilerim "müzik/spor/sinema" ....**
  My hobbies are "music / sports / cinema" ...
  may hobiiz a:(r) "myu:zik / spo(r)ts / sinimı" ...

- **...... den/dan hoşlanır mısınız?**
  Do you like .....?
  du yu: layk .....

- **.....den/dan hoşlanırım.** I like........ ay layk ...

Dans etme	dancing	dænsinğ
Okuma	reading	ri:dinğ
Yüzme	swimming	swiminğ
Yolculuk etme	travelling	trævlinğ

Meslekler Jobs

- **Mesleğiniz nedir?**
  What's your job?
  wat's yo:(r) cob

- **Ben bir "öğretmenim / öğrenciyim".**
  I'm a "teacher / student".
  aym e "ti:çı(r) / st(y)u:dınt"

- **Ben bir "iş adamıyım / iş kadınıyım / memurum".**
  I'm a "businessman / businesswoman / civil servant".
  aym e "biznismın / bizniswumın / sivil sö:vınt"

- **"Onun** (erkek) **/ Onun** (kadın)" **mesleği nedir?**
  What is "his / her" job?
  wat iz "hiz / hö:(r)" cob

- **"O** (erkek) **/ O** (kadın)" **bir gazeteci.**
  "He / She" is a journalist.
  "hi: / şi:" iz e cö:nılist

aktör	actor	æktı(r)
aktris	actress	æktris
arkeolog	archaeologist	a:kiolocist
asker	soldier	soulcı(r)
aşçı	cook	kuk
avukat	lawyer	lo:yı(r)
bahçıvan	gardener	ga:dını(r)
bakkal	grocer	grousı(r)
balıkçı	fisherman	fişı(r)mın
balık satıcısı	fishmonger	fişmanğgı(r)
banka memuru	bank official	bænğk ofişıl
barmen	barman	ba:mın
berber	barber	ba:bı(r)
bilim adamı	scientist	sayntist
camcı	glazier	gleyzıı(r)
cerrah	surgeon	sö:cın
çevirmen	translator	transleytı(r)
çiçekçi	florist	flo:rist

çiftçi	farmer	fa:mı(r)
çilingir	locksmith	loksmith
dansçı	dancer	da:nsı(r)
dekoratör	decorator	dekıreytı(r)
denizci	sailor	seylı(r)
diş hekimi	dentist	dentist
doktor	doctor	doktı(r)
eczacı	chemist	kemist
ekonomist	economist	iko:nımist
elektrikçi	electrician	ilektrişın
emekli	retired	ritayı(r)d
emlâkçı	real estate agent	riıl isteyt eycınt
ev hanımı	housewife	hauswayf
futbolcu	footballer	futbolı(r)
fırıncı	baker	beykı(r)
fotoğrafçı	photographer	fıtogrıfı(r)
garson (bayan)	waitress	weytris
garson (erkek)	waiter	weytı(r)
gazete bayii	newsagent	nyu:zeycınt
gazeteci	journalist	cö:nilist
grafiker	graphic designer	græfik dizaynı(r)
gümrük görevlisi	customs officer	kastıms ofisı(r)
hakem	referee	refırii
hakim	judge	cac
hamal	porter	po:tı(r)
hemşire	nurse	nö:s
heykeltıraş	sculptor	skalptı(r)
hizmetçi	servant	sö:vınt
hostes	hostess	houstis
iş adamı	businessman	biznismın
iş kadını	businesswoman	bizniswumın
işçi	worker	wö:kı(r)
itfaiyeci	fireman	fayımın
jokey	jockey	coki
kameraman	cameraman	kæmırımæn
kapıcı	doorkeeper	do:ki:pı(r)
kaptan	captain	kæptın
kasap	butcher	buçı(r)
kasiyer	cashier	kæşii(r)
kuaför	hairdresser	heı(r)dresı(r)
kuyumcu	jeweller	cu:ılı(r)
kütüphane görevlisi	librarian	laybreriin

madenci	miner	maynı(r)
manav	greengrocer	gri:n grousı(r)
manken	model	modıl
marangoz	carpenter	ka:pıntı(r)
matbaacı	printer	printı(r)
memur	civil servant	sivil sö:vınt
mimar	architect	a:kitekt
mobilyacı	furniture-maker	fö:niçı(r) meykı(r)
modacı	fashion designer	fæşın di'zaynı(r)
muhabir	reporter	ripo:tı(r)
muhasebeci	accountant	ıkauntınt
müfettiş	inspector	inspektı(r)
mühendis	engineer	enciniı(r)
müzisyen	musician	myu:zişın
noter	notary	noutıri
öğretmen	teacher	ti:çı(r)
papaz	priest	pri:st
pilot	pilot	paylıt
polis (erkek)	policeman	pılismın
polis (kadın)	policewoman	pıliswumın
politikacı	politician	politişın
postacı	postman	poustmın
programcı	programmer	prougræmı(r)
psikolog	psychologist	saykolıcist
rehber	guide	gayd
reklamcı	advertiser	ædvitayzı(r)
resepsiyon görevlisi	receptionist	risepşınist
ressam	artist, painter	a:tist, peyntı(r)
saatçi	watchmaker	woçmeykı(r)
saat tamircisi	watch repairer	woç ripeırı(r)
sanatçı	artist	a:tist
sanayici	industrialist	indastrıılist
savcı	prosecutor	prosikyu:tı(r)
sekreter	secretary	sekrıtıri
sendikacı	trade unionist	treyd yu:nıinist
sigortacı	insurer	inşu:rı(r)
spiker	announcer	ınaunsı(r)
sporcu (bayan)	sportswoman	spo:tswumın
sporcu (erkek)	sportsman	spo:tsmın
su tesisatçısı	plumber	plamı(r)
subay, memur	officer	ofisı(r)
şair	poet	pouit

şarkıcı	singer	singı(r)
şoför	driver	drayvı(r)
tamirci	mechanic	mıkænik
teknisyen	technician	teknişın
terzi	tailor	teylı(r)
tezgâhtar	shop assistant	şop ısistınt
tüccar	merchant	mö:çınt
veteriner	veterinarian	vetırıneırin
veznedar	treasurer	trejırı(r)
yayımcı	publisher	pablişı(r)
yazar	author , writer	o:tı(r) , raytı(r)

Hava   The weather

●**Ne "güzel / berbat" hava!**
What "lovely / awful" weather!
wat "lavli / o:fıl" wedhı(r)

●**Bugün "sıcak / soğuk", değil mi?**
It's "hot / cold" today, isn't it?
its "hot / kould" tıdey , iznt it

●**Her zaman bu kadar sıcak olur mu?**
Is it usually as warm as this?
iz it yu:juıli æz wo:m æz dhis

●**Hava raporu nasıl?**
What's the weather forecast?
wats dhı wedhı(r) fo:ka:st

●**"Yağmur / Kar" yağacağını düşünüyor musunuz?**
Do you think it's going to "rain / snow" ?
du yu: thinğk its goyntı "reyn / snou"

●**Yarın güneşli olur mu ?**
Will it be sunny tomorrow?
wil it bi: sani tımorou

• **Sanırım yarın güzel bir gün olacak.**
I think it's going to be a nice day tomorrow.
ay thinğk its goyntı bi: e nays dey tımorou

ay	moon	mu:n
bulut	cloud	klaud
buz	ice	ays
don	frost	frost
fırtına	thunderstorm	thandı(r)sto:m
gök	sky	skay
gök gürültüsü	thunder	thandı(r)
güneş	sun	san
kar	snow	snou
rüzgâr	wind	wind
sis	fog	fog
şimşek	lightning	laytninğ
yağmur	rain	reyn
yıldız	star	sta:(r)

Acil durum - Kayıp
Emergency – Lost

• **İmdat !**
Help !
help

• **Dikkat !**
Look out !
lu:k aut

• **Tehlike !**
Danger !
deyncı(r)

• **Polis çağırın !**
Call the police !
ko:l dhı pılis

• **Yangın !**
Fire !
fay(r)

• **Zehir!**
Poison!
poyzın

• **Doktor çağırın !**
Get a doctor !
get e doktı(r)

• **Hastayım!**
I'm ill!
aym iıl

• **Gaz !**
Gas !
gæs

• **Hırsızı durdurun !**
Stop thief !
stop thi:f

• **Çabuk yardım getirin !**
Get help quickly !
get help kwikli

• **Şu "adamı / kadını" durdurun!**
Stop that "man / woman"!
stop dhæt "mæn / wumın"

• **Beni rahat bırakın!**
Leave me alone!
li:v mi: ılo:n

• **Kayboldum.**
I'm lost.
aym lost

• **Büyükelçilik**
Embassy
embısi

• **Konsolosluk**
Consulate
konsulıt

• **"Polis karakolu / Kayıp eşya bürosu" neededir?**
Where's the "police station / lost property office"?
weı(r) iz dhı "pılis steyşın / lost pro:pıti ofis"

• **Bir hırsızlığı bildirmek istiyorum.**
I want to report a theft.
ay want tu ripo:t e theft

• **"Param / Cüzdanım / El çantam" çalındı.**
"My "money / wallet / handbag" has been stolen.
may "mani / wo:lit / hændbæg" hæz bi:n sto:lın

Zamanı söylemek
Telling the time

• **Saat kaç?**
What time is it?
wat taym iz it

• **Saat beş.**
It's five o'clock.
its fayv ıklok

• **Altıyı on geçiyor.**
It's ten past six.
its ten pa:st siks

• **Yediye beş var.**
It's five to seven.
its fayv tu sevın

- **Dokuz buçuk.**
  It's half past nine.
  its ha:f pa:st nayn

- **İkiye çeyrek var.**
  It's a quarter to two.
  its e kwo:tı(r) tu tu:

- **Onu çeyrek geçiyor.**
  It's a quarter past ten.
  its e kwo:tı(r) pa:st ten

Bazı Karşıtlar — Some opposites

büyük/küçük	big/small	big/smo:l
çabuk/yavaş	quick/slow	kwik/slow
sıcak/soğuk	hot/cold	hot/kould
dolu/boş	full/empty	ful/empti
kolay/zor	easy/difficult	i:zi/difikılt
ağır/hafif	heavy/light	hevi/layt
açık/kapalı	open/shut	oupın/şat
doğru/yanlış	right/wrong	rayt/ronğ
eski/yeni	old/new	ould/nyu:
ihtiyar/genç	old/young	ould/yanğ
gelecek/son	next/last	nekst/la:st
güzel/çirkin	beautiful/ugly	byu:tıfıl/agli
serbest/meşgul	free (vacant) / occupied	
	fri: (veykınt) / okyupayd	
iyi/kötü	good/bad	gud/bæd
daha iyi/daha kötü	better/worse	betı(r)/wö:s
erken/geç	early/late	ö:li/leyt
ucuz/pahalı	cheap/expensive	çi:p/ekspensiv
yakın/uzak	near/far	niı(r)/fa:(r)
burada/orada	here/there	hiı(r)/dheı(r)

Miktarlar — Quantities

biraz/çok	a little/a lot	e litıl/ e lot
az, birkaç	few/a few	fyu:/ e fyu:
çok/pek çok	much/too much	maç / tu: maç
çok,pek çok	many/too many	meni / tu: meni
yeter/daha	enough/too	inaf / tu:
biraz/hiç	some/any	sam / eni

daha çok / daha az	more / less	mo:(r) / les
... den daha çok	more than ...	mo:(r) dhæn
....den daha az	less than ...	les dhæn

Bazı yararlı sözcükler
Some useful words

altında	below / under	bilou / andı(r)
arasında	between	bitwi:n
arka(sın)da	behind	bihaynd
aşağı katta	downstairs	daunste:ız
aşağıda	down	daun
belki	perhaps	pıhæps
beri	since	sins
çok	very	veri
-da/-de	at	æt
de/da , bir de , ayrıca	too (also)	tu: (olsou)
değil	not	not
-den/-dan	from	from
dışarıda	outside	autsayd
-e doğru	towards	tıwo:dz
-e kadar	until	antil
-e/-a/-ye/-ya	to	tu
henüz	yet	yet
hiç	never	nevı(r)
hiçbir	none	nan
hiçbir şey	nothing	nathinğ
içeride	inside	insayd
için	for	fo(r)
içinde	in	in
içinden	through	thru:
ile	with	with
önce	before	bifo:(r)
sırasında, esnasında during	dyurinğ
-sız/-siz	without	widhaut
simdi	now	nau
sonra	after	a:ftı(r)
sonra	then	dhen
üstünde	above	ıbav
üstünde	on	on

ve	and	ænd
veya	or	o(r)
yakın	near	nıı(r)
yakında, çok geçmeden	soon	su:n
yalnızca, sadece	only	onli
yanında, bitişik	next to	nekst tu
yukarı katta	upstairs	apsteız
yukarıda	up	ap

Levhalar ve Uyarılar
Signs and notices

Admission free	ædmışın fri:	**Giriş serbest (bedava)**
Arrival	ırayvıl	**Varış, Geliş**
Beware of the dog	biweı(r) ov dhı dog	**Köpek var**
Bus	bas	**Otobüs**
Departure	dipa:çı(r)	**Kalkış, Gidiş, Hareket**
Cash desk	kæş desk	**Kasa**
Caution!	ko:şın	**Dikkat!**
Closed	klouzd	**Kapalı**
Cycle Path	saykıl pa:th	**Bisiklet Yolu**
Danger	deyncı(r)	**Tehlike**
Danger of death	deyncı(r) ov deth	**Ölüm tehlikesi**
Do not touch	du not taç	**Dokunmayınız**
Drinking water	drinğkinğ wo:tı(r)	**İçme suyu**
Emergency exit	imö(r)cınsi egzit	**Acil çıkışı**
Entrance	entrıns	**Giriş**
Exit	egzit	**Çıkış**
For rent, to hire	fo(r) rent , tu hayı(r)	**Kiralık**
For sale	fo(r) seyl	**Satılık**
..... forbidden	fo:bidın	**..... yasaktır**
Gentlemen, Men	centilmın , men	**Baylar**
Information	infımeyşın	**Danışma**
Ladies	leydi:z	**Bayanlar**
Lift , Elevator	lift , eliveytı(r)	**Asansör**
Lost property	lost propiti	**Kayıp eşya**
Main lines	meyn layns	**Ana hatlar** (tren vb.)
No entrance	no entrıns	**Girilmez**
No unauthorized access		**Yetkili olmayan giremez**
	no ano:thırayzd ækses	

No smoking	no smoukinğ	Sigara içilmez
No vacancy	no veykınsi	Boş yer yoktur
Not for drinking	nat fo(r) drinkinğ	İçilmez (su)
Occupied / Engaged	okyupayd / engeycd	Meşgul
One-way street	wan-wey stri:t	Tek yönlü cadde
Open from ... to...	oupın from .. tu ..	
	(Saat) ... den ... e kadar açık	
Open	oupın	Açık
Please ring	pli:z rinğ	Lütfen zili çalınız
Private	prayvıt	Özel
Pull	pul	Çekiniz
Push	puş	İtiniz
Reserved	rizö:vd	Rezerve
Sold out	sould aut	Yer yok / Hepsi satıldı
Suburban lines	sıbö:bın layns	Banliyö hatları
Underground	andı(r)graund	Metro
Vacant	veykınt	Boş
Wait!	weyt	Bekleyiniz!
Waiting room	weytinğ ru:m	Bekleme odası

Entrance for authorized personnel only
en'trıns fo(r) o:thırayzd pö:sınel onli
Yalnızca Yetkili Personel Girişi (İşi olmayan giremez)

PARA MONEY

Para Bozdurma Changing money

• **En yakın "banka / döviz bürosu" nerede(dir)?**
Where is the nearest "bank / currency exchange office / bureau de change"?
weı(r) iz dhı nii(r)ıst "bænğk / karınsi eks'çeync ofis / byurou dö'şa:nj"

• **"Dolar / Sterlin" bozdurmak istiyorum.**
I'd like to change some "dollars / pounds".
ayd layk tu çeync sam "dolı(r)s / paunds"

• **Seyahat çeki bozdurmak istiyorum.**
I'd like to change some traveller's cheques.
ayd layk tu çeync sam trævlı(r)s çeks

• **Nerede biraz "dolar / sterlin" bozdurabilirim?**
Where can I change some "dollars / pounds"?
weı(r) kæn ay çeync sam "dolı(r)s / paunds"

• **Bugünkü "dolar / sterlin" kuru nedir?**
What's the rate for the "dollar / pound" today?
wats dhı reyt fo(r) dhı "dolı(r) / paund" tıdey

• **Bunu "dolara / İngiliz Lirasına" çevirebilir misiniz?**
Can you change this into "dollars / pounds (sterling)"?
kæn yu: çeync dhis intu "dolı(r)s / paunds (stö:linğ)"

• **Ne kadar komisyon alıyorsunuz?**
What commission do you charge?
wat kımişın du yu: ça:c

• **Daha küçük kâğıt para verin lütfen.**
Please give me some smaller notes.
pli:z giv mi: sam smo:lı(r) nouts

PARA

Bankada　　　At the bank

- **Bir hesap açtırmak istiyorum**.
  I'd like to open an account.
  ayd layk tu oupın en ıkaunt

- **Hesabımda ne kadar param var?**
  How much do I have in my account?
  hau maç du ay hæv in may ıkaunt

- **Hesabıma para yatırmak istiyorum.**
  I'd like to pay some money into my account.
  ayd layk tu pey sam mani intu may ıkaunt

- **Bunu hesabıma yatırmak istiyorum.**
  I'd like to pay this into my account.
  ayd layk tu pey dhis intu may ıkaunt

- **Biraz para çekmek istiyorum.**
  I'd like to withdraw some money.
  ayd layk tu widh'dro: sam mani

- **İstanbul'dan para bekliyorum. Geldi mi (acaba)?**
  I'm expecting some money from İstanbul. Has it arrived?
  aym eks'pektinğ sam mani from istanbul. hæz it ırayvd

- **...... lık banknotlar verin lütfen.**
  Give me .... notes(bills), please.
  giv mi: ..... nouts (bils) pli:z

- **Bir kimliğiniz var mı?**
  Do you have any identification?
  du yu: hæv eni aydentifikeyşın

- **Burayı imzalayın lütfen.**
  Sign here, please.
  sayn hiı(r) pli:z

MONEY

• **Veznedara gidin, lütfen.**
Go to the cashier, please.
go tu dhı kæşiı(r) pli:z

İş Terimleri   Business terms

• **Adım .... dır.**
My name is ....
may neym iz ....

• **Buyurun, kartım.**
Here's my card.
hiı(r)z may ka:d

• **.... ile bir randevum var.**
I have an appointment with .....
ay hæv en ıpoyntmınt with ....

• **Bana yaklaşık bir maliyet verebilir misiniz?**
Can you give me an estimate of the cost?
kæn yu: giv mi: æn estimeyt ov dhı kost

ambalajlama	packing	pækinğ
arz	supply	sıplay
bedel	cost	kost
bilanço	balance	bælıns
borsa	stock exchange	stok eksçeync
çek	cheque	çek
değer	value	vælyu
ekonomi	economy	iko:nımi
emek, iş gücü	labour	leybı(r)
enflasyon	inflation	infleyşın
faiz	interest	intırıst
fatura	invoice	invoys
fiyat	price	prays
hisse senedi	share	şe:(r)
hizmetler	services	sö:visiz
ihracat(dış satım)	export	ekspo(r)t
indirim(ıskonto)	discount	diskaunt
ipotek	mortgage	mo:gic
ithalat(dış alım)	import	impo(r)t
kalite	quality	kwoliti

kâr	profit	profit
kayıp (zarar)	loss	los
kaynak	resource	riso:s
maliyet	cost	kost
mallar	goods	gu:ds
masraflar	expenses	eks'pensis
miktar	quantity	kwontiti
oran	rate	reyt
ödeme	payment	peymınt
örnek	sample	sæmpıl
pazar	market	ma:kit
satın alma	purchase	pö:çıs
satış	sale	seyl
senet	bond	bond
sermaye	capital	kæpitıl
sözleşme	contract	kontrækt
şirket	company	kampıni
talep	demand	dima:nd
tasarruf, birikim	savings	seyvings
tüketim	consumption	kınsampşın
üretim	production	prıdakşın
ürün	product	prodakt
verimlilik	productivity	prodaktiviti
yatırım	investment	investmınt
yüzde	percentage	pö:sentic

YOLCULUK TRAVEL

Varışta On arrival

• **Pasaportunuz lütfen.**
Your passport, please.
yo:(r) pa:spo:t pli:z

• **İşte pasaportum.**
Here's my passport.
hiı(r)z may pa:spo:t

• **Burada ne kadar kalacaksınız?**
How long will you be staying here?
hau lonğ wil yu: bi: steyinğ hiı(r)

• **"Birkaç gün/ Bir hafta/ Bir ay" kalacağım.**
I'll be staying "a few days / a week / a month".
ayl bi: steyinğ "e fyu deyz / e wi:k / e manth"

• **Birlikte misiniz?**
Are you together?
a:(r) yu: tıgedhı(r)

• **Yalnız yolculuk ediyorum.**
I'm travelling alone.
aym trævlinğ ılo:n

• **Bir arkadaşımla yolculuk ediyorum.**
I'm travelling with a friend.
aym trævlinğ with e frend

• **(Yanınızda) Ne kadar paranız var?**
How much money have you got?
hau maç mani hæv yu: got

• **.... "dolarım / sterlinim" var.**
I have ..... "dollars / pounds".
ay hæv ... "dolı(r)s / paunds"

• **İş için buradayım.**
I'm here on business.
aym hiı(r) on biznis

• **Burada tatildeyim.**
I'm here on holiday
aym hiı(r) on holidey

- **Yalnızca transit geçiyorum.**
  I'm just passing through.
  aym cast pa:sinğ thru:

- **Deklâre edecek (Bildirecek) bir şeyiniz var mı?**
  Do you have anything to declare?
  du yu: hæv enithinğ tu dikleı(r)

- **Deklâre edecek (Bildirecek) bir şeyim yok.**
  I have nothing to declare.
  ay hæv nathinğ tu dikleı(r)

- **Lütfen bu çantayı açın.**
  Please open this bag.
  pli:z oupın dhis bæg

- **Başka bagajınız var mı?**
  Do you have any other luggage?
  du yu: hæv eni adhı(r) lagic

- **Yanımda .... var.**   • **O, özel kullanımım için.**
  I have ....   It's for my personal use.
  ay hæv.....   its fo(r) may pö:(r)sınıl yu:z

- **Bunun için gümrük vergisi ödemeniz gerekiyor.**
  You'll have to pay duty on this.
  yu:l hæv tu pey dyu:ti on dhis

- **...... nerede(dir)?**   Where is the ....?
                              weı(r) iz dhı ....

Bilet gişesi	booking office	buking ofis
Danışma bürosu	information office	infımeyşın ofis
Gazete bayii	newsstand	nyu:z'stænd
İstasyon	station	steyşın
Otobüs durağı	bus stop	bas stop
Peron 4	Platform four	plætfo:m fou(r)
Restoran	restaurant	restıra:nt

- **Nerede bir taksi bulabilirim?**
  Where can I get a taxi?
  weı(r) kæn ay get e taksi

- **Şehir merkezine nasıl gidebilirim?**
  How can I get to the town centre?
  hau kæn ay get tu dhı taun sentı(r)

- **Şehir merkezine bir otobüs var mı?**
  Is there a bus into town ?
  iz dheı(r) e bas intu taun

- **Oraya gitmek ne kadar zaman alır?**
  How long does it take to get there?
  hau lonğ daz it teyk tu get dheı(r)

- **Kaç kilometre?**
  How many kilometres?
  hau meni kilo:mitı(r)s

Bagaj   Baggage

- **Bagaj arabaları nerededir?**
  Where are the luggage trolleys?
  weı(r) a:(r) dhı lagic troli:z

- **Hamal! / Bakar mısınız?**
  Porter!
  po:tı(r)

- **Lütfen bunları alın.**
  Please take these.
  pli:z teyk dhi:z

- **Şu bagajı "taksiye / otobüse" götürün lütfen.**
  Please take this luggage to "the taxi / the bus"
  pli:z teyk dhis lagic tu "dhı taksi / dhı bas"

- **Bagajımı taşımama yardım eder misiniz?**
  Can you help me with my luggage?
  kæn yu: help mi: with may lagic

- **Bagajımı bırakmak istiyorum.**
  I'd like to leave my luggage.
  ayd layk tu li:v may lagic

- **Bagajımı teslim etmek istiyorum.**
  I'd like to register my luggage.
  ayd layk tu recistı(r) may lagic

Bilet alma   Buying a ticket

- **Bilet gişesi nerededir?**
  Where's the booking office ?
  weı(r)z dhı bukinğ ofis

- **En yakın seyahat ajansı nerededir?**
  Where's the nearest travel agent's?
  weı(r)z dhı niı(r)ıst trævıl eycınts

- **.......'ya bir bilet rica ediyorum.**
  I'd like a ticket to ....
  ayd layk e tikit tu ......

- **Bir yer ayırtmak istiyorum.**
  I'd like to reserve a seat.
  ayd layk tu rizö:v e si:t

- **Bir tarife var mı acaba?**
  Do you have a timetable, please?
  do yu: hæv a taymteybıl, pli:z

- **Çocuklar için özel bir fiyat var mı?**
  Is there a special rate for children?
  iz dheı(r) e speşıl reyt fo(r) çildrın

- **Bu bilet ne kadar süre geçerli?**
  How long is this ticket valid for?
  hau lonğ iz dhis tikit vælid fo(r)

gidiş	single(one-way)	singıl(wan wey)
gidiş-dönüş	return (roundtrip)	ritö:n (raundtrip)
birinci/ikinci mevki	first/second class	
	fö:st/sekınd kla:s	

Otobüs, Uzun yol Otobüsü, Tramvay
Bus, Coach, Tram

- **"Otobüsler / Tramvaylar" ne sıklıkta çalışıyor?**
  How often do the "buses / trams" run?
  hau of(t)ın du dhı "basiz / træms" ran

- **"Otobüsler / Tramvaylar"on dakikada bir kalkar.**
  The "buses / trams" run every ten minutes.
  dhı "basiz / træms"ran evri ten minits

- **Yolculuk ne kadar sürüyor?**
  How long does the journey take?
  hau lonğ daz dhı cö:ni teyk

- **.....'ye gitmek için hangi otobüse binmeliyim?**
  Which bus do I take to ......?
  wiç bas du ay teyk tu .....

- **.... numaralı otobüse binmelisiniz.**
  You should take a number ....
  yu: şud teyk e nambı(r) .....

- **........ otobüsüne nereden binebilirim?**
  Where can I get a bus to .....?
  weı(r) kæn ay get e bas tu ......

- **Hangi otobüs şehir merkezine gider?**
  Which bus goes to the town centre?
  wiç bas go:z tu dhı taun sentı(r)

- **Bilet gişesi nerede?**
  Where is the ticket office?
  weı(r) iz dhı tikit ofis

- **.....ya "ilk / son / bir sonraki" otobüs ne zaman?**
  When is the "first / last / next" bus to ....?
  wen iz dhı "fö:st / la:st / nekst" bas tu .....

- **.........'e yolculuk ücreti nedir?**
  What's the fare to ....?
  wats dhı feı(r) tu ....

- **Otobüs ....'da duruyor mu?**
  Does the coach stop in ....?
  daz dhı kouç stop in ....

- **Aktarma yapmam gerekir mi?**
  Do I have to change buses?
  du ay hæv tu çeync basiz

- **Otobüs ne zaman kalkıyor?**
  When does the coach leave?
  wen daz dhı kouç li:v

- **..... de inmek istiyorum.** • **Durabilir miyiz, lütfen?**
  I want to get off at ....   Can we stop, please?
  ay want tu get of æt .....   kæn wi: stop pli:z

- **Ne zaman ineceğimi söyler misiniz?**
  Can you tell me when to get off?
  kæn yu: tel mi: wen tu get of

- **Bir sonraki durakta inin.**
  You get off at the next stop.
  yu: get of æt dhı nekst stop

- **Otobüs ....'ya ne zaman varıyor?**
  What time does the coach arrive in ....?
  wat taym daz dhı ko:ç ırayv in ....

Tren ve Metro
Train and Underground

Yer ayırtma ve Bilgi alma
Reservations and Inquiries

- **"Tren istasyonu / Bilet gişesi" nerede(dir)?**
  Where is the "railway station / ticket office"?
  weı(r) iz dhı "reylwey steyşın / tikit ofis"

- **"İlk / Son / Gelecek"..... treni ne zaman?**
  When is the "first / last / next" train to ....?
  wen iz dhı "fö:st / la:st / nekst" treyn tu ....

- **.......'a saat dokuzda bir tren var.**
  There is a train to ...... at nine.
  dheı(r) iz e treyn tu .... æt nayn

- **"Daha önce / Daha sonra" bir tren var mı?**
  Is there "an earlier / a later" train?
  iz dheı(r) æn "ö:(r)liı(r) / e leytı(r) treyn

- **......'a kaç istasyon var?**
  How many stations are there to ....?
  hau meni steyşıns a:(r) dheı(r) tu .....

- **Bu ...... treni midir?**
  Is this the train to ....?
  iz dhis dhı treyn tu ....

- **Oraya gitmek ne kadar zaman alır?**
  How long does it take to get there?
  hau lonğ daz it teyk tu get dheı(r)

- **Altı numaralı peron nerededir?**
  Where's platform six ?
  weı(r)z plætfo(r)m siks

- **Altı numaralı peron "sağda / solda / orada".**
  Platform six is "on the right / on the left / over there".
  plætfo(r)m siks iz "on dhı rayt / on dhı left / ovı(r) dheı(r)"

- **Trende yataklı vagon var mı?**
  Is there a sleeping car on the train?
  iz dheı(r) e sli:pinğ ka:(r) on dhı treyn

Aktarma *Changing*

- **Bu tren ekspres midir?**
  Is this a through train?
  iz dhis e thru: treyn

- **......'ya bağlantı var mı?**
  Is there a connection to .....?
  iz dheı(r) e kınekşın tu ....

- **Tren değiştirmem gerekiyor mu?**
  Do I have to change trains?
  du ay hæv tu çeync treyns

- **Nerede aktarma yapacağım?**
  Where do I change?
  weı(r) du ay çeync

- **....'de aktarma yapmanız gerekiyor.**
  You have to change at .....
  yu: hæv tu çeync æt ...

- **Aktarma yapmak için yeterli zaman var mı?**
  Is there enough time to change?
  iz dheı(r) inaf taym tu çeync

YOLCULUK

Kalkış Departure

• **......... treni ne zaman kalkıyor?**
What time does the train to .... leave?
wat taym daz dhı treyn tu ..... li:v

• **......... treni hangi perondan kalkıyor?**
Which platform does the train to ..... leave from?
wiç plætfo(r)m daz dhı treyn tu ..... li:v from

• **Treniniz beş numaralı perondan kalkacak.**
Your train will leave from platform five.
yo:(r) treyn wil li:v from plætfo(r)m fayv

Varış Arrival

• **.......'a ne zaman varıyor?**
What time does it arrive in ....?
wat taym daz it ırayv in ....

• **Tren ......'de/da durur mu?**
Does the train stop at ......?
daz dhı treyn stop æt .....

• **..... treni hangi perona geliyor?**
Which platform does the train from ..... arrive at?
wiç plætfo(r)m daz dhı treyn from ..... ırayv æt

• **.... treni, şu anda, iki numaralı perona varıyor.**
The train from ..... is now arriving on platform two?
dhı treyn from ... iz nau ırayvinğ on plætfo(r)m tu:

Trende On the train

• **Bu yer boş mu?**
Is this seat free?
iz dhis si:t fri:

• **Sanırım burası benim yerim.**
I think this is my seat.
ay thinğk dhis iz may si:t

TRAVEL

- **Affedersiniz. Geçebilir miyim?**
  Excuse me. Could I get past ?
  ekskyu:s mi:. kud ay get past

- **Yataklı vagon nerede(dir)?**
  Where is the sleeping car?
  weı(r) iz dhı sli:pinğ ka:(r)

- **.......'e ne zaman varırız?**
  When do we get to ....?
  wen du wi: get tu ....

- **.......'a varmadan önce, bana bildirir misiniz?**
  Would you let me know before we get to ....?
  wud yu: let mi: now bifo:(r) wi: get tu ......

- **Tren burada ne kadar duruyor?**
  How long does the train stop here for?
  hau lonğ daz dhı treyn stop hiı(r) fo(r)

- **Beni saat yedide uyandırır mısınız?**
  Would you wake me at seven o'clock?
  wud yu: weyk mi: æt sevın ıklok

Vapur   Boat

- **İskele nerededir?**
  Where's the embarkation point?
  weı(r)z dhı emba:keyşın poynt

- **Buradan ..... a bir "vapur / araba vapuru" var mı?**
  Is there a "boat / (car) ferry" from here to .....
  iz dheı(r) e "bout / (ka:(r) feri" from hiı(r) tu .....

- **Vapurlar ne sıklıkta kalkıyor?**
  How often do the boats leave?
  hau of(t)ın du dhı bouts li:v

• **Bir sonraki vapur ne zaman kalkıyor?**
When does the next boat leave?
wen daz dhı nekst bout li:v

• **.......'a bir vapur "jetonu / bileti" rica ediyorum.**
I'd like a boat "token / ticket" to ....
ayd layk e bout "toukın / tikit" tu ....

• **Tek kişilik bir yataklı kamara ayırtabilir miyim?**
Can I book a single-berth cabin?
kæn ay buk e singıl-bö:th kæbin

• **Kamarada kaç yatak var?**
How many berths are there in the cabin?
hau meni bö:ths a:(r) dheı(r) in dhı kæbin

• **Oraya varmak ne kadar zaman alır?**
How long does it take to get there?
hau lonğ daz it teyk tu get dheı(r)

• **Karşıya geçiş ne kadar zaman alır?**
How long does the crossing take?
hau lonğ daz dhı krosinğ teyk

• **Limanda ne kadar süre kalıyoruz?**
How long do we stay in port?
hau lonğ du wi: stey in po:t

araba vapuru	ferry	feri
cankurtaran sandalı	lifeboat	layf bout
cankurtaran simidi	lifebelt	layf belt
cankurtaran yeleği	lifejacket	layf cækit
deniz otobüsü	hydrofoil	haydrıfoyl
gemi	ship	şip
güverte	deck	dek
liman	port	po:t
kamara	cabin	kæbin
tek yataklı	single	singıl
çift yataklı	double	dabl
vapur	boat	bout

Uçak   Plane

• **Havayolları bürosu nerededir?**
Where's the airline office?
weı(r)z dhı eı(r)layn ofis

• **.....'a uçuş var mı?**
Is there a flight to ...?
iz dheı(r) e flayt tu ...

• **Direkt bir uçuş mudur?**
Is it a direct flight?
iz it e dayrekt flayt

• **.......'a bağlantı var mı?**
Is there a connection to ....?
iz dheı(r) e kınekşın tu ....

• **.......'a bir sonraki uçuş ne zaman?**
When is the next flight to ....?
wen iz dhı nekst flayt tu ......

• **.......'a bir bilet rica ediyorum.**
I'd like a ticket to ....
ayd layk e tikit tu ......

• **..... uçağında iki kişilik yer ayırtmak istiyorum.**
I'd like to book two seats on the plane to ....
ayd layk tu buk tu: si:ts on dhı pleyn tu ...

birinci mevki	first class	fö:st kla:s
gidiş	single	singıl
gidiş-dönüş	return	ritö:n
turist mevki	economy	ikonımi
kalkış	departure	dipa:çı(r)
varış	arrival	ırayvıl

• **Havaalanına nasıl gidebilirim?**
How can I get to the airport?
hau kæn ay get tu dhı eı(r)po:t

- **Havaalanına bir otobüs var mı?**
  Is there a bus to the airport?
  iz dheı(r) e bas tu dhı eı(r)po:t

- **Uçuş numarası nedir?**
  What's the flight number?
  wats dhı flayt nambı(r)

- **Ne zaman kalkıyoruz?**
  What time do we take off?
  wat taym du wi: teyk of

- **Ne zaman varıyoruz?**
  What time do we arrive?
  wat taym du wi: ırayv

- **Bagajların kaydını saat kaçta yaptırmalıyım?**
  What time do I have to check in?
  wat taym du ay hæv tu çek in

- **... e olan rezervasyonumu iptal etmek istiyorum.**
  I'd like to cancel my reservation to .....
  ayd layk tu kænsıl my rezıveyşın tu ...

- **Rezervasyonumu değiştirmek istiyorum.**
  I'd like to change my reservation.
  ayd layk tu çeync my rezıveyşın

Taksi   Taxi

- **Bana bir taksi çağırın lütfen?**
  Please get me a taxi.
  pli:z get mi: e taksi

- **Nerede bir taksi bulabilirim?**
  Where can I find a taxi?
  weı(r) kæn ay faynd e taksi

- **Orası .....ye/ya ne kadar uzaktır?**
  How far is it to .....?
  hau fa:(r) iz it tu .....

- **Boş musunuz?**
  Are you free?
  a:(r) yu: fri:

- **Beni ....ye/ya götürmek için ne kadar alırsınız?**
  How much will you charge to take me to...
  hau maç wil yu: ça:c tu teyk mi: tu ....

- **Beni .... ye/ya götürün.** Take me to ..   teyk mi: tu ...

bu adres	this address	dhis ıdres
şehir merkezi	the town centre	dhı taun sentı(r)
havaalanı	the airport	dhı eı(r)po:t
..... oteli	the .... Hotel	..... hotel
istasyon	the railway station	dhı reylwey steyşın

- **Doğru gidin.**
  Go straight ahead.
  go streyt ıhed

- **Acele edebilir misiniz? Geciktim.**
  Can you hurry? I'm late.
  kæn yu: hari. aym leyt

- **Daha yavaş kullanabilir miydiniz?**
  Could you drive more slowly?
  kud yu: drayv mo:(r) slowli

- **Bir sonraki köşeden "sola / sağa" dönün.**
  Turn "left / right" at the next corner.
  tö:n "left / rayt" æt dhı nekst ko:nı(r)

- **Burada durun lütfen.**
  Please stop here.
  pli:z stop hiı(r)

- **Beş dakikada dönerim.**
  I'll be back in five minutes.
  ayl bi: bæk in fayv minits

• **Beni bekler misiniz lütfen?**
Could you wait for me?
kud yu: weyt fo(r) mi:

• **Bagajlarımı taşımama yardım edebilir miydiniz?**
Could you help me carry my luggage?
kud yu: help mi: kæri may lagic

Yol sorma - Tarifler
Asking the way- Directions

Yol sorma Asking the way

• **....... buradan ne kadar uzaklıktadır?**
How far is it to ..... from here?
hau fa:(r) iz it tu ..... from hiı(r)

• **Bir sonraki "köye / kasabaya" ne kadar var?**
How far is it to the next "village / town"?
hau fa:(r) iz dhı nekst "vilic / taun"

• **Bana ..... yolunu tarif edebilir misiniz?**
Can you tell me the way to ....?
kæn yu: tel mi: dhı wey tu ...

• **.....a nasıl giderim?**
How do I get to ...?
hau du ay get tu ...

• **..... hangi yöndedir?**
In which direction is ....?
in wiç dayrekşın iz ......

• **..... otoyoluna nasıl çıkabiliriz?**
How do we get on to the motorway to ....?
hau du wi: get on tu dhı mo:tıwæy tu .....

• **.....a giden en iyi yol hangisidir?**
Which is the best road to ....?
wiç iz dhı best roud tu .....

●**Oraya akşama kadar varır mıyız?**
Will we get there by evening?
wil wi: get dheı(r) bay i:vninğ

●**Bu yol nereye çıkıyor?**
Where does this road lead to?
weı(r) daz dhis roud li:d tu

●**.... için doğru yolda mıyız?**
Are we on the right road for ....?
a:(r) wi: on dhı rayt roud fo(r) .....

●**Oraya varmak ne kadar zaman alır?**
How long does it take to get there?
hau lonğ daz it teyk tu get dheı(r)

● **"Arabayla / Yürüyerek" ne kadar zaman alır?**
How long does it take "by car / on foot"?
hau lonğ daz it teyk "bay ka:(r) / on fut"

●**Bu adresi nasıl (nerede) bulabilirim?**
Where can I find this address?
weı(r) kæn ay faynd dhis ıdres

●**Oraya yürüyerek gidebilir miyim?**
Can I get there on foot?
kæn ay get dheı(r) on fut

●**Bu yerin adı nedir?**
What's the name of this place?
wats dhı neym ov dhis pleys

●**Nerede bulunduğumu haritada gösterir misiniz?**
Would you show me on the map where I am?
wud yu: şow mi: on dhı mæp weı(r) ay em

• **Onun nerede olduğunu haritada gösterebilir misiniz?**
Can you show me on the map where it is?
kæn yu: şow mi: on dhı mæp weı(r) it iz

• **Bana, ...nin nerede olduğunu söyleyebilir misiniz?**
Can you tell me where .... is?
kæn yu: tel mi: weı(r) .....iz

Tarifler Directions

• **Yanlış yoldasınız.**
You're on the wrong road.
yua:(r) on dhı ronğ roud

• **Doğru gidin.**
Go straight ahead.
go streyt ıhed

• **.... işaretlerini izleyin.**
Follow signs for ....
folou sayns fo(r) ....

• **Orada "solda / sağda".**
It's there on the "left / right".
its dheı(r) on dhı "left / rayt"

• **..... yolundan gidin.**
Take the ..... road
teyk dhı .... roud

• **Doğru ileride.**
Straight ahead.
streyt ıhed

• **....a geri dönmeniz gerekiyor.**
You have to go back to ....
yu: hæv tu go bæk tu ....

• **Buradan yaklaşık olarak on beş dakika (tutar).**
It's about fifteen minutes from here.
its ıbaut fifti:n minits from hiı(r)

• **......'nin "karşısında / yanında / arkasında".**
"Opposite / next to / behind" ....
opızit / nekst tu / bihaynd ......

• **Trafik ışıklarından sağa dönün.**
Turn right at the traffic lights.
tö:n rayt æt dhı træfik layts

- **Bir sonraki köşeden sola dönün.**
  Turn left at the next corner.
  tö:n left æt dhı nekst ko:nı(r)

- **Okulun oradan sola dönün.**
  Turn left by the school.
  tö(r)n left bay dhı sku:l

- **.... yolu boyunca gidin.**
  Go along .... Road.
  go ılonğ .... roud

- **Sağdaki "birinci / ikinci / üçüncü" yola sapın.**
  Take the "first / second / third" turning on the right.
  teyk dhı "fö:st / sekınd / thö:d" tö:ninğ on dhı rayt

- **Oraya yürüyerek "gidebilirsiniz / gidemezsiniz".**
  You "can / can't" get there on foot.
  yu: "kæn / kænt" get dheı(r) on fut

Arabayla yolculuk etme
Travelling by car

Genel   *General*

- **(En yakın) "Otopark / Garaj" nerededir?**
  Where's the (nearest) "car park / garage"?
  weı(r)z dhı (niı(r)st) "ka:(r) pa:k / gıra:j"

- **Saat ücreti ne kadar?**
  What's the charge per hour?
  wats dhı ça:c pö(r) auı(r)

- **Buraya park edebilir miyim?**
  May I park here?
  mey ay pa:k hiı(r)

• **Burada ne kadar süre park edebilirim?**
How long can I park here?
hau lonğ kæn ay pa:k hıı(r)

• **Gelecek benzin istasyonu ne kadar uzakta?**
How far to the next petrol station?
hau fa:(r) tu dhı nekst petrıl steyşın

• **En yakın "benzin istasyonu / garaj" nerededir?**
Where's the nearest "filling station / garage"?
weı(r) iz dhı nıı(r)ıst filinğ "steyşın / gıra:j"

• **Doldurun lütfen.**
Fill it up, please.
fil it ap pli:z

• **....... "galon / litre" benzin verir misiniz?**
Could you give me ... "gallons/litres" of petrol (gasoline)?
kud yu: giv mi: .... "gælıns / lıtı(r)s" ov petrıl (gæsoli:n)

motorin	diesel	di:zl
normal	regular	regyulı(r)
süper	super	su:pı(r)

• **Ön camı silin lütfen.**
Please clean the windscreen.
pli:z kli:n dhı windskri:n

• **.... kontrol edin lütfen.**   Please check the ...
                                    pli:z çek dhı ...

Aküyü	battery	bætıri
Fren hidrolik yağını	brake fluid	breyk flu:id
Suyu	water	wo:tı(r)
Yağı	oil	oyl
Yedek lastiği	spare tyre	speı(r) tayı(r)

• **Yağın değişmesi gerekiyor.**
The oil needs changing
dhı oyl ni:ds çeyncinğ

- **Arabayı yıkayın lütfen.**
  Please wash the car.
  pli:z woş dhı ka:(r)

- **...... değiştirebilir misiniz?**
  Can you change the .....?
  kæn yu: çeync dhı ....

Bujileri	spark plugs	spa:k plags
Cam sileceğini	wipers	waypı(r)s
Lastiği	tyre	tayı(r)
Vantilatör kayışını	fan belt	fæn belt

- **Lâstiklerin havasını kontrol edin lütfen.**
  Check the tyre pressures, please.
  çek dhı tayı(r) preşı(r)s pli:z

- **Bu patlak lâstiği tamir edebilir misiniz?**
  Can you fix this flat tyre?
  kæn yu: fiks dhis flæt tayı(r)

- **Garaj ne zaman kapanıyor?**
  What time does the garage close?
  wat taym daz dhı gıra:j klo:z

Arıza Breakdown

- **Nerede bir telefon vardır?**
  Where's there a telephone?
  weı(r)z dheı(r) e telifoun

- **Telefonunuzu kullanabilir miyim?**
  May I use your telephone?
  mey ay yu:z yo:(r) telifoun

- **En yakın garaj nerededir?**
  Where's the nearest garage?
  weı(r)z dhı niı(r)ıst gıra:j

- **Arabam bozuldu.**
  My car has broken down.
  may ka:(r) hæz broukın daun

- **Lütfen bir çekme aracı gönderin.**
  Please send a tow truck.
  pli:z send e tou trak

- **Bir tamirci gönderebilir misiniz?**
  Can you send a mechanic?
  kæn yu: send e mekænik

- **Bakmak için birisini gönderebilir misiniz?**
  Can you send someone to look at it?
  kæn yu: send samwan tu luk æt it

- **Radyatör su sızdırıyor.**
  The radiator is leaking.
  dhı reydieytı(r) iz li:kinğ

- **Akünün şarj edilmesi gerekiyor.**
  The battery needs charging.
  dhı bætıri ni:ds ça:cinğ

- **Motor aşırı ısınıyor.**
  The engine is overheating.
  dhı encın iz ouvı(r)hi:tinğ

- **Bir "benzin / yağ" sızıntısı var.**
  There's a "petrol / oil" leak.
  dheı(r)z a "petrıl / oyl" li:k

- **Bir benzin kokusu var.**
  There's a smell of petrol.
  dheı(r)z e smel ov petrıl

- **Arabam çalışmıyor.**
  My car won't start.
  may ka:(r) wont sta:t

• **Karbüratörün ayarlanması gerekiyor.**
The carburetor needs adjusting.   **(*)**
dhı ka:bıreytı(r) ni:ds ıcastinğ

• **Lâstiğim patlak. Onarabilir misiniz?**
I have a flat tyre. Can you mend it?
ay hæv e flæt tayı(r). kæn yu: mend it

• **......(n)de/da bir problem var.**
There is something wrong with the....
dheı(r) iz samthinğ ronğ with dhı ......

frenler	brakes	breyks
karbüratör	carburettor	ka:bıretı(r) **(**)**
motor	engine	encın
radyatör	radiator	reydieytı(r)
tekerlek	wheel	wi:l
vantilatör kayışı	fan-belt	fæn belt
vites kutusu	gearbox	giı(r)boks

• **Tamir etmek ne kadar sürer?**
How long will it take to repair?
hau lonğ wil it teyk tu ripeı(r)

Arabanın parçaları   *Parts of a car*

accelerator	ækselıreytı(r)	gaz pedalı
anti-freeze	ænti-fri:z	antifriz
axle	æksıl	dingil, mil
battery	bætıri	akü
boot (trunk)	bu:t (trank)	bagaj
brake	breyk	fren
bulb	balb	ampul
bumper	bampı(r)	tampon
carburettor	ka:bıretı(r)	karbüratör **(**)**
clutch	klaç	debriyaj, kavrama
cylinder	silindı(r)	silindir

....

(*)   carburetor [ka:bıreytı(r)] : İngiliz İngilizcesi
(**)   carbure**tt**or [ka:bıretı(r)] : Amerikan İngilizcesi

....

differential	difirenşıl	diferansiyel
distilled water	distild wo:tı(r)	damıtık su (akü suyu)
distributor	distribyıtı(r)	distribütör
dynamo	daynımou	dinamo
engine	encin	motor
exhaust	egzo:st	egzoz
fan-belt	fænbelt	vantilatör kayışı
filter	filtı(r)	filtre
fog-lamp	foglæmp	sis lambası
fuse-box	fyu:zboks	sigorta kutusu
gasket	gæskit	conta
gears	giı(r)z	vitesler
gearbox	giı(r)boks	vites kutusu
grease	gri:s	yağ, yağlamak
handbrake	hændbreyk	el freni
heater	hi:tı(r)	ısıtıcı
horn	ho:n	korna
ignition (key)	ignişın (ki:)	kontak anahtarı
indicator	indıkeytı(r)	gösterge
jack	cæk	kriko
lights	layts	farlar
lock (catch)	lok (kæç)	kilit
mirror	mirı(r)	ayna
oil	oyl	yağ
petrol	petrıl	benzin
propeller	prıpelı(r)	pervane, uskur
piston	pistın	piston
plug	plag	buji
plug spanner	plag spænı(r)	buji anahtarı
pump	pamp	pompa
puncture	pankçı(r)	patlak (lastik)
radiator	reydieytı(r)	radyatör
reverse gear	rivö:s giı(r)	geri vites
seat	si:t	oturacak yer, koltuk
shaft	şa:ft	şaft
silencer	saylınsı(r)	susturucu
spanner	spænı(r)	somun anahtarı
speedometer	spi:domitı(r)	hızölçer
spring	sprinğ	yay
starter	sta:tı(r)	marş motoru
steering wheel	stiırinğ wi:l	direksiyon
tank	tænğk	benzin deposu

Yol İşaretleri   Road Signs

BEND	viraj / dönemeç
CAUTION	dikkat
DANGER	tehlike
DANGEROUS BEND	tehlikeli viraj
EXIT	çıkış
FALLING ROCK	kaya düşebilir
HARD SHOULDER	güvenlik şeridi
HEADLIGHTS ON	farları yakınız
JUNCTION	kavşak
LOW VERGE	düşük banket
MAXIMUM SPEED	azami hız
MINIMUM SPEED	asgari hız
NO ENTRY	girilmez
NO PARKING	park yapılmaz
NO PASSING	geçmek yasaktır
NO STOPPING	durulmaz
ONE-WAY STREET	tek yönlü yol
PEDESTRIANS	yaya
POOR SURFACE	bozuk yol
ROAD NARROWS	daralan yol
ROAD WORKS	yol çalışması
ROUNDABOUT	dönel kavşak
SCHOOL	okul
SLIPPERY ROAD	kaygan yol
SLOW DOWN	yavaş
SOFT VERGE	yumuşak banket
STOP	dur
TRAFFIC SIGNALS	trafik ışıkları

Araba Kiralama   Car hire

- **Nerede bir araba kiralayabilirim?**
  Where can I hire a car?
  weı(r) kæn ay hayı(r) e ka:(r)

• **Bir araba kiralamak istiyorum.**
I'd like to rent(hire) a car.
ayd layk tu rent [hayı(r)] e ka:(r)

• **"Küçük / Büyük / Otomatik" bir araba (olsun).**
A "small / big / automatic" car.
e "smo:l / big / o:tımætik" ka:(r)

• **Bir "günlüğüne / haftalığına" istiyorum.**
I'd like it for a "day / week".
ayd layk it fo(r) e "dey / wi:k"

• **"Günlüğü / Haftalığı" ne kadar?**
How much does it cost per "day / week"?
hau maç daz it kost pö(r) "dey / wi:k"

• **"Kilometre / Mil" başına ücret nedir?**
What's the charge per "kilometre / mile"?
wats dhı ça:c pö(r) "kiloumitı(r) / mayl"

• **Özel tarifeleriniz var mı?**
Do you have any special rates?
du yu: hæv eni speşıl reyts

• **Hafta sonu anlaşmaları var mı?**
Are there any weekend arrangements?
a:(r) dheı(r) eni wi:kend ıreync'mınts

• **Tam kapsamlı sigorta rica ediyorum.**
I'd like fully comprehensive insurance.
ayd layk fuli komprihensiv inşuırıns

• **Arabayı ...... de bırakmak istiyorum.**
I want to leave the car in .....
ay want tu li:v dhı ka:(r) in ....

YOLCULUK

- **Depozito ne kadar?**
  How much is the deposit?
  hau maç iz dhı dipozit

- **Ehliyetinizi görebilir miyim?**
  May I see your driving licence?
  mey ay si: yo:(r) drayvinğ laysıns

- **Buyurun, ehliyetim.**
  Here is my driving licence.
  hiı(r) iz may drayvinğ laysıns

- **Burayı imzalar mısınız, lütfen?**
  Would you sign here, please?
  wud yu: sayn hiı(r) pli:z

- **Farları gösterir misiniz lütfen?**
  Could you show me the lights, please?
  kud yu: şow mi: dhı layts pli:z

TRAVEL

KONAKLAMA ACCOMMODATION

Oda ayırtma - Kaydolma
Booking a room - Checking in

- **Adım .... (dır)**
  My name is ....
  may neym iz ......

- **Rezervasyonum var.**
  I have a reservation.
  ay hæv e rezıveyşın

- **İki oda rezerve ettirdim.**
  I've reserved two rooms.
  ayv rizö:vd tu: ru:ms

- **İşte teyit.**
  Here's the confirmation.
  hıı(r)z dhı konfımeyşın

- **Hiç boş odanız var mı?**
  Do you have any vacancies?
  du yu: hæv eni veykınsiiz

- **Hiç boş yerimiz yok.**
  We don't have any vacancies.
  wi: dont hæv eni veykınciiz

- **Başka iyi bir otel biliyor musunuz?**
  Do you know another good hotel?
  du yu: nou ınadhı(r) gud hotel

- **Ne kadar kalacaksınız?**
  How long will you be staying?
  hau lonğ wil yu: bi: steyinğ

- **Yalnızca bir gece kalacağız.**
  We'll be staying overnight only.
  wi:l bi: steyinğ ouvı(r)nayt onli

- **"Birkaç gün / Bir hafta" kalacağız.**
  We'll be staying "a few days / a week".
  wi:l bi: steyinğ "e fyu: deyz / e wi:k"

•**Yalnızca bir gecelik mi?**
Is it for one night only?
iz it fo(r) wan nayt onli

•**Oda kaçıncı katta?**
What floor is the room on?
wat flo:(r) iz dhı ru:m on

•**Oda "ikinci/üçüncü" katta.**
The room is on the "second / third" floor.
dhı ru:m iz on dhı "sekınd / thö:d" flo:(r)

•**Birinci katta bir odanız var mı?**
Do you have a room on the first floor?
du yu: hæv e ru:m on dhı fö:st flo:(r)

•**Başka bir odanız var mı?**
Do you have another room?
du yu: hæv ınadhı(r) ru:m

•**Tek boş oda bu.**
This is the only room vacant.
dhis iz dhı onli room veykınt

•**"Tek yataklı/Çift yataklı" bir oda rica ediyorum.**
I'd like a "single / double" room.
ayd layk e "singıl / dabıl" ru:m

ROOMS TO LET / VACANCIES	KİRALIK ODALAR
NO VACANCIES	BOŞ ODA YOK

•**..... bir odanız var mı**?　Do you have a room ..... ?
du yu: hæv e ru:m .....

Arka tarafta	at the back	æt dhı bæk
Balkonlu	with a balcony	with e bælkıni
Banyolu	with a bathroom	with e ba:thru:m
Denize bakan	overlooking the sea	ouvı(r)lukinğ dhı si:

Duşlu	with a shower	with e şauı(r)
Isıtmalı	with heating	with hi:tinğ
İki kişilik yataklı	with a double bed	with e dabıl bed
İki yataklı	with twin beds	with twin beds
Lâvabolu	with running water	with raninğ wo:tı(r)
Manzaralı	with a view	with e vyu:
Ön tarafta	at the front	æt dhı front
Sıcak sulu	with hot water	with hot wo:tı(r)
Telefonlu	with a telephone	with e telifoun
Televizyonlu	with a television	with e telivijın
Tuvaletli	with a toilet	with e toylit

- **Soğuk hava tertibatı var mı?**
  Is there air conditioning?
  iz dheı(r) eı(r) kındişıninğ

- **Sessiz bir oda rica ediyorum.**
  I'd like a quiet room.
  ayd layk e kwayıt ru:m

- **Odaya bir çocuk karyolası koyabilir misiniz?**
  Could you put a cot in the room?
  kud yu: put e kot in dhı ru:m

- **"Çamaşır servisi / Oda servisi" var mı?**
  Is there "a laundry service / room service"?
  iz dheı(r) "e lo:ndri sö:vis / ru:m sö:vis"

- **Odada "telefon / radyo / televizyon" var mı?**
  Is there a "telephone / radio / television" in the room?
  iz dheı(r) e "telifoun / reydiou / telivijın" in dhı ru:m

- **Odayı görebilir miyiz?**
  May we see the room?
  mey wi: si: dhı ru:m

- **Bu odayı beğenmedim.**
  I don't like this room.
  ay dont layk dhis ru:m

- **İyi. Bu odayı tutuyorum.**
  Fine. I'll take this room.
  fayn. ayl teyk dhis ru:m

• **Çok ....**   It's too ....   its tu: .....

gürültülü	noisy	noyzi
karanlık	dark	da:k
küçük	small	smo:l
sıcak	hot	hot
soğuk	cold	kould

• **Daha iyi bir şeyiniz var mı?**
Do you have anything better?
du yu: hæv enithingˇ betı(r)

• **Başka bir oda alabilir miyiz?**
Could we have another room?
kud wi: hæv ınadhı(r) ru:m

• **Odanın "gecelik / haftalık" fiyatı ne kadar?**
How much is the room per "night / week"?
hau maç iz dhı ru:m pö(r) "nayt / wi:k"

• **Haftalık bir tarifeniz var mı?**
Do you have a weekly rate?
du yu: hæv e wi:kli reyt

• **"Servis / Kahvaltı" dahil mi?**
Is the "service / breakfast" included?
iz dhı "sö:vis / brekfıst" inklu:did

• **K.D.V.(katma değer vergisi) dahil mi?**
Does that include V.A.T.(value added tax)?
daz dhæt inklu:d vi. ey. ti. (vælyu: æ:did tæks)

• **Yatak ve kahvaltı fiyatı ne kadar?**
What's the price for bed and breakfast?
wats dhı prays fo(r) bed æn(d) brekfıst

• **"Tam pansiyon/Yarım pansiyon" fiyatı ne kadar?**
What's the price for "full board / half board"?
wats dhı prays fo(r) "ful bo:d / ha:f bo:d"

- **Çok pahalı.**
  That's too expensive.
  dhæts tu: ekspensiv

- **Daha ucuz bir şeyiniz yok mu?**
  Do you have nothing cheaper?
  du yu: hæv nathinğ çi:pı(r)

- **Çocuklar için ne kadar ödüyoruz?**
  What do we pay for the children?
  wat du wi: pey fo(r) dhı çildrın

- **Bebek için ücret alıyor musunuz?**
  Do you charge for the baby?
  du yu: ça:c fo(r) dhı beybi

- **Oda numarası kaç?**
  What's the room number?
  wats dhı ru:m nambı(r)

- **Arabamı nereye park edebilirim?**
  Where can I park my car?
  weı(r) kæn ay pa:k may ka:(r)

- **Bagajımızı yukarı gönderir misiniz?**
  Will you have our luggage sent up?
  wil yu: hæv auı(r) lagic sent ap

- **Pasaportunuzu görebilir miyim lütfen?**
  May I see your passport, please?
  mey ay si: yo:(r) pa:spo:t pli:z

- **Bu kayıt formunu doldurur musunuz?**
  Would you mind filling in this registration form?
  wud yu: maynd filinğ in dhis recistreyşın fo:m

KONAKLAMA

- **Burayı imzalayın lütfen.**
  Please sign here.
  pli:z sayn hiı(r)

Kayıt Formu   Registration Form

Last name - First Name   Soyadı - Adı
la:st neym – fö:st neym

Passport Number   Pasaport Numarası
pa:spo:t nambı(r)

Address   Adres
ıdres

Home town   Semt / Mahalle
houm taun

Street   Sokak / Cadde
stri:t

Number   Numara
nambı(r)

City - Country   Şehir - Ülke
siti - kantri

Nationality   Uyruk(Tâbiiyet)
næşınæliti

Occupation   Meslek
okyupeyşın

Place of birth   Doğum yeri
pleys ov bö:th

Date of birth   Doğum tarihi
deyt ov bö:th

Date   Tarih
deyt

Signature   İmza
signıçı(r)

ACCOMMODATION

Genel Gereksinimler
General requirements

- **Yemek salonu nerededir?**
  Where's the dining room?
  weı(r)z dhı dayninğ ru:m

- **Tuvaletler nerededir?**
  Where are the toilets?
  weı(r) a:(r) dhı toylits

Kahvaltı ne zaman?	**Bir büfe(niz) var mı?**
When is breakfast?	Do you have a buffet?
wen iz brekfıst	du yu: hæv e bufey

- **Benim için mesaj var mı ? / Beni arayan var mı?**
  Any messages for me?
  eni mesiciz fo(r) mi:

- **Bunu sizin kasanıza bırakabilir miyim?**
  Can I leave this in your safe?
  kæn ay li:v dhis in yo:(r) seyf

Bir taksi çağırın lütfen.	**Çok geç döneceğim.**
Please order a taxi.	I'll be back very late.
pli:z o:dı(r) e taksi	ayl bi: bæk veri leyt

- **Beni (saat) .... de uyandırır mısınız lütfen?**
  Would you wake me at ...., please?
  wud yu: weyk mi: æt ..... pli:z

- **..... (no.lu) odanın anahtarı lütfen.**
  The key to room ...... please.
  dhı ki: tu ru:m ..... pli:z

- **Asansör nerede?**
  Where's the lift (elevator)?
  weı(r)z dhı lift (eliveytı(r)

• **Burada voltaj nedir?**
What's the voltage here?
wats dhı voultic hiı(r)

• **Kahvaltıyı odama istiyorum lütfen.**
I'd like breakfast in my room, please.
ayd layk brekfıst in may ru:m pli:z

• **Biraz daha askı alabilir miyim lütfen?**
May I have some more hangers please?
mey ay hæv sam mo:(r) hænğgı(r)s pli:z

• **Başka bir çarşaf alabilir miyim?**
May I have another sheet?
mey ay hæv ınadhı(r) şi:t

• **Bir battaniye alabilir miyim?**
May I have a blanket?
mey ay hæv e blænğkit

• **Bir başucu (okuma) lâmbası alabilir miyim?**
May I have a reading lamp?
mey ay hæv e ri:dinğ læmp

• **Odamda hiç "kül tablası / sabun" yok.**
There's no "ashtray / soap" in my room.
dheı(r)z no "æştrey / soup" in may ru:m

• **Odamda hiç "(sıcak) su / havlu" yok.**
There's no "(hot) water / towels" in my room.
dheı(r)z no "(hot) wo:tı(r) / tauıls" in may ru:m

• **Odamız hazırlanmamış.**
Our room hasn't been prepared.
auı(r) ru:m hæznt bi:n pripeı(r)d

● **Musluk damlıyor.**
The tap (faucet) is dripping.
dhı tæp (fo:sit) iz dripinğ

● **Lâvabo tıkalı.**
The washbasin is blocked.
dhı woşbeysın iz blokd

● **Tuvalette hiç tuvalet kâğıdı yok.**
There's no toilet paper in the lavatory.
dheı(r)z no toylit peypı(r) in dhı lævıtiri

● **....... çalışmıyor.**   The .... doesn't work.
                          dhı ..... dazınt wö(r)k

Elektrik düğmesi	switch	swiç
Isıtma	heating	hi:tinğ
Işık	light	layt
Radyo	radio	reydiou
Soğuk hava tertibatı	air conditioning	eı(r) kındişıninğ
Televizyon	television	telivijın
Vantilâtör	fan	fæn

● **Ampul yanmış.**
The bulb is burned out.
dhı balb iz bö:nd aut

● **"Elektrik fişi / Panjur / Kepenk" bozuk.**
The "plug / shutter / blind" is broken.
dhı "plag / şatı(r) / blaynd" iz bro:kın

● **Tamir ettirebilir misiniz?**
Could you get it repaired?
kud yu: get it ripeı(r)d

Otel personeli   Hotel staff

komi	bellboy	belboy
garson	waiter	weytı(r)
hamal	porter	po:tı(r)
kadın garson	waitress	weytri(s)
kapıcı	hall porter	ho:l po:tı(r)
müdür	manager	mænıcı(r)
oda temizlikçisi	maid	meyd
resepsiyon görevlisi	receptionist	risepşınist
santral memuru	switchboard operator	
		swiçbo:d o:pireytı(r)

Ayrılış   Checking out

- **Sabah erkenden ayrılıyorum.**
  I'm leaving early in the morning.
  aym li:vinğ ö:li in dhı mo:ninğ

- **Hesabımı alabilir miyim lütfen?**
  May I have my bill, please?
  mey ay hæv may bil pli:z

- **Öğleye doğru ayrılacağız.**
  We'll be checking out around noon.
  wi:l bi: çekinğ aut ıraund nu:n

- **Hemen ayrılmamız gerekiyor.**
  We have to leave at once.
  wi: hæv tu li:v æt vans

- **Nakit ödeyeceğim.**
  I'll pay cash.
  ayl pey kæş

- **Kredi kartı ile ödeyeceğim.**
  I'll pay by credit card.
  ayl pey bay kredit ka:d

- **Sanırım hesapta bir yanlışlık var.**
  I think there's a mistake in the bill.
  ay thinğk dheı(r)z a misteyk in dhı bil

- **Bana bir taksi çağırır mısınız lütfen?**
  Please order a taxi for me.
  pli:z o:dı(r) e taksi fo(r) mi:

- **Bagajımı aşağı getirtir misiniz lütfen?**
  Could you have my luggage brought down?
  kud yu: hæv may lagic bro:ut daun

- **Gideceğim yerin adresi burada.**
  Here's my forwarding address.
  hıı(r)z may fo:wıding ıdres

- **Burada kalmak çok güzeldi.**
  It's been a very enjoyable stay.
  its bi:n e veri encoyıbl stey

Kamp yapma   Camping

- **Burada kamp yapabilir miyiz?**
  Can we camp here?
  kæn wi: kæmp hıı(r)

- **Yakınlarda bir kamping yeri var mı?**
  Is there a camping site near here?
  iz dheı(r) e kæmpinğ sayt nıı(r) hıı(r)

- **"Çadır / Karavan" için boş yeriniz var mı?**
  Do you have room for a "tent / caravan"?
  du yu: hæv ru:m fo(r) a "tent / kærıvæn"

- **Bir "araba / çadır / karavan" için ücret ne kadar?**
  What's the charge for a "car / tent / caravan"?
  wats dhı ça:c fo(r) e "ka:(r) / tent / kærıvæn"

● **.....ücret ne kadar?**   What's the charge ....?
                              wats dhı ça:c ...

Kişi başına	per person	pö(r) pö:sın
Günlük	per day	pö(r) dey
Haftalık	per week	pö(r) wi:k
Bir araba için	for a car	fo(r) e ka:(r)
Bir çadır için	for a tent	fo(r) e tent
Bir karavan için	for a caravan	fo(r) e kærıvæn

● **Bir çadır kiralayabilir miyiz?**
Can we hire a tent?
kæn wi: hayı(r) e tent

● **Karavanımızı burada park edebilir miyiz?**
Can we park our caravan here?
kæn wi: pa:k auı(r) kærıvæn hiı(r)

● **"Duşlar / Tuvaletler" nerede?**
Where are the "showers / toilets"?
weı(r) a:(r) dhı "şauı(r)s / toylits"

● **Alışveriş olanakları var mı?**
Are there shopping facilities?
a:(r) dheı(r) şopinğ fesiliti:z

● **İçme suyu var mı?**   ● **Elektrik var mı?**
Is there drinking water?   Is there electricity?
iz dheı(r) drinğkinğ wo:tı(r)   iz dheı(r) ilektrisiti

● **"Oyun alanı / Restoran" var mı?**
Is there a "playground / restaurant "?
iz dheı(r) e "pleygraund / restıra:nt

● **Bu içme suyu mudur?**   ● **Ateş yakabilir miyiz?**
Is this drinking water?   May we light a fire?
iz dhis drinkinğ wo:tı(r)   mey wi: layt e fayı(r)

•**Öğrenci yurduna yürüyüş ne kadar sürer?**
How long is the walk to the youth hostel?
hau lonğ iz dhı wo:k tu dhı yu:th hostıl

•**....ye bir patika (keçi yolu) var mı?**
Is there a footpath to ....
iz dheı(r) e futpa:th tu ....

•**Bir sonraki köy ne kadar uzakta?**
How far is the next village?
hau fa:(r) iz dhı nekst vilic

RESTORAN RESTAURANT

Restorana Gidiş – Yer ayırtma
Going to a restaurant – Reservation

- **"İyi / Ucuz" bir restoran önerebilir misiniz?**
  Can you suggest a "good / cheap" restaurant.
  kæn yu: sıcest e "gud / çi:p" restıra:nt

- **Acıktım. / Susadım.**
  I'm hungry. / I'm thirsty.
  aym hanğgri / aym thö:sti

- **Nerede hafif yemekler bulabiliriz?**
  Where can we get a snack?
  weı(r) kæn wi: get a snæk

- **Dört kişilik bir masa ayırtmak istiyorum.**
  I'd like to reserve a table for four.
  ayd layk tu rizö:v e teybıl fo(r) fou(r)

- **Dört kişilik bir masanız var mı?**
  Do you have a table for four?
  du yu: hæv e teybıl fo(r) fo:(r)

- **.... bir masa var mı?**   Is there a table ...?
                               iz dheı(r) e teybıl .....

Bir köşede	in a corner	in e ko:nı(r)
Dışarıda	outside	autsayd
Pencere kenarında	by the window	bay dhı windou
Terasta	on the terrace	on dhı terıs
Sigara içilmeyen bir yerde	in a non-smoking area	in e non-smoukinğ eırıı

• **"Yarına/Bu akşama" bir masa ayırtmak istiyorum.**
I'd like to reserve a table for "tomorrow / this evening".
ayd layk tu rizö:v e teybıl fo(r) "tımorou / dhis i:vninğ"

• **Akşam yemeği için bir masa ayırtmak istiyorum.**
I'd like to reserve a table for dinner.
ayd layk tu rizö:v e teybıl fo(r) dinı(r)

• **Saat sekizde geliriz.**
We'll come at eight.
wi:l kam æt eyt

• **Benim adım ....**
My name is ....
may neym iz ...

• **Dört kişilik bir masa ayırtmıştım. Adım ....**
I've reserved a table for four. My name is ....
ayv rizö:vd e teybıl fo(r) fo:(r). may neym iz ...

• **Bu taraftan lütfen.**
This way, please.
dhis wey pli:z

Sipariş   Ordering

• **Garson!**
Waiter / Waitress!
weytı(r) / weytris

• **"Yemek / İçmek" için bir şey istiyoruz.**
We'd like something to "eat / drink".
wi:d layk samthinğ tu "i:t / drinğk"

• **Mönüye bakabilir miyim,lütfen?**
May I see the menu, please?
mey ay si: dhı menyu: pli:z

• **Çabuk hazır olan bir şeyiniz var mı?**
Do you have anything ready quickly?
du yu: hæv enithinğ redi kwikli

- **Yerli yemekleriniz var mı?**
  Do you have any local dishes?
  du yu: hæv eni loukıl dişiz

- **Hafif yemekler veriyor musunuz?**
  Do you serve snacks?
  du yu: sö:v snæks

- **Ne tavsiye edersiniz?**
  What do you recommend?
  wat du yu: rekımend

- **Acelemiz var.**
  We're in a hurry.
  wi:ı(r) in e hari

- **Bir .... alabilir miyim lütfen?**
  Could I have a .... please?
  kud ay hæv e .... pli:z

bardak	glass	gla:s
bıçak	knife	nayf
çatal	fork	fo:k
kaşık	spoon	spu:n
peçete	napkin	næpkin
tabak	plate	pleyt

- **Biraz .... alabilir miyim?**
  May I have some ....?
  mey ay hæv sam ....

ekmek	bread	bred
limon	lemon	lemın
sirke	vinegar	vinıga(r)
şeker	sugar	şugı(r)
tuz	salt	so:lt

- **Bezelye yerine fasulye alabilir miyim**?
  May I have beans instead of peas?
  mey ay hæv bi:nz insted ov pi:z

- **"Sossuz (Salçasız) / Yağsız" (olsun) lütfen.**
  Without "sauce / oil", please.
  widhaut "so:s / oyl" pli:z

• **Biraz daha rica ediyorum.**
I'd like some more.
ayd layk sam mo:(r)

• **Bu kadar yeter,teşekkür ederim.**
Nothing more,thanks.
nathinğ mo:(r) , thænğks

• **Özel bir rejimdeyim.**   • **Alkol kullanmıyorum.**
I'm on a special diet.   I don't drink alcohol.
aym on e speşıl dayıt   ay dont drinğk ælkıhol

• **.... içeren yemekler yememeliyim.**
I mustn't eat food containing ....
ay masnt i:t fu:d kınteyninğ ...

şeker	sugar	şugı(r)
tuz	salt	so:lt
un	flour	flauı(r)
yağ	fat	fæt

• **Vejetaryen yemekleriniz var mı?**
Do you have any vegetarian dishes?
du yu: hæv eni veciteiriın dişiz

• **Şeker hastaları için .... var mı?**
Do you have .... for diabetics?
du yu: hæv ..... fo(r) dayıbetiks

özel bir mönü	a special menu	e speşıl menyu:
pastalar	cakes	keyks
meyve suyu	fruit juice	fru:t cu:s

• **Yapay tatlandırıcı (Sakarin) alabilir miyim?**
Can I have an artificial sweetener?
kæn ay hæv æn a:tifi:şıl swi:tını(r)

• **Bir kül tablası alabilir miyim?**
May I have an ashtray?
mey ay hæv æn æştrey

• **Tuvaletler nerede?**
Where are the toilets?
weı(r) a:(r) dhı toylits

• **Ne arzu edersiniz?**
What would you like?
wat wud yu: layk

• **.....ister misiniz?**
Would you like..?
wud yu: layk .....

• **Ne içersiniz?**
What would you like to drink ?
wat wud yu: layk tu drinğk

• **Bizde .... yoktur.**
We don't have....
wi: dont hæv

• **Bunu tavsiye ederim.**
I recommend this.
ay rekımend dhis

• **..... denemek (tatmak) ister miydiniz?**
Would you like to try ....?
wud yu: layk tu tray ....

Kahvaltı ve Çay Breakfast and tea

• **Kahvaltı istiyorum lütfen.**
I'd like breakfast, please.
ayd layk brekfıst pli:z

• **(Bir / Biraz) .... alırım.**
I'll have (a – an (*) / some) ......
ayl hæv (e - æn / sam) ....

....
(*) **an**: ünlülerle başlayan sözcüklerden önce "bir /
herhangi bir" anlamında kullanılır.
....

greyfurt (suyu)	grapefruit	greypfru:t
jambon ve yumurta	ham and eggs	hæm æn(d) egs
katı yumurta	hard-boiled egg	ha:d-boyld eg
kızarmış ekmek	toast	toust
marmelat	marmalade	ma:mıleyd
meyve suyu	fruit juice	fru:t cu:s
portakal suyu	orange	orinc
rafadan yumurta	soft-boiled egg	soft-boyld eg
reçel	jam	cæm
yoğurt	yoghurt	yo:gıt
yumurta	eggs	egs

● ..... alabilir miyim? May I have some .....
mey ay hæv sam ......

bal	honey	hani
çay	tea	ti:
limonlu	with lemon	with lemın
sütlü	with milk	with milk
ekmek	bread	bred
kahve	coffee	ko:fi
kafeinsiz	decaffeinated	di:kæfi:neytid
koyu	black	blæk
sütlü	with milk	with milk
karabiber	pepper	pepı(r)
küçük ekmek(ler)	rolls	rouls
peynir	cheese	çi:z
süt	milk	milk
soğuk	cold	kould
sıcak	hot	hot
sütlü kakao	hot chocolate	hot çok(ı)lit
şeker	sugar	şugı(r)
tereyağı	butter	batı(r)
tuz	salt	solt
zeytin	olives	olivs

RESTORAN

İçkiler Drinks

• **İçecek ne alırsınız?**
What will you have to drink?
wat wil yu: hæv tu drinğk

• **Bir bardak "votka / cin-tonik " rica ediyorum.**
I'd like a glass of "vodka / gin and tonic"
ayd layk e gla:s ov "vodka / cin æn(d) to:nik"

• **Bir (duble) viski lütfen.**
A (double) whisky, please.
e (dabl) wiski pli:z

Bir bardak	a glass	e gla:s
Bir duble	a double	e dabl
Bir şişe	a bottle	e botl
buzlu	on the rocks	on dhı roks
duble	double	dabl
meyve suyuyla	with fruit juice	with fru:t cu:s
sek	neat (straight)	ni:t (streyt)
sodayla	with soda	with soudı
suyla	with water	wo:tı(r)
tek	single	singıl
Yarım şişe	half a bottle	ha:f e botl

Şerefe!	Cheers!	çiı(r)s
Sağlığınıza!	Your health!	yo:(r) helth

• **Bir "şişe / bardak bira rica ediyorum.**
I'd like a "bottle / glass" of beer, please.
ayd layk e "botl / gla:s" ov bıı(r), pli:z

• **"Siyah / Beyaz" bir bira, lütfen.**
a "dark / light" beer, please.
e "da:k / layt" bıı(r), pli:z

RESTAURANT

• **Bir şişe şarap rica ediyorum.**
I'd like a bottle of wine, please.
ayd layk e botl ov wayn pli:z

• **Bir şişe yöresel (yerli) şarap lütfen.**
A bottle of the local wine, please.
e botl ov dhı loukıl wayn pli:z

• **Bu şarabın adı nedir?**
What's this wine called?
wats dhis wayn ko:ld

• **Şarabı "bardakla / şişeyle" veriyor musunuz?**
Do you serve wine by the "glass / bottle"?
du yu: sö:v wayn bay dhı "gla:s / botl"

beyaz şarap	white wine	wayt wayn
kırmızı şarap	red wine	red wayn
yarım şişe	half a bottle	ha.f e botl
bir bardak	a glass	e gla:s
bir sürahi	a carafe	e kıræf
hafif	light	layt
sek	dry	dray
tatlı	sweet	swi:t
köpüklü	sparkling	spa:klinğ
oda ısısında	at room temperature	æt ru:m tempirıçı(r)
soğutulmuş	chilled	çi:ld

• **Bir ..... daha getirir misiniz lütfen?**
Please bring me another .....
pli:z brinğ mi: ınadhı(r) .....

• **Şampanya getirir misiniz lütfen?**
Please bring me some champagne.
pli:z brinğ mi: sam şæmpeyn

• **Bir bardak su rica ediyorum.**
I'd like a glass of water, please.
ayd layk e gla:s ov wo:tı(r) pli:z

- **Bir "maden suyu / meyve suyu" rica ediyorum.**
  I'd like a "mineral water / fruit juice", please.
  ayd layk e "minırıl wotı(r) / fru:t ju:s" pli:z

- **Bir fincan "çay / kahve", lütfen.**
  A cup of "tea / coffee", please.
  e kap ov " ti: / ko:fi" pli:z

Şikâyetler   Complaints

- **Bir "bardak/tabak" eksik.**
  There's a "glass / plate" missing.
  dheı(r)z e gla:s/pleyt" misinğ

- **Bu ısmarladığım şey değil.**
  This isn't what I ordered.
  dhis izn't wat ay o:dı(r)d

- **Bir yanlışlık olmalı. Ben .... ısmarlamıştım.**
  There must be a mistake. I asked for .....
  dheı(r) mast bi: e misteyk. ay a:skd fo(r) ...

- **"Kaşığım / Çatalım / Bıçağım" yok.**
  I don't have a "spoon / fork / knife".
  ay dont hæv e "spu:n/fo:k/nayf"

- **Bunu beğenmedim.**
  I don't like this.
  ay dont layk dhis

- **Bu çok "tuzlu / ekşi / baharatlı ".**
  This is too "salty / sour / spicy".
  dhis iz tu: "solti / sau(r) / spaysi".

• **Et**	The meat is	dhı mi:t iz ......
az pişmiş	underdone	andı(r)dan
çok çiğ	too rare	tu: reı(r)
çok pişmiş	overdone	ouvı(r)dan
sert	tough	taf

• **Yemek soğuk.**
The food is cold.
dhı fu:d iz kould

• **Bu bayat.**
This is stale.
dhis iz steyl

• **Bu "tabak / bıçak / kaşık / bardak" temiz değil.**
This "plate / knife / spoon / glass" isn't clean.
dhis "pleyt / nayf / spu:n / gla:s" iznt kli:n

• **Şef garsonu çağırır mısınız lütfen?**
Please ask the head waiter to come over.
pli:z a:sk dhı hed weytı(r) tu kam ouvı(r)

Hesap Ödeme   Paying

• **Hesap, lütfen !**
The bill, please !
dhı bil, pli:z

• **Hesabı vermek istiyorum.**
I'd like to pay.
ayd layk tu pey

• **Ayrı hesaplar alabilir miyiz?**
May we have separate bills?
mey wi: hæv seprit bils

• **Servisi içeriyor mu?**
Does it include service?
daz it inklu:d sö:vis

• **Sanırım bu hesapta bir yanlışlık var.**
I think there's a mistake in this bill.
ay thingk dheı(r) iz e misteyk in dhis bil

RESTORAN

- **Bu miktar ne için?**
  What is this amount for?
  wat iz dhis ımaunt fo(r)

- **"Çorba / Tavuk" almadım.**
  I didn't have "soup / chicken".
  ay didnt hæv "su:p / çikın"

- **Kredi kartı ile ödeyebilir miyim?**
  Can I pay by credit card?
  kæn ay pey bay kredit ka:d

- **Teşekkür ederim. Bu sizin için.**
  Thank you. This is for you.
  thæn(ğ)k yu: dhis iz fo(r) yu:

- **Üstü kalsın.**
  Keep the change.
  ki:p dhı çeync

- **Beğendik. Teşekkür ederiz.**
  We enjoyed it. Thank you.
  wi: encoyd it. thænğk yu:

- **Çok güzeldi.**
  That was delicious.
  dhæt waz dilişıs.

Restoran Sözlüğü
Restaurant Vocabulary

baharat	seasoning (spice)	si:zıninğ (spays)
bahşiş	tip	tip
bardak	glass	gla:s
bıçak	knife	nayf
biber	pepper	pepı(r)
çatal	fork	fo:k
ekmek	bread	bred
fincan	cup	kap
fincan tabağı	saucer	so:sı(r)
garson	waiter, waitress	weytı(r), weytris

RESTAURANT

hardal	mustard	mastıd
kaşık	spoon	spu:n
kül tablası	ashtray	æştrey
kürdan	toothpick	tu:thpik
limon	lemon	lemın
masa	table	teybıl
masa örtüsü	tablecloth	teybıl'kloth
peçete	napkin	næpkin
sirke	vinegar	vinıgı(r)
sos	sauce	so:s
şef garson	headwaiter	hedweytı(r)
şeker	sugar	şugı(r)
tabak	plate	pleyt
tas, kâse	bowl	boul
tereyağı	butter	batı(r)
turşu	pickles	pikıls
tuz	salt	solt
vestiyer	cloakroom	kloukru:m
yağ	oil	oyl

Mönü The menu

Mezeler (Antreler) *Starters*

anchovies (tekili: anchovy)	ænçouvi:z	**ançüez**(ler)
artichoke(s)	a:tiçouk(s)	**enginar**(lar)
aubergine salad	oubı(r)ji:n sælıd	**patlıcan salatası**
crab	kræb	**pavurya**
bacon	beykın	**tuzlanmış domuz eti**
brain	breyn	**beyin**
brain salad	breyn sælıd	**beyin salatası**
caviar	kævia:	**havyar**
cheese	çi:z	**peynir**
green olive(s)	gri:n oliv(s)	**yeşil zeytin**(ler)
ham	hæm	**jambon**
kidney(s)	kidni:(s)	**böbrek**(ler)
liver	livı(r)	**ciğer**
lobster	lobstı(r)	**ıstakoz**
(iced) melon	(aysd) melın	**(buzlu) kavun**

mussel(s)	masıl(s)	**midye**(ler)
olive(s)	oliv(s)	**zeytin**(ler)
oyster(s)	oystı(r)s	**istiridye**(ler)
pickle	pikıl	**turşu**
rissole	risoul	**köfte**
sardine(s)	sa:di:n(s)	**sardalya**(lar)
sausage	so:sic	**sosis**
seafood cocktail	si:fu:d kokteyl	**deniz ürünleri kokteyli**
smoked eel	smoukd i:l	**yılan balığı füme**
smoked salmon	smoukd sæmın	**som balığı füme**
smoked swordfish	smoukd so:dfiş	**kılıç balığı füme**
snail(s)	sneyl(s)	**salyangoz**(lar)
tongue	tanğ	**dil**
tripe	trayp	**işkembe**
tuna fish	tu:nı fiş	**ton balığı**
yoghurt	yo:gıt	**yoğurt**

Çorbalar   *Soups*

bean soup	bi:n su:p	**fasulye çorbası**
carrot soup	kærıt su:p	**havuç çorbası**
celery soup	seliri su:p	**kereviz çorbası**
cheese soup	çi:z su:p	**peynir çorbası**
chicken consommé	çikın konsomey	**tavuk suyu**
chicken soup	çikın su:p	**tavuk çorbası**
corn soup	ko:n su:p	**mısır çorbası**
eel soup	i:l su:p	**yılan balığı çorbası**
flour soup	flauı(r) su:p	**un çorbası**
lentil soup	lentil su:p	**mercimek çorbası**
onion soup	anyın su:p	**soğan çorbası**
pea soup	pi: su:p	**bezelye çorbası**
potato soup	pıteytou su:p	**patates çorbası**
rice soup	rays su:p	**pirinç çorbası**
semolina soup	semıli:nı su:p	**irmik çorbası**
tomato soup	tıma:tou su:p	**domates çorbası**
vegetable soup	vecitıbl su:p	**sebze çorbası**

Et Meat

beef	bi:f	**sığır eti**
beefsteak	bi:fsteyk	**bonfile**
breast	brest	**göğüs**
chop	çop	**pirzola**
fillet	filit	**fileto**
goulash	gu:læş	**tas kebap**
kidney	kidni	**böbrek**
lamb	læm	**kuzu (eti)**
liver	livı(r)	**ciğer**
mince	mins	**kıyma**
mutton	matın	**koyun eti**
mutton stew	matın styu:	**koyun haşlama**
rissole	risoul	**köfte**
roast beef	roust bi:f	**sığır eti kızartma**
roast lamb	roust læm	**kuzu kızartma**
roast mutton	roust matın	**koyun kızartma**
steak	steyk	**biftek**
stew	styu:	**haşlama**
veal	vi:l	**dana eti**
veal cutlet(s)	vi:l katlit(s)	**dana pirzola**(lar)

Balık - Deniz ürünleri Fish - Seafood

anchovies (tekili: anchovy)	ænçouvi:z	**hamsi(ler)**
bass	bæs	**levrek**
black bream	blæk bri:m	**karagöz**
blue fish	blu: fiş	**lüfer**
carp	ka:(r)p	**sazan**
cod	kod	**morina**
crab	kræb	**pavurya**
eel	i:l	**yılan balığı**
garfish	ga:(r)fiş	**zargana**
gurnard	gö:nıd	**kırlangıç balığı**
haddock	hædık	**mezgit**
halibut	hælibıt	**pisi balığı**
herring	herinğ	**ringa balığı**
horse mackerel	ho:s makrıl	**istavrit**
lobster	lobstı(r)	**ıstakoz**

RESTORAN

mackerel	mækrıl	**uskumru**
mullet	malit	**kefal, tekir**
mussel(s)	masıl(s)	**midye**(ler)
oyster(s)	oystı(r)(s)	**istiridye**(ler)
perch	pö:(r)ç	**levrek**
pike	payk	**turna**
plaice	pleys	**pisi balığı**
prawn(s)	pro:n(s)	**karides**(ler)
red mullet	red malıt	**barbunya**
red sea bream	red si: bri:m	**mercan**
salmon	sæmın	**som balığı**
salted tuna	soltid tu:nı	**lakerda**
sand smelt	sænd smelt	**gümüş balığı**
sardine(s)	sa:di:n(s)	**sardalye**(ler)
sea bass	si: bæs	**levrek**
shrimp	şrimp	**karides**
sole	soul	**dil balığı**
striped mullet	straypd malit	**tekir**
swordfish	so:dfiş	**kılıç balığı**
trout	traut	**alabalık**
tuna fish	tu:nı fiş	**ton balığı**
turbot	tö:bıt	**kalkan**
whiting	waytinğ	**mezgit**

Yumurtalı Yemekler   *Egg dishes*

boiled egg(s)	boyld eg(s)	**haşlanmış yumurta**(lar)
hard	ha:d	**katı**
soft	soft	**rafadan**
poached egg(s)	pouçd eg(s)	**(kabuksuz) haşlanmış yumurta**(lar)
fried egg(s)	frayd eg(s)	**(tavada) kızarmış yumurta**(lar)
omelette	omlıt	**omlet**
omelette with cheese	omlıt with çi:z	**peynirli omlet**
omelette with herbs	omlıt with hö:bs	**yeşillikli omlet**
spinach omelette	spiniç omlit	**ıspanaklı omlet**
omelette with mushrooms	omlıt with maşru:ms	**mantarlı omlet**

RESTAURANT

Sebzeler - Salatalar *Vegetables - Salads*

artichoke	a:tiçouk	**enginar**
asparagus	ıspærıgıs	**kuşkonmaz**
bean(s)	bi:n(s)	**fasulye**(ler)
beetroot	bi:tru:t	**pancar**
broad bean(s)	bro:d bi:ns	**bakla**
cabbage	kæbic	**kapuska , lâhana**
carrot salad	kærıt sælıd	**havuç salatası**
carrot(s)	kærıts	**havuç(lar)**
cauliflower	ko:liflawı(r)	**karnabahar**
celery	selıri	**kereviz**
chestnut(s)	çesnat(s)	**kestane**(ler)
cucumber	kyu:kambı(r)	**salatalık (hıyar)**
eggplant (aubergine)	egpla:nt (o:bıji:n)	**patlıcan**
garlic	ga:lik	**sarımsak**
green bean(s)	gri:n bi:n(s)	**taze fasulye**(ler)
leek(s)	li:ks	**pırasa(lar)**
lentil(s)	lentil(s)	**mercimek**(ler)
lettuce salad	letis sælıd	**marul salatası**
lettuce	letis	**marul**
marrow	mærou	**sakız kabağı**
mushroom(s)	maşru:m(s)	**mantar**(lar)
okra	okrı	**bamya**
onion(s)	anyın(s)	**soğan(lar)**
pea(s)	pi:s	**bezelye**(ler)
pepper(s)	pepı(r)(s)	**biber**(ler)
potato salad	pıteytou sælıd	**patates salatası**
potato(es)	pıteytou(s)	**patates**(ler)
pumpkin	pampkin	**kabak**
purslane	pö:sleyn	**semizotu**
radish	rædiş	**turp**
rice	rays	**pirinç**
salad	sælıd	**salata**
spinach	spiniç	**ıspanak**
spring onion(s)	sprinğ anyın(s)	**taze soğan**(lar)
string beans	strinğ bi:ns	**çalı fasulyesi**
sweet corn	swi:t ko:n	**mısır**
sweet pepper(s)	swi:t pepı(r)(s)	**tatlı biber**(ler)
tomato salad	tıma:tou sælıd	**domates salatası**
tomato(es)	tıma:tous	**domates**(ler)
turnip	tö:nip	**şalgam**

Av ve kümes hayvanları
Game and poultry

chicken	çikın	**tavuk**
hare	heı(r)	**yaban tavşanı**
partridge	pa:tric	**keklik**
pheasant	fezınt	**sülün**
quail	kweyl	**bıldırcın**
turkey	tö:ki	**hindi**
wild boar	wayld bo:(r)	**yaban domuzu**
wild duck	wayld dak	**yaban ördeği**
wild goose	wayld gu:s	**yaban kazı**

Hamurişi   Pastry

dumpling	damplinğ	**börek**
herb dumplings	hö:b damplinğs	**yeşillikli börek**
macaroni	mækırouni	**makarna**
minced meat pie	minsd mi:t pay	**kıymalı börek**
pie	pay	**etli/meyveli börek**
potato dumplings	pıteytou damplinğs	**patatesli börek**
ravioli	rævi'ouli	**mantı**

Tatlılar ve Pastalar   Desserts and cakes

apple cake	æpl keyk	**elmalı pasta**
cheesecake	çi:zkeyk	**peynir pastası**
chocolate pudding	ço:kılit pudinğ	**krem şokola**
coffee cake	ko:fi keyk	**kahveli pasta**
creme caramel	kreym kærımel	**krem karamel**
doughnut	dounat	**kadın göbeği tatlısı**
fruit cake	fru:t keyk	**meyveli turta**
fruit salad	fru:t sælıd	**meyve salatası**
ice cream	ays kri:m	**dondurma**
macaroon	mækıru:n	**bademli kurabiye**
milkshake	milkşeyk	**(şurupla karıştırılmış) süt**
nut cake	nat keyk	**fındıklı pasta**
pancake	pænkeyk	**gözleme**

plum cake	plam keyk	**erikli pasta**
pudding	pudiňg	**muhallebi, puding**
soufflé	su:fley	**sufle**
spiced cake	spaysd keyk	**baharatlı pasta**
stewed fruit	styu:d fru:t	**komposto**
tart	ta:t	**turta**

Meyve ve Yemiş *Fruit*

almond	a:mınd	**badem**
apple	æpl	**elma**
apricot	eyprikot	**kayısı**
banana	bına:nı	**muz**
blackberry	blækberi	**böğürtlen**
blackcurrant	blækkarınt	**frenk üzümü**
cherry	çeri	**kiraz**
fig	fig	**incir**
gooseberry	gu:zbıri	**bektaşi üzümü**
grape	greyp	**üzüm**
hazelnut	heyzılnat	**fındık**
mandarin	mændırin	**mandalina**
melon	melın	**kavun**
mulberry	malbıri	**dut**
nut	nat	**fındık**
orange	orınc	**portakal**
peach	pi:ç	**şeftali**
pear	pe:(r)	**armut**
pineapple	paynæpl	**ananas**
plums	plams	**erik**
quince	kwins	**ayva**
raspberry	ra:zbıri	**ahududu**
strawberry	stroubıri	**çilek**
tangerine	tæncıri:n	**mandalina**
walnut	woulnat	**ceviz**
watermelon	wo:tı(r)melın	**karpuz**

Baharatlar ve Otlar *Spices and Herbs*

black pepper	blæk pepı(r)	**karabiber**
red pepper (chilli)	red pepı(r) (çili)	**kırmızı biber**
cumin	kamin/k(y)umin	**kimyon**
garlic	ga:lik	**sarımsak**

mint	mint	**nane**
mustard	mastıd	**hardal**
parsley	pa:sli	**maydanoz**
salt	solt	**tuz**
thyme	taym	**kekik**

İçkiler *Drinks*

alcohol	ælkıhol	**alkol**
apple juice	æpl cu:s	**elma suyu**
beer	bıı(r)	**bira**
brandy	brændi	**konyak**
cider	saydı(r)	**elma şarabı**
coffee	kofi	**kahve**
fruit juice	fru:t cu:s	**meyve suyu**
gin and tonic	cin æn(d) tonik	**cin-tonik**
grog	grog	**sıcak alkollü içki**
iced tea	aysd ti:	**buzlu çay**
lemonade	lemıneyd	**limonata**
liqueur	likö(r)/likyuı(r)	**likör**
milk	milk	**süt**
mineral water	minirıl wo:tı(r)	**maden suyu**
orangeade	orınceyd	**portakal suyu**
port	po:t	**porto**
rum	ram	**rom**
sherry	şeri	**İspanyol şarabı**
soda water	so:da wo:tı(r)	**soda**
tea	ti:	**çay**
tea with milk	ti: with milk	**sütlü çay**
vermouth	vö:mu:th	**vermut**
vodka	vodka	**votka**
water	wo:tı(r)	**su**
whisky (whiskey)	wiski	**viski**
wine	wayn	**şarap**
dry	dray	**sek**
open, by glass	oupın, bay gla:s	**açık, bardakla**
red	red	**kırmızı**
sweet	swi:t	**tatlı**
white	wayt	**beyaz**

Bazı Yemek Yapma Yöntemleri
Some cooking methods

buğulama	steamed	sti:md
dolma	stuffed	staft
fırında	baked	beykt
haşlama	poached	pouçt
ızgara	grilled	grild
kızarmış	roasted	ro:stid
tavada kızarmış	fried	frayd

Bazı Türk yiyeceklerinin İngilizce kısa açıklamaları

• **baklava**
A sweet pastry cake interspersed with chopped nuts and doused with sweet syrup, cut in lozenges, eaten cold
a swi:t peystri keyk intıspö:sd with çopt nats ænd dausd with swi:t sırıp, kat in lozinciz, i:tn kould

• **beyaz peynir**
white (goat / sheep's) milk cheese
wayt (gout / şi:ps) milk çi:z

• **biber dolması**
stuffed peppers   staft pepı(r)s

• **bulgur pilavı**
cracked wheat pilaw   krækt wi:t pilav

• **cacık**
diced cucumbers with a dressing of yoghurt, garlic and olive oil
daysd kyu:kambı(r)s with e dresinğ ov yo:gıt, ga:lik ænd oliv oyl

• **çerkez peyniri**
buffalo cheese   bafılou çi:z

• **çiroz salatası**
cured mackerel salad   kyu:ı(r)d mækrıl sælıd

• **çoban salatası**
tomato and cucumber salad
tıma:tou æn(d) kyu:kambı(r) sælıd

- **domates dolması**
  stuffed tomatoes   staft tıma:tous

- **fırında arpa şehriyesi**
  baked oat noodles   beykt out nu:dıls

- **fırında kuzu**
  roast leg of lamb   roust leg ov læm

- **iç pilav**
  fried chicken pilaw   frayd çikın pilav

- **kabak dolması**
  stuffed vegetable marrow staft vecitıbl mærou

- **kabak tatlısı**
  pumpkin served with nuts and a sugary syrup
  pampkin sö:vd with nats æn(d) a şugırı sırıp

- **karışık salata**
  mixed salad   mikst sælıd

- **(taze/eski) kaşar peyniri**
  (fresh/mature) firm yellowish cheese
  (freş/mıtyuı(r)) fö(r)m yelowiş çi:z

- **kıymalı su böreği**
  minced meat pie   minst mi:t pay

- **kuzu güveç**
  lamb stew with garlic, onions, tomatoes, potatoes, dill and
  bay leaves
  læm styu: with ga:lik, anyıns , tıma:tous , pıteytous , dil æn(d)
  bey li:vz

- **kuzu pilav**
  lamb pilaw with raisins, pine nuts and onions
  læm pilav with reyzıns, payn nats æn(d) anyıns

- **menemen**
  eggs with tomato and pepper
  egs with tıma:tou æn(d) pepı(r)

- **midye dolması**
  minced mussels with rice and onions
  minst masıls with rays æn(d) anyıns

- **patlıcan (dolması)**
  (stuffed) eggplant, aubergine   (staft) egpla:nt , oubıji:n

- **patlıcan salatası**
  aubergine (eggplant) salad — oubıji:n (egpla:nt) sælıd

- **pide**
  Turkish-style pizza — tö:kiş stayıl pi:tsa

- **Rus salatası**
  diced vegetable salad — daysd vecitıbl sælıd

- **şiş kebabı**
  shish kebab — şiş kebab

- **tulum peyniri**
  dry, salty goat's milk cheese — dray , solti gouts milk çi:z

- **türlü**
  mixed vegetables — mikst vecitıbls

- **yeşil salata**
  green salad — gri:n sælıd

TURİSTİK GEZİ
SIGHTSEEING

- **Görülmeye değer (İlgi çekici) yerler nelerdir?**
  What are the main places of interest?
  wat a:(r) dhı meyn pleysiz ov intırist

- **Bir "günlüğüne / haftalığına" buradayız.**
  We are here for a "day / week".
  wi: a:(r) hiı(r) fo(r) e "dey / wi:k"

- **"Türkçe / İngilizce" bilen bir rehber var mı?**
  Is there "a Turkish / an English"-speaking guide?
  iz dheı(r) "e tö:kiş/ en ingliş"-spi:king gayd

- **Bir turistik tur önerebilir misiniz?**
  Can you recommend a sightseeing tour?
  kæn yu: rekımend e saytsiinğ tuı(r)

- **Yarım gün için özel bir rehber tutmak istiyorum.**
  I'd like to hire a private guide for half a day.
  ayd layk tu hayı(r) e prayvit gayd fo(r) ha:f e dey

- **Rehber Türkçe biliyor mu?**
  Does the guide speak Turkish?
  daz dhı gayd spi:k tö(r)kiş

- **Tur saat kaçta başlıyor?**
  What time does the tour start?
  wat taym daz dhı tuı(r) sta:t

- **Nereden hareket edeceğiz?**
  Where do we leave from?
  weı(r) du wi: li:v from

• **Otobüs bizi otelden alabilir mi?**
Can the bus pick us at the hotel?
kæn dhı bas pik ap as æt dhı hotel

• **Ne zaman geri dönüyoruz?**
What time do we get back?
wat taym du wi: get bæk

• **........ nerededir?**   Where is/are the ....?
weı(r) iz/a:(r) dhı ....

Abide	monument	monyumınt
Alışveriş bölgesi	shopping area	şopinğ eırıı
Anıt	memorial	mimo:rııl
Bina	building	bildinğ
Bit pazarı	flea market	fli: ma:kit
Borsa	stock exchange	stok eks'çeync
Botanik bahçeleri	botanical gardens	bıtænikıl ga:dıns
Cami	mosque	mosk
Çarşı	bazaar	bıza:(r)
Çeşme	fountain	fauntın
Eski şehir	old town	ould taun
Fabrika	factory	fæktıri
Fuar	fair	feı(r)
Göl	lake	leyk
Harabeler	ruins	ru:ins
Hayvanat bahçesi	zoo	zu:
Heykel	statue	stætyu:
Kale	fortress	fo:tris
Katedral	cathedral	kıthi:drıl
Kilise	church	çö:ç
Konser salonu	concert hall	konsı(r)t ho:l
Kule	tower	tauı(r)
Kütüphane	library	laybrıri
Liman	harbour	ha:bı(r)
Mağara	cave	keyv
Mahkeme	courthouse	ko:thaus
Manastır	monastery/convent	monıstri/konvınt
Meydan	square	skweı(r)
Müze	museum	myuzıım
Opera binası	opera house	opırı haus

Park	park	pa:k
Parlamento binası	parliament building	pa:lımınt bildiñg
Pazar	market	ma:kit
Sanat galerisi	art gallery	a:t gæliri
Saray	palace	pælıs
Sergi	exhibition	eksibişın
Stadyum	stadium	steydiım
Surlar	city walls	siti wo:ls
Şato	castle	ka:sıl
Şehir merkezi	city centre / downtown area	
	siti sentı(r) / dauntaun eırıı	
Tapınak	temple	tempıl
Ticaret merkezi	business district	biznis distrikt
Tiyatro	theatre	tiıtı(r)
Üniversite	university	yunivö:siti

Açılış saatleri Opening times

● **Müze ne zaman açıktır?**
When is the museum open?
wen iz dhı myuziim oupın

● **Saray saat kaçta açılıyor?**
What time does the palace open?
wat taym daz dhı pælıs oupın

● **Manastırı ziyaret edebilir miyim?**
Can I visit the monastery?
kæn ay vizit dhı monıstri

● **Bir bakabilir miyiz?**
Can we have a look?
kæn wi: hæv e luk

● **Hangi saatlerde açıktır?**
What are the opening hours?
wat a:(r) dhı oupıniñg auı(r)s

• **Saat kaçta kapanıyor?**
When does it close?
wen daz it klouz

• **Bugün açık mıdır?**
Is it open today?
iz it oupın tıdey

• **Bugün açıktır/kapalıdır.**
It's open/closed today.
its oupın/klouzd tıdey

Yerleri ziyaret etme Visiting places

• **Bilet gişesi nerededir?**
Where is the ticket office?
weı(r) iz dhı tikit ofis

• **Giriş ücreti ne kadar?**
How much is the entrance fee?
hau maç iz dhı entrıns fi:

• **...... için bir indirim var mı?**
Is there a reduction for .... ?
iz dheı(r) e ridakşın fo(r)

çocuklar	children	çildrın
emekliler	pensioners	penşını(r)s
gruplar	groups	gru:ps
öğrenciler	students	styu:dınts
sakatlar	the disabled	dhı diseybıld

• **Rehber olacak mı?**
Will there be a guide?
wil dheı(r) bi: e gayd

• **İki yetişkin ve bir çocuk.**
Two adults and one child.
tu: ædalts ænd wan çayld

• **Nereden bir katalog alabilirim?**
Where can I get a catalogue?
weı(r) kæn ay get e kætılog

● **Fotoğraf çekebilir miyiz?**
Can we take photos?
kæn wi: teyk foutous

● **Fotoğraf yasaktır.**
Photographs are prohibited.
foutıgra:fs a:(r) prıhibıtid

● **Çantanızı vestiyerde bırakın lütfen.**
Please leave your bag in the cloakroom.
pli:z li:v yo:(r) bæg in dhı kloukru:m

● **Rehberi izleyin lütfen.**
Follow the guide, please.
folou dhı gayd pli:z

● **Şu bina nedir?**
What's that building?
wats dhæt bildinğ

● **Bu ne zaman yapıldı?**
When was it built?
wen waz it bilt

Etkileyici	impressive	impresiv
Görkemli	magnificent	mægnifisınt
Güzel	beautiful	byu:tıfıl
İlginç	interesting	intıristinğ
Karanlık (kasvetli)	gloomy	glu:mi
Müthiş	tremendous	trimendıs
Sevimli	pretty	priti
Şaşırtıcı	amazing	ımeyzinğ
Tuhaf	strange	streync

● **Şu tabloyu kim yaptı?**
Who painted that picture?
hu: peyntid dhæt pikçı(r)

● **"Ressam / Heykeltıraş / Mimar" kimdi?**
Who was the "painter / sculptor / architect"?
hu: waz dhı "peyntı(r)/ skalptı(r) / a:kitekt"

• **Ne zaman yaşadı?**
When did "he / she" live?
wen did "hi: / şi:" liv

• **....nin yaşamış olduğu ev nerededir?**
Where's the house where .... lived?
weı(r)z dhı haus weı(r) ..... livd

• **...... ile ilgileniyorum.** I'm interested in .....
aym intristid in ....

Antika eşya	antiques	ænti:ks
Arkeoloji	archaeology	a:kiolıci
Botanik (Bitkibilim)	botany	botıni
Çömlekçilik	pottery	potıri
Din	religion	rilicın
Ekonomi	economics	ikınomiks
El sanatları	handicrafts	hændikra:ft
Güzel sanatlar	fine arts	fayn a:ts
Heykeltıraşlık	sculpture	skalpçı(r)
Jeoloji	geology	ciolıci
Madeni paralar	coins	koyns
Müzik	music	myu:zik
Resim	painting	peyntinğ
Sanat	art	a:t
Tarih	history	histıri
Tıp	medicine	medisın

• **Burada "posta kartı / hatıralık eşya" almak olanaklı mı?**
Is it possible to buy a "postcard / souvenir" here?
iz it posibıl tu bay e "poustka:d / su:viniı(r)" hiı(r)

• **Burada biraz oturmak olanaklı mı?**
Is it possible to sit down for a while here?
iz it posibıl tu sit daun fo(r) e wayl hiı(r)

Kırsal Bölge   Countryside

• .....'ye izlenecek manzaralı bir yol var mı?
Is there a scenic route to .... ?
iz dheı(r) e si:nik ru:t tu ....

• **Oraya yürüyerek gidebilir miyiz?**
Can we get there on foot?
kæn wi: get dheı(r) on fut

• **Şu dağın yüksekliği ne kadardır?**
How high is that mountain?
hau hay iz dhæt mauntın

• .... ne kadar uzaklıktadır?
How far is it to ....?
hau fa:(r) iz it tu .....

• **Bu ne tür bir "hayvan / kuş / çiçek /ağaç?**
What kind of "animal / bird / flower / tree" is that?
wat kaynd ov "ænimıl/ bö:d /flauı(r)/tri:" iz dhæt

bağ	vineyard	vinyıd
bahçe	garden	ga:dın
çağlayan	waterfall	wo:tı(r)fo:l
çayır	meadow	medou
çiftlik	farm	fa:m
dağ	mountain	mauntın
deniz	sea	si:
ev	house	haus
geçit	mountain pass	mauntın pa:s
göl	lake	leyk
kaynak	spring	springğ
köy	village	vilic
nehir	river	rivı(r)
orman	forest	forist
patika	path	pa:th
tarla	field	fiild
tepe	hill	hil
uçurum	cliff	klif
yol	road	roud

ARKADAŞ EDİNME
MAKING FRIENDS

Davetler Invitations

• **Bir parti var. (Siz de) geliyor musunuz?**
There is a party. Are you coming?
dheı(r) iz e pa:ti. a:(r) yu: kaminğ

• **.... günü bizimle akşam yemeği yemek ister misiniz?**
Would you like to have dinner with us on ......?
wud yu: layk tu hæv dinı(r) with as on ......

• **Bu akşam bir içki içmeye gelebilir misiniz?**
Can you come round for a drink this evening?
kæn yu: kam raund fo(r) e drinğk dhis i:vninğ

• **Sizi öğle yemeğine davet edebilir miyim?**
May I invite you to lunch?
mey ay invayt yu: tu lanç

• **Çok naziksiniz.**
That's very kind of you.
dhæts veri kaynd ov yu:

• **Harika. Büyük bir zevkle gelirim.**
Great. I'd love to come.
greyt. ayd lav tu kam

• **Ne yazık ki şimdi ayrılmak zorundayım.**
I'm afraid I have to leave now.
aym ıfreyd ay hæv tu li:v nau

• **Gelecek sefere, sizi bize bekliyoruz.**
Next time you must come and visit us.
nekst taym yu: mast kam æn(d) vizit as

Randevulaşma- Çıkma
Dating - Going out

• **Size katılabilir miyim?**
May I join you?
mey ay coyn yu:

• **Bize katılsanıza.**
Why don't you join us?
way dont yu: coyn as

• **Birisini mi bekliyorsunuz?**
Are you waiting for someone?
a:(r) yu: weytinğ fo(r) samwan

• **Buraya oturmam sizi rahatsız eder mi?**
Do you mind if I sit here?
du yu: maynd if ay sit hiı(r)

• **Size bir içki getirebilir miyim?**
May I get you a drink?
mey ay get yu: e drinğk

• **Ateşiniz var mı acaba?**
Do you have a light, please?
du yu: hæv e layt pli:z

• **Bir sigara ister misiniz?**
Would you like a cigarette?
wud yu: layk e sigıret

• **Sigara içiyor musunuz?**
Do you smoke?
du yu: smouk

• **Hayır, içmiyorum, teşekkürler. Bıraktım.**
No, I don't, thanks. I've given it up.
nou, ay dont. thænğks. ay'v givın it ap

- **Sigara içersem rahatsız olur musunuz?**
  Do you mind if I smoke?
  du yu: maynd if ay smouk

- **Neden gülüyorsunuz?**
  Why are you laughing?
  way a:(r) yu: la:finğ

- **İngilizcem o kadar kötü mü?**
  Is my English that bad?
  iz may ingliş dhæt bæd

- **Bu akşam bir şey yapıyor musunuz?**
  Are you doing anything tonight?
  a:(r) yu: duinğ enithinğ tınayt

- **Bu akşam benimle çıkmak ister misiniz?**
  Would you like to go out with me tonight?
  wud yu: layk tu go aut with mi: tınayt

- **Bu akşam serbest misiniz?**
  Are you free this evening?
  a:(r) yu: fri: dhis i:vninğ

- **Bu akşam benimle dansa gitmek ister misiniz?**
  Would you like to go dancing with me tonight?
  wud yu: layk tu go da:nsinğ with mi: tınayt

- **İyi bir diskotek biliyorum.**
  I know a good discotheque.
  ay nou e gud diskıtek

- **Sinemaya gidelim mi?**
  Shall we go to the cinema?
  şæl wi: go tu dhı sinimı

- **Arabayla gezmek ister misiniz?**
  Would you like to go for a drive?
  wud yu: layk tu go fo(r) e drayv

- **Çok iyi olur. Teşekkür ederim.**
  I'd love to. Thank you.
  ayd lav tu. thæŋk yu:

- **Teşekkür ederim, ama meşgulüm.**
  Thank you, but I'm busy.
  thæŋk yu:, bat aym bizi

- **Beni rahat bırakın, lütfen.**
  Leave me alone, please.
  li:v mi: ılo:n, pli:z

- **Nerede buluşalım?**
  Where shall we meet?
  weı(r) şæl wi: mi:t

- **Sizi saat ....de ararım.**
  I'll call you at ...
  ayl ko:l yu: æt ....

- **Telefon numaranız nedir?**
  What's your phone number?
  wats yo:(r) foun nambı(r)

- **Sizi otelinizden alırım.**
  I'll pick you up at your hotel.
  ayl pik yu: ap æt yo:(r) hotel

- **Sizi (saat) dokuzda alırım.**
  I'll pick you up at nine.
  ayl pik yu: ap æt nayn

- **Ne zaman geleyim?**
  What time shall I come?
  wat taym şæl ay kam

• **Ne zaman geri dönmeniz gerekiyor?**
What time do you have to be back?
wat taym du yu: hæv tu bi: bæk

• **Sizi evinize götüreyim.**
I'll take you home.
ayl teyk yu: houm

• **Yalnız mı yaşıyorsunuz?**
Do you live alone?
du yu: liv ılo:n

• **Teşekkür ederim. Nefis bir akşam oldu.**
Thank you. It's been a wonderful evening.
thænğk yu:. its bi:n e wandı(r)fıl i:vninğ

• **Sizi tekrar görebilir miyim?**
Can I see you again?
kæn ay si: yu: ıgeyn

• **Yakında sizi gene göreceğimi umarım.**
Hope to see you again soon.
houp tu si: yu: ıgeyn su:n

• **"Yakında / Yarın" görüşmek üzere.**
See you "soon / tomorrow".
si : yu: "su:n / tımorou

ALIŞVERİŞ - HİZMETLER
SHOPPING - SERVICES

Dükkânlar - Mağazalar - Hizmetler
Shops - Stores - Services

- **En iyi .... nerededir?**
  Where's the best .... ?
  weı(r)'z dhı best ...

- **Bir .... önerebilir misiniz?**
  Can you recommend a .... ?
  kæn yu: rekımend e ...

- **En yakın .... nerededir?**
  Where's the nearest ....
  weı(r) iz dhı niı(r)ıst ...

antikacı dükkânı	antique shop	ænti:k şop
ayakkabı mağazası	shoe shop	şu: şop
bakkal dükkânı	grocer's	grousı(r)s
balıkçı dükkânı	fishmonger's	fişmanğgı(r)s
banka	bank	bænğk
benzin istasyonu	petrol / gas station	petrıl / gæs steyşın
bilgisayar mağazası	computer store	kompyutı(r) sto:(r)
çamaşırhane	laundry	lo:ndri
çiçekçi dükkânı	florist's	florists
eczane	drugstore / chemist's / pharmacy	
	dragsto:(r) / kemists / fa:mısi	
eskici dükkânı	second-hand shop	sekınd-hænd şop
fırın	baker's	beykı(r)s
fotoğrafçı dükkânı	camera shop	kæmırı şop
gazete bayii	newsagent's	nyu:zeycınts
gözlükçü	optician	optişın
halıcı	carpet seller's	ka:pit selı(r)s
hastane	hospital	hospitıl

hediye dükkânı	gift shop	gift şop
hırdavatçı dükkânı	ironmonger's	ayınmnanğgı(r)s
kasap	butcher's	buçı(r)s
kırtasiyeci	stationer's	steyşını(r)s
kitapçı	bookshop	bukşop
kuaför	hairdresser's	heı(r)dresı(r)s
kuru temizleyici	dry cleaner's	dray kli:nı(r)s
kuyumcu dükkânı	jeweller's	cu:ılı(r)s
kürk mağazası	furrier's	fariı(r)s
kütüphane	library	laybrıri
manav	green grocer's	gri:n grousı(r)s
nalbur	hardware store/ironmonger's	
	ha:dweı(r) sto(r) / ayınmanğgı(r)s	
oyuncakçı dükkânı	toy shop	toy şop
pastane	cake shop/pastry shop/tearoom	
	keyk şop / peystri şop / ti:ru:m	
postane	post office	poust ofis
saatçi	watchmaker's	woçmeykı(r)s
sanat galerisi	art gallery	a:t gæliri
seyahat acentesi	travel agency	trævl eycınsi
spor mağazası	sports shop	spo(r)ts şop
şarküteri	delicatessen	delikıtesn

Genel Deyişler
General Phrases

• **Nerede iyi bir .... vardır?**
Where's there a good ......?
weı(r)z dheı(r) e gud .....

• **Nerede bir .... satın alabilirim?**
Where can I buy a ....?
weı(r) kæn ay bay e ....

• **Oraya nasıl giderim?**
How do I get there?
hau du ay get dheı(r)

• **Buraya uzak mı(dır)?**
Is it far from here?
iz it fa:(r) from hiı(r)

Dükkânda, Mağazada In the shop

- **Bana yardımcı olabilir misiniz?**
  Can you help me?
  kæn yu: help mi:

- **Afedersiniz, (sizde) .... var mı?**
  Excuse me, do you have any ......?
  eks'kyu:s mi:, du yu: hæv eni ......

- **....... bölümü nerede(dir)?**
  Where's the .... department?
  weı(r)z dhı .... dipa:tmınt

- **Asansör nerededir?**
  Where's the elevator (lift)?
  weı(r) iz dhı eliveytı(r) (lift)

- **Sadece bakıyorum.**
  I'm just looking.
  aym cast lukinğ

- **....... satıyor musunuz?**
  Do you sell ......?
  du yu: sel ....

- **....... satın almak istiyorum.**
  I'd like to buy ......
  ayd layk tu bay ....

- **Bana "bunu / şunu" gösterebilir misiniz ?**
  Can you show me "this / that"?
  kæn yu: şow mi: "dhis / dhæt"

- **Bu adrese gönderin lütfen.**
  Send it to this address, please.
  send it tu dhis ıdres pli:z

- **Gümrükte bir zorlukla karşılaşır mıyım?**
  Will I have any difficulty with the customs?
  wil ay hæv eni difikılti with dhı kastıms

• **Onu benim için sarar mısınız, lütfen?**
Would you wrap it up for me, please?
wud yu: ræp it ap fo(r) mi: pli:z

• **Size yardımcı olabilir miyim?**
Can I help you?
kæn ay help yu:

• **Ne yazık ki, bizde yok.**
I'm sorry, we do not have any.
aym sori, wi: du nat hæv eni

• **Onları şu köşede bulursunuz.**
You'll find them in that corner.
yu:l faynd dhem in dhæt ko:nı(r)

• **Yanınızda mı götüreceksiniz?/Gönderelim mi?**
Will you take it with you? / Shall we send it?
wil yu: teyk it with yu: / şæl wi: send it

• **Daha başka bir şey (var mı)?**
Anything else?
enithinğ els

Seçme *Choosing*

• **Hayır, onu beğenmedim.**
No, I don't like it.
no, ay dont layk it

• **"Koyu renk / Açık renk" bir tane gösterebilir misiniz?**
Can you show me a "dark"/ light" one.
kæn yu: şow mi: e "da:k / layt" wan

• **Çok pahalı bir şey istemiyorum.**
I don't want anything too expensive.
ay dont want enithinğ tu: ekspensiv

• **"Mavi / Deri" bir şey rica ediyorum.**
I'd like something in "blue / leather".
ayd layk samthinğ in " blu: / ledhı(r)

• **Vitrindekini beğendim.**
I like the one in the window.
ay layk dhı wan in dhı windou

• **Rengi beğendim, fakat stili beğenmedim.**
I like the colour but not the style.
ay layk dhı kalı(r) bat not dhı stayl

• **"Daha iyi / Daha ucuz" bir şeyiniz var mı?**
Do you have anything "better / cheaper"?
du yu: hæv enithinğ " betı(r) / çi:pı(r)"

• **Bunu alıyorum.**
I'll take it.
ayl teyk it

• **Ne kadar?**
How much is it?
hau maç iz it

Eşyayı tanımlama Defining the article

• **....... bir tane rica ediyorum.**   I'd like a ...... one.
                                          ayd layk e ..... wan

Ağır	heavy	hevi
Büyük	big	big
Büyük	large	la:c
Dikdörtgen	rectangular	rektænğgyulı(r)
Hafif	light	layt
İyi	good	gud
Kare	square	skweı(r)
Koyu renk	dark	da:k
Küçük	small	smo:l
Oval	oval	ouvıl
Sağlam	sturdy	stö:di
Ucuz	cheap	çi:p
Yuvarlak	round	raund

Renkler Colours

- **Bu rengi beğenmedim.**
  I don't like the colour.
  ay dont layk dhı kalı(r)

- **Daha açık tonda bir şey var mı?**
  Do you have a lighter shade?
  du yu: hæv e laytı(r) şeyd

- **Daha koyu ton olsun lütfen.**
  A darker shade, please.
  e da:kı(r) şeyd pli:z

- **Buna uygun bir şey olsun.**
  Something to match this.
  samthinğ tu mæç dhis

- **... bir şey rica ediyorum.**   I'd like something in ....
  ayd layk samthinğ in .....

Türkçe	English	Pronunciation
Altın rengi	gold	gould
Açık mor	mauve	mouv
Gümüş rengi	silver	silvı(r)
Bej	beige	beyj
Beyaz	white	wayt
Gri	grey	grey
Kahverengi	brown	braun
Kırmızı	red	red
Mavi	blue	blu:
Mor	purple	pö:pıl
Pembe	pink	pinğk
Portakal rengi	orange	orinc
Sarı	yellow	yelou
Siyah	black	blæk
Turkuvaz	turquoise	tö:(r)koyz
Yeşil	green	gri:n

Şikâyetler Complaints

- **Bunu geri vermek istiyorum.**
  I want to return this.
  ay want tu ritö:n dhis

- **Bunu dün satın aldım.**
  I bought this yesterday.
  ay bout dhis yestıdey

- **Çalışmıyor. / Uymuyor.**
  It doesn't "work / fit".
  it daz(ı)nt wö:k / fit

- **Paranın geri ödenmesini istiyorum.**
  I'd like a refund.
  ayd layk e ri:fand

- **İşte makbuz.**
  Here's the receipt.
  hiı(r)z dhı risi:t

- **Müdürü görmek istiyorum.**
  I want to see the manager.
  ay want tu si: dhı mænicı(r)

- **Bunu değiştirebilir misiniz lütfen?**
  Can you exchange this,please?
  kæn yu: eksçeync dhis pli:z

Ödeme Paying

- **Bu ne kadar?**
  How much is this?
  hau maç iz dhis

- **Seyahat çeki ile ödeyebilir miyim?**
  Can I pay by traveller's check?
  kæn ay pey bay trævılı(r)s çek

- **Sanırım hesapta bir yanlışlık var.**
  I think there's a mistake in the bill.
  ay thingk dheı(r)z e misteyk in dhı bil

- **Makbuz alabilir miyim, lütfen?**
  May I have a receipt, please?
  mey ay hæv e risi:t, pli:z

- **Çok "fazla / az" bozukluk verdiniz.**
  You've given me too "much / little" change.
  yu:v givın mi: tu: "maç/ litl" çeync

- **Kasiyere ödeme yapın lütfen.**
  Please pay the cashier.
  pli:z pey dhı kæşiı(r)

Giysiler   Clothes

- **"Ceket / İç çamaşırı / Tuhafiye" bölümü nerede?**
  Where's the "coats / underwear / haberdashery" department?
  weı(r)z dhı "kouts / andıweı(r) hæbıdæşıri" dipa:tmınt

- **(Sekiz yaşında) Bir "erkek / kız" çocuk için ...... istiyorum.**
  I'd like .... for a (eight-year-old) "boy / girl"
  ayd layk ..... fo(r) e [eyt-yiı(r)-ould] "boy / gö:l"

- **Plaj giysileri nerededir?**
  Where are the beach clothes?
  weı(r) a:(r) dhı bi:ç klou(dh)z

- **Nerede çorap bulabilirim?**
  Where can I find "socks / stockings"?
  weı(r) kæn ay faynd "soks / stokinğs"

- **.... kumaşından (yapılmış) bir şey var mı?**
  Do you have anything in ....
  du yu: hæv enithinğ in ......

• **Burada mı yapılmış/ İthal mi / El işi mi?**
Is that "made here / imported / handmade"?
iz dhæt "meyd hiı(r) / impo:tid / hændmeyd"

• **Daha kaliteli bir şeyiniz var mı?**
Do you have anything of better quality?
du yu: hæv enithinğ ov betı(r) kwoliti

• **Daha ince bir şey rica ediyorum.**
I'd like something finer.
ayd layk samthinğ faynı(r)

• **Saf pamuklu mu?/ Saf yünlü mü / Sentetik mi?**
Is this "pure cotton/ pure wool / synthetic"?
iz dhis pyu:ı(r) kotın / pyu:ı(r) wul / sinthetik

• **"Ayna / Giyinme kabini" nerededir?**
Where's the "mirror / fitting room"?
weı(r) iz dhı "mirı(r) / fitinğ ru:m

• **Deneyebilir miyim?**
Can I try it on?
kæn ay tray it on

• **Uymadı.**
It doesn't fit.
it daznt fit

• **Çok iyi uydu.**
It fits very well.
it fits veri wel

• **Neden yapılmıştır?**
What's it made of?
wats it meyd ov

blucin kumaşı	denim	denim
dantel	lace	leys
deri	leather	ledhı(r)
fitilli kadife	corduroy	ko:dıroy
gabardin	gabardine	gæbıdi:n
havlu kumaş	towelling	taulinğ
ince fitilli kadife	velveteen	velviti:n
ipek	silk	silk
kadife	velvet	velvit
keten	linen	linin
pamuklu	cotton	kot(ı)n

poplin	poplin	poplin
patiska	cambric	keymbrik
saten	satin	sætin
süet	suede	sweyd
şifon	chiffon	şifon
yün	wool	wul

Giysiler ve Aksesuarlar
Clothes and accessories

anorak	anorak	ænıræk
atkı	scarf	ska:f
bayan külotu	panties	pænti:s
bluz	blouse	blauz
bone	bathing cap	beydhinğ kæp
ceket	jacket	cækit
çorap	stockings	stokinğs
don	underpants	andıpænts
düğme	button	bat(ı)n
el çantası	handbag	hændbæg
elbise	dress	dres
eldiven	gloves	glavs
erkek elbisesi	suit (man's)	syu:t (mæns)
erkek çorabı	socks	soks
erkek külotu	slip	slip
erkek mayosu	swimming trunks	swiminğ tranks
eşofman	tracksuit	træksyu:t
etek	skirt	skö:t
fanila	undershirt	andışö:t
fermuar	zip	zip
gece elbisesi	evening dress	i:vninğ dres
gecelik	nightdress	naytdres
gömlek	shirt	şö:t
hırka	cardigan	ka:digın
kasket	cap	kæp
kazak	jersey, pullover	cö:zi, pulouvı(r)
kazak	sweater	swetı(r)
kemer	belt	belt
korse	girdle	gö:dl
kot, blucin	jeans	ci:ns
kravat	tie	tay

külotlu çorap	tights, pantyhose	tayts, pæntihouz
manto, palto	coat	kout
mayo	bathing suit, swimsuit	beydhinğ syu:t, swimsyu:t
pantolon	pants, trousers	pænts, trauzız
pijama	pyjamas	pica:mız
sabahlık	bathrobe	ba:throub
spor ceket	sports jacket	spo(r)ts cækit
sutyen	bra	bra:
şapka	hat	hæt
şemsiye	umbrella	ambrelı
şort	shorts	şo:ts
tayyör	suit (woman's)	syu:t (wumıns)
toka	buckle	bakıl
uzun çorap	kneesocks	ni:soks
yağmurluk	raincoat	reynkout
yelek	waistcoat, vest	weystko:t, vest

Beden *Size*

• **"İngiliz / Amerikan" bedenlerini bilmiyorum.**
I don't know the "English / American" sizes.
ay dont nou dhı "ingliş/ımerikın" sayziz

• **Hangi beden kullandığımı bilmiyorum.**
I don't know what size I take.
ay dont nou wat sayz ay teyk

• **Ölçülerimi alır mısınız lütfen?**
Could you measure me?
kud yu: me:jı(r) mi:

• **38 beden kullanıyorum.**
I take size 38.
ay teyk sayz thö:ti eyth

Kadın Elbiseleri, vb. Women's Dresses, etc.

Türk (Avrupa)	36	38	40	42	44	46
İngiliz	10	12	14	16	18	20
Amerikan	8	10	12	14	16	18

Erkek elbiseleri, vb. Men's suits, etc.

Türk (Avr)	46	48	50	52	54	56
İngiliz/Amer.	36	38	40	42	44	46

Erkek gömlekleri Men's shirts

Türk (Avr.)	35	36	38	41	43	45
İngiliz/Amer.	13 ½	14	15	16	17	18

Erkek çorapları Men's socks

Türk (Avr.)	39/40	41/42	43/44	45/46	47/48
İngiliz/Amer.	10	10 ½	11	11 ½	12

Kadın çorapları Stockings

Türk (Avr.)	0	1	2	3	4	5	6
İngiliz/Amer.	8	8 ½	9	9 ½	10	10 ½	11

Ayakkabılar Shoes

● **Bir çift ...... rica ediyorum .**   I'd like a pair of .....
　　　　　　　　　　　　　　　　　ayd layk e peı(r) ov ....

ayakkabı	shoes	şu:z
düz	flat	flæt
kauçuk tabanlı	with rubber soles	with rabı(r) souls
kösele tabanlı	with leather soles	with ledhı(r) souls
ökçeli	with a heel	with e hi:l
çizme	boots	bu:ts
sandalet	sandals	sændıls
tenis ayakkabısı	plimsolls (sneakers)	plimsıls [sni:kı(r)s]
terlik	slippers	slipı(r)s

● **Başka bir renk var mı?**
Do you have another colour?
du yu: hæv ınadhı(r) kalı(r)

● **Aynısının siyahı var mı?**
Do you have the same in black?
du yu: hæv dhı seym in blæk

• **Bunlar çok "küçük / büyük".**
These are too "small / big".
dhi:z a:(r) tu: "smo:l / big"

• **"Daha büyük / Daha küçük" bir numara var mı?**
Do you have a "larger / smaller" size?
du yu: hæv e la:cı(r)/smo:lı(r) sayz

deri	leather	ledhı(r)
kauçuk	rubber	rabı(r)
kumaş	cloth	kloth
süet	suede	sweyd

• **Biraz "Ayakkabı boyası/Ayakkabı bağı"na ihtiya-cım var.**
I need some "shoe polish / shoelaces".
ay ni:d sam "şu: poliş / şu:leysiz"

Kadın ayakkabıları Women's shoes

Türk (Avr.)	36	37	38	39	40
İngiliz	4.5	5	5.5-6.5	7	7.5
Amer.	6	6.5	7-8	8.5	9

Erkek ayakkabıları Men's shoes

Türk (Avr.)	40	41	42	43	44	45
İngiliz	6	7	8	9	10	11
Amer.	6.5	7.5	8.5	9.5	10.5	11.5

Eczane Chemist's (Drugstore)

• **En yakın (nöbetçi) eczane nerededir?**
Where's the nearest (all-night) chemist's?
weı(r)z dhı nii(r)ıst (a:l-nayt) kemists

• **Eczane ne zaman kapanır?**
What time does the chemist's close?
wat taym daz dhı kemists klo:z

Eczacılıkla ilgili *Pharmaceutical*

- **Sizde, küçük bir ilk-yardım çantası bulunur mu?**
  Do you have a small first-aid kit?
  du yu: hæv a smo:l fö:st eyd kit

- **Bu reçeteyi benim için hazırlayabilir misiniz, lütfen?**
  Can you prepare this prescription for me, please?
  kæn yu: pripeı(r) dhis priskripşın fo(r) mi:, pli:z

- **Onu reçetesiz alabilir miyim?**
  Can I get it without a prescription?
  kæn ay get it widhout e priskripşın

- **"Aspirin / Güneş kremi" rica ediyorum.**
  I'd like some "aspirin / sun cream".
  ayd layk sam "æspirin / san kri:m"

- **"Bir/Biraz" .... alabilir miyim?**
  Can I have "a-an / some" ....
  kæn ay hæv "e/en/sam" ....

ağrı kesici	analgesic	ænılci:zik
aspirin	aspirin	æspirin
bebek maması	baby food	beybi fu:d
biberon	feeding bottle	fi:dinğ botl
boğaz pastili	cough drops	kof drops
böcek ilacı	insect repellent	insekt ripelınt
burun damlası	nose drops	nouz drops
demir hapı	iron tablets	ayın tæblits
dezenfektan	disinfectant	disinfektınt
gargara	mouthwash	mauthwoş
göz damlası	eye drops	ay drops
kâğıt mendil	tissues	tişyu:z
kulak damlası	ear drops	iı(r) drops
müshil	laxative	læksıtiv
pamuk	cotton wool	kat(ı)n wu:l
plaster	band-aids	bænd eyds
prezervatif	condoms	kondoms

talk pudrası	powder	paudı(r)
tentürdiyot	iodine	ayıdi:n
termometre	thermometer	tö:momitı(r)
uyku ilâcı	sleeping pills	sli:pinğ pils
vitamin	vitamin pills	vitımin (vaytımin) pils
yara merhemi	antiseptic cream	æntiseptik kri:m
yatıştırıcı	tranquillizers	trænğkwilayzı(r)s

● **Bana .... için bir şey verebilir misiniz?**
Can you give me something for ....
kæn yu: giv mi: samthinğ fo(r) ....

baş ağrısı	headache	hedeyk
böcek sokması	insect bites	insekt bayts
deniz tutması	sea sickness	si: siknıs
güneş yanığı	sunburn	sanbö:n
içki mahmurluğu	a hangover	e hænğgouvı(r)
ishal	diarrhoea	dæyırii
mide bozukluğu	indigestion	indicesçın
öksürük	cough	kof
peklik	constipation	konstipeyşın
yol tutması	travel sickness	trævıl siknıs

Güzellik ürünleri   Toiletries

allık	blusher	blaşı(r)
aseton	nail polish remover	neyl poliş rimu:vı(r)
bigudi	curlers	kö:lı(r)s
diş fırçası	toothbrush	tu:th'braş
diş macunu	toothpaste	tu:th'peyst
el kremi	hand cream	hænd kri:m
far	eye shadow	ay şædou
göz kalemi	eyeliner	aylaynı(r)
güneş kremi/yağı	suntan cream/oil	santæn kri:m/oyl
kolonya	toilet water	toylit wo:tı(r)
krem (kuru/yağlı cilt için)	cream (for "dry / greasy" skin)	kri:m fo(r) "dray/gri:si" skin
manikür takımı	emery board	emıri bo:d
nemlendirici krem	moisturizing cream	moystrayzinğ kri:m
parfüm	perfume	pö:fyum
rimel	mascara	mæska:rı

ruj	lipstick	lipstik
sabun	soap	soup
saç boyası	dye	day
saç fırçası	hairbrush	heı(r)braş
saç jölesi	hair gel	heı(r) cel
saç spreyi	hairspray	heı(r)sprey
saç tokası	hair slide	heı(r) slayd
şampuan (kuru saç için)	shampoo (for dry hair)	
	şæmpu: [fo(r) dray heı(r)]	
şampuan (yağlı saç için)	shampoo (for greasy hair)	
	şæmpu: [fo(r) gri:si heı(r)]	
tarak	comb	koum
tırnak makası	nail clippers	neyl klipı(r)s
toka	hair slide	heı(r) slayd
tıraş bıçağı	razor blades	reyzı(r) bleyds
tıraş fırçası	shaving brush	şeyvinğ braş
tıraş kremi	shaving cream	şeyvinğ kri:m
tıraş losyonu	aftershave lotion	a:ftışeyv louşın
tuvalet kâğıdı	toilet paper	toylit peypı(r)
vücut losyonu	body lotion	badi louşın
yüz losyonu	astringent lotion	ıstrincınt louşın
yüz pudrası	face powder	feys paudı(r)

Yiyecek ve içecek satın alma
Buying food and drink

• **Ekmek var mı?**
Do you have any bread?
du yu: hæv eni bred

• **Bir (somun) ekmek lütfen.**
A loaf of bread, please.
e louf ov bred pli:z

• **Kendim alabilir miyim?**
Can I help myself?
kæn ay help mayself

• **Dondurulmuş yiyecek satıyor musunuz?**
Do you sell frozen foods?
du yu: sel frouzın fu:ds

● **Ne tür peyniriniz var?**
What sort of cheese do you have?
wat so:t ov çi:z du yu: hæv

● **Bir şişe "süt / bira / şarap" lütfen.**
A bottle of "milk / beer / wine", please.
e botl ov "milk / bıı(r) / wayn" pli:z

● **.... rica ediyorum.**   I'd like ....   ayd layk ....

10 dilim salam	ten slices of salami	ten slaysiz ov sıla:mi
6 yumurta	six eggs	siks egs
Bir kavanoz reçel	a jar of jam	e ca:(r) ov cæm
Bir kutu bezelye	a tin(can) of peas	e tin(kæn) ov pi:z
Bir kutu çikolata	a box of chocolates	e boks ov çoklıts
Bir paket çay	a packet of tea	e pækit ov ti:
Bir tüp hardal	a tube of mustard	e tyub ov mastı(r)d

● **Bana "yarım / bir / iki" kilo .... verin lütfen.**
Give me 'half a kilo / a kilo / two kilos" of ....., please
giv mi: "ha:f e kilou / e kilou / tu: kilous" ov ..... , pli:z

armut	pears	peı(r)s
domates	tomatoes	tıma:tous
elma	apples	epıls
mandalina	mandarins	mændırins
muz	bananas	bına:nıs
patates	potatoes	pıteytous
portakal	oranges	orincıs
soğan	onions	anyıns
üzüm	grapes	greyps

● **Bu armutlar çok "yumuşak / sert".**
These pears are too "soft / hard".
dhi:z peı(r)s a:(r) tu: "soft / ha:d".

● **"Şişesi / Kilosu" ne kadar?**
How much a "bottle / kilo"?
hau maç e "botl / kilou"

Kitapçı - Gazete Bayii - Kırtasiyeci
Bookshop - Newsstand - Stationer's

- **En yakın kitapçı nerededir?**
  Where is the nearest bookshop ?
  weı(r) iz dhı niı(r)ıst bukşop

- **İyi bir kitapçı önerebilir misiniz?**
  Can you recommend a good bookshop ?
  kæn yu: rekımend e gud bukşop

- **Rehber kitaplar bölümü nerede?**
  Where's the guidebook section?
  weı(r)'z dhı gaydbuk sekşın

- **Nereden Türkçe bir gazete satın alabilirim?**
  Where can I buy a Turkish-language newspaper?
  weı(r) kæn ay bay e tö:kiş-lanğgwic nyu:zpeypı(r)

- **"Türk / İngiliz / Amerikan" dergileri satıyor musunuz?**
  Do you sell "Turkish/English/American" magazines?
  du yu: sel "tö:kiş/ingliş/ımerikın" mægızi:ns

- **Sizde kullanılmış kitaplar bulunur mu?**
  Do you have second-hand books?
  du yu: hæv sekınd-hænd buks

- **Sizde fotokopi makinesi bulunur mu?**
  Do you have a photocopier?
  du yu: hæv e foutoukopiı(r)

- **Bir "karayolları haritası/şehir haritası" istiyorum.**
  I'd like a "road map / map of the city".
  ayd layk e "roud mæp / mæp ov dhı citi"

● ......'in Türkçe kitapları var mı?
Do you have any of .....'s books in Turkish?
du yu: hæv eni ov ....s buks in tö:kiş

● **Bir sözlük rica ediyorum.**
I'd like a dictionary.
ayd layk e dikşınıri

● **cep sözlüğü**
pocket dictionary.
pokit dikşınıri

● **İngilizce-Türkçe**
English - Turkish
ingliş - tö:kiş

● **Bir eğlence rehberi rica ediyorum.**
I'd like an "entertainment / amusement" guide
ayd layk en "entıteynmınt / ımyu:zmınt" gayd

● **"Bir / Birkaç (Biraz)"...... rica ediyorum.**
I'd like "a-an/some" ......
ayd layk e-en /sam ....

adres defteri	address book	ıdres buk
ataç	paperclips	peypı(r)klips
bloknot	writing pad	raytiñ pæd
boya kutusu	paintbox	peynt'boks
cetvel	ruler	ru:lı(r)
defter	exercise book	eksı(r)sayz buk
dilbilgisi kitabı	grammar book	græmı(r) buk
dolmakalem	fountain pen	fauntın pen
kâğıt	paper	peypı(r)
kalemtıraş	pencil sharpener	pensıl şa:pını(r)
karbon kâğıdı	carbon paper	ka:bın peypı(r)
kartpostal	postcard	poustka:d
keçeli kalem	felt-tip pen	felt-tip pen
kopya kâğıdı	tracing paper	treysiñ peypı(r)
kurşun kalem	pencil	pensıl
mektup kâğıdı	notepaper	no:tpeypı(r)
mektup zarfı	envelopes	envıloups
mum boya	crayons	kreyons
mürekkep	ink	iñk

not defteri	notebook	no:t'buk
oyun kağıdı	playing cards	plæyinğ ka:ds
raptiye	drawing pins	dro:inğ pins
seloteyp	adhesive tape	ædhi:siv teyp
silgi	eraser	ireyzı(r)
takvim	calendar	kælendı(r)
tel raptiye	thumbtacks	thamtæks
tükenmez kalem	ballpoint pen	bo:lpoynt pen
yapıştırıcı	glue	glu:

Müzik - Kaset - CD - DVD - Video
Music – Cassette – CD – DVD - Video

- **Sizde ......'nin "kasetleri / CD'leri" var mı?**
  Do you have any "cassettes / CDs by ....?
  du yu: hæv eni "kısets / si-di:s bay ......

- **......'nin yeni CD'leri bulunur mu?**
  Are there any new CDs by ....?
  a:(r) theı(r) eni nyu: si-di:s bay ......

- **Bir .... rica ediyorum.** I'd like a ......
  ayd layk e ....

(boş) kaset	(blank) cassette	(blænğk) kıset
video kaseti	videocassette	vidioukıset
CD	CD	si-di
DVD	DVD	di-vi-di

- **Bu "kaseti/CD'yi" dinleyebilir miyim?**
  Can I listen to this "cassette/CD"?
  kæn ay lisın tu dhis "kıset/si-di"

- **Sizde yöresel müzik kasetleri bulunur mu?**
  Do you have any recordings of local music?
  du yu: hæv eni riko:dings ov loukıl myu:zik

caz	jazz	cæz
çok sesli müzik	vocal music	voukıl myu:zik
enstrümantal müzik	instrumental music	
		instrumentıl myu:zik
hafif müzik	light music	layt myu:zik
halk müziği	folk music	foulk myu:zik
klasik müzik	classical music	klæsikıl myu:zik
oda müziği	chamber music	çeymbı(r) myu:zik
orkestra müziği	orchestral music	o:kestrıl myu:zik
pop müzik	pop music	pop myu:zik

Çamaşırhane-Kuru temizleyici
Laundry - Dry cleaner's

● **Bu elbiseleri .... istiyorum.**
I'd like these clothes ....
ayd layk dhi:z kloudhz ....

temizletmek	cleaned	kli:nd
ütületmek	ironed / pressed	ayınd/prest
yıkatmak	washed	wo:şt

● **....... gerekiyor.** I need them ... ay ni:d dhem ....

Bugün	today	tıdey
Yarın	tomorrow	tımorou
En kısa zamanda	as soon as possible	æz su:n æz posıbıl
Bu akşam	tonight	tınayt
Pazar'dan önce	before Sunday	bifo:(r) sandey

● **Bu lekeyi çıkarabilir misiniz?**
Can you get this stain out?
kæn yu: get dhis steyn aut

● **Bunu "dikebilir misiniz / onarabilir misiniz?**
Can you "stitch / mend" this?
kæn yu: "stiç/mend" dhis

•**Ne zaman hazır olur?**
When will they be ready?
when wil dhey bi: redi

•**Yarın hazır olur.**
They will be ready tomorrow.
dhey wil bi: redi tımorou

•**Çamaşırlarım hazır mı?**
Is my laundry ready?
iz may lo:ndri redi

• **Bu benimki değil.**
This isn't mine.
dhis iznt mayn

•**Bir şey kayıp.**
There's something missing.
dheı(r)z samthinğ misinğ

Kuaför ve Berber
Hairdresser and Barber

•**Bu sabah için bir randevu alabilir miyim?**
May I make an appointment for this morning ?
mey ay meyk en ıpoyntmınt fo(r) dhis mo:ninğ

•**Saçımı kestirmek istiyorum.**
I want my hair cut.
ay want may heı(r) kat

•**Saçımı biraz kısaltmak istiyorum.**
I want my hair trimmed.
ay want may heı(r) trimd

•**Bir saç tıraşı rica ediyorum.**
I'd like a haircut, please.
ayd layk e heı(r)kat pli:z

•**Kenarlar çok kısa olmasın.**
Not too short at the sides.
not tu: şo:t æt dhı sayds

• **"Üstten / Arkadan" biraz daha (alın).**
A little more off the "top / back".
a litıl mo:(r) of dhı "top / bæk"

• **Saç spreyi kullanmayın lütfen.**
Please do not use any hairspray.
pli:z du not yu:z eni heı(r)sprey

• **Bir renk katalogunuz var mı?**
Do you have a colour chart?
du yu: hæv e kalı(r) ça:t

• **Briyantin istemiyorum.**
I don't want any oil.
ay dont want eni oyl

• **Saçım "yağlı / kuru / normal".**
My hair is "greasy / dry / normal".
may heı(r) iz "gri:si / dray / no:mıl"

• **Su çok "soğuk / sıcak".**
The water is too "cold / hot".
dhı wo:tı(r) iz tu: "kould / hot

• **Bir sakal tıraşı rica ediyorum.**
I'd like a shave.
ayd layk e şeyv

• **"Sakalımı / Bıyığımı" düzeltir misiniz lütfen?**
Would you trim my "beard / moustache"?
wud yu: trim may "biıd / mısta:ş

• **Teşekkür ederim. Çok beğendim.**
Thank you. I like it very much.
thænğk yu:. ay layk it veri maç

boyama	dye	day
fönleme	blow dry	blou dray
manikür	manicure	mænikyuı(r)
mizanpli	shampoo and set	şæmpu: ænd set
perma	permanent wave	pö:mınınt weyv
renk açma	bleach	bli:ç

Elektrikli aletler Electrical appliances

- **Voltaj nedir?**
  What's the voltage?
  wats dhı voultic

- **Bunun için bir piliniz var mı?**
  Do you have a battery for this?
  du yu: hæv e bætıri fo(r) dhis

- **Bana onun nasıl çalıştığını gösterebilir misiniz?**
  Can you show me how it works?
  kæn yu: şou mi: hau it wö:ks

- **Bir / Birkaç .... rica ediyorum.**
  I'd like "a-an / some" ....
  ayd layk e-en/sam

adaptör	adaptor	ıdæptı(r)
amplifikatör	amplifier	æmplifay(r)
ampul	light bulb	layt balb
fiş	plug	plag
hesap makinesi	calculator	kælkyuleytı(r)
hoparlör	speakers	spi:kı(r)s
kulaklık	headphones	hedfouns
oto radyosu	car radio	ka:(r) reydiou
radyo	radio	reydiou
sigorta	fuse	fyu:z
(portatif) televizyon	(portable) television	[po:tıbl] telivijın
teyp	cassette recorder	kıset riko:dı(r)
tıraş makinesi	shaver	şeyvı(r)
uzatma kordonu	extension lead	ekstenşın li:d
video	video recorder	vidiou riko:dı(r)

Kamp malzemeleri – Hırdavat
Camping equipment – Hardware

- **Kamp malzemeleri nerededir?**
  Where's the camping equipment ?
  weı(r)z dhı kæmpinğ ikwipmınt

- **Nerede bir konserve açacağı bulabilirim?**
  Where can I get a can-opener?
  weı(r) kæn ay get e kæn-oupını(r)

- **Bir / Birkaç..... satın almak istiyorum.**
  I'd like to buy "a / an / some" ....
  ayd layk tu bay "e/en/sam" ....

alet çantası	tool kit	tu:l kit
balta	axe	æks
bardak	glass	gla:s
bardak (büyük)	tumbler(s) *	tamblı(r)(s)
battaniye	blanket	blænğkit
bıçak	knives **	nayvs
buz torbası	ice pack	ays pæk
bütan gaz	butane gas	byuteyn gæs
cep feneri	torch	to:(r)ç
cep feneri	flashlight	flæşlayt
cibinlik	mosquito net	moski:tou net
çadır	tent	tent
çadır çubuğu	tent peg(s)	tent peg(s)
çadır direği	tent pole	tent poul
çadır zemini	groundsheet	graundşi:t
çakı	penknife	pennayf
çamaşır tozu	washing powder	wo:şing paudı(r)
çatal bıçak takımı	cutlery	katlıri
çatal	fork(s)	fo:k(s)
çay kaşığı	teaspoon(s)	ti:spu:n(s)
çaydanlık	kettle	ketl
çekiç	hammer	hæmı(r)
fener	lantern	læntın
fincan tabağı	saucer(s)	so:sı(r)(s)
fincan	cup(s)	kap(s)

gazyağı	kerosene, paraffin	kerısi:n, pærıfin
halat	rope	roup
hamak	hammock	hæmık
ilk yardım çantası	first-aid kit	fö:st eyd kit
ip, sicim	string	strinğ
kamp yatağı	camp-bed	kæmp-bed
kaşık	spoon(s)	spu:n(s)
kibrit	matches	mæçiz
konserve açacağı	can-opener	kæn-oupını(r)
kova	bucket	bakit
lamba	lamp	læmp
makas	scissors	sizı(r)z
maşrapa	mug	mag
maşrapa	mug(s)	mag(s)
matara	water flask	wo:tı(r) fla:sk
minder, şilte	mattress	mætris
mum	candle(s)	kændıl(s)
olta	fishing tackle	fişinğ tækıl
piknik sepeti	picnic basket	piknik ba:skit
plastik torba	plastic bag	plæstik bæg
portatif masa	folding table	fouldinğ teybıl
pusula	compass	kampıs
sandalye (portatif)	(portable) chair	(po:tıbl) çeı(r)
sırt çantası	rucksack	raksæk
soğutucu	cool box	ku:l boks
su bidonu	water carrier	wo:tı(r) kærıı(r)
şezlong	deck chair	dek çeı(r)
şişe açacağı	bottle-opener	botl oupını(r)
tabak	plate(s)	pleyt(s)
tabak çanak takımı	crockery	krokıri
tava	frying pan	frayinğ pæn
tencere	saucepan	so:spæn
termos	vacuum flask	vækyuım flæsk
tirbuşon	corkscrew	ko:kskru:
tornavida	screwdriver	skru:drayvı(r)
uyku tulumu	sleeping bag	sli:pinğ bæg
yastık	pillow	pilou
yiyecek kutusu	food box	fu:d boks

* İngilizce sözcüklerin ardındaki **(s)** harfi, o sözcüklerin
çoğul biçimlerini belirtmektedir.
** **Knives** sözcüğünün tekili, **knife** (nayf)'dır.

Fotoğrafçılık   Photography

● **Vesikalık fotoğraf çektirmek istiyorum.**
I'd like to have some passport photos taken.
ayd layk tu hæv sam pa:spo:t foutos teykın

● **Bir fotoğraf makinesi satın almak istiyorum.**
I'd like to buy a camera.
ayd layk tu bay e kæmırı

● **Video kameraları gösterebilir misiniz lütfen?**
Can you show me some video cameras, please?
kæn yu: şou mi: sam vidiou kæmırıs pli:z

● **Otomatik bir fotoğraf makinesi istiyorum.**
I'd like an automatic camera.
ayd layk en o:tımætik kæmırı

● **Bu fotoğraf makinesi için bir film var mı?**
Do you have a film for this camera?
du yu: hæv e film fo(r) dhis kæmırı

kaset	cartridge	ka:tric
hızlı film	fast film	fa:st film
renkli	colour	kalı(r)
gün ışığı tipi	daylight type	deylayt tayp
yapay ışık tipi	artificial light type	a:tifi:şıl layt tayp
24/36 pozluk	24/36 exposures	
	twenti-fou(r)/thö:ti-siks ekspo:jı(r)s	

● **"Dört / Beş" megapiksel bir dijital kamera var mı?**
Do you have a "four / five"-megapixel digital camera?
du yu: hæv e "fo(r) / fayv megıpiksel dicitl kæmırı

● **Dijital fotoğraf makinem için "64 MB / ek" bir hafıza kartı satın almak istiyorum.**
I'd like to buy "a sixty-four MB / an extra" memory card for my digital camera.
ayd layk tu bay "e siksti fo(r) megıbayt / en ekstrı" memırı ka:(r)d fo(r) may dicitl kæmırı

• ....lı/li/lu/lü **bir dijital fotoğraf makinesi satın almak istiyorum.**
I'd like to buy a digital camera with ....
ayd layk tu bay e dicitl kæmırı with .....

"Optik / Dijital" uzaklık ayarlı mercek
"optical / digital" zoom lens   "optikıl / dicitl" zu:m lenz

32 MB hafıza   a thirty-two MB memory
e thö:ti-tu: megıbayt memıri

5 megapiksel çözünürlük
a resolution of five megapixels
e rezılu:şın ov fayv megıpiksels

CCD sensor (algılayıcı) a CCD sensor e si-si-di sensı(r)

Flaş   flash   flæş

Geniş açılı objektif a wide-angle lens e wayd-ænğgıl lenz

LCD ekran   LCD screen   el-si-di skri:n

USB kablo   a USB cable   e yu-es-bi: keybıl

• **Bir .... istiyorum.**
I'd like a/an ....
ayd layk e/en ....

deklanşör	cable release	keybıl rili:s
dijital kamera yazıcısı	digital camera printer	
		dicitl kæmırı printı(r)
filtre	filter	filtı(r)
flaş	flash	flæş
fotoğraf çantası	camera case	kæmırı keys
geniş açılı objektif	wide-angle lens	wayd-ænğgıl lenz
hafıza kartı	memory card	memırı ka:(r)d
objektif	lens	lenz
objektif kapağı	lens cap	lenz kæp
pil	battery	bætırı
pil şarj aleti	battery charger	bætırı ça:cı(r)
slayt projektör	slide projector	slayd prıcektı(r)
USB kablosu	USB cable	yu-es-bi: keybıl

• **Banyo için ne kadar ücret alıyorsunuz?**
How much do you charge for processing?
hau maç du yu: ça:c fo(r) prousesinğ

● **Her negatifin "1 / 2 / 3" baskısını rica ediyorum.**
I'd like "one / two / three" reprints of each negative.
ayd layk "wan / tu: / thri:" ri:prints ov i:ç negıtivs

● **Parlak baskı. / Mat baskı.**
With a glossy finish. / With a matt finish.
with e glosi finiş / with e mæt finiş

● **Bunu büyültebilir misiniz lütfen?**
Will you enlarge this, please?
wil yu: enla:c dhis pli:z

● **Ne zaman hazır olur?**
When will they be ready?
wen wil dhey bi: redi

● **..... arızalı.**
There's something wrong with the .....
dheı(r) iz samtinğ ronğ with dhı .....

Flaş	flash	flæş
LCD ekran	LCD screen	el-si-di skri:n
Objektif / Mercek	lens	lenz
Obtüratör / Kapak	shutter	şatı(r)
Poz sayıcı	exposure counter	ekspoujı(r) kauntı(r)
Pozometre	light meter	layt mi:tı(r)
Telemetre	range-finder	reync-fayndı(r)
USB kablosu	USB cable	yu-es-bi: keybıl

Sigara – Tütün Tobacconist's

● **Sizde hangi "sigaralar / purolar" var?**
What "cigarettes / cigars" do you have?
wat "sıgrets / siga:(r)s" du yu: hæv

● **Bir paket .... (sigarası) lütfen.**
A packet of .... (cigarettes), please.
e pækit ov .....(sigrets) pli:z

- **"İngiliz / Amerikan / Türk" sigaraları var mı?**
  Do you have "English / American / Turkish" cigarettes?
  du yu: hæv "ingliş / ımerikın / tö:kiş" sigırets

- **Bir karton rica ediyorum.**
  I'd like a carton.
  ayd layk e ka:tın

- **Bir çakmak satın almak istiyorum.**
  I'd like to buy a lighter.
  ayd layk tu bay e laytı(r)

- **Pipo temizleyicisi var mı?**
  Do you have pipe cleaners?
  du yu: hæv payp kli:nı(r)s

enfiye	snuff	snaf
kibrit	matches	mæçiz
pipo	pipe	payp
pipo tütünü	pipe tobacco	payp tıbækou
sigara ağızlığı	cigarette holder	sıgıret houldı(r)
açık/koyu tütün	light / dark tobacco	layt / da:k tıbækou
filtreli	filter-tipped	filtı(r) tipt
filtresiz	without filter	widhaut filtı(r)
mentollü	menthol	menthol
uzun	king size	kinğ sayz
yumuşak/sert	mild / strong	mayld / stronğ

Gözlük – Lens
Spectacles – Contact lenses

- **Gözlüğümü kırdım. Tamir edebilir misiniz?**
  I've broken my glasses. Can you repair them?
  ayv broukın may gla:siz. kæn yu: ripeı(r) dhem

- **Çerçeve kırık.**
  The frame is broken.
  dhı freym iz broukın

- **Camları değiştirebilir misiniz?**
  Can you change the lenses?
  kæn yu: çeync dhı lenziz

- **Hafif renkli cam istiyorum.**
  I'd like tinted lenses.
  ayd layk tintid lenziz

- **Ne zaman hazır olur?**
  When will they be ready?
  when wil dhey bi: redi

- **Güneş gözlüğü rica ediyorum.**
  I'd like a pair of sunglasses.
  ayd layk e peı(r) ov sangla:siz

- **Bir gözlük kılıfı verir misiniz lütfen?**
  Please give me a spectacles case.
  pli:z giv mi: e spektıkıls keys

- **Ben "miyobum / hipermetrobum".**
  I'm "short-sighted / longsighted".
  aym "şo:t saytid / lonğsaytid"

- **Aynaya bakabilir miyim?**
  May I look in a mirror?
  mey ay luk in e mirı(r)

- **Kontakt lenslerimi kaybettim.**
  I've lost my contact lenses.
  ayv lost may kontækt lenziz

- **Kontakt lens rica ediyorum.**
  I'd like some contact lenses.
  ayd layk sam kontækt lenziz

- **Kontakt lens solüsyonu var mı?**
  Do you have any contact-lens solution?
  du yu: hæv eni kontækt-lenz sılu:şın

Kuyumcu Dükkânı Jeweller's

• **"Altından / Gümüşten" bir şeyiniz var mı?**
Do you have anything "in gold / in silver"?
du yu: hæv enithinğ "in gould / in silvı(r)"

• **Şunu görebilir miyim lütfen?**
Could I see that, please?
kud ay si: dhæt pli:z

• **Bu gerçek "altın mıdır / gümüş müdür"?**
Is this real "gold / silver?
iz dhis rııl "gould / silvı(r)

• **Bu kaç ayar (kırat)?**
How many carats is this?
hau meni kærıts iz dhis

• **Bir/Birkaç .... rica ediyorum.**
I'd like a-an/some ....
ayd layk e-en / sam ......

bilezik	bracelet	breyslit
broş	brooch	brouç
çatal-bıçak takımı	cutlery	katlıri
gümüş çatal-bıçak-kaşık	silverware	silvı(r)weı(r)
haç	cross	kros
iğne	clip , pin	klip , pin
kol düğmesi	cufflinks	kaflinğks
kolye	necklace	neklis
kravat iğnesi	tie pin/clip	tay pin / klip
küpe	earrings	ıırinğs
mücevher	gem	cem
mücevher kutusu	jewel box	cuıl boks
pandantif, küpe	pendant	pendınt
tespih	rosary	rouzıri
yüzük	ring	rinğ
alyans	wedding ring	wedinğ rinğ
nişan yüzüğü	engagement ring	engeycmınt rinğ
zincir	chain	çeyn

Altın	gold	gould
Altın kaplama	gold-plated	gould-pleytid
Ametist (mor yakut)	amethyst	æmithist
Bakır	copper	kopı(r)
Elmas	diamond	daymınd
Fildişi	ivory	ayvıri
Firuze	turquoise	tö:koyz
Gümüş kaplama	silver-plated	silvı(r)-pleytid
İnci	pearl	pö:l
Kehribar	amber	æmbı(r)
Kesme cam	cut glass	kat gla:s
Kristal	crystal	kristıl
Krom	chromium	kroumiım
Mercan	coral	kourıl
Mine	enamel	inæmıl
Oniks	onyx	oniks
Paslanmaz çelik	stainless steel	steynlis sti:l
Platin	platinum	plætinım
Safir	sapphire	sæfayı(r)
Topaz (sarı yakut)	topaz	toupæz
Yakut	ruby	ru:bi
Yeşim	jade	ceyd
Zümrüt	emerald	emırıld

Saatçi Watch-maker's

- **Bu saati temizleyebilir misiniz?**
  Can you clean this watch?
  kæn yu: kli:n dhis woç

- **"Pim / Yay / Kayış / Cam" kırılmış.**
  The "winder / spring / strap / glass" is broken.
  dhı wayndı(r) / sprinğ / stræp / gla:s iz broukın

- **Ne zaman hazır olur?**
  When will it be ready?
  wen wil it bi: redi

• **(Bir) ... rica ediyorum.** I'd like (a/an)... ayd layk e/en...

çalar saat	alarm clock	ıla:m klok
pil	battery	bætırı
saat	clock	klok
saat	watch	woç
kuvars	quartz	kwo:ts
dijital	digital	dicitıl
otomatik	automatic	o:tımætik
su geçirmez	waterproof	wo:tı(r)pru:f
kol saati kayışı	watchstrap	woçstræp
kol saati	wristwatch	ristwoç
cep saati	pocket watch	pokit woç

Oyuncaklar   Toys

• **5 yaşında bir kız (çocuk) için bir oyuncak istiyorum.**
I'd like a toy for a five-year-old girl.
ayd layk e toy fo(r) e fayv-yıı(r)-ould gö:l

• **6 yaşında bir erkek çocuk için bir oyun istiyorum.**
I'd like a game for a six-year-old boy.
ayd layk e geym fo(r) e siks-yıı(r)-ould boy

boyama kitabı	colouring book	kalırinğ buk
deniz topu	beach ball	bi:ç bo:l
inşaat kutuları	buildings blocks	bildinğs bloks
iskambil oyunu	card game	ka:d geym
kitap	book	buk
kova	pail (bucket)	peyl (bakit)
kürek	shovel (spade)	şavıl (speyd)
oyuncak araba	toy car	toy ka:(r)
oyuncak bebek	doll	dol
palet	flippers	flipı(r)s
paten	skate	skeyt
satranç takımı	chess set	çes set
şnorkel	snorkel	sno:kıl
top	ball	bo:l
video oyunu	videogame	vidiougeym

Tamir   Repairs

- **Bu ayakkabıları tamir ettirmek istiyorum.**
  I'd like to have these shoes repaired.
  ayd layk tu hæv dhi:z şu:z ripeı(r)d

- **Yeni taban ve ökçe istiyorum.**
  I'd like new soles and heels.
  ayd layk nyu: souls ænd hi:ls

- **Bunu dikebilir misiniz?**
  Can you stitch this?
  kæn yu: stiç dhis

- **Bu düğmeyi dikebilir misiniz?**
  Can you sew on this button?
  kæn yu: sou on dhis batın

- **Bu bozuk. Tamir edebilir misiniz?**
  This is broken. Can you repair it?
  dhis iz broukın. kæn yu: ripeı(r) it

- **Bu fotoğraf makinesini tamir edebilir misiniz?**
  Can you repair this camera?
  kæn yu: ripeı(r) dhis kæmırı

- **Bu saati tamir edebilir misiniz?**
  Can you repair this watch?
  kæn yu: ripeı(r) dhis woç

- **Geri kalıyor / İleri gidiyor.**
  It's "slow / fast".
  its "slou / fa:st"

- **"Pimi / Yayı / Camı / Kayışı" kırık.**
  The "winder / spring / glass / strap" is broken.
  dhı "wayndı(r) / sprinğ / gla:s / stræp" iz broukın

• **Ne zaman hazır olur?**
When will they be ready?
wen wil dey bi: redi

Postanede   At the post office

• **En yakın postane nerededir?**
Where's the nearest post office?
weı(r)z dhı niı(r)ıst poust ofis

• **Postane ne zaman "açılıyor / kapanıyor"?**
What time does the post office "open / close"?
wat taym daz dhı poust ofis "oupın / klo:z"

• **Posta kutusu nerededir?**
Where's the mail(letter) box?
weı(r)z dhı meyl [letı(r)] boks

• **Bu paketi göndermek istiyorum.**
I'd like to send this parcel.
ayd layk tu send dhis pa:sıl

• **Gümrük beyannamesi doldurmalı mıyım?**
Do I need to fill in a customs declaration form?
du ay ni:d tu fil in e kastıms deklıreyşın fo:m

• **Hangi gişeden pul alabilirim?**
At which counter can I get stamps?
æt wiç kauntı(r) kæn ay get stæmps

• **Bu "kart / mektup" için bir pul lütfen.**
A stamp for this "card / letter", please.
e stæmp fo(r) dhis "ka:d / letı(r)" pli:z

• **İstanbul'a mektup ücreti nedir?**
What's the postage for a letter to İstanbul?
wats dhı poustic fo(r) e letı(r) tu istanbul

●**Avustralya'ya adi postayla bir mektup gönder-mek ne kadar?**
How much is it to send a letter surface mail to Australia?
hau maç iz it tu send a letı(r) sö:fis meyl tu ostreylıı

●**ABD'ye uçak postası ne kadar?**
What's the airmail to the USA ?
wats dhı eı(r)meyl tu dhı yu-es-ey.

Ekspres	express	ekspres
Havale	money order	mani o:dı(r)
Şehir İçi	local	loukıl
Taahhütlü	registered mail	recistı(r)d meyl
Uçak postası	airmail	eı(r)meyl
Yurt Dışı	abroad	ıbro:d
Yurt İçi	inland	inlænd
Adi posta	surface mail	sö:fis meyl

●**Bir telgraf göndermek istiyorum.**
I'd like to send a telegram.
ayd layk tu send e telıgræm

●**Kelimesi ne kadar?**
How much does it cost per word?
hau maç daz it kost pö(r) wö:d

●**Bir form alabilir miyim lütfen?**
May I have a form, please?
mey ay hæv e fo:m pli:z

Telefon etme   Telephoning

●**En yakın telefon (kulübesi) nerededir?**
Where's the nearest telephone (booth)?
weı(r) iz dhı niı(r)ıst telifoun (bu:th)

• **Telefonunuzu kullanabilir miyim?**
May I use your phone?
mey ay yu:z yo:(r) foun

• **Türkiye'ye telefon etmek istiyorum.**
I'd like to telephone to Turkey.
ayd layk tu telifoun tu tö:ki

• **Bana uluslararası bir telefon kartı verin, lütfen.**
Please give me an international telephone card.
pli:z giv mi: en intı(r)næşınıl telifoun ka:(r)d

• **Bana bu numarayı bağlar mısınız?**
Will you get me this number?
wil yu: get mi: dhis nambı(r)

• **Bir telefon rehberiniz var mı?**
Do you have a telephone directory?
du yu: hæv e telifoun dayrektıri

• **...... için alan kodu nedir?**
What's the area code for ....?
wats dhı eırıı koud fo(r) .....

• **Sonra bana görüşme bedelini verir misiniz lütfen?**
Could you give me the cost of the call afterwards?
kud yu: giv mi: dhı kost ov dhı ko:l a:ftıwıdz

• **Ödemeli aramak istiyorum.**
I'd like to reverse the charges.
ayd layk tu rivö:s dhı ça:cis

• **Alo, ben .....**
Hello, this is ...... speaking.
helou dhis iz ..... spi:king

• **......ile konuşmak istiyorum.**
I'd like to speak to ....
ayd layk tu spi:k tu ....

• **Siz ...... misiniz?**
Is that ..... ?
iz dhæt .....

• **"Daha yüksek sesle / Daha yavaş" konuşur musunuz lütfen.**
Please speak "louder / more slowly".
pli:z spi:k "laudı(r) / mo:(r) slouli"

• **Konuşmam kesildi; beni yeniden bağlayabilir misiniz?**
I was cut off; can you reconnect me?
ay waz kat of; kæn yu: ri:kınekt mi:

• **Hattan ayrılmayın lütfen.**
Hold the line, please.
hould dhı layn pli:z

• **Daha sonra tekrar dener misiniz lütfen?**
Would you try again later, please?
wud yu: tray ıgeyn leytı(r) pli:z

• **Bu görüşmenin fiyatı ne kadar?**
What was the cost of that call?
wat waz dhı kost ov dhæt ko:l

EĞLENCE - DİNLENCE
ENTERTAINMENT - RELAXING

Sinema-Tiyatro   Cinema-Theatre

- **Bu akşam sinemada ne oynuyor?**
  What's on at the cinema tonight?
  wats on æt dhı sınımı tınayt

- **.....'nin yönettiği yeni film nerede gösteriliyor?**
  Where's that new film directed by ..... being shown?
  weı(r)z dhæt nyu: film dayrektid bay .... biinğ şoun

- **"İyi bir film / Bir komedi" önerebilir misiniz?**
  Can you recommend "a good film / a comedy"?
  kæn yu: rekımend "e gud film / e koumidi"

- **Kimler oynuyor?**   • **Yönetmen kim?**
  Who's in it?   Who's the director?
  hu:z in it   hu:z dhı dayrektı(r)

- **Başrolde kim oynuyor?**
  Who's playing the lead ?
  hu:z pleyinğ dhı li:d

- **Tiyatroda ne oynuyor?**
  What's playing at the theatre?
  wat's pleyinğ æt dhı thiıtı(r)

- **Ne tür bir oyun? / Kimin eseri?**
  What sort of play is it? / Who is it by?
  wat so:t ov pley iz it / hu: iz it bay

- **....'nin yeni oyunu hangi tiyatroda gösteriliyor?**
  Which theatre is that new play by.... being performed at?
  wiç thiıtı(r) iz dhæt nyu: pley bay .... biinğ pıfo:md æt

• **Saat kaçta başlıyor?**
What time does it begin?
wat taym daz it bigin

• **"Bu gece / Yarın akşam" için yer var mı?**
Are there any seats for "tonight / tomorrow evening"?
a:(r) dheı(r) eni si:ts fo(r) "tınayt / tımorou i:vninğ"

• **Biletler ne kadar?**
How much are the tickets?
hau maç a:(r) dhı tikits

• **Cumartesi için yer ayırtmak istiyorum.**
I'd like to book seats for Saturday.
ayd layk tu buk si:ts fo(r) sætı(r)dey

• **Pazar günkü matine için iki bilet verir misiniz lütfen?**
Please give me two tickets for the matinee on Sunday.
pli:z giv mi: tu: tikits fo(r) dhı mætiney on sandey

• **Üzgünüm; hepsi satıldı.**
I'm sorry; we're sold out.
aym sori; wiı(r) sould aut

• **Yalnızca balkonda kalan bir iki yer var.**
There are only a few seats left in the circle.
dheı(r) a:(r) onli e fyu: si:ts left in dhı sö:kıl

• **Pazartesi akşamı gösterisi için iki yer ayırtmak istiyorum.**
I'd like to reserve two seats for the show on Monday evening.
ayd layk tu rizö:v tu: si:ts fo(r) dhı şou on mandey i:vninğ

- **"Salondaki / Balkondaki" yerler ne kadar?**
  How much are the seats in "stalls / circle"?
  hau maç a:(r) dhı si:ts in dhı "sto:ls / sö:kıl

- **Çok arkada olmasın.** • **Ortalarda olsun.**
  Not too far back.   Somewhere in the middle.
  not tu: fa:(r) bæk   samweı(r) in dhı midl

- **Bir program alabilir miyim lütfen?**
  May I have a programme, please?
  mey ay hæv e prougræm pli:z

- **Vestiyer nerede?**
  Where's the cloa kroom?
  weı(r)z dhı kloukru:m

- **Bu yerler (koltuklar) nerededir?**
  Where are these seats?
  weı(r) a:(r) dhi:z si:ts

- **Biletinizi görebilir miyim?** • **Yeriniz burası.**
  May I see your ticket?   This is your seat.
  mey ay si: yo:(r) tikit   dhis iz yo:(r) si:t

Konser - Bale - Opera
Concert - Balet - Opera

- **"Opera binası / Konser salonu " nerededir?**
  Where is the "opera house / concert hall"?
  weı(r) iz dhı "opırı haus / konsö:t ho:l"

- **Bir "konser / bale / opera" önerebilir misiniz?**
  Can you recommend "a concert / a ballet / an opera" ?
  kæn yu: rekımend "e konsö:t / e bæley / en opırı"

- **Bu akşam operada ne var?**
  What's on at the opera tonight?
  wats on æt dhı opırı tınayt

• **"Solist / Orkestra şefi"kim?**
Who's the "soloist / conductor"?
hu:z dhı "souloist / kondaktı(r)"

• **Hangi orkestra çalıyor?**
Which orchestra is playing?
wiç o:kestrı iz pleyinğ

• **Hangi eseri çalıyorlar?**
What are they playing?
wat a:(r) dhey pleyinğ

• **Kim "şarkı söylüyor / dans ediyor"?**
Who's "singing / dancing"?
hu:z "sinğginğ / da:nsinğ"

Gece kulüpleri - Diskotekler
Night-clubs - Discos

• **İyi bir "gece kulübü / gösteri" önerebilir misiniz?**
Can you recommend a good "night-club / show"?
kæn yu: rekımend e gud "naytklab / şou"

• **Burada iyi bir "diskotek / caz kulübü" var mı?**
Is there a good "discotheque / jazz club" here?
iz dheı(r) e gud "diskıtek / cæz klab" hiı(r)

• **İyi bir diskotek biliyor musunuz?.**
Do you know a good discotheque?
du yu nou e gud diskıtek

• **Dans etmek ister misiniz?**
Would you like to dance?
wud yu: layk tu da:ns

• **Atraksiyon ne zaman?**
What time is the floorshow?
wat taym iz dhı flo:(r)şou

- **Gösteri (Şov) ne zaman başlıyor?**
  What time does the show start?
  wat taym daz dhı şou sta:t

Spor ve oyunlar   Sports and games

- **En yakın "tenis kortu / golf sahası" nerededir?**
  Where is the nearest "tennis court / golf course"?
  weı(r) iz dhı niı(r)ıst "tenis ko:t / golf ko:s"

- **"Oyun / Günlük / Saat" ücreti ne kadardır?**
  What's the charge per "game / day / hour"?
  wats dhı ça:c pö(r) "geym / dey / auı(r)"

- **Raket kiralayabilir miyiz?**
  Can we hire rackets?
  kæn wi: hayı(r) rækits

- **Nerede "yüzmeye / balık tutmaya" gidebiliriz?**
  Where can we go "swimming / fishing"?
  weı(r) kæn wi: go "swiminğ / fişinğ"

- **Balığa gitmek istiyorum; Bir izin gerekiyor mu?**
  I'd like to go fishing; do I need a permit?
  ayd layk tu go fişinğ; du ay ni:d e pö:mit

- **Stadyum nerededir?**
  Where's the stadium?
  weı(r)z dhı steydiım

- **Bir "futbol maçına / tenis turnuvasına" gitmek istiyorum.**
  I want to go to a "football match / tennis tournament".
  ay want tu go tu e "futbo:l mæç / tenis tuı(r)nımınt"

- **Yerler "güneşte mi / gölgede mi"?**
  Are the seats in the "sun / shade"?
  a:(r) dhı si:ts in dhı "san / şeyd"

•**Kim(ler) oynuyor? / Ne zaman başlıyor?**
Who's playing? / When does it start?
hu:z pleyinğ / wen daz it sta:t

•**Skor nedir?**
What's the score?
wats dhı sko:(r)

• **Kim kazanıyor?**
Who's winning?
hu:z wininğ

•**Burada bir yüzme havuzu var mı?**
Is there a swimming pool here?
iz dheı(r) e swiminğ pu:l hiı(r)

•**"Kapalı mı / Açık mı"?**
Is it "indoor / open air"?
iz it "indo:(r) / oupın eı(r)"

•**Isıtması var mı?**
Is it heated?
iz it hi:tid

• **Giriş ücreti ne kadar?**
What's the admission charge?
wats dhı ædmışın ça:c

•**"Gölde / Nehirde" yüzülüyor mu?**
Can you swim in the "lake / river"?
kæn yu: swim in dhı "leyk / rivı(r)

•**Hipodrom nerede?**
Where is the race course?
weı(r) iz dhı reys ko:s

• **Jokey kim?**
Who's the jockey?
hu:z dhı coki

•**"Paten / Kayak malzemesi" kiralayabilir miyim?**
Can I hire(rent) "skates / ski equipment"?
kæn ay hayı(r)(rent) "skeyts / ski: ikwipmınt"

•**Bir "kayak yapma yeri / paten sahası" var mı?**
Is there a "ski slope / skating rink"?
iz dheı(r) e "ski: sloup / skeytinğ rinğk"

Plâjda On the beach

- **Plâj "kum mu / çakıl mı / kayalık mı"?**
  Is the beach "sand / pebbles / rocks"?
  iz dhı bi:ç "sænd / pebıls / roks"

- **Bir .... kiralayabilir miyim?**
  Can I hire a ..... ?
  kæn ay hayı(r) e ...

güneş şemsiyesi	sunshade	sanşeyd
motorbotu	motor boat	moutı(r) bout
sandal	rowing boat	rouiñ bout
şezlong	deckchair	dekçeı(r)
yelkenli tekne	sailing boat	seyliñ bout

- **Dalış malzemesi kiralayabilir miyim?**
  Can I hire diving equipment?
  kæn ay hayı(r) dayviñ ikwipmınt

- **Saati ne kadar?**
  What does it cost by the hour?
  wat daz it kost bay dhı auı(r)

- **Deniz çok sakin.**
  The sea is very calm.
  dhı si: iz veri ka:m

- **Cankurtaran var mı?**
  Is there a lifeguard?
  iz dheı(r) e layfga:d

- **Küçük çocuklar için güvenceli midir?**
  Is it safe for small children?
  iz it seyf fo(r) smo:l çildrın

- **Burada yüzmek güvenceli midir?**
  Is it safe to swim here?
  iz it seyf tu swim hiı(r)

- **Bu körfezden denize girmek güvenceli midir?**
  Is the bathing safe from this bay?
  iz dhı beydhinğ seyf from dhis bey

- **Denize girmek "yasaklanmıştır / tehlikelidir".**
  Bathing "prohibited / dangerous".
  beydhinğ "prouhibitid / deyncırıs"

- **Burada güçlü bir akıntı var.**
  There's a strong current here.
  dheı(r)z e stronğ karınt hiı(r)

- **Burası çok derindir.**
  It's very deep here.
  its veri di:p hiı(r)

- **İyi bir yüzücü müsünüz?**
  Are you a strong swimmer?
  a:(r) yu: e stronğ swimı(r)

- **"Günlüğüne / iki saatliğine" bir kabin tutmak istiyorum.**
  I'd like to hire a cabin for "the day / two hours".
  ayd layk tu hayı(r) e kæbin fo(r) "dhı dey / tu: auı(r)s"

- **Burada su kayağı yapabilir miyiz?**
  Can we water ski here?
  kæn wi: wo:tı(r) ski: hiı(r)

SAĞLIK HEALTH

Genel General

● **Bir doktora görünmem gerekiyor.**
I must see a doctor.
ay mast si: e doktı(r)

● **Buralarda bir doktor muayenehanesi var mıdır?**
Is there a doctor's surgery near here?
iz dheı(r) e doktı(r)s sö:cıri niı(r) hiı(r)

● **Doktorun muayenehanesi nerededir?**
Where's the doctor's surgery?
weı(r)z dhı doktı(r)s sö:cıri

● **Nerede "Türkçe / İngilizce" konuşan bir doktor bulabilirim?**
Where can I find a doctor who speaks "Turkish / English"?
weı(r) kæn ay faynd e doktı(r) hu: spi:ks "tö:kiş / ingliş"

● **Bir .... önerebilir misiniz?**
Can you recommend "a /an" .... ?
kæn yu: rekımend ......

çocuk doktoru	children's doctor	çildrıns doktı(r)
dahiliyeci	general practitioner	genırıl præktişını(r)
göz doktoru	eye specialist	ay speşılist
jinekolog	gynaecologist	gaynikolıcist

● **Muayene saatleri nelerdir?**
What are the surgery hours?
wat a:(r) dhı sö:cıri auı(r)s

● **Doktor beni görmeye buraya gelebilir mi?**
Could the doctor come to see me here?
kud dhı doktı(r) kam tu si: mi: hiı(r)

HEALTH

- **Mümkün olduğu kadar çabuk bir randevu alabilir miyim?**
Can I have an appointment as soon as possible?
kæn ay hæv en ıpoyntmınt æz su:n æz posibıl

- **Yarına bir randevu alabilir miyim?**
Can I have an appointment tomorrow?
kæn ay hæv en ıpoyntmınt tımorou

Hastalıklar   Ailments

- **Hastayım.**
I'm ill.
aym il

- **Kendimi kötü hissediyorum.**
I feel unwell.
ay fi:l anwel

- **Midem bulanıyor.**
I feel nauseous.
ay fi:l no:ziıs

- **Titriyorum.**
I feel shivery.
ay fi:l şivıri

- **Başım dönüyor.**
I feel dizzy.
ay fi:l dizi

- **Ateşim var.**
I've got a fever.
ayv got e fi:vı(r)

- **Ateşim otuz dokuz derece.**
My temperature is thirty-nine degrees Centigrade.
may tempriçı(r) iz thö:ti nayn digri:s sentıgreyd

- **Kusuyorum.**
I've been vomiting.
ayv bi:n vomitinğ

- **Midem bozuk.**
My stomach is upset
may stamık iz apset

- **İshalim var.**
I've got diarrhoea.
ayv got dayırıı

- **Kabızım.**
I'm constipated.
aym konstipeytid

- **Soğuk algınlığım var / Üşüttüm.**
I've got a cold.
ayv got e kould

• **"Sağ / Sol" kolumda bir ağrı var.**
I've got a pain in my "right / left" arm.
ayv got e peyn in may "rayt / left" a:m

• **Sürekli burnum kanıyor.**
My nose keeps bleeding.
may nouz ki:ps bli:dinğ

• **Soluma güçlüğüm var.**
I have difficulty in breathing.
ay hæv difikılti in bri:dhinğ

• **Uyuyamıyorum.**
I can't sleep.
ay kænt sli:p

• **Yemek yiyemiyorum.**
I can't eat.
ay kænt i:t

• **Midem ağrıyor.**
My stomach hurts.
may stamık hö:ts

• **Belim ağrıyor.**
I've got a backache.
ayv got e bækeyk

• **Kulağım ağrıyor.**
I have an earache.
ay hæv en iı(r)eyk

• **Başım ağrıyor.**
I have a headache.
ay hæv e hedeyk

• **Güneş çarptı.**
I have sunstroke.
ay hæv san'strouk

• **Boğazım ağrıyor.**
I have a sore throat.
ay hæv e so:(r) throut

• **Kötü bir öksürüğüm var.**
I have a bad cough.
ay hæv e bæd kof

• **.....'ye alerjim var.**
I'm allergic to ....
aym ılö:cik tu .....

• **Şeker hastasıyım.**
I'm diabetic.
aym dayıbetik

• **Tansiyonum çok "düşük / yüksek".**
My blood pressure is too "low / high".
may blad preşı(r) iz tu: "lou / hay"

apandisit	appendicitis	ıpendisaytis
astım	asthma	æsmı
bademcik iltihabı	tonsillitis	tonsılaytis
çıban (apse)	abscess	æbses
enfeksiyon	infection	infekşın
grip	influenza	influenza
güneş yanığı	sunburn	sanbö:n
kaşıntı	itch	iç
kızamık	measles	mi:zılz
sarılık	jaundice	co:ndis
uykusuzluk	insomnia	insomnıı
ülser	ulcer	alsı(r)
zatürree	pneumonia	nyu:mounıı

● **Zehirlendiğimi sanıyorum.**
I think I have food poisoning.
ay thinğk ay hæv fu:d poyzınınğ

● **Bir kaza oldu.**
There's been an accident.
dheı(r)z bi:n en æksidınt

● **Çocuğum düştü.**
My child has had a fall.
may çayld hæz hæd e fo:l

● **Başından yaralandı.**
"He / She" has hurt "his/her" head.
"hi: / şi:" hæz hö:t "hiz/hö:(r)" hed

● **Elimi "kestim / yaktım".**
I've "cut / burned" my hand.
ayv "kat / bö:nd" may hænd

● **Bileğim acıyor.**
My wrist hurts.
may rist hö:ts

● **Sanırım, ayak bileğimi incittim.**
I think I've sprained my ankle.
ay thinğk ayv spreynd may ænğkıl

● **Düştüm ve kolumu incittim.**
I fell down and hurt my arm.
ay fel daun æn(d) hö:t may a:m

• **"Ayak bileğim / Bacağım" şişti.**
My "ankle / leg" is swollen.
may "ænğkıl / leg" iz swoulın

• **"Bacağımı / Kolumu" kımıldatamıyorum.**
I can't move my "leg / arm".
ay kænt mu:v may "leg / a:m"

• **Gözümde bir şey var.**
There's something in my eye.
dheı(r)z samthinğ in may ay

• **Bir "yara / çıban / çürük / sıyrık / isilik" var.**
I have a "wound / boil / bruise / graze / rash".
ay hæv e "wu:nd / boyl / bru:z / greyz / ræş"

• **Böcek soktu.**
I have an insect bite.
ay hæv en insekt bayt

• **Su topladı.**
I have a blister.
ay hæv e blistı(r)

• **Bir köpek tarafından ısırıldım.**
I've been bitten by a dog.
ayv bi:n bitın bay e dog

Vücudun organları
Parts of the body

ağız	mouth	mauth
akciğer	lung	lang
ayak parmağı	toe	tou
bacak	leg	leg
bademcikler	tonsils	tonsıls
bağırsak	bowel	bauıl
baş	head	hed
başparmak	thumb	tham
bel kemiği	spine	spayn
bilek	wrist	rist
boğaz	throat	throut

boyun	neck	nek
böbrek	kidney	kidni:
burun	nose	nouz
cinsel organlar	genitals	genitıls
çene	jaw, chin	co: , çin
damar	vein	veyn
deri	skin	skin
dil	tongue	tanğ
dirsek	elbow	elbou
diş etleri	gums	gams
diz	knee	ni:
diz kapağı	kneecap	ni:kæp
dudak	lip	lip
eklem	joint	coynt
el	hand	hænd
göğüs	chest	çest
göz	eye	ay
idrar torbası (mesane)	bladder	blædı(r)
kaburga kemiği	rib	rib
kalça	hip	hip
kalp	heart	ha:t
karaciğer	liver	livı(r)
kas	muscle	masl
kemik	bone	boun
kol	arm	a:m
kulak	ear	iı(r)
meme	breast	brest
mide	stomach	stamık
omurga	spine	spayn
omuz	shoulder	şouldı(r)
parmak	finger	finğgı(r)
sırt	back	bæk
sinir	nerve	nö:v
sinir sistemi	nervous system	nö:vıs sistim
şakak	temple	templ
tırnak	nail	neyl
topuk	heel	hi:l
yanak	cheek	çi:k
yüz	face	feys

Tedavi   Treatment

- **Bu her zaman kullandığım ilaçtır.**
  This is my usual medication.
  dhis iz may yu:juıl medıkeyşın

- **Başka bir reçete yazabilir misiniz?**
  Could you give me another prescription?
  kud yu: giv mi: ınadhı(r) priskripşın

- **Çok kuvvetli bir ilaç istemiyorum.**
  I don't want anything too strong.
  ay dont want enithinğ tu: stronğ

- **Bir yatıştırıcı yazabilir misiniz?**
  Can you prescribe an antidepressant?
  kæn yu: priskrayb en æntidipresınt

- **Bir "ağrı kesici/sakinleştirici" yazabilir misiniz?**
  Can you prescribe a "painkiller / sedative"?
  kæn yu: priskrayb e "peynkilı(r)/sedıtiv"

- **Bunu günde kaç kez almalıyım?**
  How many times a day should I take it?
  hau meni taymz e dey şud ay teyk it

- **Bunları bütün olarak mı yutmalıyım?**
  Must I swallow them whole?
  mast ay swolou dhem houl

- **Yatakta kalmam gerekiyor mu?**
  Must I stay in bed?
  mast ay stey in bed

- **Tekrar ne zaman yolculuk edebilirim?**
  When can I travel again?
  wen kæn ay trævıl ıgeyn

• **Şimdi kendimi daha iyi hissediyorum.**
I feel better now.
ay fi:l betı(r) nau

• **Ateşiniz var mı?**
Do you have a temperature?
du yu: hæv e tempriçi(r)

• **"Ateşinizi / Tansiyonunuzu" ölçeceğim.**
I'll take your "temperature / blood pressure".
ayl teyk yo:(r) "tempriçi(r) / blad preşı(r)"

• **Neresi acıyor (ağrıyor)?**
Where does it hurt?
weı(r) daz it hö:t

• **Burası acıyor mu (ağrıyor mu)?**
Do you have a pain here?
du yu: hæv e peyn hiı(r)

• **Ne kadar zamandır ağrınız var?**
How long have you had the pain?
hau lonğ hæv yu: hæd dhı peyn

• **Bir röntgen çektirmenizi istiyorum.**
I want you to have an x-ray taken.
ay want yu: tu hæv en eks-rey teykın

• **Bir "kan / idrar" örneğinizi istiyorum.**
I'd like a specimen of your "blood / urine".
ayd layk e spesimın ov yo:(r) "blad / yuırin"

• **Ağzınızı açın.**
Open your mouth.
oupın yo:(r) mauth

• **Dilinizi çıkarın.**
Put out your tongue.
put aut yo:(r) tanğ

• **Nefes "alın / verin".**
Breathe "in / out".
bri:dh "in/aut"

• **Lütfen yatın.**
Please lie down.
pli:z lay daun

• **Mikrop kapmış.**
It's infected.
its infektid

• **Yemekten zehirlenmişsiniz.**
You have food poisoning.
yu: hæv fu:d poyzınınğ

• **Cinsel yoldan bulaşan bir hastalığa yakalanmış-sınız.**
You have a sexually transmitted disease.
yu: hæv e sekşu:ıli trænz'mitid dizi:z

• **Alçıya koymam gerekecek.**
I'll have to put it in plaster.
ayl hæv tu put it in pla:stı(r)

• **Size bir antibiyotik vereceğim.**
I'll give you some antibiotics.
ayl giv yu: sam æntibayotiks

• **Bunu günde üç kez alın.**
Take this three times a day.
teyk dhis thri: tayms e dey

• **Size bir iğne yazacağım.**
I'll give you an injection.
ayl giv yu: en incekşın

• **İki gün içinde gelip beni tekrar görün.**
Come and see me again in two days' time.
kam æn(d) si: mi: ıgeyn in tu: deyz taym

Kadın bölümü   Women's section

• **İki aydır regl (aybaşı) olmadım.**
I haven't had my period for two months.
ay hævınt hæd may piıriıd fo(r) tu: manths

• **Regl ağrılarım var.**
I have period pains.
ay hæv piıriıd peyns

- **Vajinal bir enfeksiyonum var.**
  I have a vaginal infection.
  ay hæv e vıcaynıl infekşın

- **İki aylık hamileyim.**
  I'm two months' pregnant.
  aym tu: manths pregnınt

- **Doğum kontrol hapı alıyorum.**
  I'm on the pill.
  aym on dhı pil

Diş Hekimi Dentist

- **Bir diş hekimine görünmem gerekiyor.**
  I must see a dentist.
  ay mast si: e dentist

- **İyi bir diş hekimi önerebilir misiniz?**
  Can you recommend a good dentist?
  kæn yu: rekımend e gud dentist

- **Dişim ağrıyor.**
  I have a toothache.
  ay hæv e tu:theyk

- **Bir apse var.**
  I have an abscess.
  ay hæv en æbses

- **Şimdilik düzeltebilir misiniz?**
  Can you fix it temporarily?
  kæn yu: fiks it tempırerili

- **Bu diş "kırıldı / ağrıyor".**
  This tooth "has broken off / hurts".
  dhis tu:th "hæz broukın of / hö:ts"

arkadaki	at the back	æt dhı bæk
aşağıdaki	at the bottom	æt dhı botım
öndeki	at the front	æt dhı front
yukarıdaki	at the top	æt dhı top

REFERANS BÖLÜMÜ
REFERENCE SECTION

Sayılar   Numbers

1	one [wan]	13	thirteen [thö:ti:n]
2	two [tu:]	14	fourteen [fo:(r)ti:n]
3	three [thri:]	15	fifteen [fifti:n]
4	four [fo:(r)]	16	sixteen [sixti:n]
5	five [fayv]	17	seventeen [sevınti:n]
6	six [siks]	18	eighteen [eyti:n]
7	seven [sevın]	19	nineteen [naynti:n]
8	eight [eyt]	20	twenty [twenti]
9	nine [nayn]	21	twenty-one [twenti-wan]
10	ten [ten]	22	twenty-two [twenti-tu:]
11	eleven [ilevın]	23	twenty-three [twenti-thri:]
12	twelve [twelv]	30	thirty [thö:ti]

40	forty [fo:(r)ti]	70	seventy [sevınti]
50	fifty [fifti]	80	eighty [eyti]
60	sixty [siksti]	90	ninety [naynti]

99	ninety-nine [naynti-nayn]
100	hundred [handrıd]
200	two hundred [tu: handrıd]
1,000	thousand [thausınd]
2,000	two thousand [tu: thausınd]
10,000	ten thousand [ten thausınd]
20,000	twenty thousand [twenti thausınd]
100,000	a hundred thousand [e handrıd thausınd]
200,000	two hundred thousand [tu: handrıd thausınd]
1,000,000	a million [e milyın]
1,000,000,000	a thousand million, a billion [e thausınd milyın, e bilyın]

SIRA SAYILARI   ORDINAL NUMBERS

birinci	first	fö:st
ikinci	second	sekınd
üçüncü	third	thö:d
dördüncü	fourth	fo:(r)th
beşinci	fifth	fifth
altıncı	sixth	siksth
yedinci	seventh	sevınth
sekizinci	eighth	eyth
dokuzuncu	ninth	naynth
onuncu	tenth	tenth

Farklı kullanım örnekleri

- **bir kitap**   one book, a book   wan buk, e buk
- **iki kitap**   (the) two books   (dhı) tu: buks

- **bir kez**   one time, once   wan taym , wans
- **iki kez**   two times, twice   tu: taymz , tways
- **üç kez**   three times   thri: taymz

- **yarım saat**   half an hour   ha:f en auı(r)
- **yarım kilo**   half a kilo   ha:f e kilou
- **yarım elma**   half an apple   ha:f en æpıl
- **bir buçuk kilo**   one and a half kilos
  wan æn(d) e ha:f kilous
- **iki buçuk saat**   two and a half hours
  tu: æn(d) e ha:f auı(r)s
- **yüzde bir**   one percent   wan pö'sent

- **birer birer**   one by one   wan bay wan

Yılları, ikiye bölerek söyleyebilirsiniz:

- **1991**   nineteen ninety-one
- **1987**   nineteen eighty-seven

Ölçü birimleri dönüşümleri

UZUNLUK ÖLÇÜ BİRİMLERİ

1 **inch** = 2.54 **cm**
1 **foot** (çoğulu : **feet**) = 30.479 **cm**. = 12 **inches**
1 **yard** (**yd**) = 0.914 **m**. = 3 **feet** = 36 **inches**
1 **mile** (**ml**) = 1609.34 **m**.
    1 **nautical mile** (deniz mili) = 1850 m
1 **metre** = 39.40 **inches** = 3.28 **feet** = 1.09 **yards**
1 **kilometre** = 0.62 **miles**

AĞIRLIK ÖLÇÜ BİRİMLERİ

1 **ounce** (**oz**) = 28.35 **gr**.
1 **pound** (**lb**) = 16 **oz** = 0.454 **kg**
1 **stone** (**st**) = 14 **lbs** = 6.35 **kg**
1 **hundredweight** (**cwt**) = 112 **lbs** = 50.80 **kg**
1 **ton** = 20 **cwt**
    1 **metric ton** (**tonne**) = 100 **kg**
    1 **short ton** (Amerikan birimi) = 907 **kg**
    1 **long ton** (İngiliz birimi) = 1016 **kg**
1 **kilogram** = 35 **oz** = 2.2 **lbs**

SIVI ÖLÇÜ BİRİMLERİ

1 **gallon** :
    Amerikan birimi = 3.79 **litre**
    İngiliz birimi = 4.54 **litre**

1 **quart** = dörtte bir gallon
    Amerikan birimi = 0.946 **litre**
    İngiliz birimi = 1.136 **litre**

1 **pint** : sekizde bir **gallon**
    Amerikan birimi = 0.473 **litre**
    İngiliz birimi = 0.568 **litre**

ISI ÖLÇÜ BİRİMLERİ

1 santigrat = [(1x1.8) + 32] degrees **Fahrenheit**

Centigrade	Fahrenheit
- 25	- 13
- 20	- 4
- 5	23
0	32
5	39.5
10	50
25	77

Günler Days

Pazartesi	**Monday**	mandey
Salı	**Tuesday**	tyu:zdey
Çarşamba	**Wednesday**	wenzdey
Perşembe	**Thursday**	thö:zdey
Cuma	**Friday**	fraydey
Cumartesi	**Saturday**	sætıdey
Pazar	**Sunday**	sandey

- **on Monday** — Pazartesi günü
- **on Tuesday** — Salı günü
- **yesterday** — dün
- **today** — bugün
- **tomorrow** — yarın
- **the day before yesterday** — önceki gün
- **the day after tomorrow** — öbür gün
- **morning** — sabah
- **in the morning** — sabahleyin
- **afternoon** — öğleden sonra
- **in the afternoon** — öğleden sonra(ları)
- **evening** — akşam
- **in the evening** — akşamleyin
- **night** — gece
- **at night** — geceleyin

Aylar - Mevsimler
Months - Seasons

Ocak	**January**	cænyu:eri
Şubat	**February**	febru:eri
Mart	**March**	ma:(r)ç
Nisan	**April**	eypríl
Mayıs	**May**	mey
Haziran	**June**	cu:n
Temmuz	**July**	cu:lay
Ağustos	**August**	o:gıst
Eylül	**September**	septembı(r)
Ekim	**October**	oktoubı(r)
Kasım	**November**	novembı(r)
Aralık	**December**	disembı(r)

- **in March** — Martta, Mart ayında
- **the first of February** — Şubatın biri
- **on the second of April** — Nisanın ikisinde
- **on the fifth of February** — Şubatın beşinde
- **the sixth of May** — Mayısın altısı
- **the beginning of October** — Ekimin başı
- **the end of November** — Kasımın sonu

Kış	Winter	wintı(r)
İlkbahar	Spring	sprinğ
Yaz	Summer	samı(r)
Sonbahar	Autumn	o:tım

- **sonbaharda** — in autumn
- **ilkbaharda** — in spring
- **kış boyunca** — during the winter

REFERANS BÖLÜMÜ

Ülkeler Countries

A. B. D.	United States	yunaytid steyts
Afganistan	Afghanistan	æfgænista:n
Almanya	Germany	cö(r)mını
Arjantin	Argentina	a:cınti:nı
Arnavutluk	Albania	ælbaynıı
Azerbaycan	Azerbaijan	azı(r)bayca:n
Bolivya	Bolivia	boulivıı
Brezilya	Brazil	brızil
Bulgaristan	Bulgaria	balgeırıı
Büyük Britanya	Great Britain	greyt britın
Cezayir	Algeria	ælciırıı
Çin	China	çaynı
Danimarka	Denmark	denma:k
Ermenistan	Armenia	a:mi:nıı
Filipinler	Philippines	filıpi:nz
Filistin	Palestine	pælistayn
Finlandiya	Finland	finlınd
Fransa	France	fra:ns
Galler	Wales	weylz
Güney Afrika	South Africa	sauth æfrikı
Gürcistan	Georgia	co:cıı
Hindistan	India	indiya
Hollanda	Netherlands	nædhı(r)lındz
Irak	Iraq	ira:k
İngiltere	England	inglınd
İran	Iran	ira:n
İrlanda	Ireland	ayı(r)lınd
İskoçya	Scotland	skotlınd
İspanya	Spain	speyn
İsrail	Israel	izreyl
İsveç	Sweden	swi:dın
İsviçre	Switzerland	switsılınd
İtalya	Italy	itıli
Japonya	Japan	cıpæn
Kanada	Canada	kænıdı
Kenya	Kenya	kenyı
Kıbrıs	Cyprus	sayprıs
Kore	Korea	kırıı
Kuveyt	Kuwait	kuweyt
Küba	Cuba	kyu:bı
Libya	Libya	libyı
Lübnan	Lebanon	lebının
Lüksembourg	Luxembourg	laksımbö:g
Macaristan	Hungary	hanğgırı

REFERENCE SECTION

Malezya	Malaysia	mıleyzıı
Meksika	Mexico	meksikou
Mısır	Egypt	i:cipt
Nijerya	Nigeria	nayciırıı
Nikaragua	Nicaragua	nikıreguı
Norveç	Norway	no:wey
Pakistan	Pakistan	pa:kista:n
Panama	Panama	pænıma:
Paraguay	Paraguay	pærıguay
Peru	Peru	pıru:
Polonya	Poland	poulınd
Portekiz	Portugal	po:tyugıl
Romanya	Romania	ru:meynıı
Rusya	Russia	raşı
Somali	Somalia	sıma:lıı
Sudan	Sudan	su:dæn
Suriye	Syria	si'rıı
Suudi Arabistan	Saudi Arabia	saudi ıreybıı
Tayland	Thailand	taylænd
Tayvan	Taiwan	taywa:n
Tunus	Tunisia	tyu:nizıı
Türkiye	Turkey	tö:ki
Uganda	Uganda	yu:gendı
Uruguay	Uruguay	yuırıguay
Ürdün	Jordan	co:dın
Venezuela	Venezuela	venizweylı
Vietnam	Vietnam	vietnæm
Yemen	Yemen	yemın
Yeni Zelanda	New Zealand	nyu: zi:lınd
Yunanistan	Greece	gri:s
Zambiya	Zambia	zæmbıı

Kıtalar Continents

Asya	Asia	eyjı
Avrupa	Europe	yuırıp
Afrika	Africa	æfrikı
Avustralya	Australia	ostreylıı
Kuzey Amerika	North America	no:th ımerika
Güney Amerika	South America	sauth ımerika

DİLBİLGİSİ
GRAMMAR

Subject pronouns Kişi Zamirleri

I	:	Ben
You	:	Sen / Siz
He	:	O (erkek)
She	:	O (kadın)
It	:	O (cansız / hayvan)
We	:	Biz
They	:	Onlar

☛ **I** : Her zaman büyük harfle yazılır.

BE (olmak) Fiili ve AM , IS , ARE

Am, **is** ve **are** (**be** : olmak) fiilinden türetilmişlerdir.

am	:	**I** ile kullanılır. (Kısaltılmış şekli : **'m**)
is	:	**he, she, it** (tekiller) ile kullanılır.(Kısaca : **'s**)
are	:	**you, we , they** ile kullanılır. (Kısaca: **'re**)

I am	**He is**
You are	**She is**
We are	**It is**
They are	

Bu fiilleri iki yerde kullanabilirsiniz.

1.Tümcedeki asıl fiil olarak :

- I **am** a teacher   Ben bir öğretmen**im**
- It **is** a book   O bir kitap**tır**
- This **is** a car   Bu bir araba**dır**
- She **is** a nurse   O bir hemşire**dir**
- You **are** a student   Sen bir öğrenci**sin**
- We **are** students   Biz öğrenci**yiz**

2. Yardımcı fiil olarak:

Tümce içinde özneden sonra, asıl fiilden önce kullanılan yardımcı fiillerin kendi başlarına bir anlamları yoktur. Diğer yardımcı fiilleri ileride inceleyeceğiz.

- I **am going**   Gidiyorum
- They **are sitting**   Oturuyorlar
- She **is reading**   Okuyor

Sorularda, **am** , **is** ve **are** , eylemi gerçekleştiren **özneden önce** kullanılırlar.

- **What is this?**   Bu nedir?
- **Is that a car?**   O bir araba mı?
- **Where are you?**   Neredesiniz?
- **Are you Mr. West?**   Siz Bay West misiniz?
- **Who are they?**   Onlar kim?

Olumsuzluk **bildirmek** için **Not** kullanılır. **değil, yok** gibi anlamlar verir. Kısa yazılışı : **n't** şeklindedir.

am not	
is not	(kısa yazılışı:**isn't**)
are not	(kısa yazılışı:**aren't**)

DİLBİLGİSİ

- He isn't from London.   O Londralı değil.
- It's not a big house   O büyük bir ev değildir
- I'm not a doctor.   Ben bir doktor değilim
- You're not a nurse   Sen bir hemşire değilsin
- They aren't the teachers Onlar öğretmen değil

A , AN , THE

a : Ünsüz harflerle başlayan sözcüklerin önlerinde **'bir, herhangi bir'** anlamı verir.

- **a book**   bir kitap (herhangi bir kitap)

an : Ünlü harflerle başlayan sözcüklerin önlerinde **'bir, herhangi bir'** anlamı verir.

- **an apple**   bir elma (herhangi bir elma)

The : daha önce sözü edilmiş olan, önceden bilinen ya da tek olan, belirli sözcüklerden önce kullanılır.

house	: (genel anlamda) ev
a house	: bir (herhangi bir) ev
the house	: daha önceden varlığı bilinen, sözü edilmiş olan ya da tek olan belirli bir ev.

■ Aşağıdaki sözcüklerin **the** ile kullanıldığına dikkat ediniz:

- **the cinema**   sinema
- **the ground**   yer, zemin
- **the moon**   ay
- **the radio**   radyo
- **the sky**   gökyüzü
- **the sun**   güneş
- **the theatre**   tiyatro
- **the world**   dünya

GRAMMAR

PLURAL ÇOĞUL

İngilizcede adların çoğulunu oluşturmak için genel olarak sözcük sonlarına, **s** harfi eklemelisiniz. Sözcük **'ünsüz harf + y'** ile bitiyorsa, y yerine **ies** kullanılır.

• **a car**	bir araba	• car**s**	araba**lar**
• **a city**	bir şehir	• cit**ies**	şehir**ler**

■ Sonu **s, sh, ch, x, z, o** ile biten adlar, çoğul eki olarak **es** alır.

• bu**s**	otobüs	• bus**es**	otobüsler
• tomat**o**	domates	• tomato**es**	domatesler
• di**sh**	tabak	• dish**es**	tabaklar

■ Ancak, bazı adların çoğulu, kural dışıdır. Bazıları ise değişmez. Aşağıdakileri inceleyiniz:

• **aircraft**	uçak	• **aircraft**	uçaklar
• **child**	çocuk	• **children**	çocuklar
• **deer**	geyik	• **deer**	geyikler
• **fish**	balık	• **fishes**	balıklar
• **foot**	ayak	• **feet**	ayaklar
• **goose**	kaz	• **geese**	kazlar
• **loaf**	somun	• **loaves**	somunlar
• **man**	adam	• **men**	adamlar
• **mouse**	fare	• **mice**	fareler
• **sheep**	koyun	• **sheep**	koyunlar
• **tooth**	diş	• **teeth**	dişler
• **thief**	hırsız	• **thieves**	hırsızlar
• **woman**	kadın	• **women**	kadınlar

İşaret zamirleri ve çoğulları:

this	bu	**these**	bunlar
that	şu , o	**those**	şunlar , onlar

in , on , at

'Preposition (Öntakı / Edat)'lar, yer , durum ve zaman belirtmek için kullanılır. En sık karşılaşılanları **'in , on** ve **at'** dir. Dilbilgisi bölümünün sonunda 'preposition'lar geniş kapsamlı olarak ele alınmıştır.

in : genel olarak **'içinde'** anlamı verir.

in the room   odada , odanın içinde

■ Oda, bina, park, araba, tekne gibi küçük ölçekli yerler ve nesnelerle:

- **in the park** parkta
- **in the room** odada
- **in the car** arabada

■ Ülke ,eyalet, şehir gibi büyük ölçekli yerlerle:

- **in İstanbul** İstanbul'da
- **in Turkey** Türkiye'de

■ Aylar, yıllar,mevsimler gibi uzun zaman dilimleri ile **in** kullanılır:

- **in the summer** yazın, yaz mevsiminde
- **in 1998** 1998'de, 1998 yılında
- **in May** Mayıs ayında, Mayısta

■ Ayrıca, aşağıdaki kullanım örneklerini inceleyiniz:

- **in twenty days** 20 gün içinde, 20 günde
- **in five years** 5 yıl içinde, 5 yılda
- **in the armchair** koltukta

DİLBİLGİSİ

- **in the front row** — ön sırada
- **in the mirror** — aynada
- **in the morning** — sabahleyin, sabahtan
- **in the newspaper** — gazetede
- **in the queue** — kuyrukta
- **in the sky** — gökyüzünde
- **one in three cars** — üç araba**dan** biri
- **the man in the blue shirt** — mavi gömlek**li** adam

On : genel olarak '**üzerinde**' anlamına gelir:

on the table	masanın üzerinde

■ Günler gibi orta süreli zamanlarla :

- **on Monday** — Pazartesi günü
- **on the fifteenth** — (ayın) on beşinde

■ Tren, gemi, uçak, otobüs, cadde gibi orta ölçekli yerler ve nesnelerle **on** kullanılır:

- **on the plane** — uçakta
- **on the train** — trende

■ Ayrıca, aşağıdaki kullanımları inceleyiniz:

- **on** the left — sol**da**
- **on** the right — sağ**da**
- **on** the corner — köşe**de**
- **on** the wall — duvar**da**
- **on** time — zaman**ında**
- **on** the first floor — birinci kat**ta**
- **Go** (straight) **on**. — (Doğru) devam edin.

GRAMMAR

at : genel olarak '**de, da**' anlamı verir.

- **at the table** — masada
- **at the bus stop** — otobüs durağında
- **at the door** — kapıda
- **at the window** — pencerede

■ Zamanı bildirirken, adreslerde ve bir toplantıdan vb. söz ederken de **at** kullanılır.

- **at** four o'clock — saat 4'**te**
- **at** 9.30 — 9.30'**da**
- **at** a conference — bir konferans**ta**
- **at** a party — bir parti**de**
- **at** night — gece**leyin**
- **at** Silverbirch Road — Silverbirch yolu**nda**
- **at** six o'clock — saat altı**da**
- **at** the end of May — Mayısın sonu**nda**
- **at** the moment — şu an**da**
- **at** the weekend — hafta sonu**nda**
- **at** this time of day — günün bu zamanı**nda**

POSSESSIVE CASE
İYELİK DURUMU

İyelik sıfatları:

My	Benim
Your	Senin / Sizin
His / Her / Its	Onun
Our	Bizim
Their	Onların
Robert's	Robert'ın
Whose ?	Kimin?

- **My name's John.**   Benim adım John.
- **Her name's Jane.**   Onun adı Jane.
- **What's your name?**   Adınız nedir?
- **That's his car**   O, onun arabasıdır.
- **Whose secretary are you?** Siz kimin sekreterisiniz?

■ Adların sonlarına gelen kesme işaretli bir **S** eki ('**s**) iyelik belirtir:

- **Mr. Morgan's phone number.**
  Bay Morgan'ın telefon numarası.

- Mr. Nelson**'s** office   Mr. Nelson**'ın** ofisi
- Jane**'s** room   Jane**'in** odası
- Tom**'s** car   Tom**'un** arabası
- Tim**'s** shirt   Tim**'in** gömleği
- Tommy**'s** hand   Tommy**'nin** eli

■ Çoğullarda: ek olarak, kesme işareti sonda olan tek bir s harfi (**s'**) kullanılır. (çoğul takısı olan **s** nin hemen ardından bir **s** harfi daha kullanılmaz.)

- **My sister's room**   Kız kardeşimin odası
- **My sisters' room**   Kız kardeşlerimin odası

TOO , EITHER

Bu iki sözcüğün her ikisi de ' **de , da , dahi , üstelik** ' anlamlarında kullanılır. Genellikle tümce sonlarında yer alırlar.

■ **too** : olumlu anlatımlarda **de , da** anlamı verir.

- George is a doctor.   Judy **is** a doctor **too**.
  George bir doktordur.   Judy **de** bir doktor**dur**.

- İstanbul is a big city.   London is a big city **too**.
  İstanbul büyük bir kent. Londra **da** büyük bir kent.

■ **either** : <u>olumsuz anlatımlarda</u> **de** , **da** anlamı verir.

- This isn't a bus.   That **isn't** a bus **either**.
  Bu bir otobüs değil.   Şu **da** bir otobüs **değil**.

- Mary isn't a doctor.   Mike **isn't** a doctor **either**.
  Mary bir doktor değil. Mike **da** bir doktor **değil**.

How old are you?
Kaç yaşındasınız?

■ **How old** : yaş sormak için,

■ **..... years old** : yaş bildirmek için kullanılır.

- I'm thirty **years old**.   30 **yaşında**yım.
- **How old** is your son ?   Oğlun **kaç yaşında ?**
- My son is five **years old**.   Oğlum beş **yaşında.**

CAN   yardımcı fiili

Can : **yapabilmek, gücü yetmek** anlamı veren, aynı zamanda **öneride bulunmak** için de kullanılan bir yardımcı fiildir. Düz tümcelerde, özne ile asıl fiil arasında, tekillerle ve çoğullarla değişiklik göstermeden kullanılır.

- I **can speak** five languages.
  Beş dil **konuşabil**irim.   (gücü yetmek, yapabilmek)

- **We can take a taxi.** Taksiye binebiliriz. (öneri)

Can't (=can not) : **can** ' in olumsuzudur.

- He **can't speak** English.   İngilizce **konuşamıyor**.

■ **Sorularda**, yardımcı fiiller, özneden önce kulla-
nılır.

- **Can** you **speak** English ?
İngilizce **konuşabiliyor musunuz?**

MAY , MIGHT   yardımcı fiilleri

May : Bu yardımcı fiil **olasılık** ve **izin** belirtir.
Tekillerle ve çoğullarla değişiklik göstermeden
kullanılır.

- **May I use your telephone?**
Telefonunuzu kullanabilir miyim? (izin)

- **May I see your passport?**
Pasaportunuzu görebilir miyim? (izin)

- **It may be cold in February.**
(Hava) Şubatta soğuk olabilir. (olasılık)

- **You may be right.**
Haklı olabilirsin(iz). (olasılık)

Might : daha zayıf bir olasılık ve daha resmi bir izin
belirtir. **May** ile aralarında önemli bir fark yoktur.
Tekillerle ve çoğullarla değişiklik göstermeden
kullanılır.

SHOULD - HAD BETTER

Should ve **had better** (kısaltılmışı : **'d better**) yardımcı fiillerinin her ikisi de **öğüt, tavsiye, küçük bir zorunluluk** anlamı içerir. Fiilin 1. biçimiyle (mastarıyla), tekillerle ve çoğullarla değişiklik göstermeden kullanılır. Olumsuzları: **had better not** ve **shouldn't (should not)**.

> **I'd better do**   ya da   **I should do** :
> Yapsam iyi olur / Yapmamda yarar var.
> (Yapmazsam iyi olmaz.)

- **You'd better** (ya da: **should**) **see a doctor.**
  Bir doktora görünmenizde yarar var.

- **You'd better** (ya da: **should**) **go by plane.**
  Uçakla gitseniz iyi olur.

- **I feel ill.** I'd better not **(ya da :** shouldn't**) go to work.**
  Kendimi hasta hissediyorum. İşe gitmesem iyi olur.

- **He'd beter** (ya da : **should**) hurry.
  Acele etse iyi olur.

- **We'd better** (ya da : **should**) take our umbrella. It might rain.
  Şemsiyemizi alsak iyi olur. Yağmur yağabilir.

- **You'd better not** (ya da : **shouldn't**) go alone.
  Yalnız gitmesen(iz) iyi olur.

MUST - HAVE TO - NEED

Bu yardımcı fiiller, zorunluluk belirtirler.

> **I must** hurry ya da I **have to** hurry :
> Acele et**meli**yim

■ Anlam bakımından, aralarında önemli farklar yoktur. Ancak **have to** kullanımında, somut ve genel bir zorunluluğun söz konusu olmasına karşın, **must** kullanımında, konuşan kişinin kendi fikrine göre bir zorunluluk ön plâna çıkar.

MUST

Must konuşulan anı ya da geleceği vurgular. Tekillerle ve çoğullarla değişiklik göstermeden kullanılır.

- I **must** go.   Git**meli**yim (Gitmek **zorunda**yım)
- We **must** go.   Gitmek **zorunda**yız.
- I **must** go to work.   İşe git**meli**yim.
- He **must** hurry.   Acele etmek **zorunda**.
- You **must** do your homework after having breakfast.
  Kahvaltı ettikten sonra, ev ödevini yap**malı**sın.

■ Sorularda: özneden önce kullanılır.

- **Must** he go ?   Gitmek **zorunda mı** ?
- **Must** you repair your car yourself ?
  Arabanı kendin tamir etmek **zorunda mı**sın?

DİLBİLGİSİ

MUSTN'T (MUST NOT)

Olumsuz yapıda **must not** [Kısaltılmışı: **mustn't** (masınt)] bir şeyin <u>yapılmaması gerektiğini, yasak olduğunu</u> belirtir.

I **must** go	Git**meli**yim
I **mustn't** go	Git**memeli**yim

- You **mustn't** get up so late.
  O kadar geç kalk**mamalı**sın(ız).

- You **mustn't** shout. Mary is asleep.
  Bağır**mamalı**sın(ız). Mary uykuda.

- Don't forget! When the light is red, you mustn't cross the road.
  Unutma(yın)! Işık kırmızı olduğu zaman, yolun karşısına geç**memeli**sin(iz).

■ **Must** yardımcı fiili, bir şeyin **büyük bir olasılıkla** doğru olduğundan emin olunduğunu anlatmak için de kullanılabilir.

- She **must be** eighteen.
  (Büyük bir olasılıkla) on sekiz yaşında **olmalı**.

HAVE TO

Have to bütün zamanları anlatabilir ve kullanımı bir asıl fiil kullanımına benzer.

Aşağıdaki örnekleri inceleyiniz:

- You **have to** go to school.
  Okula git**meli**sin.

GRAMMAR

- **Do** you **have to** leave tomorrow?
  Yarın ayrılmak **zorunda mı**sın(ız)?

- **Does** he **have to** stay at home?
  Evde kalmak **zorunda mı**?

- **Does** he **have to** call the doctor?
  Doktor çağırmak **zorunda** mı?

- I **had to** see a doctor yesterday. (past)
  Dün bir doktora görünmek **zorundaydı**m.

- She **had to** arrive at the office at ten o'clock
  yesterday. (past)
  Dün saat onda işe varmak **zorundaydı**.

- **Did you have to** go to work this morning.   (past)
  Bu sabah işe git**meli miydiniz** ?

- They don't know our address. **We'll have to** tell
  them.
  Adresimizi bilmiyorlar. Onlara söylemek **zorundayız**.
  (Söylemek **zorunda olacağız**)

- **We'll have to** stay in a hotel.
  Bir otelde kalmak **zorunda olacağız**.

■ **Have to** olumsuz olarak kullanıldığında, bir şeyin
yapılmasının zorunlu olmadığını belirtir, 'zorunda
olmamak, gereği olmamak' anlamı verir.

- I **don't have to** go now.
  Şimdi gitmek **zorunda değil**im.
  (gitmeme **gerek yok**)

- She **doesn't have to** stay at home.
  Evde kalmasına **gerek yok**

- I **didn't have to** go to work this morning.
  Bu sabah işe gitmek **zorunda değildi**m.

Need yardımcı fiili

Need yardımcı fiili : zorunluluk belirtir.

- I **need go** gitmeliyim.

■ Bu yardımcı fiili ile oluşturulan yapı, genellikle, bir şüphe içerir. Ya da, konuşan kişi, olumsuz bir yanıt beklemektedir.

- I **wonder if I need go tomorrow.**
  Acaba yarın gitmeli miyim?

- **Need you go tomorrow?**
  Yarın gitmen(iz) şart mı?

Needn't (need not)

Need'in olumsuzu olan **needn't** yardımcı fiili , <u>olumsuz **have to** ile aynı</u> anlamdadır: zorunda olmamak, gereği olmamak

- I **don't have to** get up early   ya da:
- I **needn't** get up early.
  Erken kalkmak **zorunda değilim.**
  (Erken kalkmama **gerek yok**)

- She **doesn't have to** do it now. She can do it later.
  ya da:
- She **needn't** do it now. She can do it later.
  Onu şimdi yapmak **zorunda değil**. Daha sonra yapabilir.

- I **needn't** do my homework at home. I can do it at school.
  Ev ödevimi evde yapmam **gerekmiyor**. Okulda yapabilirim.

- You **don't have to** do your homework at home.
  Ev ödevini evde yapman **gerekmiyor**.

I **must** go	Git**meli**yim
I **mustn't** go	Git**meme**liyim
I **was not to** go	Git**memek zorundaydım**
I **have to** go	Git**meli**yim
I **had to** go	Git**mek zorundaydım**
I **don't have to** go	Gitmek **zorunda değilim**
I **needn't** go	Gitmek **zorunda değilim**
I **didn't have to** go	Gitmek **zorunda değildim**

IMPERATIVE EMİR KİPİ

Karşınızdaki kişi ya da kişilerin, ne yapmalarını istediğinizi, ilgili fiili, herhangi bir değişikliğe uğratmadan, mastar durumunda (sözlükte yazıldığı gibi) kullanarak belirtebilirsiniz.

- **Come** tomorrow — Yarın Gel(in)
- **Give** me the book — Bana kitabı ver(in)
- **Answer** — Yanıtla(yın)
- **Sit** down — Otur(un)
- **Stand** up — Kalk(ın)
- **Stop** — Dur(un)
- **Do** your homework — Ev ödevini(zi) yap(ın)

Bu tür sözcüklerden önce ya da sonra '**please** : lütfen' kullanarak anlamlarını kibarlaştırabiliriz.

- **Give me the book, please.**
  Bana kitabı ver(in), lütfen

- **Please give me a cigarette.**
  Lütfen bana bir sigara ver(in)

- **Answer, please !** — Yanıtla(yın), lütfen!
- **Please sit down !** — Lütfen otur(un)!

Olumsuz emirler, fiilden önce kullanılan **Don't** ile başlar.

DİLBİLGİSİ

- **Don't give that book to him.**
  O kitabı ona verme(yin)

- **Don't answer.**   Yanıtlama(yın).
- **Don't move, please**   Kımıldamayın, lütfen

THERE IS / THERE ARE (...var)

■ **There is** : <u>tekiller</u> için **var** anlamında kullanılır.

- **There is a table in the room.**
  Odada bir masa var.

- **There is a washing machine.**
  Bir çamaşır makinesi var.

■ **There are** : <u>çoğullar</u> için **var(lar)** anlamında kullanılır.

- **There are four cars.**   Dört araba var.

- **There are two eggs in the fridge.**
  Buzdolabında iki yumurta var.

■ **Olumsuz** tümcelerde, yok anlamı vermek için **is** ya da **are**'ın ardından **not** kullanmanız yeterlidir.

- **There aren't any eggs in the fridge.**
  Buzdolabında hiç yumurta yok.

■ Sorularda, yardımcı fiiller(**are/is**), **there**'den önce kullanılır.

- **Are there any eggs in the fridge?**
  Buzdolabında hiç yumurta var mı?

☛ Sorulan sorulara kısaca:

Yes, there is / Yes, there are (evet, var)   ya da
No, there isn't / No, there aren't (hayır, yok)
şeklinde yanıtlar verebilirsiniz.

GRAMMAR

POSSESSIVE PRONOUNS (mine, yours,..)

İYELİK ZAMİRLERİ (mine, yours, ...)

Possessive Adjectives İyelik sıfatları	**Possessive Pronouns** İyelik zamirleri

my ... benim ...	**mine** benimki(ler)
your ... senin/sizin ...	**yours** seninki/sizinki(ler)
his / her ... onun ...	**his / hers** onunki(ler)
our ... bizim ...	**ours** bizimki(ler)
their ... onların ...	**theirs** onlarınki(ler)
Okan's ... Okan'ın ...	**Okan's** Okan'ınki(ler)

Aşağıdaki örnek tümceleri inceleyiniz:

- Those books aren't **yours**. They are **Jack's**.
  Bu kitaplar **seninkiler** değil. Onlar, **Jack'inkiler**.

- You've got **my** camera.
  Benim fotoğraf makinem sende.

- That camera is **mine**.
  fotoğraf makinesi, **benim(ki)**

- Mary is wearing **her** shoes.
  Mary, ayakkabıl**arı**nı giyiyor.

- She is wearing **hers**.
  O, **onunkiler**i giyiyor.

- Is this **my** calculator?
  Bu, **benim** hesap makinem mi?

- Yes, it is. It's **yours**.
  Evet, öyle. O, **seninki (sizinki)**

- Tim put **his** books on the table.
  Tim kitaplarını masanın üstüne koydu.

- Those books are **Tim's**.
  O kitaplar **Tim'inkiler**.

DİLBİLGİSİ

- Is this George's phone number?
  Bu, **George'un** telefon numarası mı?

- No, it isn't. It's **Tom's**.
  Hayır, değil. O, **Tom'unki**.

REFLEXIVE PRONOUNS (Myself, Yourself,...)

DÖNÜŞLÜ ZAMİRLER

Tekil:

Myself	Kendim, Kendimi, Kendime
Yourself	Kendin, Kendini, Kendine
Himself / Herself / Itself Kendi(si), Kendi(si)ni,Kendi(si)ne	

Çoğul:

Ourselves	Kendimiz, Kendimizi,Kendimize
Yourselves	Kendiniz, Kendinizi, Kendinize
Themselves	Kendileri, Kendilerini, Kendilerine

■ Dönüşlü zamirler, tümce içindeki özne ve nesnenin aynı olduğu durumlarda kullanılır.

Aşağıdaki örnekleri inceleyiniz:

- Mary locked **herself** in.
  Mary **kendisini** içeriye kilitledi.

- The pan was very hot. I burned **myself**.
  Tava çok sıcaktı. **Kendimi** yaktım.

- She is talking to **herself**.
  O, **kendi kendisine** konuşuyor.

- He cut **himself** with a knife.
  Bir bıçakla **kendisini** kesti.

- Don't blame **yourselves**.
  Kendinizi suçlamayın.

GRAMMAR

- They looked at **themselves** in the mirror.
  Aynada **kendilerine** baktılar.

- She cleaned the windows **herself**.
  Camları **kendisi** temizledi.

- I repaired my car **myself**.
  Arabamı **kendim** tamir ettim.

- I work **for myself**.
  Kendime (**Kendim için**) çalışıyorum.

- Betty **herself** chose that present.
  O hediyeyi, Betty'**nin kendisi** seçti.

- John **himself** gave the book to me.
  Kitabı bana, John'**un kendisi** verdi.

BY MYSELF, BY YOURSELF, ...

Dönüşlü zamirler önlerinde bir **by** öntakısı ile birlikte kullanıldıkları zaman **'yalnız, tek başına'** anlamı verirler. Aşağıdaki örnekleri inceleyiniz:

- I went on holiday **by myself**.
  Tatile **yalnız** (**tek başıma**) gittim.

- I can't help you. Repair your car **by yourself**.
  Sana yardım edemem. Arabanı **tek başına** onar.

- John is sitting **by himself** in the restaurant.
  John restoranda **tek başına** oturuyor.

- Did they do it all **by themselves**?
  Onun hepsini **tek başlarına** mı yaptılar?

DİLBİLGİSİ

GERUND (FİİL + ing)

■ Fiillere -**ing** eki getirilerek ad oluşturabilir. 'Gerund' denilen bu ad yapısını tümce içinde özne ve nesne olarak kullanabilirsiniz.

speak :	konuşmak	**speaking** :	konuşma
read :	okumak	**reading** :	okuma

- **Speaking English is easy.**
  İngilizce konuşma kolaydır.

- **Reading English is easy, too.**
  İngilizce okuma da kolaydır.

■ Bazı fiillerin ardından, ikinci bir fiil nesne olarak kullanılacağı zaman, 'gerund' yapısında kullanılır. Aşağıdaki örnekleri inceleyiniz:

- **I hate <u>going</u> out in the rain.**
  Yağmurda dışarı <u>çıkma</u>dan nefret ederim.

- **I enjoy <u>swimming</u>.**
  <u>Yüzme</u>den hoşlanırım.

- **Stop <u>writing</u>.**
  <u>Yazma</u>yı durdurun.

- **I don't enjoy <u>meeting</u> a lot of people.**
  Birçok insanla <u>karşılaşma</u>dan hoşlanmam.

- **I like <u>coming</u> to school by bus.**
  Okula otobüsle <u>gelme</u>yi severim.

■ **Gerund** yapısı bir ad olarak ele alındığı için, önünde bir iyelik sıfatı da kullanabilirsiniz. Aşağıdakileri inceleyiniz:

GRAMMAR

work	çalışmak
my work**ing**	benim çalışmam
go	gitmek
your go**ing**	senin (sizin) gitmen(iz)
ask	sormak
his ask**ing**	onun sorması
want	istemek
our want**ing**	bizim istememiz
sing	şarkı söylemek
their sing**ing**	onların şarkı söylemesi

- I don't like **Betty's being** rude to me.
  Betty'nin bana karşı kaba **olması**ndan hoşlanmıyorum.

- The teacher doesn't like **their coming** to school late.
  Öğretmen **onların** okula geç **gelmesi**nden hoşlanmıyor.

- I hate **his smoking**.
  Onun sigara içmesinden nefret ediyorum.

UNCOUNTABLE NOUNS
SAYILAMAYAN ADLAR

■ **Sugar** (şeker) , **Cheese** (peynir) , **Water** (su) , **Wine** (şarap), **Food** (yiyecek) , vb. adların çoğulu olmadığı varsayılır. (wines: şaraplar şeklinde bir kullanım <u>olmaz</u>) <u>Her zaman tekil olarak kullanılırlar</u> ve önlerine **a** ya da **an** <u>almazlar.</u>

- There **is** some **sugar**.   Biraz şeker var.
- **Is** there any **cheese** ?   Hiç peynir var mı?

■ İngilizcede sayılamayan bazı adlar, Türkçede sayılabilen olarak kullanılabilir. Aşağıda, karıştırılması olasılığı yüksek olan bu tür adlardan bazıları verilmiştir. İnceleyiniz.

- **advice** : öğüt, tavsiye
- **blood** : kan
- **gold** : altın
- **information** : bilgi
- **money** : para
- **paper** : kâğıt

- **behaviour** : davranış
- **bread** : ekmek
- **hair** : saç
- **meat** : et
- **news** : haber

HOW MUCH - HOW MANY

Sorularda:

■ Sayılamayanlar için: **How much?** (ne kadar ?)

■ Sayılabilenler için : **How many?** (kaç tane?) kullanılır.

- **How much <u>butter is</u> there?**
  Ne kadar tereyağı var?

- **How many <u>eggs are</u> there?**
  Kaç tane yumurta var?

■ Sayılamayan bir adı, sayılabilir duruma getirmek için, önünde bir birim kullanmalısınız. Aşağıdakileri inceleyiniz.

- **bottle** : şişe
- **can** : (teneke) kutu
- **cup** : fincan
- **glass** : bardak, kadeh
- **jar** : kavanoz
- **loaf** : somun, bir ekmek
- **packet** : paket
- **piece** : parça
- **slice** : dilim

a cup of coffee	**bir fincan** kahve
two cups of coffee	**iki fincan** kahve
a glass of whisky	**bir kadeh** viski
two glasses of whisky	**iki kadeh** viski
a piece of cake	**bir parça** kek
two pieces of cake	**iki parça** kek
a slice of bread	**bir dilim** ekmek
two slices of bread	**iki dilim** ekmek
a jar of jam	**bir kavanoz** reçel
two jars of jam	**iki kavanoz** reçel
a can of syrup	**bir kutu** şurup
two cans of syrup	**iki kutu** şurup
a packet of chocolate	**bir paket** çikolata
two packets of chocolate	**iki paket** çikolata
a loaf of bread	**bir (somun)** ekmek
two loaves of bread	**iki (somun)** ekmek
a bottle of wine	**bir şişe** şarap
two bottles of wine	**iki şişe** şarap

SOME , ANY

■ **Some** : **Bazı, Biraz** anlamında, <u>hem çoğullarla hem de sayılamayanlarla, genellikle olumlu yapılarda</u> kullanılır.

* **some** cassettes   **bazı** kasetler
* **some** wine   **biraz** şarap

Soru tümcelerinde, bir şey isterken, bir öneride bulunurken ya da olumlu yanıt beklendiğinde kullanılabilir.

* **Do you want some tea ?**
  Biraz çay ister misin(iz)?

■ **Any** : **Hiç (bir), Herhangi (bir) , Her** gibi anlamlarda, <u>hem çoğullarla hem de sayılamayanlarla, genellikle olumsuz yapılarda ya da soru yapısında</u> kullanılır.

- Is there **any** cheese ?   **Hiç** peynir var mı?
- There aren't **any** oranges.   **Hiç** portakal yok.

Someone, Somewhere, Anyone, Anything

■ '**Some** ve **any** 'ye yapılan eklemelerle oluşan **someone** (**birisi, biri**), **something** (**bir şey**) **somewhere** (**bir yer**), **anyone** (**kimse, her kim**), **anything** (**hiçbir şey, herhangi bir şey**) gibi sözcüklerden, **some** ile başlayanlar genellikle olumlu tümcelerde, **any** ile başlayanlarsa, genellikle olumsuz tümcelerde ve sorularda kullanılırlar.

- There is **someone** at the door.
  Kapıda **biri** var.

- Is there **anyone** at the door?
  Kapıda **kimse** var mı?

- There isn't **anyone** at the door.
  Kapıda **(hiç) kimse** yok.

- Is there **anything** you need?
  İhtiyacın olan **bir şey** var mı?

- There isn't **anything** I need.
  İhtiyacım olan **hiçbir şey** yok.

COMPARISON KIYASLAMA

■ **More** : daha, **daha çok** anlamına gelir ve kıyaslama yaparken, iki ve daha çok heceli sıfatların önünde kullanılır.

- **expensive**   **more expensive**
  pahalı   daha pahalı

- **modern**   **more modern**
  modern   daha modern

- Sport is important. Art is **more** important
  Spor önemlidir. Sanat **daha** önemlidir.

■ **Than** : **-den/dan** anlamına gelir. Örneğin, sanatın, ne'**den** daha önemli olduğunu aşağıdaki gibi belirtebilirsiniz.

- Art is **more** important **than** sport.
  Sanat spor**dan daha** önemlidir.

- This car is **more** expensive **than** the other car.
  Bu araba, diğer araba**dan daha** pahalıdır.

■ Tek heceli ve bazı iki heceli sözcükler ile sonu **–y** ile biten iki heceli sözcükler, **daha** anlamı için **more** yerine, sözcüğün sonuna **–er** eki alırlar.

• **fast**	hızlı	•**faster**	**daha** hızlı
• **easy**	kolay	•**easier**	**daha** kolay (*)
• **late**	geç	•**later**	**daha** geç (sonra) (*)
• **small**	küçük	•**smaller**	**daha** küçük
• **slow**	yavaş	•**slower**	**daha** yavaş
• **clever**	akıllı	•**clever**er	**daha** akıllı
• **quiet**	sessiz	•**quieter**	**daha** sessiz
• **narrow**	dar	•**narrow**er	**daha** dar
• **simple**	sade, yalın	•**simpler**	**daha** sade(*)

(*) Sonu **–y** ile bitenlerde **–y** yerine, **-i** ; sonu **–e** ile bitenlerde ise, **–e**'den sonra **-r** geldiğine dikkat ediniz.

| Trains are **fast** | : | Trenler **hızlıdır**. |
| Planes are **faster** | : | Uçaklar **daha** hızlıdır. |

- İstanbul is big**ger than** Washington.
  İstanbul, Washington'**dan daha** büyüktür.

- Cars are small**er than** planes.
  Arabalar, uçaklar**dan daha** küçüktür.

- This street is **narrower than** the next one.
  Bu cadde, bir sonraki**nden daha dar**dır.

☞ Aşağıdakiler özel yapılı sıfat ve zarflardır.
İnceleyiniz:

- **good / well**   iyi   • **better** daha iyi
- **bad / badly**   kötü   • **worse** daha kötü
- **far**   uzak   • **farther (further)** daha uzak

■ Sıfat ve zarfların önünde, daha az olduklarını belirtmek için: **less** kullanmanız da mümkündür.

- Bursa is **less** big **than** İstanbul.
  Bursa, İstanbul'**dan daha az** büyüktür.

- Tim is **less** intelligent **than** his sister.
  Tim, kız kardeşin**den daha az** zekidir.

■ Kıyaslamalı sıfat ve zarfların önünde, anlamı pekiştirmek için, **a lot, much, a little, far, a bit** gibi sözcükler kullanılır.

- **a lot more** expensive   **çok daha** pahalı
- **a little** faster   **biraz daha** hızlı
- **much** easier   **çok daha** kolay
- **a bit more** slowly   **biraz daha** yavaş

- **Planes go much faster than trains.**
  Uçaklar, trenlerden çok daha hızlı gider.

as ...... as   kadar

Arasına, sıfat, zarf, adlar gelmesiyle oluşan **as ..... as** yapısı **kadar** anlamında, kıyaslama yapmak için kullanılır.

- Mary is <u>**as** young **as**</u> Jane.
  Mary, Jane **kadar genç**.

- He's **as intelligent as** his sister.
  O, kız kardeşi **kadar zeki**.

- She's not **as old as** she looks.
  Göründüğü **kadar yaşlı** değil.

- **as** much **as** possible
  mümkün olduğu **kadar** çok
  (**possible**: mümkün, olanaklı)

- **as** soon **as** possible
  mümkün olduğu **kadar** çabuk,   bir an önce
  (**soon**: çabuk, erken, hemen, birazdan, çok geçmeden)

The more ...... , the more ....

> **The more** you study, **the more** you learn.
> **Ne kadar çok** çalışırsan(ız), **o kadar çok** öğrenirsin(iz).
> (**Daha çok** çalıştıkça, **daha çok** öğrenirsiniz)
> (**Daha çok** çalışırsanız, **daha çok** öğrenirsiniz)

- **The more you practise, the more you improve.**
  Ne kadar çok pratik yaparsanız, o kadar çok ilerleme sağlarsınız.

- **The more you earn, the more you spend.**
  Daha çok kazandıkça, daha çok harcarsınız.

- **The fas<u>te</u>r** we get there, **the soo<u>ne</u>r** we can leave.
  Oraya **ne kadar çabuk** gidersek, **o kadar çabuk** ayrılabiliriz.
  (Oraya **daha çabuk** gidersek, **daha çabuk** ayrılabiliriz.)

- **The earlier** they get there, **the sooner** they can leave.
  Oraya, **ne kadar erken** giderlerse, **o kadar çabuk** ayrılabilirler.

Twice as ...... as , three times as ......as

İki kat, üç misli, ...vb. türündeki anlatımlar için bu yapıyı kullanabilirsiniz.

- My bag is **three times as** heavy **as** my friend's.
  Benim çantam, arkadaşımınkin**den üç kat** ağırdır.

- My car is **twice as** expensive **as** yours.
  Benim arabam, seninkin**den iki kat** pahalı.

- Your car is **half as** big **as** mine.
  Senin araban, benimki**nin yarısı kadar** büyük.

The same as .... (... ile aynı)

- My car is **the same as yours**.
  Benim arabam **seninkiyle aynı.**

- Your house is **the same as mine**.
  Senin evin **benimkiyle aynı**

SUPERLATIVE
EN ÜSTÜNLÜK DERECESİ

■ Tek heceli ve bazı iki heceli sözcükler ile sonu **–y** ile biten iki heceli sözcüklerde, en üstünlük derecesi için **the ..... est** yapısı kullanılır.

- **fast**
  hızlı
  faster
  daha hızlı
  the fastest
  en hızlı

- **big**
  büyük
  bigger
  daha büyük
  the biggest
  en büyük

- **small**
  küçük
  smaller
  daha küçük
  the smallest
  en küçük

- **easy**
  kolay
  easier
  daha kolay
  the easiest
  en kolay

- **the biggest** plane — **en** büyük uçak
- **the smallest** car — **en** küçük araba
- **the longest** river — **en** uzun nehir
- **the easiest** exam — **en** kolay sınav

■ İki ve daha uzun heceli sözcüklerin önünde: **the most** kullanılır.

- **expensive**
- pahalı
  more expensive
  daha pahalı
  the most expensive
  en pahalı

- **boring**
- sıkıcı
  more boring
  daha sıkıcı
  the most boring
  en sıkıcı

- **delicious**
- lezzetli
  more delicious
  daha lezzetli
  the most delicious
  en lezzetli

- **the most expensive car** — en pahalı araba
- **the most boring film** — en sıkıcı film
- **the most famous person** — en ünlü kişi

DİLBİLGİSİ

■ Aşağıdakiler **özel yapılı** sıfat ve zarflardır. İnceleyiniz:

- **good/well** **better** **the best**
  iyi daha iyi en iyi

- **bad/badly** **worse** **the worst**
  kötü daha kötü en kötü

- **far** **farther/further** **the farthest/furthest**
  uzak daha uzak en uzak

- **little** **less** **the least**
  az daha az en az

- **many / much** **more** **the most**
  çok daha çok en çok

prefer , would rather , would prefer

Prefer , **would rather** ve **would prefer** : **tercih etmek, yeğlemek** anlamında kullanılırlar. Kullanım farklarını aşağıda inceleyiniz.

prefer

■ **Genel olarak** neyin tercih edildiğini anlatmak için kullanılır.
to + infinitive (mastar) ya da **gerund** (fiilden oluşturulan ad) ile birlikte kullanılır.

- I **prefer to** travel by plane ya da
- I **prefer** travell**ing** by plane
  (Genel olarak)uçakla yolculuk etmeyi tercih ederim.

■ Tercih edilmeyen eylem de tümcede geçiyorsa: o eylemi belirten fiilden önce, (to + infinitive için) **rather than** ya da (gerund için) **to** kullanmalısınız.

GRAMMAR

- **I prefer to** travel by plane **rather than** drive   ya da
- **I prefer** travelling by plane **to** driving.
  Uçakla yolculuk etme**yi**, araba kullanma**ya tercih ederim**.

would rather (kısaltılmışı : **'d rather**)

■ [**Would rather + fiil** (mastar oalrak)] yapısını, <u>belirli bir durum için neyi tercih ettiğinizi</u>, yeğlediğinizi bildirmek için kullanabilirsiniz. <u>(Genel bir tercih söz konusu değil)</u> (Kısaltılmışı : **'d rather,** Olumsuzu **would rather not**)

- **Would you rather** have tea or coffee?
  Çay mı yoksa kahve mi alma**yı tercih edersiniz**?

- I**'d rather** go by car.
  Arabayla gitme**yi yeğlerim**.

- I'm very tired. I**'d rather not** go out this evening.
  Çok yorgunum. Bu akşam dışarı çıkma**mayı yeğlerim**.

- I**'d rather watch** television.
  Televizyon **izlemeyi tercih ederim**.

- I**'d rather read** a book.
  Bir kitap **okumayı tercih ederim**.

- I**'d rather eat** at home.
  Evde **yemeyi tercih ederim**.

■ Tercih edilmeyen eylem de tümce içinde geçiyorsa, o eylemi belirten fiilin önünde **than** kullanmalısınız.

- I**'d rather eat** at home **than eat** in a restaurant.
  Evde **yemeyi,** bir restoranda **yemeye tercih ederim**.

DİLBİLGİSİ

- **I'd rather read** a book **than watch** television.
  Bir kitap **okumayı,** televizyon **izlemeye tercih ederim.**

- **I'd rather go** by train **than go** by plane.
  Trenle **gitmeyi,** uçakla **gitmeye tercih ederim.**

- **I'd rather go** to the cinema **than watch** television.
  Sinemaya **gitmeyi,** televizyon **izlemeye tercih ederim.**

- **I'd rather work than go** out.
  Çalışmayı, dışarı **çıkmaya tercih ederim.**

---

would prefer (kısaltılmışı : 'd prefer) :

■ **would rather** ile aynı anlamı verir. Farkı, **to + infinitive** (mastar)' ile kullanılmasıdır.

> **I'd prefer to go** by plane (= **I'd rather go** by plane)
> Uçakla **gitmeyi tercih ederim.**

■ Tercih edilmeyen eylem de tümcede geçiyorsa: o eylemi anlatan fiilden önce **rather than** kullanmalısınız.

- **I'd prefer to** travel by plane **rather than** go by car.
  Uçakla yolculuk etme**yi,** arabayla gitme**ye tercih ederim.**

GRAMMAR

SIMPLE PRESENT TENSE
GENİŞ ZAMAN

■ Bu zaman, **her zaman olan, tekrarlanan, genelde doğru olan** şeyleri anlatmak için kullanılır.

■ Geniş zamanda, üçüncü tekiller (he, she, it) dışındaki kişiler ile, fiilin mastarı (sözlükte olduğu gibi) kullanılır.

- **I like**   hoşlanırım
- **We make** yaparız
- I **play** football   Futbol oyna**rım**
- You **like** cars   Arabalardan hoşlan**ırsın(ız)**
- We **like** wine   Şarabı sev**eriz**
- They **love** cars   Arabalardan çok hoşlan**ırlar**

- **You come**   gelirsin(iz)
- **They go**   giderler

- **I go to the office every day.**
  Ben her gün büroya giderim.

- **I work in a bank.**
  Ben bir bankada çalışırım (çalışıyorum)

- **I like my job very much.**
  İşimi çok severim (seviyorum)

■ Üçüncü tekiller (**he, she** ve **it**) ile kullanılan fiiller, sonlarına **s** eki alırlar.

- **He** like**s** good wine   İyi şarabı sev**er**
- **She** play**s** basketball   Basketbol oyna**r**
- **He** love**s** cars   Arabalardan çok hoşlan**ır**

- **She gets up very early in the morning.**
  Sabahları çok erken kalkar (kalkıyor)

- **My day ends at half past six.**
  Günüm altı buçukta biter (bitiyor).

- **She goes to the office in the morning.**
  O, sabahleyin büroya gider.

■ **Olumsuz tümce** oluşturmak için, 'he, she, it' dışındaki diğer kişilerde, fiilden önce **don't** ; 'he, she, it' içinse **doesn't** kullanmanız gerekir.

- People **don't go** to exhibitions.
  İnsanlar sergilere **gitmiyorlar** (gitmezler)

- I **don't like** basketball.
  Basketboldan **hoşlanmam**.

- He **doesn't play** football.   Futbol **oynamaz**.

■ **Soru** oluşturmak için, 'he, she, it' dışındaki diğer kişilerde özneden önce, **do** ya da **don't** ; 'he, she, it' içinse **does** ya da **doesn't** kullanılır.

- **Don't** people go to exhibitions?
  İnsanlar sergilere gitmiyorlar mı?

- How **do** you know Bill?
  Bill'i nasıl(nereden) tanıyorsun?

- **Does** she like tennis?
  Tenisten hoşlanır mı?

- **Doesn't** he play football?
  Futboldan hoşlanmaz mı?

■ **Kısa** anlatımları, aşağıdaki gibi oluşturabilirsiniz.

Do you like football? / Does she like football?

- Yes, I **do**
- Yes, **she does**

- No, I **don't**
- No, she **doesn't**

■ Bu zaman, çoğu kez, aşağıdaki sıklık belirten zaman zarfları ile birlikte kullanılır.

% 0						%100
never	**rarely**	**seldom**	**sometimes**	**often**	**usually**	**always**

never	asla,hiç
rarely	çok seyrek
seldom	seyrek
sometimes	ara sıra
often	sık sık
usually	genellikle
always	her zaman

- She **always** speaks English.
  Her zaman İngilizce konuşur.

- We **often** go to the cinema.
  Sık sık sinemaya gideriz.

- They **never** walk to work.
  İşe **asla** yürüyerek gitmezler.

■ Bu zamanı, önceden planlanmış durumlar için (örneğin: bir toplantı, TV programı, sinema, kalkış, varış saatleri gibi) **gelecek zaman anlamında** da kullanabilirsiniz. O durumda Türkçe çeviri, Şimdiki Zaman gibi olacaktır.

- **Her plane arrives at twenty past ten.**
  Uçağı onu yirmi geçe **varıyor**. ('varacak' anlamında)

- **What time does the film begin?**
  Film ne zaman **başlıyor**. ('başlayacak' anlamında)

I	**speak English**	İngilizce konuşurum
You	**speak English**	İngilizce konuşursun(uz)
He / She	speak**s** English	İngilizce konuş**ur**
We	**speak English**	İngilizce konuşuruz
They	**speak English**	İngilizce konuşurlar

I	**don't**	speak English	İngilizce konuşmam
You	**don't**	speak English	İngilizce konuşmazsın(ız)
He / She	**doesn't**	speak English	İngilizce konuş**maz**
We	**don't**	speak English	İngilizce konuşmayız
They	**don't**	speak English	İngilizce konuşmazlar

DILBILGISI

PRESENT CONTINUOUS TENSE
ŞİMDİKİ ZAMAN

Konuşulan anda gerçekleşmekte olan bir eylemi anlatan bu zamanda, tümcenin asıl fiilinin mastarına **-ing** eki gelir.

| Özne + [am / is / are] + [fiil + ing] |

- She **is reading** a book.
  Bir kitap oku**yor** (Şu anda)

- I **am sitting** in my car.
  Arabamda oturu**yorum** (Şu anda)

- He's **watching a football match** on TV.
  Televizyonda bir futbol maçı izliyor.

I am coming	geliyorum
You are coming	geliyorsun
He (she, it) is coming	geliyor
We are coming	geliyoruz
You are coming	geliyorsunuz
They are coming	geliyorlar

■ Olumsuz yapılarda **'am, is ,are'** dan sonra: **not** kullanılır:

- I'm <u>**not**</u> watching TV at the moment.
  Şu anda televizyon izlemiyorum.

- We are<u>**n't**</u> going to Ankara.
  Ankara'ya gitmiyoruz.

- He is<u>**n't**</u> smoking.
  O sigara içmiyor.

GRAMMAR

I am not coming	gelmiyorum
You are not coming	gelmiyorsun
He (she, it) is not coming	gelmiyor
We are not coming	gelmiyoruz
You are not coming	gelmiyorsunuz
They are not coming	gelmiyorlar

■ Plânlanmış eylemlerde, Şimdiki zamanı, Türkçede olduğu gibi, **'Gelecek Zaman' anlamında** kullanabilirsiniz.

- **She is coming to stay with us.**
  Bizimle kalmaya geliyor.

- **I'm not working on Tuesday.**
  Salı günü çalışmıyorum.

- **Are you playing bridge tonight?**
  Bu gece briç oynuyor musun(uz)?

- **What are you doing tomorrow?**
  Yarın ne yapıyorsun(uz) ?

- **I'm going to the cinema.**
  Sinemaya gidiyorum.

- **I'm not playing football tomorrow.**
  Yarın futbol oynamıyorum.

- **Are you staying for long?**
  Uzun süre mi kalacaksınız?

- **Is he coming tomorrow?** Yarın geliyor mu?

■ Sorularda, **'am,is,are'** yardımcı fiilleri **özneden önce** kullanılır:

- **Are you watching TV?**
  Televizyon mu izliyorsunuz?

- **Where is he sitting?**
  Nerede oturuyor?

- **What am I looking at?**
  Neye bakıyorum?

Am I coming?	Geliyor muyum?
Are you coming?	Geliyor musun?
Is he (she, it) coming?	Geliyor mu?
Are we coming?	Geliyor muyuz?
Are you coming?	Geliyor musunuz?
Are they coming?	Geliyorlar mı?

SIMPLE PAST TENSE
Dİ'Lİ GEÇMİŞ ZAMAN

■ İngilizcede fiillerin üç biçimi vardır. Birinci biçim: sözlüklerde kullanılan yalın durum, ikinci biçim (**past**) ise: 'Simple Past Tense' için kullanılan durumdur. (Üçüncü biçimin kullanıldığı yerler ileride verilecektir.) Fiillerin çoğu, ikinci ve üçüncü biçimlerinde, sonlarına -**ed** takısı alır.

■ Türkçedeki **Di'li Geçmiş Zaman**ın karşılığı olan **Simple Past Tense**'de **geçmişteki olaylar anlatılır ve bu zaman fiillerin ikinci biçimi ile kullanılır.**

They work	Çalışırlar
They're working	Çalışıyorlar
They work<u>ed</u>	Çalıştılar

■ Ancak, kitabınızın sonunda, üç biçimi verilerek tam listesini sunduğumuz bazı fiiller, düzensiz fiillerdir (**irregular verbs**).

DİLBİLGİSİ

> We **went** to England in October.
> Ekimde İngiltere'ye **gittik**.
>
> **went : go** (gitmek) fiilinin "di'li geçmiş zamanı"dır. (2. biçim)

■ Sık karşılaşabileceğiniz bazı düzensiz fiillerin 1. ve 2. biçimleri ve anlamları aşağıda verilmiştir. İnceleyiniz.

1. Biçim	2. Biçim	Anlamlar
break	broke	kırmak, bozmak
buy	bought	satın almak
come	came	gelmek
cut	cut	kesmek
do	did	yapmak
drink	drank	içmek
eat	ate	yemek
find	found	bulmak
go	went	gitmek
have	had	sahip olmak, almak,tutmak
leave	left	ayrılmak, terk etmek
lose	lost	kaybetmek
make	made	yapmak, yaratmak, imal etmek
read	read	okumak
ring	rang	(zil, çan) çalmak,çalınmak,
run	ran	koşmak
sell	sold	satmak
sit	sat	oturmak
sleep	slept	uyumak
speak	spoke	konuşmak
swim	swam	yüzmek
take	took	almak, tutmak, kapmak
tell	told	anlatmak, söylemek
throw	threw	atmak, fırlatmak
understand	understood	anlamak
wake up	woke up	uyanmak
win	won	kazanmak
write	wrote	yazmak

GRAMMAR

DİLBİLGİSİ

- I **sold** my car.   Arabamı sattım.
- You **slept** well.   İyi uyudun(uz)
- He **ate** an apple.   Bir elma yedi
- She **came** yesterday.   Dün geldi.
- We **went** to Spain.   İspanya'ya gittik.
- They **swam**.   Yüzdük.

■ **Sorularda ve olumsuz yapılarda did** ve **didn't** yardımcı fiillerinden yararlanılır. Bu yardımcı fiiller kullanıldığı zaman, ana fiilin tekrar birinci biçime döndüğüne dikkat ediniz.

Olumsuz yapı:

- I **didn't** sell my car.   Arabamı satmadım.
- You **didn't** sleep well.   İyi uyumadın(ız).
- He **didn't** eat anything.   Hiçbir şey yemedim.
- She **didn't** come yesterday.   Dün gelmedi.
- We **didn't** go to Spain.   İspanya'ya gitmedik.
- They **didn't** swim.   Yüzmedik.

Sorular:

- Where **did** you **go** in October?
  Ekimde nereye gittiniz?

- **Did** you **go** to England?
  İngiltere'ye gittiniz mi? (İngiltere'ye mi gittiniz?)

- **Didn't** they **stay** at home?
  Evde kalmadılar mı?

- Who **went** to the cinema?
  Kim sinemaya gitti?

Aşağıdaki örnek tümceleri inceleyiniz:

- **We went to Germany last year.**
  Geçen ay Almanya'ya gittik

GRAMMAR

- **She walked to work yesterday.**
  Dün işe yürüdü.

- **He woke up early yesterday morning.**
  Dün sabah erken uyandı.

- **I didn't enjoy the film.**
  Filmi beğenmedim.

- **Did you sleep well last night?**
  Dün gece iyi uyudun(uz) mu?

- **How did you travel?**
  Nasıl (Ne ile) yolculuk ettin(iz) ?

- **Did you go by car?**
  Arabayla mı gittin(iz)?

- **I went by ship.**
  Gemiyle gittim.

- **When did she come back?**
  Ne zaman geri döndü?

- **She came back last week.**
  Geçen hafta döndü.

■ Yardımcı fiille başlayan sorulara **Yes, I did**   ya da **No, I didn't** gibi kısa yanıtlar verebilirsiniz:

   Did you go to Spain ?
- **No, I didn't / You didn't. / He didn't. , ...**
   ya da
- **Yes, I did / You did. / He did. , ...**

DİLBİLGİSİ

WAS - WERE

■ **Was** : is   yardımcı fiilinin ,

■ **Were** : are yardımcı fiilinin 'di'li geçmiş zaman (Simple Past Tense)'daki kullanımlarıdır.

- **There was some cheese in the fridge yesterday.**
  Buzdolabında dün biraz peynir vardı.

- **There were a lot of oranges in the fridge yesterday.**
  Dün buzdolabında çok portakal vardı.

- **The oranges were very delicious.**
  Portakallar çok lezzetliydiler.

- **We were in a restaurant two hours ago.**
  İki saat önce bir restorandaydık.

- **They weren't in Istanbul in October.**
  Ekimde İstanbul'da değildiler.

- **He wasn't at the office during June.**
  Haziran boyunca ofiste değildi.

FUTURE TENSE
GELECEK ZAMAN

■ İngilizcede gelecek zaman iki farklı biçimde (**be going to** ve **will** yardımcı fiilleri kullanarak) oluşturulur. Her iki yapı da gelecek zamanı belirtir, ancak aralarında bazı farklar vardır.

BE GOING TO

Önceden tasarlanan, kararlaştırılan ya da gerçekleşme olasılığı yüksek olan eylem ve durumları belirtmek için kullanılan bir yardımcı fiildir.

GRAMMAR

> **Özne + be (am, is, are, was, were) + going to + fiil**
>
> **I am going to go** : Gideceğim

- **It is going to snow.**
  Kar yağacak.
  (Havada kar yağacağını belirten kesin belirtiler var)

- **I am going to drive back.**
  Dönüşte arabayla (kullanarak) geleceğim.
  (önceden plânlamış)

- **They are going to come back tomorrow.**
  Yarın dönecekler.
  (önceden kararlaştırılmış)

- **I feel terrible. I'm afraid I'm going to be sick.**
  Kendimi çok kötü hissediyorum. Korkarım hasta olacağım.
  (hasta olacağından emin)

- **We are going to paint the wall soon.**
  Az sonra duvarı boyayacağız.
  (Boyama için gerekli hazırlıklar yapılmış, duvarın az sonra boyanacağı kesin)

☞ Aşağıdaki, bir hava raporunda kullanılan örnek tümceleri inceleyiniz.

- **It's going to be a beautiful weekend.**
  Güzel bir hafta sonu olacak.

- **It's going to be cloudy and rainy tomorrow.**
  Yarın, bulutlu ve yağmurlu olacak

- **It's not going to be windy.**
  Rüzgârlı olmayacak

DİLBİLGİSİ

- **It's going to be warm and sunny.**
  Sıcak ve güneşli olacak.

- **It's not going to snow, but it's going to rain.**
  Kar yağmayacak, fakat yağmur yağacak.

Soru tümcesi:
am, is, are öznenin önüne gelir.

- **Is it going to be cold?**
  Soğuk olacak mı?

WILL

özne + will + fiil (mastar)
I will do : Yapacağım / Yaparım

Olumsuzu : **won't (will not)**
Kısaltılmışı : **'ll**

Will yardımcı fiili aşağıdaki durumlarda kullanılır:

◼ Konuşulan anda, bir şey yapmaya karar verilirse:

- **The window is open. I'll go and shut it.**
  Pencere açık. Gideyim ve onu kapatayım
  (Gideceğim ve onu kapatacağım.)

- **I'm too tired. I don't think I will go to work today.**
- Çok yorgunum. Bugün işe gideceğimi sanmıyorum.

◼ Birisinden bir şey yapmasını isterken:

- **Will you open the door, please?**
  Kapıyı açar mısınız, lütfen.

GRAMMAR

- **Will you give me that book, please?**
  Şu kitabı bana verir misiniz, lütfen.

■ Bir şey yapmayı önerirken:

- **You need some money. I'll lend you some.**
  Senin biraz paraya ihtiyacın var. Sana biraz borç vereyim. (vereceğim).

- **You'll call her tomorrow. It's too late now.**
  Onu yarın ararsın. Şimdi çok geç.

■ Bir şey yapmayı kabul ederken ya da reddederken:

- **Of course, I'll bring your book back.**
  Elbette kitabını(zı) geri getireceğim (getiririm).

- **No, I won't come to the party.**
  Hayır, partiye gelmeyeceğim (gelmem).

■ Bir şey yapmaya söz verirken:

- **I'll lend you some money.**
  Sana biraz borç para vereceğim (veririm).

- **I'll call you when I come.**
  Gelince seni (sizi) arayacağım (ararım)

■ Gelecekle ilgili olasılıklar hakkında fikir yürütürken, tahmin yaparken:

- **I expect I will see you again.**
  Seni(Sizi) tekrar göreceğimi umarım.

- **I think we'll win the match.**
  Maçı kazanacağımızı sanıyorum.

- **Where will you be this time next week?**
  Gelecek hafta bu zaman nerede olacaksın(ız)?

- **I think they will come here again next month.**
  Sanırım, gelecek ay tekrar buraya gelecekler.

- **We'll probably buy a house.**
  Belki de, bir ev satın alacağız.

- **I don't think the lesson will last much longer.**
  Dersin çok daha uzun süreceğini sanmıyorum.

- **I think I won't be here next week.**
  Sanırım, gelecek hafta burada olmayacağım.

- **It will be clear.**
  (Hava) açık olacak.

- **The temperature will be between 25 and 27 degrees.**
  Sıcaklık, 25 ve 27 dereceler arasında olacak.

- **It will get colder later in the day.**
  Sonra gün içinde daha soğuk olacak.

- **Will it be cold and windy tonight?**
  Bu gece soğuk ve rüzgârlı olacak mı?

- **It will be cold and windy tonight and all day tomorrow.**
  Bu gece ve yarın bütün gün soğuk ve rüzgârlı olacak.

- **It will get colder, and the temperature will go down.**
  Daha soğuk olacak ve sıcaklık düşecek.

- **The weather for the weekend will be better.**
  Hafta sonu hava daha iyi olacak.

DİLBİLGİSİ

- **When we go to Paris, we will be able to see the Eiffel Tower.**
  Paris'e gittiğimiz zaman, Eyfel kulesini görebileceğiz.

- **When you come to Istanbul, you will be able to see the Blue Mosque.**
  İstanbul'a geldiğiniz zaman, Sultanahmet Camii' ni görebileceksiniz.

- **I can't drive yet, but I'll soon be able to.**
  Henüz araba kullanamıyorum fakat yakında kullanabileceğim.

- **I will be able to read the letters tomorrow.**
  Yarın mektupları okuyabileceğim.

- **I think you won't be able to carry your suitcase.**
  Sanırım, bavulunuzu taşıyamayacaksınız.

- **They don't know our address. We'll have to tell them.**
  Adresimizi bilmiyorlar. Onlara söylemek zorundayız. (Söylemek zorunda olacağız)

- **They'll have to stay in a hotel.**
  Bir otelde kalmak zorunda olacaklar.

- **I will have to repair my car later.**
  Daha sonra arabamı onarmak zorunda kalacağım.

<u>Soru tümcelerinde:</u> **Will** (ya da: **won't**) yardımcı fiili öznenin önüne gelir.

- **Will you go?**   Gidecek misiniz?
- **Won't you go?**   Gitmeyecek misiniz?

GRAMMAR

DILBILGISI

FUTURE IN THE PAST   GEÇMİŞTEKİ GELECEK

Am, is , are yardımcı fiillerinin geçmiş zamanları olan **was** ve **were**) ile oluşturulan bu yapı, geçmişte yapılması tasarlanan, plânlanan eylemleri anlatmak için kullanılır. (Bu yapı için, ayrıca 236. sayfaya bakınız)

-Did you go to the cinema yesterday?
* -No, I **was going to** go to the cinema, but I changed my mind.
   -Dün sinemaya gittin(iz) mi?
   -Hayır, sinemaya gide**cektim** fakat fikrimi değiştirdim.

-Did they go to the party last week?
* -They **were going to** go to the party, but they stayed at home.
   -Geçen hafta partiye gittiler mi?
   -Partiye gide**ceklerdi** fakat evde kaldılar.

PRESENT PERFECT TENSE

| I/we/they/you + **have**+ Past Participle (fiilin 3. şekli) |
| he/she/it   + **has** + Past Participle |

■ 'Simple Past Tense' konusunda da verildiği gibi, İngilizcede fiillerin üç biçimi vardır:
⇒ **Birinci** biçim: sözlüklerde kullanılan yalın durum.
⇒ **İkinci** biçim (**past**): 'Simple Past Tense' için kullanılır.
⇒ **Üçüncü** biçim(**past participle**) : 'Present Perfect Tense' için, **have** ya da **has** ile birlikte fiillerin 3. biçimi kullanılır.

■ İkinci ve üçüncü biçimlerde, fiillerin çoğu sonuna -**ed** takısı alır.

GRAMMAR

I opened the door	Kapıyı açtım.
I have opened the door	Kapıyı açtım
(Kapı konuşulan anda açık, olayın etkisi sürüyor.)	

☛ Ancak, kitabın sonundaki ekte tam listesini sunduğumuz bazı fiiller, düzensiz fiillerdir. (**irregular verbs**).

Aşağıdakiler, çok sık karşılaşabileceğiniz bazı düzensiz fiillerin 1. , 2. , 3. biçimleri ve anlamlarıdır. İnceleyiniz.

1	**2**	**3**	
be	was	been	olmak
become	became	become	olmak, yakışmak
begin	began	begun	başlamak
break	broke	broken	kırmak, bozmak
bring	brought	brought	getirmek
buy	bought	bought	satın almak
catch	caught	caught	yakalamak
come	came	come	gelmek
cost	cost	cost	bedeli olmak
cut	cut	cut	kesmek
do	did	done	yapmak
drink	drank	drunk	içmek
drive	drove	driven	sürmek, araba kullanmak
eat	ate	eaten	yemek
fall	fell	fallen	düşmek
forget	forgot	forgotten	unutmak
get	got	got/gotten	almak, elde etmek, öğrenmek, yakalamak, neden olmak
give	gave	given	vermek
find	found	found	bulmak
go	went	gone	gitmek
have	had	had	sahip olmak, almak, tutmak
learn	learnt/learned	learnt/learned	öğrenmek
leave	left	left	ayrılmak, terk etmek
lose	lost	lost	kaybetmek

make	made	made	yapmak, yaratmak, üretmek
meet	met	met	karşılaşmak, toplanmak buluşmak
pay	paid	paid	ödemek
put	put	put	koymak
read	read	read	okumak
ring	rang	rung	(zil,çan) çal(ın)mak
run	ran	run	koşmak
say	said	said	söylemek
sell	sold	sold	satmak
send	sent	sent	göndermek
sit	sat	sat	oturmak
sleep	slept	slept	uyumak
speak	spoke	spoken	konuşmak
steal	stole	stolen	çalmak
swim	swam	swum	yüzmek
take	took	taken	almak, tutmak, kapmak
tell	told	told	anlatmak, söylemek
think	thought	thought	düşünmek, sanmak
throw	threw	thrown	atmak, fırlatmak
understand	understood	understood	anlamak
wake	woke	woken	uyanmak
win	won	won	kazanmak
write	wrote	written	yazmak

Aşağıdaki örnek tümceleri inceleyiniz.

- **Ayşe has gone out.**
  Ayşe dışarı gitti.

  (Ayşe, şu anda dışarıda. Dışarı çıktıktan sonra tekrar dönmüş olsaydı, o durumu 'Simple Past Tense' ile belirtecektik : Ayşe went out)

- **I've cleaned the blackboard.**
  Tahtayı temizledim.

  (Tahta şu anda temiz durumda. Eğer tekrar kirlenmiş olsaydı 'Simple Past Tense' kullanacaktık)

- **I've left the books at home.**
  Kitapları evde bıraktım.

  (Şu anda yanında değil, evde)

- **She has taken my pencil.**
  Kalemimi aldı
  (Kalem şu anda onda)

- **I've lost my pen. Have you seen it?**
  Kalemimi kaybettim. Onu gördün mü?
  (Kalem şu anda kayıp, bulunamıyor.)

■ <u>**Bu zamanın kullanıldığı durumlar**</u>:

A) Geçmişte gerçekleşen bir eylem, etkisini konuşulan anda sürdürmekte ise (geçmişteki olay ile 'şimdi' arasında bir bağlantı varsa) **Present Perfect Tense** kullanılır.

> **I have put the book on the table.**
> Kitabı masanın üstüne koydum.
> (Konuştuğum anda, kitap masada durmaktadır.)

B) Geçmişte herhangi bir anda başlayıp, konuşulan ana kadar süren bir zaman dilimiyle ilgili konuşurken **"Present Perfect Tense"** kullanılır.

Jane : **Have you ever been to Spain?**
Hiç İspanya'da bulundun(uz) mu?

Jack : **Yes, I've visited Spain twice.**
Evet, İspanya'yı iki kez ziyaret ettim.

Geçmiş(**Past**)   Şimdi(**Now**)

⟶

Jack'in yaşamı: şu ana kadar gelen bir zaman dilimi olarak ele alınmaktadır. Jack'in yaşamı, geçmişten, konuşulan ana kadar süregelen bir süreçtir ve Jack yaşamı boyunca iki kez İspanya'da bulunmuştur.

- **I've never been to Paris in my life.**
  Yaşamımda Paris'te hiç bulunmadım.

- **It's the most interesting film I've ever seen**
  O, benim gördüğüm en ilginç filmdir.

- **How many times have you been in love?**
  Kaç kez aşık oldun(uz)?

- **He's lived all his life in that town.**
  Bütün yaşamını o şehirde geçirdi. (Hâlâ o şehirde)

- **I've seen this film twice.**
  Bu filmi iki kez gördüm.

- **Have you ever played tennis?**
  Hiç tenis oynadın(ız) mı?

- **I've read this book.**
  Bu kitabı okudum.

- **He's written a lot of books.**
  O, birçok kitap yazdı (Yazar, yaşamaktadır)

- **I've never been able to understand her.**
  Onu hiç anlayamadım. (anlayamıyorum)

- **This is the first time I have been to Paris.**
  Bu benim Paris'te ilk bulunuşum

- **I've lost my wallet. It's the third time this has happened.**
  Cüzdanımı kaybettim. Bu, üçüncü kezdir oluyor.

C) Konuştuğumuz anda, geçmişte olan olayın gerçekleştiği zaman diliminin içindeysek, "Present Perfect" kullanabiliriz.

Örneğin; bugün (**today**), bu hafta(**this week**), bu yıl (**this year**) içinde olan olayları anlatmak için "Present Perfect" kullanabiliriz. Çünkü, olay geçmişte olmakla birlikte, sözü edilen süre henüz bitmemiştir.

> **I've met Jane twice this week.**
> Bu hafta iki kez Jane'e rastladım.
> (Konuştuğum anda, hafta henüz bitmemiş durumda)
>
> Olay anı   Şimdi(**now**)
>   ↑   ↑
> ──→
>   **this week**

- **George hasn't worked very hard this term.**
  George bu dönem pek sıkı çalışmadı.

- **I've seen Mary this morning.**
  Bu sabah Mary'yi gördüm.

- **I've drunk three cups of coffee today.**
  Bugün üç fincan kahve içtim.

■ Present Perfect Tense', sık sık, **just, already, yet** ile birlikte kullanılır.
Aşağıdaki örnekleri inceleyiniz:

Just : 'çok kısa bir süre önce' anlamında kullanılır.

- **Have you seen Jack?**
  Jack'i gördün mü?

- I've **just** seen him.
  Onu **az önce(şimdi)** gördüm.

yet, yalnızca olumsuz yapılarda ve soru tümcelerinde kullanılır:

- Have you done your homework **yet?** It's time to go to school.
  Ev ödevini bitirdin mi **artık**? Okula gitme zamanı.

- I haven't finished it **yet** .
  Onu **henüz** bitirmedim.

already, beklenenden daha önce olan bir durumu belirtmek için kullanılır:

> -**Don't forget to write the letter.**
> Mektubu yazmayı unutma.

- -I've **already** written it.
  Onu **zaten (önceden)** yazdım (**bile.**)

■ **gone to** ile **been to** arasındaki farka dikkat ediniz:

- **She has gone to England.**
  İngiltere'ye gitti.
  (şu anda İngiltere'de veya İngiltere yolunda)

- **She has been to England.**
  İngiltere'de bulundu.
  (Şu anda geri gelmiş durumda)

Aşağıdaki örnek tümceleri çalışınız:

- **I've just had lunch.**
  Az önce yemek yedim.

- Jane is on holiday. **She has gone to Italy.**
  Jane tatilde. İtalya'ya gitti.

- Ayşe's English wasn't very good. Now it's much better. **She has improved her English.**
  Ayşe'nin İngilizcesi iyi değildi. Şimdi çok daha iyi. İngilizcesini ilerletti.

- **Mary has started a new job.**
  Mary yeni bir işe başladı.

- He isn't here at the moment. **He has gone out.**
  Şu anda burada değil. Dışarı gitti.

- **Who has taken my book?**
  Kitabımı kim aldı?

- **I've bought a new dress.**
  Yeni bir elbise aldım.

- **Where have you put my pen?**
  Kalemimi nereye koydun?

- **I've already started to learn English.**
  İngilizce öğrenmeye başladım bile.

- **I've just explained it to them.**
  Onu şimdi onlara açıkladım.

- **I haven't explained it to them yet.**
  Onu henüz onlara açıklamadım.

- **I've written four letters so far.**
  Şu ana kadar dört mektup yazdım.

- **The thief has been able to escape.**
  Hırsız kaçabildi.

- **I haven't been able to catch the bus.** I must
  walk to work.
  Otobüsü yakalayamadım. İşe yürümek
  zorundayım.

■ Bu zamanda, sıklıkla, **for, since, recently, so far** gibi zaman belirten sözcükler kullanılır:

- **Have you heard from her recently** ?
  Son zamanlarda ondan haber aldın mı?

- **We have lived in this house since 1980.**
  1980'den beri bu evde yaşamaktayız.

- **I haven't seen her <u>recently</u>.**
  <u>Son zamanlarda</u> onu görmedim.

- **She hasn't been able to sleep very well recently.**
  Son zamanlarda pek iyi uyuyamıyor.

- **I haven't been able to buy a house <u>so far</u>.**
  <u>Şimdiye kadar</u> bir ev satın alamadım.

FOR

for'dan sonra 'belirli bir süre' kullanılır.

- I've known him **for** five years.
  Onu beş yıl**dır** tanıyorum.

- I haven't seen him **for** a long time.
  Onu uzun bir zaman**dır** görmedim.

SINCE

since'den sonra, 'belirli bir an, bir başlangıç noktası' kullanılır.

- **She's lived in London since 1990.**
  1990'**dan beri** Londra'da yaşıyor.

- **I haven't seen her since 1990.**
  Onu 1990'**dan beri** görmedim.

PAST CONTINUOUS TENSE

■ "Geçmiş Sürekli Zaman" olarak Türkçeye çevirebileceğimiz bu zaman, geçmişteki bir zaman kesitinde yapılmakta olan eylemleri anlatmak için kullanılır. Eylemin başlamış ancak bitmemiş, söz konusu anda devam etmekte olduğunu belirtir. Başlangıç ve bitiş noktaları önemsizdir.

Dün sabah, Mary'nin saat 8.30'dan 9.30'a kadar süren bir kahvaltı ettiğini varsayalım. Saat 9'da ne yaptığını anlatmak için , 'Geçmiş Sürekli Zaman : **Past Continuous Tense'** kullanması gerekecektir.

Mary was having breakfast at nine o'clock.
Mary saat 9'da kahvaltı ediyordu.
(Başlamıştı fakat bitirmemişti)

I / He / She / It	was	fiil + **ing**
We / You / They	were	fiil + **ing**

Was ve **were**, daha önce gördüğümüz gibi, **be** fiilinin 'Şimdiki Sürekli Zaman'daki kullanımları olan **am, is, are** yardımcı fiillerinin geçmiş zaman biçimleridir.

- **I was cleaning my car at eleven o'clock.**
  Saat 11'de arabamı temizliyordum.

- **She was reading the newspaper at ten o'clock last night.**
  Dün gece saat 10'da gazete okuyordu.

- **They were playing football at six o'clock yesterday.**
  Dün saat 6'da futbol oynuyorlardı.

- **I was writing a letter to a friend of mine.**
  Bir arkadaşıma mektup yazıyordum.

- **It was raining at seven o'clock.**
  Saat 7'de, yağmur yağıyordu.

- **We were cooking the dinner at ten o'clock.**
  Saat 10'da akşam yemeğini pişiriyorduk.

- **We were sitting in the garden at eight o'clock.**
  Saat 8'de bahçede oturuyorduk.

- **We were working in the garden at ten o'clock yesterday.**
  Dün saat 10'da bahçede çalışıyorduk.

- **What were you doing at twelve o'clock yesterday?**
  Dün saat 12'de ne yapıyordunuz?

WHEN , WHILE , AS

■ Bu zamanda kullanılan bir tümceye, gerçekleşmekte olan eylem sırasında, bir başka eylemin de olduğunu anlatmak için , 'Simple Past Tense: *Di'li Geçmiş Zaman*' da kullanılan bir başka tümce eşlik edebilir.
Bu iki tümceyi, **when, while, as** gibi bağlaçlarla birbirine bağlayabilirsiniz.

- **When** they arrived, I was reading my newspaper.
  Onlar gel**diği zaman**, gazetemi okuyordum.

- It was raining **when** we got up on Sunday.
  Pazar günü kalk**tığımız zaman**, yağmur yağıyordu.

- It began to rain **when** I was walking home.
  Eve yürür**ken**, yağmur yağmaya başladı.

- **While** I was having breakfast, it began to rain.
  Kahvaltı eder**ken**, yağmur yağmaya başladı.

- **As** they were waiting for the bus, they saw an accident.
  Otobüs bekler**ken**, bir kaza gördüler.

- The telephone rang **while** I was reading a book.
  Bir kitap okur**ken** telefon çaldı.

- **While** we were sitting in the restaurant, it began to snow.
  Biz restoranda otururken, kar yağmaya başladı.

- **As** she was combing her hair, the bell rang.
  O, saçını tarar**ken**, zil çaldı.

- **When** I came in, they were dancing.
  İçeri girdi**ğimde**, dans ediyorlardı.

■ Aynı bağlaçları, aynı anda gerçekleşmekte olan iki farklı eylemi anlatmak için kullanılan iki 'Past Continuous Tense' tümcesini birleştirmek için de kullanabilirsiniz.

- **While my brother was playing his guitar in the garden, I was playing piano in the living room.**
  Erkek kardeşim bahçede gitarını çalarken, ben oturma odasında piyano çalıyordum.

- **His sister was listening to the radio as he was reading a book.**
  O bir kitap okurken, kız kardeşi radyo dinliyordu.

- **While they were working in the living room, my mother was cooking.**
  Onlar oturma odasında çalışırlarken, annem yemek pişiriyordu.

- **Jack was waiting for Mary while Mary was waiting for Jack.**
  Mary Jack'i beklerken, Jack Mary'yi bekliyordu.

Future in the Past   Geçmişteki gelecek

'Şimdiki Zaman'ın, önceden düzenlenmiş eylemler için 'gelecek zaman anlamında' kullanılabildiğini biliyoruz.

- **I'm playing tennis tomorrow.**
  Yarın tenis oynuyorum (oynayacağım)

■ Yarın tenis oynamak için plan yaptığımızı, yarından sonraki bir zamanda (örneğin: iki gün sonra) anlatmak istersek, 'Past Continuous Tense' kullanmamız gerekecektir.

- **I was playing tennis the next** (ya da : **following) day.**
  Ertesi gün tenis oynayacaktım.

☛ Aynı kural, **be going to** için de geçerlidir.
(**Gelecek Zaman** konusunda ayrıca işlenmiştir)

Yarın tenis oynayacağımızı, bugün anlatırsak:

- **I'm going to play tennis tomorrow.**
  Yarın tenis oynayacağım.

Yarından sonraki bir zamanda anlatırsak:

- **I was going to play tennis the next day.**
  Ertesi gün tenis oynayacaktım.

('Future in the Past' için, ayrıca 224. sayfaya bakınız)

PAST PERFECT TENSE

■ Past Perfect Tense, Di'li geçmiş zaman(Simple Past Tense)'dan daha önceki bir süreyi belirtir. Bu zamanı, **geçmişteki 'Present Perfect Tense'** olarak düşünebilirsiniz.

	Simple Past	**Now** (şimdi)

......Past Perfect..........

Simple Past:	**I did**	Yaptım (önce)
Past Perfect:	**I had done**	Yapmıştım (daha önce)

Mary went out at two o'clock.
Mary saat 2'de dışarı çıktı.

I went to the office at three o'clock. Mary wasn't in the office.
Ben saat 3'te büroya gittim. Mary büroda değildi.

Mary had gone out.
Mary dışarı gitmişti.

After, before, when, until, as soon as

■ **Bu bağlaçlar, Simple Past Tense** ve **Past Perfect Tense** ile oluşturulan tümcecikleri, hangisinin önce, hangisinin sonra olduğunu belirtecek şekilde bir araya getirmek için kullanılırlar. **Bağlaçlı bir tümcede, genellikle, geçmişte iki farklı zamanda olan iki olayın, sonuncusunu anlatmak için** Simple Past Tense **, daha öncekini anlatmak için** Past Perfect Tense **kullanılır.**

Şöyle bir durum düşünelim:

Saat 2:00	Saat 2:05	Şimdi
The train left.	**I arrived at the station.**	
Tren ayrıldı.	Ben istasyona vardım.	

☛ Bu durumu, söz konusu bağlaçlar yardımıyla, aşağıdaki şekillerde anlatabiliriz:

After the train had left I arrived at the station.
Tren ayrıldık**tan sonra** ben istasyona vardım.

The train had left **before** I arrived at the station.
Ben istasyona varma**dan önce** tren ayrılmıştı.

The train had left **when** I arrived at the station.
Ben istasyona var**dığım zaman** tren ayrılmıştı.

As soon as the train had left I arrived at the station.
Tren ayrıl**dıktan hemen sonra** (ayrılır ayrıl**maz**) ben istasyona vardım.

⇒ Aşağıdaki örnekleri inceleyiniz:

- **After they had finished their dinner they went to the cinema.**
  Akşam yemeğini bitirdikten sonra, sinemaya gittiler.

- **After the rain had stopped I went out.**
  Yağmur durduktan sonra, dışarı çıktım.

- **She had had lunch before I came.**
  Ben gelmeden önce, öğle yemeğini yemişti.

- **He had probably dropped it when I opened the door suddenly.**
  O, muhtemelen, ben kapıyı birden açınca, onu düşürmüştü.

- **After I had watched TV I went to sleep.**
  Televizyon izledikten sonra uyumaya gittim.

- **She had watched TV before she went to sleep.**
  Uyumaya gitmeden önce, televizyon izlemişti.

- **She had finished her breakfast before the guests came.**
  Konuklar gelmeden önce, kahvaltısını bitirmişti.

- **We had walked for thirty minutes before we had breakfast.**
  Kahvaltı etmeden önce, 30 dakika yürümüştük.

- **The train had not left until I arrived at the station.**
  Ben istasyona varıncaya kadar tren ayrılmamıştı.

PRESENT PERFECT CONTINUOUS TENSE

> **I have been doing**
> Yapıyordum (Yapmaktaydım)

I/you/we/they	have	been	running
he/she/it	has	been	running

■ Bu zaman , aşağıdaki durumlarda kullanılır:

A) Yapılan eylem çok kısa süre önce bittiyse ve konuşulan an ile eylem arasında bağlantı varsa:

- She looks very tired. **She has been overworking.**
  Çok yorgun görünüyor. Aşırı çalışıyordu (çalışmaktaydı)

- Tom looks very tired. **He has been running.**
  Tom çok yorgun görünüyor. Koşuyordu (koşmaktaydı)

GRAMMAR

DİLBİLGİSİ

- **She has been studying Maths**, and now she has got a headache.
  Matematik çalışıyordu ve şimdi başı ağrıyor.

  -Your clothes are covered with paint.
  -Elbiselerin boyayla kaplı.
- **- I have been painting the wall.**
  - Kapıyı boyamaktaydım.

B) Yapılan eylem konuşulan anda sürmekte ise :

> Tom started waiting for the bus forty minutes ago.
> Tom 40 dakika önce otobüs beklemeye başladı.
>
> He's still waiting now.
> Şu anda hâlâ bekliyor.
>
> **He has been waiting for the bus for forty minutes.**
> O, 40 dakikadır otobüs beklemektedir.

■ Bu durumda, daha önce 'Present Perfect' konusunda gördüğümüz **for** ve **since** sözcükleri çok sık kullanılır.

- **He has been watching TV for two hours.**
  İki saatten beri TV izliyor(izlemektedir)

- The rain started at nine o'clock. It's still raining now. **It has been raining since nine o'clock.**
  Yağmur 9.00'da başladı. Şu anda hâlâ yağıyor. 9.00'dan beri yağıyor

- **How long have you been waiting for me?**
  Ne kadar zamandan beri beni bekliyorsun(uz)?

- **I've been waiting for you for twenty minutes.**
  20 dakikadır seni bekliyorum.

GRAMMAR

C) Bir süreden beri tekrarlanmakta olan eylemler anlatılıyorsa:

- **I've been calling her every evening for the last four years.**
  Son dört yıldır, ona her akşam telefon ediyorum.

- **I've been playing football every week since I was ten.**
  On yaşından beri, her hafta futbol oynuyorum (oynamaktayım).

- **I've been going to the cinema every week for ten years.**
  On yıldır, her hafta sinemaya gidiyorum (gitmekteyim).

⇒ Aşağıdaki **Present Perfect Continuous Tense** ile ilgili örnek tümceleri inceleyiniz:

- **How long have you been living in İstanbul?**
  Ne kadar zamandır İstanbul'da yaşıyorsunuz?

- **I've been living in İstanbul since 1985.**
  1985'den beri İstanbul'da yaşıyorum.

- **She has been living in İstanbul since she became a doctor.**
  Doktor olduğundan beri İstanbul'da yaşıyor.

- **I haven't been feeling well for two weeks.**
  İki haftadır kendimi iyi hissetmiyorum.

- **Her hands are all covered with flour. She has been making cakes.**
  Elleri hep unla kaplı. Kek yapıyordu.

- **He has been working very hard this term.**
  Bu dönem çok çalışıyor.

- **There is a sawdust in your hair. Have you been cutting down a tree?**
  Saçında bir testere tozu (talaş) var. Bir ağaç mı kesiyordun?

- **I'm on a diet. I've been eating nothing but yoghurt for three months.**
  Rejimdeyim.Üç aydır yoğurttan başka bir şey yemiyorum.

- **He has been drinking every day for six years.**
  Altı yıldır her gün içiyor.

- **Whenever I've seen him, he has been watching TV.**
  Onu her gördüğümde TV izliyor.

- **I've been learning to drive recently.**
  Son zamanlarda araba kullanmayı öğreniyorum.

- **Mike has been sleeping for almost twelve hours. Let's wake him up.**
  Mike, neredeyse on iki saattir uyumakta. Onu uyandıralım.

Present Continuous Tense ya da Present Perfect Continuous Tense ?

Present Continuous

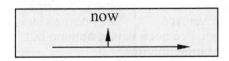

I'm walking.
Yürüyorum(şimdi).

I'm shopping.
Alışveriş yapıyorum.

I'm playing football.
Futbol oynuyorum.

I'm running.
Koşuyorum.

Present Perfect Continuous

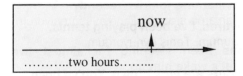

I've been walking for two hours.
İki saattir yürüyorum (Yürümekteyim).

I've been shopping.
Alışveriş yapıyordum(az önce bitti)

I've been playing football for two hours.
İki saattir futbol oynuyorum (oyun sürüyor)

I've been running. I'm too tired.
Koşuyordum(az önce bitti). Aşırı yorgunum.

Present Perfect Tense ya da
Present Perfect Continuous Tense ?

Betty has been walking for two hours. Betty iki saattir yürüyor.	**Betty has walked nine kilometres.** Betty dokuz kilometre yürüdü.
Present Perfect Continuous: Yapılan eylemin bitmiş ya da bitmemiş olması önemli değildir. Önemli olan eylemdir.	**Present Perfect:** Yapılan eylem bitmiştir. Bizim için önemli olan eylemin sonucudur.

Aşağıdaki örnekleri karşılaştırınız:

- **Jane has smoked all my cigarettes.**
  Jane bütün sigaralarımı içti.(Şu anda sigaram yok.)

- **I'm very tired. I've been playing tennis.**
  Çok yorgunum. Tenis oynuyordum.

- **Your fingers are very brown. You've been smoking too much.**
  Parmakların çok kahverengi. Çok sigara içiyorsun.

- **He has cleaned the blackboard. It's clean now.**
  Tahtayı temizledi. O (tahta) şimdi temiz.

- **I've never played tennis.**
  Hiç tenis oynamadım.

- **He has been cleaning the blackboard for five minutes.**
  Beş dakikadır tahtayı temizliyor.

- **Have you read that book?**
  Şu kitabı okudun mu?

- **I've been reading this book for four hours.**
  Dört saattir bu kitabı okumaktayım.

■ **How long....?** sorusunu yanıtlamak için: konuşulan anda eylem sürmekteyse, genellikle **Present Perfect Continuous** kullanılır,

■ **How much, How many, How many times...?** gibi sorulara yanıt vermek için ise, genellikle **Present Perfect** kullanılır.

- **How long have you been saving money?**
  Ne kadar zamandır para biriktiriyorsunuz?

- **How much money have you saved?**
  Ne kadar para biriktirdiniz?

- **They've been playing tennis for two hours.**
  İki saattir tenis oynamaktalar.

- **We've played football four times this month.**
  Bu ay dört kez futbol oynadık.

- **I've written four letters so far.**
  Şu ana kadar dört mektup yazdım.

- **I've been writing letters since ten o'clock.**
  Saat ondan beri mektup yazıyorum.

■ Aşağıdaki fiillerle, genellikle, **"Present Perfect Tense"** kullanılır:

DİLBİLGİSİ

believe	mean
belong	need
consist	prefer
contain	realize
depend	remember
hate	seem
know	suppose
like	understand
love	want

- **I've known him for ten years.**
  (**I've been knowing** <u>kullanamayız</u>)
  Onu, on yıldır tanıyorum.

■ Aşağıdaki gibi olumsuz tümcelerde **present perfect** kullanılır:

- **I haven't heard from her since she went away.**
  Gittiğinden beri ondan haber almadım

- **She hasn't called me for two months.**
  İki aydır beni aramadı.

■ Aşağıdaki durumlarda her iki zamanı da kullanabilirsiniz:

1) live ve **work** fiilleri ile :

- **I've been living in İstanbul for a long time.** ya da:
  I've lived in İstanbul for a long time.
  Uzun bir zamandır İstanbul'da yaşamaktayım

- **I've been working here for a long time.** ya da:
  I've worked here for a long time.
  Uzun bir zamandır burada çalışmaktayım.

GRAMMAR

DİLBİLGİSİ

2) Uzun bir zamandan beri tekrarlanan eylemleri bildirmek için:

- **I've been playing tennis since I was a child.** ya da: **I've played tennis since I was a child.**
Çocukluğumdan beri tenis oynamaktayım.

PAST PERFECT CONTINUOUS TENSE

■ **Past Perfect Continuous Tense**, geçmişteki bir olay anından önce gerçekleşen ve (**1**) *söz konusu olay anına kadar süregelen* ya da (**2**) *bu olaydan çok kısa süre önce bitmiş olan* başka bir olayı anlatmak için kullanılır. Bu zamanı, genel olarak, **geçmişteki 'Present Perfect Continuous Tense'** olarak düşünebilirsiniz.

Özne + had + been + (fiil+ing)

I had been doing   Yapıyordum (Yapmaktaydım)

Present perfect continuous:

Tom **looks** very tired.   He **has been** running.
Tom çok yorgun görünüyor.   Koşuyordu.
                                                (koşmaktaydı.)

Past perfect continuous:

Tom **looked** very tired.   He **had been** running.
Tom çok yorgun görünüyordu. Koşmaktaydı.

Örnek tümceler:

1) Geçmişteki bir olay anından çok kısa süre önce bitmiş olan başka bir olayı anlatmak için:

- She looked very tired. **She had been overworking.**
  Çok yorgun görünüyordu. Aşırı çalışmaktaydı.
  (çalışmıştı)

- **She had been studying Maths**, and she had got a headache.
  Matematik çalışmaktaydı (çalışmıştı) ve başı ağrıyordu.

- **My clothes were covered with paint. I had been painting the wall.**
  Elbiselerim boyayla kaplıydı. Duvarı boyamaktaydım. (Boyamayı yeni bitirmiştim)

2) Geçmişteki bir olay anından önce gerçekleşen ve söz konusu ana kadar süregelen başka bir olayı anlatmak için:

- Tom had started waiting for the bus at four o'clock. The bus came at five o'clock. **He had been waiting for the bus for an hour when the bus came.**
  Tom saat 4'te otobüs beklemeye başlamıştı. Otobüs saat 5'te geldi. Otobüs geldiği zaman, bir saattir otobüs beklemekteydi. (beklemeye devam etmekteydi)

- **He had been watching TV for two hours when I arrived.**
  Ben geldiğimde, İki saattir televizyon izlemekteydi.

- **How long had you been waiting when the train came?**
  Tren geldiğinde, ne kadar zamandan beri beklemekteydin(iz)?

Past Continuous Tense ya da
Past Perfect Continuous Tense ?

Past Continuous

I was running when I met her yesterday.
Dün onunla karşılaştığımda, koşuyordum.
(Koşu sürüyordu)

When she called me, I was playing tennis.
O beni aradığında, tenis oynuyordum.
(Tenis oyunu sürüyordu. Oyunun ortasındaydım.)

Past Perfect Continuous

I had been running when I met Mary yesterday.
Dün Mary ile karşılaştığımda, koşmaktaydım.
(Koşuyu yeni bırakmış olabilirim ya da tekrar devam etmek üzere ara vermiş olabilirim . Önemli olan, koşuya başladığım an ve Mary ile karşılaştığım an arasındaki süredir)

When she called me, I had been playing tennis.
O beni aradığında, tenis oynamaktaydım.
(Oyun yeni bitmişti. Daha sonra oyuna devam edebilir ancak **önemli olan** telefondan **önceki süre**dir.)

Past Perfect Tense ya da
Past Perfect Continuous Tense ?

Tom had been walking for two hours. Tom iki saattir yürümekteydi.	**Tom had walked ten kilometres.** Tom on kilometre yürümüştü.
Past Perfect Continuous: Yapılan eylemin bitmiş ya da bitmemiş olması önemli değildir. Önemli olan belirtilen zamandan önceki süredir.	**Past Perfect:** Geçmişte belirtilen zamandan önce söz konusu eylem bitmiştir. Önemli olan eylemin sonucudur.

Aşağıdaki örnekleri karşılaştırınız:

- **His fingers were very brown. He had been smoking too much.**
  Parmakları çok kahverengiydi. Çok sigara içmekteydi. (içmişti)

- **Mary had smoked all my cigarettes.**
  Mary bütün sigaralarımı içmişti.
  (Söz konusu zamanda, hiç sigaram kalmamıştı)

- **I was very tired. I had been playing tennis.**
  Çok yorgundum. Tenis oynamaktaydım.

- **He had been cleaning the blackboard when the teacher came in.**
  Öğretmen içeri girdiğinde, tahtayı temizlemekteydi.

- **The blackboard was clean. He had cleaned it.**
  Tahta temizdi. Onu temizlemişti

- **I had been reading a book for four hours when she came.**
O geldiğinde, dört saattir bir kitap okumaktaydım.

FUTURE PERFECT TENSE

■ Gelecekte Bitmiş Zaman olarak adlandırabileceğimiz bu zaman, gelecekteki belirli bir zamandan önce, söz konusu olan eylemin bitmiş olacağını anlatmak için kullanılır.

> özne + **will** + **have** + **fiil** (3. biçim)

- By the time we get there, they **will have gone** home.
Biz oraya gidinceye kadar, onlar **eve gitmiş olacaklar.**

- **By the time she gets there, they will have left the hotel.**
O oraya gidinceye kadar, onlar otelden ayrılmış olacaklar.

- **By the time we get there, they will have cut down all the trees.**
Biz oraya gidinceye kadar, bütün ağaçları kesip indirmiş olacaklar.

- **John and Mary will have been married for fifteen years next year.**
Gelecek yıl, John ve Mary 15 yıldır evli olmuş olacaklar. (Şu anda 14 yıldır evliler)

- **The film will have started when we arrive.**
Biz vardığımızda, film başlamış olacak.

DİLBİLGİSİ

- **The match will have finished by then.**
  O zamana kadar maç bitmiş olacak.

- **We will have spent all our money before the end of this month.**
  Bu ayın sonundan önce, bütün paramızı harcamış olacağız.

- **I will have written my third novel by next May.**
  Gelecek Mayısa kadar üçüncü romanımı yazmış olacağım.

- **I will have gone to the city centre by six o'clock.**
  Saat altıya kadar, şehir merkezine gitmiş olacağım.

- **You will have learned English by the end of the summer.**
  Yaz sonuna kadar, İngilizce öğrenmiş olacaksınız.

- **I hope it will have stopped raining by tomorrow.**
  Yarına kadar yağmurun duracağını umarım.

- **If we don't get there before six, they will have eaten everything.**
  Saat altıya kadar orada olmazsak, her şeyi yemiş olacaklar.

- **They will have married by the end of the week.**
  Hafta sonuna kadar evlenmiş olacaklar.

- **Jack will have finished her breakfast when Karen arrives.**
  Karen vardığında, Jack kahvaltısını bitirmiş olacak.

FUTURE CONTINUOUS TENSE

■ Bu zamanı, gelecekteki belirli bir zamanda, yapmakta olacağınız bir eylemin ortasında bulunduğunuzu belirtmek için kullanabilirsiniz.

> Mary's going to watch television from seven until nine o'clock this evening.
> Mary, bu akşam saat 700'den 9.00'a kadar televizyon izleyecek.
>
> She **will be** watch**ing** television at eight this evening.
> Saat 8.00'de televizyon izli**yor olacak**.

özne + **will be** + (fiil+**ing**)

- **At six o'clock this afternoon I will be playing tennis.**
  Bu öğleden sonra saat altıda, tenis oynuyor olacağım.

- **We will be working at this time next week.**
  Gelecek hafta bu zaman, çalışıyor olacağız.

- **They will be having breakfast at seven o'clock.**
  Saat 7.00'de kahvaltı ediyor olacaklar.

- **Will you be using your bicycle tomorrow morning ?**
  Yarın sabah bisikletini kullanacak mısın (kullanıyor olacak mısın)?

- **We will be moving in this week.**
  Bu hafta içinde taşınıyor olacağız.

- **I will be studying at 10.30.**
  10.30'da ders çalışıyor olacağım.

- **He won't be studying at five tomorrow.**
  Yarın saat 5.00'te ders çalışmayacak. (çalışıyor olmayacak)

- **We won't be playing tennis tomorrow morning.**
  Yarın sabah tenis oynamayacağız. (oynuyor olmayacağız)

- **I will be writing a letter to you at nine this evening.**
  Bu akşam 9'da, sana bir mektup yazıyor olacağım.

- **Will you be passing the post office about ten?**
  Saat 10 gibi, postaneden geçiyor olacak mısın?

FUTURE PERFECT CONTINUOUS TENSE

■ Bu zaman, gelecekteki bir olayın sürmekte olacağını anlatır. Bu anlamda, gelecekte '**Present Perfect Continuous**' ile anlatacağımız bir durumu, şu anda anlatmaktadır.

özne + **will** + **have** + **been** + [fiil + **ing**]

- We **will have been living** here for three years in October.
  Ekimde üç yıldır burada **yaşamakta olacağız**.
  (Karen, **Ekim ayında**, aynı soruya: "**We have been living here for three years.** Üç yıldır burada yaşamaktayız" şeklinde **Present Perfect Continuous** ile yanıt verecektir)

- I **will have been** work**ing here** for ten years at this time next month.
Gelecek ay bu zaman, burada, on yıldır çalış**makta olacağım**.

QUESTION TAGS (aren't you?, isn't he?, ...)

■ **Question tag:** tümce sonlarında, **(öyle) değil mi, değil mi ?** anlamında, bir virgülle ayrılarak kullanılan soru takısıdır.

> Ayşe is a beautiful girl**, isn't she**?
> Ayşe güzel bir kız**, (öyle)değil mi**?

■ Tümcenin yardımcı fiili:
- ana tümcede **olumlu ise**, tümce sonunda **olumsuz**,
- ana tümcede **olumsuz ise** tümce sonunda **olumlu** olarak kullanılır. Sonra özne gelir.

- **You are going shopping, aren't you?**
Alışverişe gidiyorsun(uz), (öyle) değil mi?

- **Aslı isn't watching TV, is she?**
Aslı televizyon izlemiyor, değil mi?

- **Okan is a student, isn't he?**
Okan bir öğrencidir, değil mi?

- **Osman was too fat, wasn't he?**
Osman aşırı şişmandı, değil mi?

- **We weren't in a restaurant, were we?**
Bir restoranda değildik, değil mi?

- **They were on holiday, weren't they?**
  Tatildeydiler, değil mi?

- **She speaks a lot about him, doesn't she?**
  O, onun hakkında çok konuşur, değil mi?

- **The stores close at seven o'clock, don't they?**
  Mağazalar saat yedide kapatır, değil mi?

- **They don't like us, do they?**
  Bizden hoşlanmıyorlar, değil mi?

- **You have bought that car, haven't you?**
  O arabayı satın aldınız, değil mi?

- **Mary hasn't come yet, has she?**
  Mary henüz gelmedi, değil mi?

- **You have seen her today, haven't you?**
  Bugün onu gördün, değil mi?

- **You will go tomorrow, won't you?**
  Yarın gideceksin, değil mi?

- **They won't come to the party, will they?**
  Partiye gelmeyecekler, değil mi?

- **He won't be late tomorrow, will he?**
  Yarın geç kalmaz, değil mi?

- **You are going to sell your car, aren't you?**
  Arabanızı satacaksınız, değil mi?

- **She isn't going to go out, is she?**
  Dışarı çıkmayacak, değil mi?

- **You came yesterday, didn't you?**
  Dün geldiniz, değil mi?

DİLBİLGİSİ

- **They didn't go to the cinema, did they?**
  Sinemaya gitmediler, değil mi?

- **You should pass your examination, shouldn't you?**
  Sınavını geçmelisin, değil mi?

- **We shouldn't smoke, should we?**
  Sigara içmemeliyiz, değil mi?

- **You can drive, can't you?**
  Araba kullanabiliyorsun, değil mi?

- **Betty can't swim, can she?**
  Betty yüzemiyor, değil mi?

■ **I am** ile başlayan tümcelerde, 'question tag' olarak : **aren't I** kullanılır.

- **I am a doctor, aren't I ?**
  Ben bir doktorum, değil mi?

■ **Let ...** ile başlayan tümcelerde, 'question tag' yardımcı fiili olarak : **shall** kullanılır.

- **Let's go for a walk, shall we?**
  Bir yürüyüşe çıkalım, olmaz mı (olur mu / tamam mı)?

- **Let's go to the cinema, shall we ?**
  Sinemaya gidelim, olmaz mı (olur mu / tamam mı)?

■ **Emir tümcelerinde,** 'question tag' olarak kullanılan : **will you** anlatıma daha kibar ya da ses uyumuna bağlı olarak aceleci, huysuz, tez canlı bir anlam kazandırır.

GRAMMAR

DİLBİLGİSİ

- **Give me the book, will you ?**
  Bana kitabı verin, olur mu?
  (Kitabı bana verin, tamam mı? / Kitabı bana
  verirsiniz, değil mi?)

- **Stop that noise, will you ?**
  Gürültüyü durdurun, olur mu?
  (Gürültüyü kesin, tamam mı? / Gürültüyü
  kesersiniz, değil mi?)

- **Don't speak to him this morning, will you?**
  Bu sabah onunla konuşmayın, olur mu?

USED TO / WOULD

■ **Used to** (ya da: **would**) yardımcı fiili, geçmişte
belirli bir dönem sürekli olarak yapılmış olan
eylemleri, varolan alışkanlıkları, belirli bir süre devam
etmiş olan durumları belirtmek için kullanılır.

We **used to live** in a small town but now we live in
İstanbul.
Küçük bir şehirde **yaşıyorduk (yaşardık)** fakat
şimdi İstanbul'da yaşıyoruz.

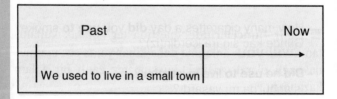

GRAMMAR

- **I used to smoke twenty cigarettes a day, but I don't smoke now.**
  Günde 20 sigara içerdim fakat şimdi içmiyorum.

- **He used to have a small house.**
  Küçük bir evi vardı.

- **I used to go to the cinema every weekend.**
  Her hafta sonu sinemaya giderdim.

- **I used to like ice cream when I was a child.**
  Çocukken, dondurma severdim.

- **We used to travel by train twenty years ago.**
  20 yıl önce trenle yolculuk ederdik.

- **We used to play tennis every morning.**
  Her sabah tenis oynardık.

- **They used to spend their holidays in Bodrum.**
  Tatillerini Bodrum"da geçirirlerdi.

- **He used to work here.**
  Burada çalışıyordu.

- **The baby used to cry every night.**
  Bebek her gece ağlardı.

Question Soru

- **Did** he **use to** work there?
  Orada mı çalışırdı?

- How many cigarettes a day **did** you **use to** smoke?
  Günde kaç sigara içerdin(iz)?

- **Did** he **use to** live in İstanbul?
  İstanbul'da mı yaşardı?

DİLBİLGİSİ

Negative Olumsuz

- He **didn't use to** work here.
  ya da:
- He **used not to** work here.
  Burada çalışmazdı (çalışmıyordu).

- I **didn't use to** smoke.
  Sigara içmezdim.

- They **didn't use to** live in Ankara.
  Ankara'da yaşamıyorlardı.

- We **didn't use to** go out every evening.
  Her akşam dışarı çıkmazdık.

be used to (...e alışık olmak)

■ 'used to' ile, **...ye alışık olmak** anlamına gelen
be used to .... kullanımını karıştırmayınız.

- I **am used to getting up** early.
  Erken **kalkmaya alışığım**.

- I **used to get up** early.
  Erken **kalkardım** (ama artık erken kalkmıyorum).

- He **is used to driving** fast.
  Hızlı **araba kullanmaya alışıktır**.

- He **used to drive** fast.
  Hızlı **araba kullanırdı**.(ama artık hızlı kullanmıyor)

- I **am used to playing** the guitar every day.
  Her gün gitar **çalmaya alışığım**.

- I **used to play** the guitar every day.
  Her gün gitar **çalardım**.

GRAMMAR

ANY MORE , ANY LONGER , NO LONGER

■ **Any more, any longer** ve **no longer**, herhangi bir durumun artık sürmediğini anlatmak için kullanılır.

> Jane **doesn't** work here **any more**.
>   ya da
> Jane **doesn't** work here **any longer**
>   ya da
> Jane **no longer** works here
>
> *Jane **artık** burada çalış**mıyor**.*

■ **Any more** ve **any longer** : olumsuz tümce yapısı ile, tümce sonunda,

■ **No longer** : olumlu tümce yapısı ile ve tümce ortasında kullanılır.

- **I still play tenis, but I don't play football any more.**
  Hâlâ tenis oynuyorum ama artık futbol oynamıyorum.

- **We no longer go to the cinema every weekend.**
  Artık her hafta sonu sinemaya gitmiyoruz

- **She no longer smokes.**
  Artık sigara içmiyor.

- **She doesn't like ice cream any more.**
  Artık dondurmadan hoşlanmıyor.

- **We don't travel by train any longer.**
  Artık trenle yolculuk etmiyoruz.

- **The baby doesn't cry every night any more.**
  Bebek artık her gece ağlamıyor.

- **They no longer spend their holidays in Bodrum.**
  Artık tatillerini Bodrum'da geçirmiyorlar.

- **He no longer wants to become a teacher.**
  Artık bir öğretmen olmak istemiyor.

- **I don't play the guitar any more.**
  Artık gitar çalmıyorum.

BE ABLE TO (= CAN)

Be able to : Gücü yetmek, yapabilmek anlamında, **can** yardımcı fiilinin yerine kullanılır. **Can**'in yalnızca iki zamanda (present: **can**, past: **could** olarak) kullanılabilmesine karşın, **be able to** yardımcı fiilini diğer zamanlar için de kullanabiliriz.

- **I am able to swim (I can swim).**
  Yüzebilirim.

- **She is not able to solve the problem. (She can't solve the problem.)**
  Problemi çözemiyor (çözemez).

- **He is able to understand her. (He can understand her.)**
  Onu anlayabiliyor (anlayabilir).

- **We were able to persuade them. (We could persuade them.)**
  Onları ikna edebildik.

- **He wasn't able find his car.**
  (**He couldn't find his car.**)
  Arabasını bulamadı.

- **We were able to win the match.**
  (**We could win the match.**)
  Maçı kazanabildik.

- **When we go to Paris, we will be able to see the Eiffel Tower.**
  Paris'e gidince, Eyfel kulesini görebileceğiz.

- **When you come to Istanbul, you will be able to see the Blue Mosque.**
  İstanbul'a geldiğiniz zaman, Sultanahmet Camii'ni görebileceksiniz

- **I can't drive yet, but I'll soon be able to.**
  Henüz araba kullanamıyorum fakat yakında kullanabileceğim.

- **I will be able to read the letters tomorrow.**
  Yarın mektupları okuyabileceğim.

- **I think you won't be able to carry your suitcase.**
  Sanırım, bavulunuzu taşıyamayacaksınız.

CONDITIONAL SENTENCES (if sentences)

KOŞUL TÜMCELERİ (if tümceleri)

if sözcüğü : **eğer, ... ise** anlamında kullanılır. Bu sözcüğü izleyen tümcecik (**if** clause) bir koşul oluşturur ve bir ana tümcecik (main clause) ile birlikte kullanılır.

DİLBİLGİSİ

■ İngilizcede 'Conditional Sentences' ya da 'if sentences' olarak adlandırılan üç tür koşul tümcesi oluşturabilirsiniz.

If Sentence 1

'If clause' ile 'main clause' arasında zaman uyumu olmalıdır.

■ Eğer, **if clause** : 'Simple Present Tense: Geniş Zaman' ise, **main clause**: Simple Present Tense, Emir Tümcesi ya da genellikle 'Future Tense: Gelecek Zaman' olmalıdır.

If sentence 1 yapısında, belirli bir koşulun oluşması ve ana tümcedeki eylemin gerçekleşmesi için gerçek bir olasılık söz konusudur.

> They will get wet **if** it rains.
>   ya da
> **If** it rains, they will get wet.
> Yağmur yağarsa, ıslanacaklar.

Aşağıdaki örnekleri inceleyiniz:

- **If it rains, we will stay at home.**
  Yağmur yağarsa, evde kalacağız.

- **If I have a lot of money, I will buy that car.**
  Çok param olursa, o arabayı alacağım.

- **If I come, I will see you.**
  Gelirsem, seni göreceğim.

GRAMMAR

- **They will answer if they can.**
  Yapabilirlerse, yanıtlayacaklar.

- **If you study very hard, you will pass your examination.**
  Çok çalışırsan(ız), sınavını geçersin(iz).

- **If you lend me some, I can stay here longer.**
  Bana biraz borç verirsen(iz), burada daha uzun kalabilirim.

- **You can catch the bus if you hurry up.**
  Acele ederseniz, otobüsü yakalayabilirsiniz.

- **If I go to the post office, I will post the letter.**
  Postaneye gidersem, mektubu postalayacağım.

- **If you are late, take a taxi.**
  Geç kaldıysan(ız) , bir taksiye bin(in).

- **Close the window if you are cold.**
  Üşüyorsan(ız), pencereyi kapat(ın)

- **If your phone doesn't work, you can use mine.**
  Telefonun çalışmıyorsa, benimkini kullanabilirsin.

- **If you don't study hard, you can't learn English.**
  Çok sıkı çalışmazsanız, İngilizce öğrenemezsiniz.

- **I'll give your book to you if I find it.**
  Eğer bulursam, kitabını sana veririm (vereceğim).

DİLBİLGİSİ

If sentence 2

■ **If** clause (**if** tümceciği) : 'Simple Past Tense' olarak kullanılır. Main clause, buna uyum sağlar. Ana tümcede, 'will' yardımcı fiilinin geçmişi olan **would** başta olmak üzere, 'can' ve 'may' in geçmişleri olan **could** ve **might** gibi yardımcı fiiller de kullanılabilir.

> You **would** get wet **if** it rain**ed**.
>   ya da
> **If** it rain**ed**, you **would** get wet.
> Yağmur yağsa, ıslanırsınız.

Bu tür bir 'if tümcesi'nde, koşulun oluşması ve ana tümcecikteki eylemin gerçekleşmesi için, gerçek bir olasılık yoktur. Konuşan kişi, öyle bir durumu, yalnızca aklından geçirmektedir.

- We **would** stay at home **if** it **rained**.
  Yağmur yağsa, evde kalırız (kalırdık).

- **If** it **stopped** raining, you **could** go out.
  Yağmur dursa, dışarı çıkabilirsiniz (çıkabilirdiniz).

- **If** I **had** enough money, I **would** stay here one more week.
  Yeterli param olsa, burada bir hafta daha kalır(d)ım.

- **If** I **found** 100 dollars in the street, I **would** give it to you.
  Caddede 100 dolar bulsam, onu sana verir(d)im.

- **If** I **asked** Jane, she **wouldn't** lend me any money.
  Jane'den istesem, bana hiç borç para vermez(di).

GRAMMAR

- I **would** help you **if** I **could**.
  Elimden gelse, sana yardım eder(d)im.

- **If** you **didn't visit** your grandfather, he **would** be angry.
  Büyükbabanı ziyaret etmesen, kızar.

- **If** I **didn't work**, I **wouldn't** have any money.
  Çalışmasam, hiç param olmaz.

- You **wouldn't** be so unhealthy **if** you **took** some exercise.
  Biraz egzersiz yapsan, o kadar sağlıksız olmazsın.

- **If** you **spoke** English to me, my English **would** improve.
  Eğer benimle İngilizce konuşursanız, İngilizcem ilerler.

- **If** I **didn't** work too fast, I **wouldn't** make so many mistakes.
  Aşırı hızlı çalışmasam, bu kadar çok hata yapmam.

■ **If** tümceciklerinde **was** yerine **were** kullanabilirsiniz.

- **If** I **were** a rich man, I **would** buy that car.
  (ya da : **If** I **was** a rich man, I **would** buy that car.)
  Eğer zengin bir adam olsam, o arabayı satın alırım.

- **If** I **were** you, I would buy that car.
  (ya da : **If** I **was** you, I would buy that car)
  Senin yerinde olsam, o arabayı satın alır(d)ım.

- We would go out if it **wasn't** raining.
  (ya da : We would go out if it **weren't** raining.)
  Yağmur yağmasa, dışarı çıkarız (çıkardık).

DİLBİLGİSİ

If sentence 3

Bu yapıda:

> **If** tümceciği (**if** clause)   : 'Past Perfect Tense',
> Main clause (ana tümcecik): would + have + past
> participle (fiilin3. biçimi)

olarak kullanılır.

Bu durumda, beklenen koşul oluşmamış ve asıl eylem gerçekleşmemiştir. Başka bir deyişle, iş işten geçmiştir.

> I **would have seen** Ann **if I had gone** to the party.
>   ya da
> **If I had gone** to the party, I **would have seen** Ann.
> Partiye gitseydim, Ann'i görürdüm (görecektim).
> (Ancak, partiye gitmedim ve onu görmedim)

- They **would have stayed** at home if it **had rained.**
  Yağmur yağsaydı, evde kalacaklardı.
  (yağmadı ve evde kalmadılar)

- If I **had had** enough money, I **would have bought** that house.
  Yeterli param olsaydı, o evi satın alacaktım.
  (Param yoktu ve evi alamadım)

- If it **had stopped** raining, we **would have gone** out.
  Yağmur dursaydı, dışarı çıkacaktık.
  (durmadı ve dışarı çıkamadık)

- If I **hadn't visited** my grandfather, he **would have got** angry.
  Büyükbabamı ziyaret etmeseydim, kızacaktı.
  (ziyaret ettim ve kızmadı)

GRAMMAR

- If I **hadn't worked**, I **wouldn't have got** any money.
  Çalışmasaydım, hiç param olmazdı.
  (çalışıyorum ve param var)

- If I **had found** 100 dollars in the street, I **would have given** it to you.
  Caddede 100 dolar bulsaydım, onu sana verecektim.
  (bulmadım ve vermedim)

- If I **hadn't told** you, you **would** never **have known**.
  Sana söylemeseydim, asla bilmeyecektin.
  (söyledim ve biliyorsun)

- If we **had left** earlier, we **would have caught** the train.
  Erken ayrılsaydık, treni yakalayacaktık.
  (erken ayrılmadık ve treni kaçırdık)

- If we **had got** more money, we **would have bought** a new car.
  Daha fazla paramız olsaydı, yeni bir araba alacaktık.

- You **wouldn't have been** so unhealthy if you **had taken** some exercise.
  Biraz egzersiz yapsaydın, bu kadar sağlıksız olmazdın (olmayacaktın).

- If I **hadn't worked** too fast, I **wouldn't have made** so many mistakes.
  Aşırı hızlı çalışmasaydım, bu kadar çok hata yapmazdım (yapmayacaktım).

- If my watch **hadn't been** slow, I **wouldn't have been** late.
  Saatim geri kalmasaydı, geç kalmazdım (kalmayacaktım).

WISH SENTENCES WISH TÜMCELERİ

■ 'Arzu etmek, dilemek' anlamındaki **wish** fiili, ardından **'Geçmiş Zaman'** olarak kullanılan bir tümce ile **'keşke'** anlamı verir. Durum, kişinin olmasını istediği gibi değildir. Kişi, durumdan üzüntü duymakta ve olmasını istediği şeyi aklından geçirmektedir.

- Mary can't come to the party. I **wish** she **could come** to the party. (Kısaca: I **wish** she **could**)
  Mary partiye gelemiyor. Keşke partiye gelebilse.

- I don't know her address. I **wish** I **knew** her address. (Kısaca: I **wish** I **did**)
  Onun adresini bilmiyorum. Keşke onun adresini bilsem (bilseydim).

- He is going to Bodrum. I **wish** I **was going** to Bodrum. (Kısaca: I **wish** I **was**.)
  O, Bodrum'a gidiyor. Keşke Bodrum'a gitsem.

- I can't play the guitar very well. I **wish** I **played** the guitar very well. (Kısaca: I **wish** I **did**.)
  Pek iyi gitar çalamıyorum. Keşke çok iyi gitar çalsam.

- I **wish** you **could stay** there longer.
  Keşke orada daha uzun kalabilsen.

- I **wish** I **had** a new car.
  Keşke yeni bir arabam olsa.

- I **wish** it **would** stop raining.
  Keşke yağmur dursa.

- I **wish** someone **would** answer that telephone.
  Keşke birisi şu telefona cevap verse.

- George doesn't have a car. He **wishes** he **had** a car.
  George'un bir arabası yok. Bir arabası olmasını isterdi.

- I **wish** I **could** speak Russian.
  Keşke Rusça konuşabilsem (konuşabilseydim).

- I **wish** I **didn't** leave my job.
  Keşke işimden ayrılmasam.

■ **wish** fiilinden sonra **was** yerine **were** kullanabilirsiniz.

- I wish I **were** on holiday.
  (ya da: I wish I **was** on holiday.)
  Keşke tatilde olsam

- I wish the balcony **were** big enough.
  (ya da: I wish the balcony **were** big enough.)
  Keşke balkon yeterli büyüklükte olsa.

Wish + Past perfect Tense

■ Bu yapı, (keşke,.....) anlamı ile, geçmişte bir şey gerçekleştiği ya da gerçekleşmediği için duyulan üzüntü ve pişmanlığı anlatmak için kullanılır.

- I **wish** I **hadn't left** my job.
  Keşke işimi bırakmasaydım. (ne yazık ki bıraktım)

- I **wish** I **hadn't bought** this car.
  Keşke bu arabayı satın almasaydım. (ne yazık ki aldım)

- I **wish** I **had gone** to the party.
  Keşke partiye gitseydim. (ne yazık ki gitmedim)

- I **wish** I **had stayed** in Antalya longer.
  Keşke Antalya'da daha uzun kalsaydım. (ne yazık ki kalmadım)

- I **wish** I **had invited** her.
  Keşke onu davet etseydim. (ne yazık ki etmedim)

- I **wish** it **hadn't rained.**
  Keşke yağmur yağmasaydı. (ne yazık ki yağdı)

- I **wish** I **had helped** you.
  Keşke size yardım etseydim. (ne yazık ki etmedim)

- I **wish** you **had arrived at work on time.**
  Keşke işe zamanında varsaydın (ne yazık ki varmadın)

- I **wish** I **had gone swimming**
  Keşke yüzmeye gitseydim (ne yazık ki gitmedim)

BOTH ... AND (hem ......hem de)

■ **Both .... and : olumlu anlatımlarda** iki şeyden bahsederken, **'hem ..... hem (de)...'** anlamında kullanılır.

Aşağıdakileri inceleyiniz:

- I enjoy <u>both</u> swimming <u>and</u> running.
  <u>Hem</u> yüzmeyi <u>hem (de)</u> koşmayı severim.

- **They were <u>both</u> hungry <u>and</u> tired.**
  <u>Hem</u> aç, <u>hem (de)</u> yorgundular.

- **<u>Both</u> reading <u>and</u> speaking are easy.**
  <u>Hem</u> okumak, <u>hem (de)</u> yazmak kolaydır.
  (Okumak <u>da</u>, yazmak <u>da</u> kolaydır)

- **<u>Both</u> Mary <u>and</u> Tom live in London.**
  <u>Hem</u> Mary, <u>hem (de)</u> Tom Londra'da yaşıyor.
  (Alan da, George da Londra'da yaşıyor.)

■ **Both** aşağıdaki gibi kullanıldığı zaman:
'her iki(si) .... de gibi olumlu bir anlam verir.

- **<u>Both</u> hotels are very cheap.**
  Her iki otel <u>de</u> çok ucuz .

- **<u>Both of</u> these hotels are very cheap.**
  Bu otel<u>lerin her ikisi de</u> çok ucuz

- **<u>Both of</u> them are very hungry.**
  Onlar<u>ın her ikisi de</u> çok aç.

NEITHER ... NOR (ne..........ne de)

■ **Neither.....nor** kalıbı '**ne...... ne de...**'
anlamında kullanılır ve kullanıldığı tümceye, (fiilin
olumlu yapıda kullanılmasına karşın) **olumsuz bir
anlam** verir.

Aşağıdaki örnekleri inceleyiniz:

- **I drink <u>neither</u> tea <u>nor</u> coffee.**
  Ne çay <u>ne de</u> kahve içerim.
  (Ne çay içerim, ne de kahve(içerim)
  (Çay da içmem, kahve de(içmem)

- **I'm taking** <u>neither</u> **French lessons** <u>nor</u> **Italian lessons.**
  <u>Ne</u> Fransızca dersi alıyorum <u>ne de</u> İtalyanca (dersi alıyorum)
  (Fransızca dersi de almıyorum, İtalyanca dersi de)

- <u>Neither</u> **reading** <u>nor</u> **speaking are difficult.**
  <u>Ne</u> okumak (zor), <u>ne de</u> konuşmak (zor)
  (Okumak da zor değil, konuşmak da)

- **She's speaking** <u>neither</u> **French** <u>nor</u> **German.**
  <u>Ne</u> Fransızca konuşuyor, <u>ne de</u> Almanca (konuşuyor).
  (Fransızca da konuşmuyor, Almanca da)

- **The hotel was** <u>neither</u> **clean** <u>nor</u> **comfortable.**
  Otel <u>ne</u> temizdi, <u>ne de</u> rahat(tı)
  (Otel temiz de değildi, rahat da değildi)

- **The film was** <u>neither</u> **exciting** <u>nor</u> **fascinating.**
  Film, <u>ne</u> heyecanlıydı, <u>ne de</u> büyüleyici.
  (Film, heyecanlı da, büyüleyici de değildi)

- **The room is neither clean nor big.**
  Oda, ne büyük, ne de temiz.
  (Oda, büyük de değil, temiz de)

■ <u>Neither</u> aşağıdaki gibi kullanıldığı zaman:
'her iki ..... de ..... değil, hiç biri ...... değil'
gibi olumsuz bir anlam verir.

- <u>Neither</u> **hotel is cheap.**
  <u>Her iki</u> otel <u>de</u>(Hiç bir otel) ucuz <u>değil</u>.

- <u>Neither of them</u> **is (** ya da : **are) tall.**
  <u>Onların her ikisi de</u> uzun boylu <u>değil</u>.

RELATIVE CLAUSES
BAĞIL TÜMCECİKLER

■ Bir 'Relative Clause (Bağıl Tümcecik)', asıl tümce içinde sözü edilen kişi ya da nesneye bir bağlaçla bağlanır ve onunla ilgili bir açıklama içerir.

..........relative clause..........

The girl **who works in the office** is my sister.

Ofiste çalışan kız benim kız kardeşimdir.

■ **Who** : kişiler için,

■ **Which** : nesneler için bağlaç olarak kullanılır.

■ **That** ise hem kişiler, hem de nesneler için geçerlidir.

Aşağıdaki örnekleri inceleyiniz.

- John's looking for somebody **who will lend him money.**
  John, **ona borç para verecek** birini arıyor.

- The girl **who lives next door** is very pretty.
  Yan tarafta oturan kız çok güzel

- His wife is a woman **who doesn't like jokes.**
  Onun karısı, **şakadan hoşlanmayan** bir kadındır.

- The waitress **who served us** was very impolite.
  Bize hizmet eden (bayan) garson çok kaba idi.

DİLBİLGİSİ

- The noise **which you hear** is coming from kitchen.
  Duyduğun(uz) ses mutfaktan geliyor.

- The hat **which you are wearing** is very expensive.
  Giydiğin(iz) şapka çok pahalı.

- The fish **which we ate yesterday** was very good.
  Dün yediğimiz balık çok güzeldi.

- The magazine **which is lying on my table** is very interesting.
  Masamda duran dergi çok ilginç.

- The book **that he lost yesterday** is on my table.
  Dün kaybettiği kitap, benim masamın üstünde.

- The woman **that you spoke to yesterday** lives opposite my house.
  Dün konuştuğun(uz) kadın benim evimin karşısında oturuyor.

■ **where** : yerler için bağlaç olarak kullanılır.

- The place **where they spent their holidays** was very beautiful.
  Tatillerini geçirdikleri yer çok güzeldi.

- I know a restaurant **where we can have a good meal.**
  Güzel bir yemek yiyebileceğimiz bir restoran biliyorum.

■ Eğer bağlaç, 'relative clause' içinde bir özne değil de, **nesne görevi görüyorsa,** kullanmayabilirsiniz.

GRAMMAR

⇒ Aşağıdaki tümcede, **who** bağlacı relative clause içinde özne olarak yer almıştır. Bu durumda, kullanmak zorundayız:

My brother lives in London. He has written me a letter.
Erkek kardeşim Londra'da yaşıyor. O bana bir mektup yazdı.

My brother who lives in London has written me a letter.
Londra'da yaşayan erkek kardeşim bana bir mektup yazdı.

⇒ Aşağıdaki tümcede ise, **which** bağlacı 'relative clause' içinde nesne olarak yer almıştır. Bu durumda, bağlaç kullanmasak da olur.

We ate the fish yesterday. It was very good.
Balığı dün yedik. Çok güzeldi.

The fish (which) we ate yesterday was very good.
Dün yediğimiz balık çok güzeldi.

Aşağıdaki örnekleri inceleyiniz:

- The woman **we visited** is very famous.
  Ziyaret ettiğimiz kadın çok ünlüdür.

- The letter **she received yesterday** had no stamp.
  Dün aldığı mektubun hiç pulu yoktu.

- The party **we went to** was very enjoyable.
  Gittiğimiz parti çok eğlenceliydi.

- I don't like the people **I work with.**
  Birlikte çalıştığım insanları sevmiyorum.

- The book **you lent me** is very interesting.
  Bana ödünç verdiğin(iz) kitap çok ilginç.

- The book **he put on the table** is his.
  Masaya koyduğu kitap onunkidir

WHOSE

Whose (kimin) sözcüğü, 'relative clause'un önünde, bağlaç olarak, iyelik belirtmek için, **...... ki benim...,** **... ki senin... vb.** anlamlarında kullanılır.

- We saw a man **whose car broke down.**
  Arabası bozulan bir adam gördüm.

- We talked to the woman **whose husband became ill.**
  Kocası hasta olan kadınla konuştuk.

- Yesterday I met the man **whose sister I went to work with**.
  Dün, **kız kardeşiyle birlikte işe gittiğim** adamla karşılaştım.

- I have seen the couple **whose car was stolen.**
  Arabaları çalınan çifti gördüm

MAKE SOMEONE DO SOMETHING
BİRİSİNE BİR ŞEY YAPTIR(T)MAK

| **Make + Kişi + fiil** (1. biçim) |

yapısı, **birisine bir şey yaptır(t)mak** anlamında kullanılır.

■ Bu yapıda, **birisinin bir şey yapmasına neden olmak** söz konusudur.

- Music **makes** me **dance**.
  Müzik beni **dans ettir(t)ir**.
  (Dans etmeme neden olur)

- His mother **made** him **take** his medicine.
  Annesi, ona , ilâcını **aldır(t)dı**.

- He **makes** us **laugh**.   Bizi **güldür(t)üyor**

Have something **done** – Get something **done**

> I **had** my car **repaired** yesterday.
> Dün arabamı **tamir ettirdim**.

Have something done: Bir şey yaptırmak anlamında kullanılır. Bu yapıda, işi, öznenin kendisinin değil, bir başkasının yapması söz konusudur.

have + nesne + fiil [past participle(3. biçim)]

- He **has** his house **painted** every year.
  Her yıl evini boyatır.

- I'd like to **have** this jacket **cleaned**.
  Bu ceketi **temizlet(tir)mek** istiyorum.

- Ann **had** her hair **done** yesterday.
  Ann, dün, saçını **yaptırdı**.

- I'm going to **have** my car **repaired** tomorrow.
  Yarın, arabamı **tamir ettireceğim**.

- He is going to **have** the tree **cut** down tomorrow.
  Yarın ağacı kestir(t)ecek.

■ <u>İşi yaptırdığınız kişiyi de belirtmek isterseniz</u>, aşağıdaki yapıyı kullanmalısınız.

> **have** + işi yapan kişi + **fiil**(1. biçim)

- Ann **had** <u>the beautician</u> **do** her hair yesterday.
  Ann, dün, <u>güzellik uzmanına</u> saçını **yaptırdı**.

- I'm going to **have** <u>the mechanic</u> **repair** my car tomorrow.
  Yarın, <u>tamirciye</u>, arabamı **tamir ettireceğim**.

Get something done : have something done

yerine, özellikle günlük İngilizcede, kullanılabilir.

- I **got** my car **repaired**.
  Arabamı **tamir ettirdim**.

- He wants to **get** his house **painted**.
  Evini boyatmak istiyor

- He is going to **get** the tree **cut** down tomorrow.
  Yarın ağacı kestirecek.

■ <u>İşi yapan kişi de belirtiliyorsa</u>, aşağıdaki yapı kullanılır.

> **have** + işi yapan kişi + [**to**+**fiil**(1. biçim)]

- I'm going to **get** <u>the mechanic</u> **to repair** my car.
  <u>Tamirciye</u>, arabamı **tamir ettireceğim**.

PASSIVE VOICE EDİLGEN ÇATI

■ İngilizcede çok sık kullanılan edilgen (**passive**) tümcelerde, Türkçede olduğu gibi, eylemi kimin ya da neyin gerçekleştirdiği önemli değildir. **Önemli olan eylemin kendisidir**... Tümcenin fiili 'yapıldı, edildi, vb.' gibi edilgen bir anlam vermektedir.

Active	:	Someone **stole** *my car.*
		Birisi **arabamı çaldı.**
Passive	:	*My car* **was stolen.**
		Arabam **çalındı.**

■ Eğer eylemi gerçekleştiren özne belirtilmek isteniyorsa, tümce sonuna **by** ile birlikte eklenir.

- My car was stolen **by him**.
  Arabam **onun tarafından** çalındı.

■ **Active** bir tümceyi **passive** bir tümceye çevirmek için

1. '**Active** tümcenin nesnesinin(object) **Passive** tümcenin öznesi yapılması,
2. 'to be: olmak' fiilinin, kullanılan zamana göre gerekli biçimiyle, **Passive** tümceye eklenmesi,
3. **Active** tümcedeki fiilin, **Passive** tümcede, **Past Participle** (3. Biçim) olarak kullanılması yeterlidir.

Çeşitli zamanlar için tümce örnekleri:
(**A : active , P : passive**)

■ Present Continuous Tense

| am /is/are   being + Past Participle (3. biçim) |

- **A** : They **are doing** the exercises carefully.
  Alıştırmaları dikkatle **yapıyorlar**.

- **P** : The exercises **are being done** carefully.
  Alıştırmalar dikkatle **yapılıyor**.

- **A** : They **are doing** the exercise carefully.
  Alıştırmayı dikkatle **yapıyorlar**.

- **P** : The exercise **is being done** carefully.
  Alıştırma dikkatle **yapılıyor**.

■ Simple Present Tense

| am/is /are   +   Past Participle (Fiilin 3. biçimi) |

- **A** : They **clean** the room every day.
  Odayı her gün **temizlerler**.

- **P** : The room **is cleaned** (by them) every day.
  Oda, (onlar tarafından) her gün **temizlenir**.

- **A** : The candidates **make** a lot of speeches.
  Adaylar pek çok konuşma **yaparlar**.

- **P** : A lot of speeches **are made** (by the candidates).
  (Adaylar tarafından) pek çok konuşma **yapılır**.

■ Simple Past Tense

was / were + **Past Participle** (Fiilin 3. biçimi)

A : We **told** the new student where to sit.
Yeni öğrenciye, nereye oturacağını **söyledik**.

P : The new student **was told** where to sit.
Yeni öğrenciye, nereye oturacağı **söylendi**.

A : They **cleaned** the rooms at three o'clock.
Odaları saat 3.00'de **temizlediler**.

P : The rooms were **cleaned** at three o'clock.
Odalar, saat 3.00'de **temizlendi**.

■ Past Continuous Tense

was / were + **being** + **Past Participle**

A : They **were cleaning** the house.
Evi **temizliyorlardı**.

P : The house **was being cleaned**.
Ev **temizleniyordu**.

A : They **were cleaning** the windows.
Pencereleri **temizliyorlardı**.

P : The windows **were being cleaned**.
Pencereler **temizleniyordu**.

■ Present Perfect Tense

have / has + **been** + **Past Participle**

A : They **have made** my brother a captain.
Erkek kardeşimi kaptan yaptılar.

P : My brother **has been made** a captain.
Erkek kardeşim, kaptan yapıldı.

A : He **has broken** my plates.
Benim tabaklarımı **kırdı**.

P : My plates **have been broken**.
Tabaklarım **kırıldı**.

■ Past Perfect Tense

had + been + Past Participle

A : They **had found** the stolen car in another town.
Çalıntı arabayı, başka bir şehirde **bulmuşlardı**.

P : The stolen car **had been found** in another town.
Çalıntı araba başka bir şehirde **bulunmuştu**.

A : He **had broken** my plates.
Benim tabaklarımı **kırmıştı**.

P : My plates **had been broken**.
Tabaklarım **kırılmıştı**.

■ Future Tense

will + be + Past Participle
am / is / are + going to be + Past Participle

A : He **is going to ask** you several questions.
Size çeşitli sorular **soracak**.

P : You **are going to be asked** several questions.
Size çeşitli sorular **sorulacak**.

A : She **is going to read** another chapter.
Başka bir bölümü **okuyacak**.

P : Another chapter **is going to be read**.
Başka bir bölüm **okunacak**.

A : Somebody **will tell** you what time the bus leaves.
Birisi, size, otobüsün ne zaman kalkacağını
söyleyecek.

P : You **will be told** what time the bus leaves.
Size, otobüsün ne zaman kalkacağı **söylenecek.**

■ Future Perfect Tense

> **will have + been + Past Participle**

A : They **will have locked** the doors.
Kapıları **kilitlemiş olacaklar.**

P : The doors **will have been locked.**
Kapılar, **kilitlenmiş olacak.**

■ Conditional Perfect Tense

> **would have + been + Past Participle**

A: He **would have given** the book to him.
Kitabı ona **verirdi (verecekti / vermiş olacaktı).**

P: The book **would have been given** him .
Kitap ona **verilirdi (verilecekti/verilmiş olacaktı).**

■ Must, Have to

> **must , have to/has to + be + Past Participle**

A : We **have to do** something.
Bir şey **yapmalıyız.**

P : Something **has to be** done.
Bir şey **yapılmalı.**

A : We **must do** something.
Bir şey **yapmalıyız**.

P : Something **must be** done.
Bir şey **yapılmalı**.

A : We **must look into** this matter.
Bu sorunu incelemeliyiz.

P : This matter **must be looked into**.
Bu sorun **incelenmeli**.

■ Would , Should, May, Might, Can, Could

> **should , would , may , can , could vb... + be
> + Past Participle**

A : He **would do** her hair.
Onun saçını **yapardı**.

P : Her hair **would be done**.
Onun saçı **yapılırdı**.

A : She **should clean** her room.
Odasını **temizlemeli**.

P : Her room **should be cleaned**.
Odası **temizlenmeli**.

A : They **can promote** him.
Onu **terfi ettirebilirler**.

P : He **can be promoted**.
O, **terfi ettirilebilir**.

A : He **may (might) sell** the car.
Arabayı **satabilir**.

P : The car **may (might) be sold**.
Araba **satılabilir**.

A : We **could hear** the music from far away.
Müziği, çok uzaktan duyabiliyorduk.

P : The music **could be heard** from far away.
Müzik, çok uzaktan duyulabiliyordu.

A : Somebody **might have stolen** my wallet.
Birisi, cüzdanımı **çalmış olabilir**.

P : My wallet **might have been stolen**.
Cüzdanım **çalınmış olabilir**.

REPORTED SPEECH (INDIRECT SPEECH)
DOLAYLI ANLATIM

> **Direct speech:**
>
> Alan said: "**I'm** going to the cinema."
> Alan, "Ben sinemaya gidiyorum." dedi.
>
> **Indirect speech:**
>
> Alan said **he was** going to the cinema.
> Alan, sinemaya gitmekte olduğunu söyledi

■ **Indirect Speech (Dolaylı anlatım)** birisinin söylediği bir sözün, dolaylı anlatımı yapan kişinin kendi sözcükleri ile bir başkasına aktarıldığı anlatım tarzıdır. (Direct Speech'de ise, aktarılan tümce değiştirilmeden tırnak içinde verilir.)

■ Bu anlatım sırasında:
1. Aktarılan tümcenin öznesi değişebilir.
2. Aktarılan tümcenin zamanı ve yardımcı fiili değişebilir.

DİLBİLGİSİ

> He said:" <u>I have</u> bought a new car."
> "Yeni bir araba aldım" dedi.
>
> He said <u>he had</u> bought a new car.
> Yeni bir araba aldığını söyledi.

■ Dolaylı anlatımı yapan kişi, başkasının söylediği sözü aktarmak için **reporting verbs** denilen aktaran fiillerden yararlanır. En sık kullanılan **aktaran fiiler** (reporting verbs) aşağıdakilerdir :

say	: demek, söylemek
tell	: anlatmak, söylemek
ask	: sormak, istemek
want to know	: bilmek istemek
reply	: yanıtlamak
report	: bildirmek
add	: eklemek
order	: emretmek

■ Aktaran fiil (reporting verb), 'simple present', 'present continuous' , 'present perfect' ya da 'future' zamanlarından biri ile kullanılırsa, aktarılan tümcenin zamanı değişmez. Ancak 'indirect speech'de aktarma fiilinin zamanı çoğunlukla 'simple past tense : di'li geçmiş zaman'dır.

Jack: "**I'm** reading a book."
Jack: "Bir kitap okuyorum"

Jack **says he is** reading a book.
Jack bir kitap okumakta olduğunu **söylüyor**.

Jack **has said he is** reading a book.
Jack bir kitap okumakta olduğunu **söyledi**.

Jack **will say he is** reading a book.
Jack bir kitap okumakta olduğunu **söyleyecek**.

GRAMMAR

■ Aktaran fiil (reporting verb), geçmiş zamanda kullanıldığında, aktarılan tümcenin zamanı ve yardımcı fiili, aşağıda görüldüğü gibi, geçmiş zamana dönüşür:

am/is : **was** , are : **were** , have/has : **had** ,

will : **would** , can : **could** , do : **did** ,

may : **might** , want : **wanted** , like : **liked** , ...

vb. olarak değişir.

■ Aşağıdaki tümcelerdeki çeşitli zamanların ve yardımcı fiillerin dolaysız anlatımdan dolaylı anlatıma çevrilirken, geçirdikleri değişimleri inceleyiniz.
(**D** : direct , **I** : indirect)

Simple Present ⟶ Simple Past

D : Mary said :"**I play** the piano very well."
Mary, "Ben çok iyi piyano çalarım." dedi.
I : Mary said **she played** the piano very well.
Mary, çok iyi piyano çaldığını söyledi.

D : Alan told me : " **I want** to speak to **you**."
Alan, bana, "Seninle konuşmak istiyorum." dedi.
I : Alan told me **he wanted** to speak to **me**.
Alan, bana, benimle konuşmak istediğini söyledi.

D : Ann told me : " I **don't know** you."
Ann bana, "Sizi tanımıyorum." dedi.
I : Ann told me **she <u>didn't</u> know me**.
Ann bana, beni tanımadığını söyledi.

D : Robert told me : "**Ann doesn't feel** very well."
Robert, bana, "Ann kendisini pek iyi
hissetmiyor."dedi.

I : Robert told me **Ann didn't feel** very well.
Robert bana, Ann'in kendisini pek iyi hissetmedi-
ğini söyledi.

D : Jane said : "**My mother is** in hospital."
Jane, "Annem hastanededir" dedi.

I : Jane said **her mother was** in hospital.
Jane, annesinin hastanede olduğunu söyledi.

D : Jack said : "**I don't know** who **is** coming."
Jack, "Kimin gelmekte olduğunu bilmiyorum."
dedi.

I : Jack said **he didn't know** who **was** coming.
Jack, kimin gelmekte olduğunu bilmediğini
söyledi.

Present Continuous ⟶ Past Continuous

D : Jack said: "**I'm going** to the cinema."
Jack, "Sinemaya gidiyorum" dedi.

I : Jack said **he was going** to the cinema.
Jack, sinemaya gitmekte olduğunu söyledi.

D : Oktay said : "**We are learning** English."
Oktay," İngilizce öğreniyoruz." dedi.

I : Oktay said **they were learning** English.
Oktay, İngilizce öğrenmekte olduklarını söyledi.

D : Tom said : " **Ann is not working** hard enough."
Tom, "Ann yeteri kadar sıkı çalışmıyor." dedi.

I : Tom said **Ann was not working** hard enough.
Tom, Ann'in yeteri kadar sıkı çalışmadığını
söyledi.

Present Perfect ⟶ Past Perfect

D : Betty said : "**I have missed** the bus."
Betty, "Otobüsü kaçırdım." dedi.
I : Betty said **she had missed** the bus.
Betty, otobüsü kaçırdığını söyledi.

D : Jack said : "**Ann has received** a postcard from Alan."
Jack, "Ann, Alan'dan bir kart aldı." dedi.
I : Jack said **Ann had received** a postcard from Alan.
Jack, Ann'in, Alan'dan bir kart aldığını söyledi.

D : Julia said : "**I haven't seen** Robert for a while."
Julia, "Robert'i bir süredir görmedim." dedi.
I : Julia said **she hadn't seen** Robert for a while.
Julia, Robert'i bir süredir görmediğini söyledi.

Present Perfect Continuous ⟶ Past Perfect Continuous

D : Robert said : " **I have been living** in London since 1990."
Robert, "1990'dan beri Londra'da yaşıyorum." dedi.
I : Robert said **he had been living** in London since 1990.
Robert, 1990'dan beri Londra'da yaşadığını söyledi.

Simple Past ⟶ Past Perfect

D : Ann said : "**I fell** downstairs."
Ann, "Aşağı kata düştüm." dedi.
I : Ann said **she had fallen** downstairs.
Ann, aşağı kata düştüğünü söyledi.

D : They said : "**We didn't see** Mary at the party."
Onlar, "Mary'yi partide görmedik." dediler.

I : They said **they hadn't seen** Mary at the party.
Onlar, Mary'yi partide görmediklerini söylediler.

D : Betty said : "**My mother was** in hospital **yesterday**."
Betty, "Annem dün hastanedeydi." dedi.

I : Betty said **her mother had been** in hospital **the day before**.
Betty, annesinin, önceki gün, hastanede olduğunu söyledi.

Future :
will ⟶ would
am/is/are going to ⟶ was/were going to

D : Alan said : "**I will** be a bit late **this** evening."
Alan, "Bu akşam biraz geç kalacağım." dedi.

I : Alan said **he would** be a bit late **that** evening.
Alan, o akşam biraz geç kalacağını söyledi.

D : Robert said : "**I am going to** buy a new car."
Robert, "Yeni bir araba alacağım." dedi.

I : Robert said **he was going to** buy a new car.
Robert, yeni bir araba alacağını söyledi.

can ⟶ could

D : Betty told me : "**You can come** and stay with **me**."
Betty bana, "Gelip, benimle kalabilirsin." dedi.

I : Betty told me **I could go** and stay with **her**.
Betty bana, gidip, onunla kalabileceğimi söyledi.

may ⟶ **might**

D : Julia said : "**it may** rain."
Julia, "Yağmur yağabilir." dedi.
I : Julia said **it might** rain.
Julia, yağmur yağabileceğini söyledi.

must ⟶ **had to** (ya da : **değişmez**)

D : Tim said : "**I must** stay at home."
Tim, " Evde kalmalıyım dedi.
I : Tim said **he had to** (ya da :**must**) stay at home.
Tim, evde kalması gerektiğini söyledi.

■ Aşağıda kullanılan zamanlar ve yardımcı fiiller
'Indirect Speech'de değişmez. İnceleyiniz.

Past Continuous:

D : Ann said : "**We were playing** tennis at ten
o'clock."
Ann, "Saat 10'da tenis oynuyorduk." dedi.
I : Ann said **they were playing** tennis at ten o'clock.
Ann, saat 10'da tenis oynamakta olduklarını
söyledi.

Past Perfect:

D : Jack said : "**They had bought** that car."
Jack, "Onlar o arabayı satın almışlardı" dedi.
I : Jack said **they had bought** that car.
Jack, onların o arabayı satın almış olduklarını
söyledi.

should:

D : Robert said : "**They should** do something about the economy."
Robert, "Onların ekonomi ile ilgili bir şey yapmaları gerekiyor." dedi.

I : Robert said **they should** do something about the economy.
Robert, onların ekonomi ile ilgili bir şey yapmaları gerektiğini söyledi.

D : Alan told me : "**You shouldn't have bought** that car."
Alan, bana : "O arabayı almamalıydın." dedi.

I : Alan told me **I shouldn't have bought** that car.
Alan, bana, o arabayı almasaydım iyi olacağını söyledi.

had better:

D : Betty told me : "**We'd better** stop at the next petrol station."
Betty, bana, "Gelecek benzin istasyonunda dursak iyi olur." dedi.

I : Betty told me **we'd better** stop at the next petrol station.
Betty, bana, gelecek benzin istasyonunda durmamızın iyi olacağını söyledi.

used to:

D : Tim said : "**I used to** live in a small town."
Tim, "(Eskiden) küçük bir şehirde yaşardım." dedi.

I : Tim said **he used to** live in a small town.
Tim, (eskiden) küçük bir şehirde yaşadığını söyledi.

QUESTIONS

■ Soru tümcelerinin dolaylı anlatımı için, genellikle, **ask** (sormak) ve **want to know** (bilmek istemek) gibi **aktaran fiiller** kullanılır.

> **D** : He asked her : "**What is your name**?"
> O, ona, "Adın(ız) nedir?" diye sordu
>
> **I** : He asked her **what her name was**.
> O, ona, adının ne olduğunu sordu.

■ Aktarılan tümce '**how long, when, what, which,** vb.' soru sözcükleri ile başlıyorsa, dolaylı tümcede aktaran fiilden sonra bu sözcükler gelir ve gerekli değişiklikler yapılarak, <u>düz bir tümce şeklinde devam eder</u>.

D : They asked me : "**How long have you been** learning English?"
Bana,"Ne kadar zamandır İngilizce öğreniyorsun(uz)?" diye sordular.

I : They asked me **how long I had been** learning English.
Bana, ne kadar zamandır İngilizce öğrenmekte olduğumu sordular.

D : Alan said : "**Where can I** park my car?"
Alan "Arabamı nereye park edebilirim?" dedi.

I : Alan wanted to know **where he could** park his car.
Alan, arabasını nereye park edebileceğini bilmek istiyordu.

D : His father said : "**Who has been** using my computer?"
Babası "Bilgisayarımı kim kullanmaktaydı?" diye sordu.

I : His father wanted to know **who had been** using his computer.
Babası bilgisayarını kimin kullanmakta olduğunu bilmek istiyordu.

D : She asked me : "**Why are you** so sad?"
Bana, "Neden o kadar üzgünsün?" diye sordu.

I : She asked me **why I was** so sad.
Bana, neden o kadar üzgün olduğumu sordu.

D : Paul asked her : "**When are you** beginning your holiday?"
Paul ona, "Tatiline ne zaman başlıyorsun?" diye sordu.

I : Paul asked her **when she was** beginning her holiday.
Paul ona, tatiline ne zaman başlayacağını sordu.

■ Eğer soru, yardımcı fiille başlıyorsa (**evet** ya da **hayır** şeklinde yanıtlanabilen bir soruysa) aktarılan tümcenin başına **if** ya da **whether** gelir ve düz tümce şeklinde sürer.

D : He asked me : "**Can I leave** my motorcycle in your garage?"
Bana, "Motosikletimi, garajına bırakabilir miyim ?" diye sordu.

I : He asked me **if he could leave** his motorcycle in my garage.
Bana, motosikletini garajıma **bırakıp bırakamayacağını** sordu.

D : She asked me : "**May I use** your computer?"
Bana, "Bilgisayarını kullanabilir miyim?" diye sordu.

I : She asked me **if she might** use my computer.
Bana, bilgisayarımı **kullanıp kullanamayacağını** sordu.

D : George said : "**Are there** any letters for me?"
George, "Benim için hiç mektup var mı?" dedi.

I : George asked **if there were** any letters for him.
George, onun (kendisi) için hiç mektup **olup olmadığını** sordu.

D : She asked us : "**Do you want** tickets for the football match?"
Bize, "Futbol maçı için bilet istiyor musunuz?" diye sordu.

I : She asked us **if we wanted** tickets for the football match.
Bize, futbol maçı için bilet **isteyip istemediğimizi** sordu.

IMPERATIVES (EMİR TÜMCELERİ)

D : Betty told Alan : "**Come** at five o'clock ."
Betty, Alan'a, "Saat beşte gel." dedi.

I : Betty told Alan **to come** at five o'clock.
Betty, Alan'a, saat beşte gelmesini söyledi

D : Betty told Alan: "**Don't put** your elbows on the table ."
Betty, Alan'a, "Dirseklerini masaya koyma." dedi.

I : Betty told Alan **not to put** his elbows on the table.
Betty, Alan'a, dirseklerini masaya koymamasını söyledi.

■ Aktarılan fiilin önünde: **to** ya da **not to** kullanıldığına dikkat ediniz.

■ Bir emir tümcesinin dolaylı anlatımı için : **tell** (söylemek)**, order** (emretmek), **ask** (istemek) , **advice** (öğüt vermek) gibi **aktaran fiiller** (reporting verbs) kullanabilirsiniz.

D : His mother said : "**Don't put** sticky things in your pockets."
Annesi, "Yapışkan şeyleri ceplerine koyma." dedi.

I : His mother told him **not to put** sticky things in his pockets.
Annesi ona, yapışkan şeyleri ceplerine koyma-masını söyledi.

D : His wife said : "**Take** a look at yourself in mirror."
Karısı, "Aynada kendine bir bak." dedi.

I : His wife asked him **to take** a look at himself in mirror.
Karısı, ondan, aynada kendisine bir bakmasını istedi.

D : My brother told me : "**Look** where you are going."
Erkek kardeşim bana, "Nereye gittiğine bak." dedi.

I : He told me **to look** where I was going.
O bana, nereye gittiğime bakmamı söyledi.

D : Her husband said: "**Don't wait** for me if I'm late."
Kocası ona, "Geç kalırsam, bekleme." dedi.

I : Her husband told her **not to wait** for him if he was late.
Kocası ona, geç kalırsa, beklememesini söyledi.

D : They told her : "**Play** the piano."
Ona, "Piyano çal." dediler.

I : They asked her **to play** the piano.
Ondan, piyano çalmasını istediler.

◼ Aşağıdaki dolaysız anlatımlarda kullanılan işaret zamirleri ve sıfatlarının, yer ve zaman belirten sözcüklerin, dolaylı anlatıma geçerken nasıl değişebildiklerini inceleyiniz.

D : Tim said : "I will be late **this** evening."
Tim, "**Bu** akşam geç kalacağım." dedi.

I : Tim said he would be late **that** evening.
Tim, **o** akşam geç kalacağını söyledi.

D : Ann said : "**This** is a very big car."
Ann, **bu** çok büyük bir araba." dedi.

I : Ann said **it** was a very big car.
Ann, **o**nun çok büyük bir araba olduğunu söyledi.

D : Judy said : "I'm studying **now**."
Judy, "**Şimdi** ders çalışıyorum." dedi.

I : Judy said she was studying **then**.
Judy, **o zaman** ders çalışmakta olduğunu söyledi.

D : Mary said : "My mother was in hospital **yesterday**."
Mary, "Annem **dün** hastanedeydi." dedi.

I : Mary said her mother had been in hospital **the day before**.
Mary, annesinin, **önceki gün**, hastanede olduğunu söyledi.

DİLBİLGİSİ

D : Alan said : "I'm going to repair my bicycle **tomorrow**."
Alan, "**Yarın** bisikletimi tamir edeceğim." dedi.

I : Alan said he was going to repair his bicycle **the following day**.
(Alan said he was going to repair his bicycle **the next day**.)
Alan, **ertesi gün** bisikletini tamir edeceğini söyledi.

D : Tom said : "I'm very happy **today**."
Tom, "**Bugün** çok mutluyum." dedi.

I : Tom said he was very happy **that day**.
Tom, **o gün** çok mutlu olduğunu söyledi.

D : Peter said : "I spent a lot of money **last week**."
Peter, "**Geçen hafta**, çok para harcadım." dedi.

I : Peter said he had spent a lot of money **the previous week**.
Peter, **önceki hafta** çok para harcadığını söyledi.

D : Betty said : "It rained all day **yesterday**."
Betty, "**Dün**, bütün gün yağmur yağdı." dedi.

I : Betty said it had rained all day **the day before** .
Betty, "**Önceki gün**, bütün gün yağmur yağdığını söyledi.

D : Jack said : "The taxi will be **here** at six o'clock."
Jack, "Taksi saat 6'da **burada** olacak." dedi.

I : Jack said the taxi would be **there** at six o'clock.
Jack, taksinin saat 6'da **orada** olacağını söyledi.

D : Robert said : "I cleaned my car two days **ago**."
Robert, "İki gün **önce** arabamı temizledim." dedi.

I : Robert said he had cleaned his car two days **before**.
Robert, İki gün **önce** arabasını temizlediğini söyledi.

GRAMMAR

ANSWERS - QUESTIONS
YANITLAR - SORULAR

Şu ana kadar , çeşitli dilbilgisi açıklamalarında ve alıştırmalarda, İngilizcede soru tümcesinin nasıl oluşturulduğunu işledik. Aşağıda, önce yanıtların, sonra da olası soruların verildiği, doğru soru tümcesi oluşturabilmeniz için bir başvuru niteliği taşıyan, geniş bir örnekler listesi bulunmaktadır. Yanıtla ve soruyla ilgili sözcükler kalın harflerle yazılmıştır.

A: Answer ;　Q : Question

A : It's **a pen.**
Q : **What's** this ?

A : It's **yellow.**
Q : **What colour** is it?

A : **Betty** is speaking to Tim.
Q : **Who** is speaking to Tim?

A : She is speaking **to Tim**.
Q : **Who** is she speaking **to**?

A : He was talking **to George**.
Q : **Who** was he talking **to**?

A : He was talking **about his computer.**
Q : **What** was he talking **about**?

A : The bridge is built of **reinforced concrete**.
Q : **What** is the bridge built **of**?

A : She**'s reading the magazine**.
Q : **What is** she **doing**?

A : She **teaches** at a language school.
Q : **What does** she **do** at a language school?

A : The weather was **fine** yesterday.
Q : **What** was the weather **like** yesterday?

A : The roads were **very crowded**.
Q : **What** were the roads **like**?

A : The hotel was **awful**.
Q : **What** was the hotel **like**?

A : She is looking for **a telephone box**?
Q : **What** is she looking **for**?

A : He visited her, **because** she was ill.
Q : **Why** did he visit her?

A : I read the magazine **in the morning.**
Q : **When** do you read the magazine?

A : His birthday is **in June.**
Q : **What / Which month** (ya da: **When**) is his birthday?

A : They go to the school **on Monday**.
Q : **What day / When** do they go to the school.

A : **The red** car is in front of the garage.
Q : **Which** car is in front of the garage?

A : **His car** is in front of the garage.
Q : **Whose** car is in front of the garage?

A : She lives **in London**.
Q : **Where** does she live?

A : She went **to London**.
Q : **Where** did she go?

A : They are going to **play football**.
Q : **What** are they going to **do**?

A : There are **four** eggs in the fridge.
Q : **How many** eggs are there in the fridge?

A : It cost **200 dollars**.
Q : **How much** did it cost?

A : They go to the cinema **twice** a week.
Q : **How often** do they go to the cinema?

A : He has been living in London **for four years**.
Q : **How long** has he been living in London?

A : It takes **four hours** to get there.
Q : **How long** does it take to get there?

A : Yes, It **sometimes** rains in the summer.
Q : Does it **ever** rain in the summer?

A : She goes to work **by bus**.
Q : **How** does she go to work?

A : They escaped **by climbing over the prison wall**.
Q : **How** did they escape?

A : He was driving **at 150 miles an hour.**
Q : **How fast** was he driving?

A : My room is **twice as big as yours**.
Q : **How big** is your room? / **What size** is your room?

A : I play tennis **very well**.
Q : **How well** do you play tennis?

A : Conway's **a couple of hours' drive** from here.
Q : **How far** is it to Conway from here?
Q : **How far away** is Conway?

A : He comes **from London.**
Q : **Where** does he come **from**?

A : He's **from London?**
Q : **Where** is he **from**?

A : Yes, I can speak **some** German.
Q : Can you speak **any** German?

A : No, I don't know **anyone** in Germany.
Q : Do you know **anyone** in Germany?

A : She drives **a Renault.**
Q : **What kind of** car does she drive?

A : He is **a friendly** person.
Q : **What kind of** person is he?

A : He was writing **with a plastic** pen.
Q : **What kind of** pen was he writing **with**?

A : He is writing **with a blue** pen.
Q : **What colour** pen is he writing **with**?

A : She cuts it **with a knife**.
Q : **What** does she cut it **with**?

A : She's sitting **behind Mary**.
Q : **Who** is she sitting **behind**?

A : She went to the dance **with Alan**.
Q : **Who** did she go to the dance **with**?

A : They were talking **about Mary**.
Q : **Who** were they talking **about**?

A : He took it **out of** his **right** pocket.
Q : **Which** pocket did he take it **out of**?

A : She bought **the big one**.
Q : **Which (one)** did she buy?

A : She took it **out of his** pocket.
Q : **Whose** pocket did she take it **out of**?

A : She **gets sick** when she drinks too much wine.
Q : **What happens** when she drinks too much wine?

IRREGULAR VERBS
DÜZENSİZ FİİLLER

'Dilbilgisi' bölümlerinde, İngilizcede fiillerin **düzenli** (**regular**) ve **düzensiz** (**irregular**) olarak ikiye ayrıldığını, düzenli fiillerin 'past' ve 'past participle' durumlarında, sonlarına -**ed** eki aldığını, düzensiz fiillerin ise belirli bir kurala bağlı olmadıklarını belirtmiştik. Aşağıda, başvuru kaynağı olarak yararlanmanız amacıyla, 'düzensiz fiiller'in üç biçimini ve anlamlarını kapsayan bir liste verilmiştir.

Infinitive	Past	Past Participle	
arise	arose	arisen	yükselmek, doğmak
awake	awoke	awoken	uyan(dır)mak
be	was-were	been	olmak, varolmak
bear	bore/bare	born(e)	katlanmak, taşımak, doğurmak
beat	beat	beaten	dövmek, vurmak, (kalp) çarpmak
become	became	become	olmak, gittikçe olmak, yakışmak, yaraşmak
befall	befell	befallen	başına gelmek
beget	begot	begotten	doğurmak, babası olmak
begin	began	begun	başla(t)mak
behold	beheld	beheld	bakmak, görmek
bend	bent	bent	eğ(il)mek, bük(ül)mek
beseech	besought	besought	yalvarmak, rica etmek
beset	beset	beset	kuşatmak, sarmak
bet	bet	bet	bahse girmek
bid	bade/bid	bidden/bid	emretmek, fiyat teklifi vermek
bind	bound	bound	bağlamak, ciltlemek
bite	bit	bitten	ısırmak, dişlemek
bleed	bled	bled	kana(t)mak, (hava,su vb.) çekmek
blow	blew	blown	esmek, üflemek, düdük çalmak

GRAMMAR

break	broke	broken	kır(ıl)mak, parçalamak, (fırtına) kopmak
breed	bred	bred	yetiştirmek, beslemek, doğurmak
bring	brought	brought	getirmek
broadcast	broadcast	broadcast	yayın yapmak
build	built	built	inşa etmek, yapmak
burn	burn(t/ed)	burn(t/ed) (*)	yanmak, yakmak
burst	burst	burst	patla(t)mak, çatla(t)mak
buy	bought	bought	satın almak
cast	cast	cast	atmak, fırlatmak
catch	caught	caught	yakalamak, yetişmek
choose	chose	chosen	seçmek
cling	clung	clung	sımsıkı sarılmak, yapışmak
come	came	come	gelmek
cost	cost	cost	mal olmak, bedeli olmak
cut	cut	cut	kesmek
deal	dealt	dealt	pazarlık etmek, iş yapmak
dig	dug	dug	kazmak, hafriyat yapmak
do	did	done	yapmak
draw	drew	drown	çizmek
dream	dream(t/ed)	dream(t/ed)	rüya görmek
drink	drank	drunk	içmek
dwell	dwelt	dwelt	ikamet etmek
eat	ate	eaten	(bir şey) yemek
fall	fell	fallen	düşmek, yıkılmak
feed	fed	fed	beslemek, yedirmek
feel	felt	felt	hissetmek, duyumsamak
fight	fought	fought	savaşmak, kavga etmek
find	found	found	bulmak, keşfetmek
flee	fled	fled	kaç(ın)mak, (zaman)uçup gitmek
fling	flung	flung	fırlatmak, tepmek, atmak
fly	flew	flown	uçmak, uçurmak
forbid	forbade	forbidden	menetmek, yasaklamak
forget	forgot	forgotten	unutmak
forgive	forgave	forgiven	bağışlamak
forsake	forsook	forsaken	terk etmek, vazgeçmek
freeze	froze	frozen	don(dur)mak
get	got	got /gotten (**)	almak, ele geçirmek, varmak
gild	gilt/gilded	gild/gilded	yaldızlamak

give	gave	given	vermek
go	went	gone	gitmek
grind	ground	ground	öğütmek
grow	grew	grown	büyü(t)mek, yetiştirmek, yetişmek, çoğal(t)mak
hang	hung	hung	asmak,sarkıtmak,takmak
have	had	had	sahip olmak
hear	heard	heard	işitmek, duymak
hide	hid	hidden	sakla(n)mak, gizle(n)mek
hit	hit	hit	çarpmak, vurmak, isabet et(tir)mek
hold	held	held	tutmak, durdurmak, (içine) almak
hurt	hurt	hurt	incitmek, acı(t)mak, incinmek
inlay	inlaid	inlaid	kakma işlemek
keep	kept	kept	korumak, saklamak, tutmak
kneel	knelt	knelt	diz çökmek
knit	knit	knit	düğüm atmak, örmek
know	knew	known	bilmek, tanımak
lay	laid	laid	yatırmak, sermek
lead	led	led	gütmek, yönetmek
lean	lean(t/ed)	lean(t/ed)	eğilimi olmak
leap	leap(t/ed)	leap(t/ed)	atlamak, sıçramak
learn	learn(t/ed)	learn(t/ed)	öğrenmek
leave	left	left	terk etmek, bırakmak, ayrılmak
lend	lent	lent	ödünç vermek
let	let	let	bırakmak, izin vermek
lie	lay	lain	yatmak, uzanmak
light	lit / lighted	lit / lighted	yanmak, yakmak, aydınlatmak
lose	lost	lost	kaybetmek, yenilmek
make	made	made	yap(tır)mak, yaratmak
mean	meant	meant	anlamına gelmek, demek (istemek)
meet	met	met	buluşmak, karşılaşmak, tanışmak, toplanmak
mistake	mistook	mistaken	yanılmak,yanlış anlamak
mow	mowed	mown	(ot) biçmek

pay	paid	paid	ödemek
prove	proved	proved/proven	kanıtlamak
put	put	put	koymak, yerleştirmek
quit	quit	quit/quitted	terk etmek, ayrılmak
read(riid)	read(red)	read(red) (***)	okumak
ride	rode	ridden	(ata / bisiklete) binmek
ring	rang	rung	çınla(t)mak, (zil) çalmak
rise	rose	risen	yükselmek, doğmak
run	ran	run	koşmak, kaçmak
saw	sawed	sawn	testere ile kesmek
say	said	said	söylemek, demek
see	saw	seen	görmek, bakmak anlamak
seek	sought	sought	aramak, dilemek
sell	sold	sold	satmak
send	sent	sent	yollamak, göndermek
set	set	set	yerleştirmek, koymak, kurmak
sew	sewed	sew(n/ed)	(dikiş) dikmek
shake	shook	shaken	sars(ıl)mak, titremek
shear	sheared	shorn /sheared	kırpmak, makaslamak
shed	shed	shed	dökmek, etrafa saçmak
shine	shone	shone	parla(t)mak, cilâlamak
shoot	shot	shot	at(ıl)mak, ateş etmek, vurmak
show	showed	shown	göstermek, sergilemek
shrink	shrank	shrunk	(giysi)çekmek, küçülmek
shrive	shrove	shriven	günah çıkarmak
shut	shut	shut	kapa(n)mak, kapatmak
sing	sang	sung	şarkı söylemek, ötmek
sink	sank	sunk	bat(ır)mak, dalmak
sit	sat	sat	oturmak
slay	slew	slain	öldürmek
sleep	slept	slept	uyumak
slide	slid	slid	kaymak, kızak yapmak
sling	slung	slung	sapan ile atmak, fırlatmak
smell	smelt	smelt	kok(la)mak
sow	sowed	sow(n/ed)	(tohum) ekmek, yaymak
speak	spoke	spoken	konuşmak
spell	spelt	spelt	harf harf söylemek
spend	spent	spent	harcamak
spill	spil(t/led)	spil(t/led)	dökmek, saç(ıl)mak

spin	span	spun	eğirmek, bükmek
spit	spat	spat	tükürmek, tıslamak
spoil	spoil(t/ed)	spoil(t/ed)	boz(ul)mak, şımar(t)mak
spread	spread	spread	yay(ıl)mak, saçmak
spring	sprang	sprung	sıçramak, fırlamak
stand	stood	stood	(ayakta) durmak, dayanmak
steal	stole	stolen	çalmak
stick	stuck	stuck	yapış(tır)mak, saplamak
sting	stung	stung	sokmak, batmak
stink	stank(stunk)	stunk	pis kokmak
strew	strewed	strewn	serpmek, dağıtmak
strike	struck	struck	vurmak, çarpmak
string	strung	strung	dizmek, kirişlemek
strive	strove	striven	uğraşmak, çabalamak
swear	swore	sworn	yemin etmek, sövmek
sweep	swept	swept	süpürmek, sürükle(n)mek
swell	swelled	swollen	art(ır)mak, büyü(t)mek
swim	swam	swum	yüzmek
swing	swung	swung	salla(n)mak
take	took	taken	almak, tutmak, götürmek
teach	taught	taught	öğretmek
tear	tore	torn	yırt(ıl)mak
tell	told	told	demek, anlatmak
think	thought	thought	düşünmek, sanmak
thrive	throve	thriven	gelişmek, iyiye gitmek
throw	threw	thrown	atmak, fırlatmak
tread	trod	trodden	çiğnemek, üstüne basmak
unbend	unbent	unbent	düzeltmek, doğrultmak
underbid	underbid	underbid	düşük teklif vermek
undergo	underwent	undergone	başına gelmek
underpay	underpaid	underpaid	az para ödenmek
undersell	undersold	undersold	ucuza satmak
understand	understood	understood	anlamak
undertake	undertook	undertaken	üzerine almak, başlamak
underwrite	underwrote	underwritten	altına yazmak
undo	undid	undone	çözmek, açmak
unfreeze	unfroze	unfrozen	eri(t)mek
unsay	unsaid	unsaid	dediğini geri almak
unwind	unwound	unwound	sarılmış bir şeyi açmak
uphold	upheld	upheld	yukarı tutmak

upset	upset	upset	devirmek, bozmak
wake	woke	woken	uyan(dır)mak
waylay	waylaid	waylaid	pusuya yatmak
wear	wore	worn	giy(in)mek, kullanmak
weave	wove	woven/weaved	dokumak
wed	wed(ded)	wed(ded)	evlen(dir)mek
weep	wept	wept	gözyaşı dökmek
wet	wet(ted)	wet(ted)	ıslatmak, kutlamak
win	won	won	kazanmak, yenmek
wind	wound	wound	dolaş(tır)mak, sarmak (saat, vb.) kurmak
withdraw	withdrew	withdrawn	geri çekmek, geri almak
withstand	withstood	withstood	direnmek, karşı koymak
wring	wrung	wrung	bükerek sıkmak, burmak
write	wrote	written	yazmak

(*) : 'Past' ve 'Past Participle' biçimleri bu şekilde ayraç içinde yazılanlar iki kullanımlıdır. İkinci kullanımlar (regular: düzenli) genellikle Amerikan İngilizcesinde geçerlidir. **Örneğin:** learn(t/ed) = learnt **ya da** learned

(**): **gotten** : Amerikan İngilizcesi

(***) : Ayraç içindekiler okunuşlardır. **Read** fiilinin 1. biçimi ile 2. ve 3. biçimlerinin söylenişleri arasında fark vardır.

ENGLISH-TURKISH
DICTIONARY
İNGİLİZCE-TÜRKÇE
SÖZLÜK

■ **Kısaltmalar** Abbreviations

i. isim
s. sıfat
f. fiil
z. zarf
zam. zamir
ed. edat
bağ. bağlaç

■ Okunuşlarda kullanılan işaretler:

☞ **vurgu işareti (´) :** kendisinden önce gelen hece ya da hecelerin vurgusuz, <u>sonraki ilk hecenin vurgulu okunacağını</u> belirtilmektedir.

☞ **æ : a-e** arasında bir ses belirtir.

A - a

a , an [ey, ı, æn, ın] bir, herhangi bir, **a bit** biraz, bir parça
a.m. [eyem] öğleden önce
aback [ı'bæk] geride, geriye.
abacus ['æbıkıs] **i.** hesap cetveli, abaküs.
abaft [ı'bæft] geride, kıç tarafında.
abandon [ı'bændın] **i.** serbestlik, kayıtsızlık, kendini bırakma, **f.** terk etmek, (yüzüstü) bırakmak, yarıda bırakmak
abash [ı'bæş] **f.** utandırmak. **abashed** [ıbæşd] **s.** utanmış
abate [ı'beyt] **f.** inmek, indirmek, azal(t)mak. **abatement** [ıbeytmınt] **i.** azal(t)ma, indirim.

abbacy ['æbısi] **i.** baş rahiplik. **abbess** ['æbis] baş rahibe. **abbot** ['æbıt] baş rahip.

abbreviate [ıb'ri:vieyt] **f.** kısaltmak. **abbreviation** [ıbri:'vieyşın] **i.** kısaltma.

ABC [eybi:si:] **i.** alfabe.

abdicate ['æbdikeyt] **f.** hakkından vazgeçmek, terk etmek, istifa etmek. **abdication** [æbdi'keyşın] **s.** istifa, terk.

abdomen [æb'doumen] **i.** karın, batın. **abdominal** [æb'douminl] **s.** karna ait.

abduct [æb'dakt] **f.** (birisini) kaçırmak, dağa kaldırmak

abduction [æb'dakşın] **i.** dağa kaldırma, kaçırma.

abed [ı'bed] **z.** yatakta.

abeyance [ı'beyıns] henüz karara bağlanmamış.

abhor [ıb'ho:(r)] **f.** nefret etmek. **abhorrence** [ıbhorıns] **s.** nefret, tiksinme.

abide [ı'bayd] **f.** kalmak, durmak.

ability [ı'biliti] **i.** kabiliyet, yetenek .

abject ['æbcekt] **s.** alçak, sefil.

able ['eybl] **s.** muktedir, güçlü.

ablution [eb'lu:şn] **i.** aptes.

abnormal [æb'no:mıl] anormal.

abode [ı'boud] **i.** konut, ikametgâh, oturulan yer.

abolish [ı'boliş] **f.** kaldırmak, iptal etmek.

abominable [ı'bominıbl] **s.** iğrenç, nefret verici, çok kötü.

abortion [ı'bo:şn] **i.** çocuk düşürme, düşük.

abound [ı'baund] **f.** bol bulunmak, dolu olmak.

about [ı'baut] **z.** hakkında, dair, etrafında, hemen hemen, civarında, aşağı yukarı, şöyle böyle.

above [ı'bav] **ed.** üstünde, yukarı, yukarıda, yukarısında, **above all** her şeyden üstün, özellikle.

abrade [ıb'reyd] **f.** aşındırmak, (deri) sıyırmak. **abrasion** [ıb'reyjın] **i.** sıyırma, sıyrık, aşın(dır)ma.

abreast [ıb'rest] **z.** aynı hizada, yan yana.

abridge [ıb'ric] **f.** kısmak, kısaltmak, özetlemek.

abroad [ıb'ro:d] **z.** yabancı ülkede, hariçte, dışarıda.

abrupt [ıb'rapt] **s.** beklenmedik, ani, sert, dik (yamaç).

absence ['æbsıns] **i.** yokluk, eksiklik.

absent ['æbsınt] **s.** yok, eksik, bulunmayan

absolute ['æbsılu:t] **s.** mutlak, kesin. **absolutely** [æbsılutli] **z.** kesinlikle

absolve [ıb'zolv] **f.** suç bağışlamak, temize çıkartmak, beraat ettirmek.

abstain [ıb'steyn] **f.** çekinmek, geri durmak.

abstention [ıb'stenşın] **i.** çekinme, geri durma.

abstinence ['æbstınıns] **i.** geri durma, sakınma, (yemek için) per- hiz.

abstract ['ıbstrækt] **f.** ayırmak, çıkarmak, soyutlamak, özetlemek. **z.** soyut, özet.

absurd [æb'sö:d'] **s.** anlamsız, saçma, gülünç.

abundance [ı'bandıns] **i.** çokluk, zenginlik, bolluk.

abuse [ıb'yu:s] **i.** suiistimal, küfür. **f.** kötüye kullanmak, **abusive** [ıb'yu:siv] **s.** aşağılayıcı, kötüye kullanan, yolsuz.

abyss [ı'bis] **i.** uçurum, yar, yerin dibi.

acacia [ı'keyşı] **i.** akasya.

academic [ækı'demik] **s. , z.** akademik, üniversiteye ait.

accelerate [æk'selıreyt] **f.** çabuklaştırmak, hızlandırmak.

accelerator [æk'selıreytı(r)] **i.** gaz pedalı.

accent ['æksınt] **i.** aksan, şive.

accept [æk'sept] **f.** kabul etmek. **acceptance** [ık'septıns] **i.** ka- bul, onama.

access ['ækses] **i.** giriş, girme, geçit. **f.** girebilmek,

access road ['ækses roud] **i.** giriş yolu. **accessible** [æk'sesibıl] ula- şılabilir,erişilebilir. **accessory** [æk'sesıri] ikinci derecede, yar- dımcı.

accident ['æksidınt] **i.** tesadüf, rastlantı, kaza, arıza. **accidental** [æksi'dentl] **s.** kazara, tesadüfi, rastlantı sonucu.

acclimatize [ı'klaymıtayz] **f.** alıştırmak [yabancı iklime alıştırmak].

accommodate [æ'komıdeyt] **f.** uydurmak, yerleştirmek.
accommodation [ækomı'deyşn] **i.** uyma, yerleşme, konaklama.

accompaniment [ı'kampınimınt] **i.** refakat, beraber bulunma, eş- lik.

accompany [ı'kampıni] **f.** eşlik etmek.

accomplice [ı'komplis] **i.** suç ortağı.

accomplish [ı'kompliş] **f.** sonuçlandırmak, bitirmek, başarmak, **accomplished** [ı'komplişd] **s.** marifetli, usta. **accomplishment** [ı'komplişmınt] **i.** başarı.

accord [ı'ko:d] **i.** uyum, razı olma, akort, **of one's own accord** kendiliğinden, kendi gayreti ile, **with one accord** hep birlikte, **accordance** [ı'ko:dıns] **i.** uygunluk, **according to** … ye göre

account [æ'kaunt] **f.** hesap vermek, sorumlu olmak, **z.** asla, **on account of** den dolayı, yüzünden, sebebiyle, **take account of** hesaba katmak, **accountant** [ı'kountınt] **i.** muhasebeci, say- man. **accountancy** [ıkauntınsi] **i.** muhasebe.

accredit [ı'kredit] **f.** onaylamak, yetki vermek.

accrue [ı'kru:] **f.** artmak, üremek, çoğalmak.

accumulate [ı'kyu:myuleyt] **f.** toplamak, biriktirmek, artırmak. **accumulation** [ı'kyu:myuleyşn] **i.** toplama, yığın,biriktirme. **accumulator** [ı'kyu:myuleytı(r)] **i.** akümülatör.

accuracy ['ækyırısi] **i.** doğruluk, zamanında olma, kesinlik.
accurate ['ækyurit] doğru, tam, kesin.
accursed [ı'kö:sid] **s.** lânetli, uğursuz.
accuse [æ'kyu:z] **f.** suçlamak, itham etmek. **accusation**
['ækyu'zeyşn] **i.** suçlama,itham. **accusative** yükleme, i hali.
accuser [ı'kyu:zı(r)] **i.** davacı, **accuse** (someone) **of** (birisini)
bir şey için suçlamak.
accustom [ı'kastım] **f.** alıştırmak. **accustomed** [ı'kastımd]
s. alışık, alışkın.
acetate ['æsiteyt] **i.** sirke, asetat.
ache [eyk] **i.** ağrı, sızı, **f.** ağrımak, sızlamak.
achieve [æ'çi:v] **f.** elde etmek, meydana çıkarmak, başarmak
achievement [ı'çi:vmınt] **i.** başarı.
acid ['æsid] **i.** asit, ekşi.
acknowledge [æk'nolic] **f.** kabul etmek, doğrulamak, tanımak,
acknowledgement [æk'nolicmınt] **i.** doğrulama, kabul, alındı.
acorn ['eyko:n] **i.** meşe palamudu.
acoustic [ı'ku:stik] **i.** ses, yankı, akustiğe ait.
acquaint [ı'kweynt] **f.** tanıtmak, bildirmek.
acquire [ı'kwayı] **f.** elde etmek, ele geçirmek, kazanmak.
acquirement [ı'kwayımınt] **i.** kazanma, elde etme, başarı, hüner.
acquisition [ækwi'zişn] **i.** edinim, kazanç, elde edilen şey.
acquit [ı'kwit] **f.** beraat ettirmek, (borcunu) ödemek, akla(n)mak,
acquittal [ı'kwitl] **i.** beraat, aklanma.
acre ['eykı(r)] **i.** İngiliz dönümü (0.40 hektar). **god's acre i.** mezarlık.
acrid ['ækrid] **s.** acı, buruk, kekre.
acrobat ['ækrıbæt] **i.** cambaz, akrobat.
across [ı'kros] **ed.** çapraz, çaprazlamasına, karşıdan karşıya, bir yandan bir yana.
act [ækt] **i.** hareket, iş, yapılan şey **f.** rol yapmak, hareket etmek, davranmak. **action** ['ækşn] **i.** faaliyet, etki, dava, muharebe, çarpışma.
active ['æktiv] **s.** faal, enerjik, canlı.
activity [æk'tiviti] **i.** faaliyet, etkinlik.
actor ['æktı(r)] **i.** aktör, rol yapan, oyuncu. **actress** ['æktris] **i.** kadın oyuncu.
actual ['ækçuıl] **s.** gerçek, asıl, güncel. **actuality** [ækçu'æliti] **z.** gerçeklik, hakikat, güncellik.
acute [ı'kyu:t] **s.** keskin, şiddetli, keskin zekâlı, çabuk anlayışlı.
adage ['ædic] ata sözü, deyiş.
adapt [ı'dæpt] **f.** uyarlamak, uygun bir hale getirmek.
adaptable [ı'dæptıbl] uydurulabilir, kullanılabilir.
add [æd] **f.** katmak, eklemek, ulamak.

addict ['ædikt] **i.** müptelâ, düşkün, tiryaki.

adding ['ædinğ] **z.** ekleyen. **adding machine** ['ædinğ mı'şi:n] hesap / toplama makinesi.

addition [æ'dişn] **i.** ilâve, ek, zam, **additional** [æ'dişnıl] eklenilen, ek olarak.

address [ı'dres] **s.** adres.

adept ['ædept] **s.** usta, üstat, mahir.

adequacy ['ædikwısi] **i.** yeterlik, kifayet, uygunluk, **adequate** ['ædikwit] **s.** yeterli, uygun.

adhere [ıd'hiı(r)] **f.** yapışmak, tutmak, katılmak. **adhesive** [ıd'hi:siv] **i.** yapışkan, yapışıcı, **adhesive tape** bant, plaster.

adjacent [ı'ceysnt] **s.** yan komşu, bitişik komşu.

adjective ['æciktiv] **i.** sıfat.

adjoin [ı'coyn] **i.** bitişik olma, **f.** bitiştirmek.

adjourn [ı'cö:n] **f.** tehir etmek, ertelemek. **adjournment** [ı'cö:nmnt] **i.** erteleme, sonraya bırakma.

adjudicate [ı'cu:dikeyt] **f.** karar vermek.

adjunct ['æcanğkt] **s.** ikinci derece, tali olan şey, yardımcı.

adjust [ı'cast] **f.** doğrulamak, düzeltmek, düzenlemek. **adjustment** [ı'castmınt] **i.** ayarlama, uydurma, düzeltme.

administer [æd'ministı(r)] **f.** yönetmek, idare etmek, tayin etmek. **administration** [ædminis'treyşın] **i.** yönetim, idare. **administrator** [ædminis'treytı(r)] **i.** yönetici, idareci, müdür.

admire [æd'mayı(r)] **f.** hayran olmak, takdir etmek. **admirable** ['ædmırıbl] **s.** beğenilmeye değer, çok güzel, hayranlık uyandırıcı.

admiral ['ædmırıl] **i.** amiral.

admiration [ædmı'reyşn] **i.** hayranlık, takdir. **admire** [ıd'mayı(r)] **f.** takdir etmek, çok beğenmek. **admirer** [ıd'mayrı(r)] **i.** çok beğenen, takdir eden, aşık.

admissible [ıd'misıbl] **s.** kabul olunabilir, dinlenebilir.

admit [æd'mit] **f.** itiraf etmek, kabul etmek. **admittance** [ıd'mitıns] **i.** kabul, giriş, **admittedly** [ıd'mitidli] gerçekten, itiraf edildiği gibi.

admonish [ıd'moniş] **f.** ikaz etmek, uyarmak. **admonition** [ædmı'nişn] **i.** uyarı, tembih.

ado [ı'du:] telaş, gürültü.

adolescence [ædı'lesıns] **i.** genç, buluğa ermemiş, yeni yetmelik.

adopt [ı'dopt] **f.** kabullenmek, benimsemek, evlât edinmek. **adoption** [ı'dopşn] **i.** kabul etme, evlât edinme.

adorable [ı'do:rıbl] **s.** tapılacak, tapılacak kadar güzel. **adore** [ı'do:(r)] **f.** çılgınca sevmek, tap(ın)mak, **adoration** [ædı'reyşn] **i.** tapma, aşk.

adorn [ı'do:n] **f.** süslemek. **adornment** [ı'do:nmınt] **i.** süs, ziynet.

adrift [ı'drift] **s.** sularla sürüklenen, akıntıya kapılmış.

adroit [ı'droyt] **s.** mahir, becerikli, usta.

adult ['ædalt] **s.** yetişkin, buluğa ermiş, büyük.

adulterate [ı'daltıreyt] **f.** karıştırmak, bozmak. **adulteration** [ıdaltı'reyşın] karıştırma, **adulterer** [ı'daltırı(r)] **i.** zina yapan erkek. **adulteress** [ı'daltırıs] **i.** zina yapan kadın. **adultery** [ı'daltıry] **i.** zina.

advance [ıd'va:ns] **i.** ilerleme, gelişme. **advanced** [ıd'va:nsd] **s.** ilerlemiş, ileri. **advancement** [ıd'va:nsmınt] **i.** ilerleme, terfi.

advantage [æd'væntic] **i.** öncelik, avantaj, çıkar, fayda. **take advantage of** yararlanmak. **advantageous** [ædvın'teycıs] faydalı, yararlı.

advent ['ædvınt] **i.** gelme, Noel yortusundan önceki dört hafta.

adventure [æd'vençı(r)] **i.** macera, serüven. **adventurer** [æd'vençırı(r)] **i.** maceraperest. **adventurous** [æd'vençırıs] **s.** maceraya düşkün, cesaretli.

adverb ['ædvö:b] **i.** zarf.

adversary ['ædvısıri] **i.** muhalif, düşman. **adverse** [æd'vö:s] **s.** zıt, ters, aksi.

advertise ['ædvıtayz] **f.** ilân etmek, reklâm vermek. **advertisement** [æd'vö:tizmınt] **i.** ilân, reklâm. **advertiser** ['ædvıtayzı(r)] **i.** ilân eden, reklâm yapan, reklâmlarla dolu gazete.

advice [æd'vays] **i.** nasihat, öğüt, tavsiye, öneri.

advisable [æd'vayzıbl] **s.** yerinde, akla uygun. **adviser (advisor)** [æd'vayzr] **i.** danışman, müşavir. **advisory board** danışma kurulu.

advise [æd'vayz] **f.** öğüt vermek.

advocate ['ædvıkit] **i.** avukat, savunucu. **advocate** ['ædvıkeyt] **f.** savunmak, tarafını tutmak, müdafaa etmek.

adz [ædz] **i.** keser.

aerial ['eırııl] **i.** anten, **s.** havaya ait, havai.

aero- [eıro] **önek** hava-. **aerodrome** [eırodroum] **i.** askeri havaalanı . **aeronautics i.** havacılık, **aeroplane** [eıropleyn] **i.** uçak.

aesthetics [i:s'thetiks] **i.** estetik, güzellik, güzel duygu.

afar [ı'fa:(r)] **z.** uzak. **afar off** uzakta.

affair [ı'feı(r)] **i.** mesele, iş, olay.

affect [æ'fekt] **f.** etkilemek, tesir etmek, dokunmak.

affectation [æfek'teyşn] **i.** gösteriş, yapmacık, naz.

affection [ı'fekşın] **i.** muhabbet, sevgi.

affectionate [ı'fekşnıt] **s.** sevecen, şefkatli.

affinity [ı'finiti] **i.** yakınlık, benzeşme.

affirm [ı'fö:m] **f.** tasdik etmek, onamak.

affirmation [æfı'meyşın] **i.** tasdik, onay. **affirmative** [ı'fö:mıtiv] **s.** müspet, olumlu.

affix ['æfiks] **f.** eklemek, yapıştırmak.

afflict [ı'flikt] **f.** acı vermek, eziyet etmek. **affliction** [ı'flikşn] **i.** dert, keder, ıstırap.

affluence ['æfluıns] **i.** zenginlik, bolluk.

afford [ı'fo:d] **f.** gücü yetmek, vermek, meydana getirmek.

affront [ı'frant] **i.** hakaret, **f.** hakaret etmek.

afire [ı'fayı(r)] **s.** tutuşmuş, yanan.

afloat [ı'flout] **z.** su üzerinde durmakta, yüzmekte.

afraid [æ'freyd] **s.** korkmuş, korkan. **be afraid of f.** korkmak. **I am afraid** maalesef, korkarım ki, ne yazık ki, **afraid of** (something/someone) (bir şeyden/birisinden) korkmuş

afresh [ı'freş] **z.** tekrar, yeniden, yeni baştan.

after ['æ:ftı(r)] **z.** sonra, bundan sonra, -den sonra, itibaren. **after all** bununla birlikte, sonunda, ne de olsa. **after that** bundan sonra. **afternoon** ikindi, öğleden sonra. **good afternoon** iyi öğleden sonra, merhaba. **afterthought** **i.** sonradan akla gelen fikir. **afterwards z.** sonradan.

again [ı'geyn, ı'gen] **z.** tekrar, yine, bir daha, bundan başka. **again and again** tekrar tekrar. **time and again** defalarca.

against [ı'geynst, ı'genst] **ed.** −ye karşı, -ye muhalif, rağmen, karşısında , aykırı.

age [eyc] **i.** yaş, çağ, devir. **under age** reşit olmayan, küçük. **aged** [eycid] **s.** yaşlı, yıllanmış. **ageless** [eyclis] **s.** yaşlanmaz, her zaman taze.

agency ['eycınsi] **i.** ajans, aracı, daire, vekillik, vasıta. **agenda** [ı'cendı] **i.** ajanda, gündem, **agent** ['eycınt] **i.** acente, vekil, casus, ajan.

agglomeration [ıglomı'reyşn] **i.** toplanma, yığılma, küme.

aggrandize [ı'grændayz] **f.** büyütmek.

aggravate ['ægrıveyt] **f.** kızdırmak, zorlaştırmak, fenalaştırmak, **aggravation** [ægrı'veyşn] hiddet, zorlaştırma.

aggression [ı'greşın] **i.** tecavüz, saldırı. **aggressive** [ıgresiv] **i.** saldırgan,

aggressor [ı'gresı(r)] saldıran.

agile ['æcayl] **s.** çevik, atik, becerikli, faal.

agitate ['æciteyt] **f.** oynatmak, kımıldatmak, sallamak, tahrik etmek, kışkırtmak. **agitation** [æci'teyşn] **i.** heyecan, tahrik. **agitator** [æci'teytı(r)] **i.** kışkırtıcı, tahrikçi.

ago [ı'gou] **z.** evvel, önce.

agonizing ['ægınayzing] **s.** acı verici, ıstırap verici. **agony** ['ægıni] şiddetli acı, ıstıraptan kıvranma.

agrarian [ı'greırın] tarımsal, zirai.

agree [ı'gri:] **f.** aynı fikirde olmak, razı olmak, uyuşmak, anlaşmak. **agree with** -ile anlaşmak, bir fikirde olmak. **agreeable** [ı'griıbl] **s.** uygun, hoş, nazik. **agreement** [ı'gri:mnt] **i.** anlaşma, sözleşme.

agricultural [ægri'kalçırıl] **s.** tarımsal, zirai. **agriculture** [ægri'kalçı(r)] **i.** tarım, ziraat.

aground [ı'graund] **s.** karaya oturmuş.

ague ['eygyu:] **i.** sıtma, bataklık humması.

ahead [ı'hed] **z.** ilerisinde, önde, ileriye.

aid [eyd] yardım, destek, imdat, **f.** yardım etmek.

ailing ['eyling] keyifsiz, rahatsız, ölmeye yakın.

aim [eym] **i.** nişan alma, hedef, amaç. **aim at f.** hedeflemek, nişan almak. **aimless** [eymlıs] **s.** gayesiz, amaçsız.

air [eı(r)] **i.** hava, nefes, tavır, nağme. **in the open air** açıkta. **air conditioned** klimalı, otomatik soğutmalı/ısıtmalı olan. **aircraft** uçak, **aircraft carrier** uçak gemisi. **air cushion** şişirme yastık. **airfield** hava alanı. **air force** hava kuvvetleri. **air hostess** hostes. **airlift** hava köprüsü. **airline** hava yolu. **airliner** yolcu uçağı. **airmail** uçak postası. **airman** havacı. **airplane** uçak. **air-pocket** hava boşluğu. **airport** havaalanı. **air raid** hava saldırısı. **air raid shelter** sığınak. **airship** hava gemisi. **airy** havalı, havadar.

ajar [ı'ca:(r)] **z.** yarı açık, aralık (kapı).

alabaster ['ælıba:stı(r)] **i.** ak mermer, su mermeri.

alacrity [ı'lækriti] **i.** canlılık, çeviklik, isteklilik.

alarm [ı'la:m] **i.** tehlike işareti, alarm. **f.** tehlikeyi haber vermek. **alarm bell** tehlike çanı. **alarm clock** çalar saat.

Albania [æl'beynıı] **i.** Arnavutluk.

Algeria [æl'ci:rıı] **i.** Cezayir.

alias ['eylııs] **i.** diğer ad, lâkap, takma ad.

alibi ['ælibay] **i.** suç işlendiği anda başka yerde bulunduğu iddiası, mazeret, kanıt.

alien ['eylıın] **i.** ecnebi, yabancı, uymayan.

alight [ı'layt] **f.** inmek, konmak. **s.** yanmakta olan, ışıkları yanan, ateşler içinde.

align [ı'layn] **f.** sıraya koymak, sıralamak, hizaya gelmek.

alike [ı'layk] **s.** eş, benzer, aynı.

aliment ['ælımnt] **i.** yiyecek, besin. **alimentary** [ælı'mentıri] **s.** besine dair, sindirim.

alimony ['ælimıni] **i.** nafaka.

alive [ı'layv] **s.** canlı, hayatta, diri.

all [o:l] **s.** hepsi, tamamen, bütün. **all of us** hepimiz. **all right** tamam, haklısın, pekâlâ, **all of a sudden** birdenbire.

allegation [æli'geyşn] **i.** iddia, tez, ileri sürme. **allege** [ı'lec] **f.** ileri sürmek, iddia etmek **allegedly** dediklerine göre.

alleviate [ı'li:vıeyt] **f.** azaltmak, hafifletmek, yatıştırmak.

alley ['æli] **i.** dar yol, ağaçlı yol. **blind alley** çıkmaz yol, bu işin sonu yok.

alliance [ı'layıns] **i.** güç birliği, ittifak, birlik.

allied [ı'layd, æ'layd] **s.** müttefik.

SÖZLÜK

allocate ['ælıkeyt] **f.** pay etmek, bölüştürmek.
allot [ı'lot] **f.** hisselere bölmek, ayırmak.
all-out ['o:laut] tüm gücüyle.
allow [ı'lau] **f.** izin vermek, razı olmak, hoş görmek. **allow for** hesap etmek. **allowable** [ı'louıbl] hoş görülebilir, kabul edilebilir.
allowance [ı'louıns] izin, gelir, maaş, harçlık.
all-weather ['o:lwedhı(r)] her havaya uygun.
almost ['o:lmoust] **z.** aşağı yukarı, az kaldı, hemen hemen.
alms ['a:mz] **i.** sadaka. **alms house i.** kimsesizler evi, darülaceze.
alone [ı'loun] **z.** yalnız, tek başına, sade. **let alone** rahat bırakmak, dokunmamak, kendi haline bırakmak.
along [ı'lonğ] **e.** uzunlamasına, boyunca. **all along** ta başından beri, öteden beri. **come along** hemen gel, buraya gel, haydi bakalım, haydi gel. **along with** birlikte. **along side** yan yana.
already [o:l'redi] **z.** şimdiye kadar, daha şimdiden, kadar, zaten.
also ['o:lsou] **z.** dahi, de, ayrıca, bir de.
alter [o:ltı(r)] **f.** tadil etmek, değiştirmek.
although [o:l'dhou] **bağ.** bununla beraber, her ne kadar.
altogether [o:ltı'gedhı(r)] **z.** hep beraber, beraberce, birlikte.
always ['o:lweyz] **z.** daima, her zaman.
amaze [ı'meyz] **f.** şaşırtmak, hayret ettirmek. **amazing** [ı'meyzing] **s.** şaşırtıcı.
ambassador [æm'bæsıdı(r)] **i.** büyük elçi.
ambition [æm'bişn] **i.** hırs, ihtiras. **ambitious** [æm'bişıs] hırslı, ihtiraslı.
ambush ['æmbuş] **f.** pusuya düşürmek, pusuya yatmak.
American s. Amerikalı ,Amerikan, Amerika'ya ait
amid(st) [ı'mi:d(st)] **ed.** ortasında.
among [ı'manğ] **i.** (ikiden fazla şey) arasında
amulet ['æmyulit] **i.** tılsım, muska, nazarlık.
amuse [ı'myu:z] **f.** eğlendirmek, güldürmek. **amusement** [ı'myu:zmnt] eğlence.
an [æn - ın] bir, herhangi bir.
analogous [ænı'logıs] benzer, kıyas edilebilir. **analogy** [ı'nælıci] ilişki, benzerlik.
Anatolia [ænı'touliı] **i.** Anadolu.
ancestor ['ænsestı(r)] **i.** cet, ata. **ancestral** [æn'sestrıl] **s.** dededen kalma. **ancestry** ['ænsestri] **i.** dedeler, ecdat.
anchor ['ænğkı(r)] **i.** gemi demiri, çapa, **f.** demir atmak.
ancient ['eynşınt] **s.** eski.
and [ænd - ınd] **bağ.** ve, ile, bir de, daha, de. **and so on** vesaire. **two and two** ikişer ikişer.
anew [ı'nyu:] **z.** tekrar, yeniden.
angel ['eyncıl] **i.** melek.
anger ['ænğgı(r)] **i.** hiddet, öfke, darılma.

DICTIONARY

angle {1} [ˈænggl] **i.** açı, köşe, görüş açısı.
angle {2} **f.** eğik olarak koymak.
angle {3} **f.** olta ile balık avlamak. **angle for** tutmaya çalışmak.
angry [ˈænggri] **s.** hiddetli, kızgın, öfkeli, dargın. **angrily** [ˈænggrili] **z.** hiddetle, öfke ile, **angry about** (bir şeye) kızgın, **angry with** (birisi)ne kızgın.
anguish [ˈænggwiş] **i.** büyük acı, ıstırap, keder.
angular [ˈænggyulı(r)] **i.** açı, köşe, köşeli.
animal [ˈænimıl] **i.** hayvan.
animate [ˈænimit, ænimeyt] **i.** canlı. **animate f.** canlandırmak, hareketlendirmek.
animosity [æniˈmositi] **i.** düşmanlık, nefret
ankle [ˈænğkl] **i.** ayak bileği, topuğun yan kemiği.
annihilate [ıˈnayhileyt] **f.** yok etmek, imha etmek.
anniversary [æniˈvö:sıri] **i.** yıldönümü.
annoy [ıˈnoy] **f.** rahatsız etmek, taciz etmek, kızdırmak. **annoying** [ıˈnoying] can sıkıcı, **annoyed about** bir şeye öfkeli, sıkıntılı, **annoyed with** birisine öfkeli
annual [ˈænyuıl] **i.** senelik, yıllık.
annul [ıˈnal] **f.** feshetmek, yürürlükten kaldırmak, bozmak.
another [ıˈnadhı(r)] **s.** başka, diğer. **one after another** sırayla.
answer [ˈænsı(r)] **i.** yanıt, cevap, **f.** yanıtlamak.
ant [ænt] **i.** karınca.
antagonism [ænˈtægınizm] **i.** karşıtlık, düşmanlık, rekabet. **antagonist** [ænˈtægınist] **i.** karşıt, muhalif, düşman.
anthem [ˈænthım] **i.** ilahi. **national anthem** ulusal marş.
anti- [ˈænti-] **önek** karşı, zıt.
anvil [ˈænvil] **i.** örs.
anxiety [ænğˈzayıti] **i.** endişe, kaygı, tasa. **anxious** [ˈænğkşıs] **s.** endişeli, kaygılı, merak içinde. **be anxious to** arzulamak, can atmak.
any [ˈeni] **z.** bir, herhangi, bazı, bir miktar. **not any** hiç. **any more** başka, daha fazla. **have you any** sizde var mı?.
anybody / anyone [ˈenibodi / ˈeniwan] bir kimse, biri(si),kim, herkes.
anyhow / anyway [ˈenihau / ˈeniwey] her nasılsa, nasıl olsa, herhalde, her neyse, **anymore** artık
anything [ˈenithinğ] (herhangi) bir şey, ne olsa, her şey.
anywhere [ˈeniweır] nerede olursa olsun, her (hangi bir) yerde.
apart [ıˈpa:t] **z.** bir tarafta, ayrı ayrı, ayrılmış. **apart from** -den başka. **apartment** [ıˈpa:tmınt] **i.** apartman, oda.
ape [eyp] **i.** maymun.
aperture [ˈæpıçı(r), ˈæpıtyuı(r)] **i.** aralık, açıklık, delik.
apiece [ıˈpi:s] **z.** adam başına, beher, her biri.
aplenty [ıˈplenti] **z.** bol bol olarak.

apologize [ı'poulıcayz] **f.** özür dilemek.

apoplectic [æpı'plektik] **i.** felçli, inmeli. **apoplexy** [æpı'pleksi] **i.** felç, inme.

appall [ı'po:l] **f.** korkutmak, dehşet içinde bırakmak.

apparel [ı'pærıl] **i.** giyim, elbise.

apparent [ı'pærınt] **s.** aşikar, besbelli. **apparently** [ı'pærıntli] **z.** görünüşe göre, anlaşılan, galiba.

appear [ı'piı(r)] **f.** gözükmek, belirmek.

appease [ı'pi:z] **f.** teskin etmek, yatıştırmak.

appendix [ı'pendiks] **i.** ilave, ek, körbağırsak.

apple [æpl] **i.** elma.

applicable [ı'plikıbl] **s.** tatbik edilebilir, uygulanabilir.

apply [æ'play] **f.** müracaat etmek, üstüne koymak, başvurmak.

appoint [ı'poynt] **f.** kararlaştırmak, atamak, **appointee** atanmış.

April ['eypril] **i.** Nisan.

apron ['eyprın] **i.** önlük.

apt [æpt] **s.** elverişli, uygun, yerinde.

aquarium [ık'weırıım] **i.** akvaryum

arbitrary ['a:bitrıri] **s.** keyfi.

architect ['a:kitekt] **i.** mimar.

area ['eırıı] **i.** saha, alan, avlu, yüz ölçüsü.

aren't [a:nt] = **are not**

Argentina [a:cın'tinı] **i.** Arjantin

argument ['a:gyuımınt] **i.** tartışma, münakaşa

arid ['ærid] **s.** kurak, çorak, kavruk.

arise [ı'rayz] **f.** kalkmak, çıkmak, doğmak.

arm {1} [a:m] **i.** kol, şube.

arm {2} **f.** silah, silahlanmak, silahlandırmak.

Armenia [a: 'mi:nıı] **i.** Ermenistan.

armful ['a:mfıl] **z.** kucak dolusu.

army ['a:mi] **i.** ordu.

around [ı'raund] **z.** etrafında, çevre(sin)de, yaklaşık olarak, yakın(ın)da, orada burada.

arrange [ı'reync] **f.** düzeltmek, sıraya koymak , ayarlamak, düzenlemek.

arrest [ı'rest] **f.** tut(ukla)mak, yakalamak, tevkif etmek.

arrive [ı'rayv] **f.** varmak, gelmek, ulaşmak. **arrival** [ı'rayvl] **i.** varış, gelme, ulaşma.

arrogance ['ængıns] **i.** kibir, kendini beğenme, küstahça gurur.

arrow ['ærou] **i.** ok, ok işareti.

arsenal ['a:senıl] **i.** tersane, cephanelik.

arson ['a:sın] **i.** kundakçılık.

art [a:t] **i.** sanat, zanaat, hüner.

artful ['a:tfıl] **s.** kurnaz, hilekâr.

artichoke ['a:tiçouk] **i.** enginar.

article ['a:tikl] **i.** makale, fıkra, eşya, tanım edatı.
artificial [a:ti'fi:şıl] **s.** suni, yapma, yapay.
as [æz] **z.** kadar, iken, gibi, olarak, çünkü.
ashore [ı'şo:(r)] **z.** karada, sahilde.
ashtray ['æştrey] **i.** kül tablası
Asia ['eyşı] **i.** Asya.
aside [ı'sayd] **z.** bir tarafa, köşeye, yana. **aside from** -den başka.
ask [a:sk] **f.** sormak, rica etmek, istemek, davet etmek. **ask for** sormak, istemek.
asleep [ı'sli:p] **s.** uykuda.
aspect ['æspekt] **i.** görüş, manzara, tavır, yön.
ass [æs] **i.** merkep, eşek, sersem, ahmak.
assent [ı'sent] **i.** onama, rıza gösterme.
assert [ı'sö:t] **f.** iddia etmek, ileri sürmek.
assistant [ı'sistınt] **i.** yardımcı.
assure [ı'şuı(r)] **f.** güvence vermek, temin etmek.
astonish [ıs'toniş] **f.** hayret ettirmek, şaşırtmak. **astonishment** [ıs'tonişmnt] hayret, şaşkınlık.
astute [ıs'tyu:t] **s.** kurnaz, cin fikirli, zeki.
asunder [ı'sandı(r)] **z.** parçalara ayrılmış, ayrı.
asylum [ı'saylım] **i.** barınak, sığınak.
at [æt] **ed.** de, da, ye, halinde, yanında, üstünde. **at home** evde. **at all** hiç, **at last** sonunda, **at once** hemen, derhal.
attach [ı'tæç] **f.** bağlamak, birleştirmek, haczetmek.
attack [æ'tæk] **i.** akın, saldırı, **f.** saldırmak.
attain [ı'teyn] **f.** ermek, ulaşmak, elde etmek.
attempt [ı'tempt] **i.** girişim, deneme, yeltenme, **f.** girişmek, teşebbüs etmek, gayret etmek.
attend [ı'tend] **f.** hazır bulunmak, beraberinde olmak, refakat etmek, dinlemek, dikkat etmek. **attendant** [ı'tendınt] **i.** hizmetçi. **attention** [ı'tenşn] dikkat, hazır ol.
attic ['ætik] **i.** tavan arası.
attitude ['ætityu:d] **i.** davranış, tutum, vaziyet.
attract [ı'trækt] **f.** çekmek, cezp etmek. **attraction** [ı'trækşn] **i.** cazibe, çekim, **attractive** [ı'træktiv] **s.** cazibeli, çekici, alımlı.
attribute ['ætribyu:t] **f.** atfetmek, vermek. **attribution** [ætri'byu:şn] **i.** nitelik, özellik sıfat, simge.
auburn ['o:bın] **i.** kestane rengi.
auction ['o:kşn] **i.** mezat, açık artırma. **auctioneer** [o:kş'niı(r)] **i.** mezatçı.
audacious [o:'deyşıs] atak, cüretli, atılgan. **audacity** [o: 'dæsiti] küstahlık.
audibility [o:di'biliti] duyulabilme. **audible** ['o:dibl] duyulur, kulakla işitilebilir. **audibly** ['o:dibli] işitilir durumda.
August ['o:gıst] **i.** Ağustos, **s.** aziz, yüce.

aunt [a:nt] **i.** teyze, hala, yenge.
Australia [os'treylıı] **i.** Avustralya.
Austria ['ostrıı] **i.** Avusturya.
autumn ['o:tım] **i.** sonbahar, hazan.
auxiliary [o:g'zilıiri] **i.** yardımcı, yedek.
avail [ı'veyl] **f.** yaramak, faydalı olmak. **available** [ı'veylıbl] **s.** mevcut, emre hazır, elverişli.
avalanche ['ævılænş] **i.** çığ, heyelan.
avenge [ı'venc] **f.** öcünü almak, acısını çıkartmak.
avenue ['ævınyu] **i.** geniş cadde, iki tarafı ağaçlı yol.
avoid [ı'voyd] **f.** sakınmak, kaçınmak. **avoidance** [ı'voydıns] **i.** sakınma.
avow [ı'vau] **f.** açık söylemek, itiraf etmek. **avowal** [ı'vauıl] itiraf.
await [ı'weyt] **f.** beklemek.
awake [ı'weyk] **s.** uyanık, **f.** uyanmak, uyandırmak.
away [ı'wey] **z.** ötede, uzakta, uzağa.
awhile [ı'wayl] **z.** bir müddet, kısa bir süre.
awkward ['o:kwıd] **s.** acemi, beceriksiz, sıkıntılı.
awl [o:l] **i.** tığ, biz.
awning ['o:ning] **i.** gölgelik, tente.
awry [ı'ray] **i.** çarpık, eğri. **go awry f.** ters gitmek.
axe [æks] **i.** balta.
azure ['eyjı(r), 'æjı(r)] **i.** gök mavisi, mavi gök rengi.

B - b

babe [beyb] **i.** bebek, küçük çocuk.
baby ['beybi] **i.** bebek.
bachelor ['bæçılı(r)] **i.** bekar, ergin erkek.
back [bæk] **i.** arka, sırt, geri. **back f.** arka çıkmak, desteklemek., **back-ache** [bæk-eyk] **i.** arka/sırt ağrısı.
bacon ['beykın] **i.** tuzlanmış tütsülenmiş domuz eti, domuz pastırması.
bad [bæd] **s.** berbat, kötü, kusurlu, değersiz. **bad for you** sizin için zararlı. **want badly** çok istemek.
badge [bæc] **i.** işaret, plaka, rozet.
baffle [bæfl] **f.** aciz bırakmak, bozmak, şaşırtmak.
bag [bæg] **i.** çanta, torba, çuval, kese.
baggage ['bægic] **i.** bagaj, taşınacak yolcu eşyası.
bagginess ['bæginis] (elbise için) bolluk. **baggy** ['bægi] (elbise için) üsten sarkan, çok bol.
bagpipe ['bægpayp] **i.** gayda. **bagpipes** ['bægpayps] tulum çalgısı.

bail [beyl] **i.** kefalet, teminat, kefil.

bait [beyt] **i.** (kapan veya olta için) yem.

bake [beyk] **f.** (fırında) pişirmek. **baked** [beykd] pişmiş, sertleşmiş, **baker** ['beykı(r)] **i.** fırıncı, ekmekçi. **bakery** ['beykıri] **i.** fırın, ekmekçi dükkânı. **baking** ['beyking] pişirme, kızartma, **baker i.** fırıncı

balance ['bælıns] **i.** balans, terazi, kantar, denge, mizan.

balcony ['bælkıni] **i.** balkon.

bald [bo:ld] **s.** kel, saçları dökülmüş.

balderdash ['bo:ldıdæş] **i.** saçma sapan söz, palavra.

bale [beyl] **i.** balya, denk.

ball [bo:l] **i.** top, küre.

ballad(e) ['bælıd] **i.** şarkı, türkü, şiir.

ballot ['bælıt] **i.** kura, oy. **f.** oy vermek, kura çekmek. **ballot box i.** oy sandığı.

ballpoint ['bo:lpoynt] **i.** tükenmez kalem.

banana [bı'na:nı] **i.** muz.

band {1} [bænd] **i.** şerit, bant, kayış.

band {2} topluluk, takım, güruh.

band {3} bando, müzik topluluğu.

bandage ['bændic] **i.** sargı, bandaj, **f.** sarmak.

bandit ['bændit] **i.** eşkıya, haydut.

bangle ['bænğgl] **i.** bilezik, halka.

banish ['bæniş] **f.** sürgün etmek. **banishment** ['bænişmnt] **i.** sürgün.

banister ['bænistı(r)] **i.** tırabzan.

bank ['bænğk] **i.** kıyı, kenar, yaka, banka. **f.** bankaya yatırmak. **bank account i.** banka hesabı. **bank card i.** kredi kartı., **banknote i.** banknot.

banner ['bænı(r)] **i.** bayrak, sancak.

banns [bænz] **i.** evlenme ilânı.

banquet ['bænğkwit] **i.** şölen, ziyafet.

bar {1} [ba:(r)] **i.** çubuk, çizgi, engel, çıta, (mahkemede) baro, suçlu yeri.

bar {2} **f.** kol demiri ile kapatmak, yasak etmek.

barb [ba:b] **i.** ok ucu, olta kancası, diken. **barbed wire** dikenli tel.

barbarian [ba:'beıriın] **i.** barbar, vahşi. **barbarous** ['ba:bırıs] **s.** barbar(ca), gaddar(ca), kaba, uygarlıktan uzak.

barber ['ba:bı(r)] **i.** berber.

bare [beı(r)] **s.** çıplak, açık, çorak, sade. **a bare living** ancak hayatını kazanabilmek. **bare-faced** utanmaz, yüzsüz. **bareheaded** başı açık, şapkasız. **barely** hemen hemen, ancak. **bareness** çıplaklık.

bargain ['ba:gin] **i.** ticari anlaşma, iş, pazarlık, kelepir, elden düşme, indirimli. **f.** pazarlık etmek, ummak, beklemek.

barge [ba:c] **i.** mavna, yük dubası, salapurya.
bark {1} [ba:k] **i.** kabuk, ağaç kabuğu.
bark {2} **f.** havlamak.
barley ['ba:li] **i.** arpa.
barn [ba:n] **i.** ambar, samanlık, ahır.
barometer [bı'romıtı(r)] **i.** barometre.
barrack(s) ['bænık(s)] **i.** kışla.
barrage ['bæra:j] **i.** bent, baraj, nehir barajı.
barrel ['bænıl] **i.** varil, fıçı. **f.** fıçıya koymak.
barren ['bænın] **s.** kıraç, kısır, çorak, verimsiz.
barricade [bæri'keyd] **i.** barikat, engel, mania.
barrier ['bærıı(r)] **i.** set, çit, korkuluk.
barrister ['bærıstı(r)] **i.** avukat, savunucu, dava vekili.
barter ['ba:tı(r)] **i.** takas, trampa, değiş tokuş. **f.** trampa etmek.
base [beys] **i.** taban, temel, esas, kural. **f.** temelini atmak, esasını koymak, kurmak.
baseball [beysbo:l] **i.** beysbol.
basement [beysmnt] **i.** bodrum katı. **baseness** [beysnıs] alçaklık, adilik.
bashful ['bæşfıl] **s.** mahcup, çekingen.
basic ['beysik] **s.** asıl, temel.
basin ['beysn] **i.** tas, küvet, leğen, havuz.
basis ['beysis] **i.** prensip, esas, ilke.
bask [ba:sk] **f.** güneşlenmek.
basket ['ba:skit] **i.** sepet, küfe, zembil. **basketball** ['ba:skitbo:l] basketbol.
bastard ['bæstıd] **s.** piç.
baste {1} [beyst] **f.** teyellemek, iliştirmek.
baste {2} **f.** üzerine yağ dökmek, dayak atmak.
bastion ['bæstiın] **i.** teyel, dayak atma.
bat {1} [bæt] **i.** yarasa.
bat {2} **i.** sopa, raket, çomak.
bat {3} **i.** sürat, hız.
bath [ba:th] **i.** banyo, yıkanma yeri, yunak. **f.** banyo yapmak, yıkamak.
bathe [beydh] **f.** (denizde) yıkanmak, yüzmek.
bathrobe ['ba:throub] **i.** bornoz, sabahlık
bathtub ['ba:thtab] **i.** küvet.
batman ['bætmın] **i.** emir eri.
batter ['bætı(r)] **i.** hırpalamak, **battered** **i.** harap olmuş, hırpalanmış.
battery ['bætıri] **i.** batarya, pil.
battle [bætl] **i.** mücadele, savaş. **battlefield** [bætlfııld] **i.** savaş alanı. **battleship** [bætlşip] **i.** savaş gemisi, zırhlı gemi.
bawl [bo:l] **f.** bar bar bağırmak, haykırmak.

SÖZLÜK

bay {1} [bey] **i.** defne ağacı. **bay {2} i.** doru (at rengi).
bay {3} i. koy, körfez.
bay {4} f. (köpek) havlamak. **keep at bay** mertçe saldırmak, sıkıştırmak.
bay {5} i. cumba, duvar bölmesi. **sick bay i.** revir.
bazaar [bı'za:(r)] **i.** pazar, çarşı.
be [bi:] **f.** olmak, bulunmak, **be in love** aşık olmak, **be sorry about** bir şey için üzgün olmak, **be terrified of** bir şeyden/birisinden çok korkmuş olmak.
beach [bi:ç] **i.** kumsal, plaj. **beachwear** [bi:çweı(r)] **i.** plaj elbisesi.
beacon ['bi:kın] **i.** fener, işaret kulesi, yüksekte işaret vermek için yakılan ateş.
bead [bi:d] **i.** boncuk, tespih.
beak [bi:k] **i.** gaga.
bean [bi:n] **i.** fasulye, bakla, baklagiller.
bear [beı(r)] **i.** ayı.
beard [bııd] **i.** sakal. **bearded** [bııdıd] **s.** sakallı.
bearer ['beırı(r)] **i.** hamil, taşıyan. **bearing** ['beırınğ] **i.** ilişki, davranış, tavır.
beast [bi:st] **i.** (dört ayaklı) hayvan, canavar. **beastly** ['bi:stli] hayvanca, canavarca.
beat {1} [bi:t] **i.** vurma, çalma, tempo.
beat {2} f. dövmek, vurmak.
beautiful ['byu:tifıl] **s.** güzel, hoş. **beautify** ['byu:tifay] **f.** güzelleştirmek. **beauty** ['byu:ti] **i.** güzellik, **beautician i.** makyaj uzmanı, güzellik uzmanı.
because [bi'ko:z] **bağ.** çünkü, zira. **because of** nedeniyle, dolayı, yüzünden.
beckon ['bekın] **f.** (birine) işaret etmek.
become [bi'kam] **f.** olmak, dönüşmek, yakışmak. **becoming** [bi'kaming] **s.** uygun, yakışık alır.
bed [bed] **i.** yatak, yatacak yer, karyola. **bed and breakfast** yatak ve kahvaltı servisi. **bedroom i.** yatak odası. **bedtime** yatma zamanı.
bee [bi:] **i.** bal arısı.
beef [bi:f] **i.** sığır eti. **beefsteak** [bi:f'steyk] **i.** biftek.
beehive ['bihayv] **i.** arı kovanı. **beekeeper** ['bi:kipı(r)] **i.** arıcı. **beeline** ['bi:layn] en kısa yol.
been [bi:n] olmuş, imiş, gitmiş.
beer [bıı(r)] **i.** bira.
beet [bi:t] **i.** pancar.
beetle [bi:tl] **i.** tokmak, böcek.
befall [bi'fo:l] **f.** vuku bulmak, başına gelmek.

DICTIONARY

before [bi′fo:(r)] **z.** (-den) önce. **the day before** bir gün önce. **beforehand** daha önce, evvelden. **before long** en kısa zamanda, çok geçmeden.

beg [beg] **i.** dilenme. **f.** dilemek, rica etmek, istemek. **I beg your pardon** sizden özür dilerim, affedersiniz.

beggar [′begı(r)] **i.** dilenci, çapkın.

begin [bi′gin] **f.** başlamak. **to begin with** ilk olarak. **beginning** [bi′gininğ] başlangıç, kaynak.

begone [bi′gon] **ünl.** defol.

begrudge [bi′grac] **f.** çok görmek, gözü kalmak.

behalf [bi′ha:f] **i.** yan, taraf. **on behalf of** adına,namına,lehinde.

behave [bi′heyv] **f.** davranmak, hareket etmek. **behave yourself** uslu dur, terbiyeni takın, **behaviour i.** davranış.

behead [bi′hed] **f.** boynunu vurmak, idam etmek.

behind [bi′haynd] **i.** kıç, arka. **z.** arka(sın)da, gerisinde. **ed.** arka plân.

behold [bi′hould] **f.** bakmak, görmek. **beholden** [bi′houldn] **s.** borçlu, minnettar.

being [bi:inğ] **i.** oluş, yaratık, varlık, insan.

belated [bi′leytid] **s.** gecikmiş, geceye kalmış.

belch [belç] **i.** geğirme. **f.** geğirmek, püskürtmek.

Belgium [′belcım] **i.** Belçika.

belief [bi′li:f] **i.** inanç, iman, güven.

believe [bi′li:v] **f.** inanmak, güvenmek, iman etmek.

belittle [bi′litl] **f.** küçültmek, alçaltmak.

bell [bel] **i.** çan, zil, kampana. **bellboy / bellhop i.** komi.

bellow [′belou] **f.** böğürmek, kükremek, bağırmak.

belly [′beli] **i.** karın, göbek.

belong [bi′lonğ] **f.** ait olmak. **belongings** [bi′lonğings] **i.** kişisel eşya, pılı pırtı.

beloved [bi′lavd] **s.** sevilen, sevgili, aziz.

below [bi′lou] **z.** aşağı(sında), alt(ında), aşağıda.

belt [belt] **i.** kuşak, kemer, kayış.

bench [benç] **i.** sıra, kanepe, tezgâh.

bend [bend] **i.** kıvrım, kavis, viraj, bağ, düğüm. **f.** bükmek, eğmek, kıvırmak, kıvrılmak.

beneath [bi′ni:th] **z.** altında, altta.

benediction [beni′dikşn] **i.** hayır duası, kutsama, takdis.

benefaction [beni′fækşn] **i.** iyilik, hayır.

beneficent [bi′nefisnt] **s.** hayırsever, yardımsever.

beneficial [beni′fişl] **s.** faydalı, yararlı, hayırlı.

benefit [′benifit] **i.** yarar, fayda, hayır, kâr. **f.** faydalı olmak, iyiliği dokunmak.

benevolence [bi′nevılıns] **s.** iyi kalpli, yardımsever, kâr amacı gütmeyen.

benevolent [bi′nevılınt] **s.** iyilik, hayırseverlik

bent [bent] **i.** meyil, eğim. **s.** eğri, bükük.

bequeath [bi'kwi:dh] **f.** vasiyet etmek. **bequest** [bi'kwest] **i.** vasiyet edilen şey, bağış.

bereave [bi'ri:v] **f.** yoksun bırakmak, elinden almak. **bereavement** [bi'ri:vmnt] **i.** yoksunluk, büyük kayıp.

beret ['berey] **i.** bere.

berry ['beri] **i.** böğürtlen, çilek.

berserk ['bö:sö:k] **s.** vahşi (savaşçı), çılgın. **go berserk** çıldırmak.

berth [bö:th] **i.** kuşet, yatak, ranza.

beseech [bi'si:ç] **f.** yalvarmak.

beside [bi'sayd] **ed.** yanına, yanında. **beside oneself** kendini kaybetmiş.

besides [bi'saydz] **z.** bundan başka, ayrıca, üstelik.

besiege [bi'si:c] **f.** kuşatmak.

best [best] **i.** en iyisi. **s.** en iyi, en çok, en uygun. **at best** olsa olsa. **bestseller** satış rekoru kıran kitap. **best of my knowledge** bildiğime göre.

bestial ['bestiıl] **s.** hayvanca, vahşi.

bestow [bi'stou] **f.** vermek, bağışlamak, hediye etmek.

bet [bet] **i.** bahis, iddia. **f.** bahse girmek, iddia etmek.

betray [bi'trey] **f.** ihanet etmek, aldatmak. **betrayal** [bi'treyl] **i.** ihanet, ele verme. **betrayer** [bi'treyı(r)] **i.** hain, ihanet eden.

betroth [bi'troudh] **f.** nişanlamak. **betrothal** [bi'troudıl] **i.** nişan.

better ['betı(r)] **s.** daha iyi, daha güzel, daha çok. **get the better of** yenmek, üstün olmak. **get better** iyileşmek. **better and better** gittikçe daha iyi.

between [bi'twi:n] **ed.** (iki nesne ya da kişi) arasında, arada, araya. **between you and me** lâf aramızda.

beverage ['bevıric] **i.** içecek, meşrubat.

bevy ['bevi] **i.** küme, grup, sürü.

bewail [bi'weyl] **f.** bir şeye ağlamak, hayıflanmak.

beware [bi'weı(r)] **f.** sakınmak, dikkat etmek.

bewitch **f.** büyülemek, cezp etmek. **bewitching s.** büyüleyici.

beyond [bi'yond] **ed.** ileri, öte, ötede, öteye, dışında, üstünde, çok fazla.

bias ['bayıs] **i.** eğilim, ön yargı. **biased** ['bayısd] **s.** ön yargılı.

bicycle [bayskıl] **i.** bisiklet.

bid [bid] **f.** emretmek, teklif etmek, önermek, söylemek, açık arttırmada fiyat arttırmak. **bid farewell i.** teklif.

big [big] **s.** iri, büyük, kocaman, önemli.

bigamy ['bigımi] **i.** iki eşlilik.

bigot ['bigıt] **i.** tutucu, bağnaz, dar kafalı. **bigotry** ['bigıtri] **i.** dar kafalılık. **bigoted** ['bigıdıt] **s.** tutucu, bağnaz.

bike [bayk] **i.** bisiklet.

bilateral [bay'lætırıl] **s.** iki taraflı.
bilberry ['bilbıri] **i.** yaban mersini.
bile [bayl] **i.** öd, safra.
billboard [bilbo:d] **i.** ilân tahtası.
billfold [bilfould] **i.** cüzdan.
billiards ['bilyıds] **i.** bilârdo.
billow ['bilou] **i.** büyük dalga. **f.** dalgalanmak.
bin [bin] **i.** kutu, sandık, ambar.
bind [baynd] **f.** bağlamak, sarmak, ciltlemek, mecbur etmek.
binoculars [bay'nokyulı(r)s] **i.** dürbün.
bird [bö:d] **i.** kuş. **bird's eye view** kuş bakışı.
birth [bö:th] **i.** doğma, doğum. **give birth to** doğurmak. **date of birth** doğum tarihi. **birthplace** doğum yeri. **birthday** doğum günü
bit [bit] **i.** gem, parça, lokma, kırıntı.
bitch [biç] **i.** dişi köpek, kahpe.
bite [bayt] **i.** ısırma, ısırık, lokma, diş yarası. **f.** ısırmak, sokmak, dişlemek.
bitter ['bitı(r)] **s.** acı, keskin, sert.
bitumen ['bityumın] **i.** zift, katran.
blab [blæb] **f.** gevezelik etmek. **i.** geveze, boş boğaz.
black [blæk] **s.** kara, siyah, zenci, kirli. **black art** büyü. **black pepper** kara biber. **blackboard** kara tahta, yazı tahtası. **blacken** karartma, iftira atma, **blackhead** ben, benek. **blacking** ayakkabı boyası, **blackmail** şantaj. **black market** kara borsa. **black smith** demirci, nalbant. **blacktop** asfalt, asfaltlamak.
bladder ['blædı(r)] **i.** mesane, sidik torbası.
blade [bleyd] **i.** bıçak ağzı, jilet, kılıç.
blame [bleym] **i.** ayıplama, kınama, kusur. **f.** ayıplamak, kınamak. **to be blame for** suçlu olmak, sorumlu olmak. **blameless** suçsuz, kusursuz, **blame (something) on** (bir şey)in suçunu birisine bulmak.
blanch [bla:nç] **f.** ağartmak, beyazlatmak, soldurmak.
blank [blænğk] **s.** boş, açık, yazısız, anlamsız, şaşkın.
blanket ['blænğkit] **i.** battaniye.
blatant ['bleytınt] **s.** apaçık, belirli.
bleed [bli:d] **f.** kan kaybetmek, kanamak.
blend [blend] **i.** harman, karışım. **f.** harmanlamak, karıştırmak.
blender [blendı(r)] **i.** karıştırıcı.
bless [bles] **f.** kutsamak, hayır duası etmek. **bless my soul** aman Allah. **bless me** vay canına.
blind [blaynd] **s.** kör, anlayışsız, çıkmaz sokak. **i.** perde, kepenk.
blink [blinğk] **f.** göz kırpmak.
blithe [blayth] **s.** neşeli, şen, sevinçli.

block [blok] **i.** blok, kütük, engel. **f.** tıkamak, engel olmak,
blond [blond] **i. , s.** sarışın (kimse). **blonde** sarışın (kadın).
blood [blad] **i.** kan, soy, ırk. **bloodcurdling** tüyler ürpertici.
bloodless [bladlıs] kansız. **bloody** [bladi] kanayan, kanlı,
belâlı.
blossom ['blosım] **i.** bahar çiçeği. **f.** çiçek açmak, gelişmek.
blot [blot] **i.** leke, kusur.
blouse [blauz] **i.** bluz
blow [blou] **i.** vuruş, darbe, şiddetli rüzgâr.
blubber ['blabı(r)] **i.** balina yağı **f.** yüksek sesle ağlamak.
blue [blu:] **s.** mavi.
blurt [blö:t] **f.** düşünmeden söylemek. **blurt out** ağzından ka-
çırmak.
blush [blaş] **f.** (yüzü) kızarmak, utanmak.
board [bo:d] **i.** tahta, (pansiyonda) yemek, yönetim kurulu.
boarding school yatılı okul. **boarder** [bo:dı(r)] pansiyoner,
yatılı öğrenci. **boarding house** pansiyon.
boat [bout] **i.** kayık, sandal, tekne, bot, gemi. **boatman**
[boutmın] sandalcı.
bobbin ['bobin] **i.** bobin, makara.
body ['bodi] **i.** vücut, gövde.
bogus ['bougıs] **s.** sahte, yapmacık.
boil [boyl] **i.** çıban. **f.** kaynamak, haşlamak, kaynatmak. **boiled
egg** kaynamış yumurta. **boiler** [boylı(r)] buhar kazanı.
bold [bould] **s.** cesur, atılgan, küstah.
bomb [bom] **i.** bomba.
bond [bond] **i.** bağ, ilişki, bono, kefalet. **f.** kefil olmak.
bone [boun] **i.** kemik, kılçık.
bonus ['bounıs] **i.** ikramiye, prim.
boo [bu:] **f.** yuhalamak.
booby ['bu:bi] **i.** ahmak.
book [buk] **i.** kitap, defter. **f.** yer ayırtmak, rezervasyon.
bookcase kitap dolabı. **booking office** bilet gişesi. **bookshop**
kitap evi.
boot [bu:t] **i.** ayakkabı, çizme.
booze [bu:z] **i.** alkollü içki.
border ['bo:dı(r)] **i.** kenar, sınır. **border on** sınır komşusu ol-
mak.
bore [bo:(r)] **f.** delmek, oymak, usandırmak, can sıkmak, **bored
with** -den sıkılmış
boring [bo:ring] **i.** can sıkıcı.
born [bo:n] **s.** doğmuş. **be born** doğmak.
borough ['barı] **i.** kasaba, ilçe, küçük şehir.
borrow ['borou] **f.** borç almak, ödünç almak.
bosom ['buzım] **i.** göğüs, sine, kucak. **s.** samimi. **bosom
friend** samimi dost.
boss [bos] **i.** işveren, amir, patron. **f.** yönetmek.

botch [boç] **f.** bozmak, beceriksizlik.
both [bouth] her ikisi de. **s.** her iki.
bother ['bodhı(r)] **i.** canını sıkma, sıkıntı. **f.** taciz etmek, canını sıkmak.
bottle [botl] **i.** şişe, biberon. **f.** şişelemek.
bottom [botım] **i.** dip, alt, temel, kıç.
boulder ['bouldı(r)] **i.** kaya parçası.
boundary [baunduri] **i.** sınır, hudut. **out of bounds** yasak bölge.
bow [bau] **i.** yay, kavis, gök kuşağı.
bowl [boul] **i.** kase,tas, çanak. **f.** yuvarlanmak. **to bowl over** yere yıkmak, devirmek.
box [boks] **i.** kutu, sandık.
boy [boy] **i.** erkek çocuk, oğlan.
bra [bra:] **i.** sutyen.
bracelet [breyslit] **i.** bilezik, kelepçe.
bracket ['brækit] **i.** kol, destek, parantez. **f.** birleştirmek, birbirine bağlamak.
braid [breyd] **i.** örgü, belik, kurdele. **f.** saç örmek, kurdele takmak.
brain [breyn] **i.** beyin. **brainless** [breynlıs] **s.** akılsız.
brake [breyk] **i.** fren. **f.** frenlemek, fren yapmak.
bran [bræn] **i.** kepek.
branch [bra:nç] **i.** dal, kol, şube. **f.** kollara ayrılmak, dal budak salmak.
brass [bra:s] **s.** pirinç (maden). **i.** pirinçten yapılmış nefesli sazlar, **brassy** (bra:si) **s.** arsız, yüzsüz, küstah.
brave [breyv] **s.** cesur, yakışıklı. **f.** göğüs germek. **bravely** [breyvli] **z.** cesurca. **bravery** [breyvri] **i.** kahramanlık.
bravo [bra:'vou] **ünl.** aferin.
Brazil [brı'zil] **i.** Brezilya, **Brazilian s.** Brezilyalı, Brezilya'ya ait.
bread [bred] **i.** ekmek.
breadth [bredth] **i.** genişlik, en.
break [breyk] **i.** kırık, ara, açıklık, mola, şans, fırsat. **f.** kırmak, koparmak, bozmak. **break down** bozulmak, çökmek. **breakdown** bozulma, arıza, çökme. **break off** ayrılmak, ayırmak. **break the law** suç işlemek.
breakfast [brekfıst] **i.** kahvaltı.
breakwater [brekwo:tı(r)] **i.** dalgakıran.
breast [brest] **i.** göğüs, meme.
breath [breth] **i.** nefes, soluk, nefes alma.
breathe [bri:dh] **f.** nefes almak.
bribe [brayb] **i.** rüşvet. **f.** rüşvet vermek.
brick [brik] **i.** tuğla. **bricklayer** duvarcı.
bride [brayd] **i.** gelin.
bridge [bric] **i.** köprü, briç. **bridge over** atlatmak.
brief [bri:f] **s.** kısa, özet.

bright [brayt] **s.** parlak, berrak, renkli, canlı, zeki.
bring [bring] **f.** getirmek. **bring along** yanında getirmek. **bring up** yetiştirmek, büyütmek.
Britain ['brit[ı]n] **i.** Britanya.
British ['britiş] **i.** İngiliz, İngiltere'ye ait.
broad [bro:d] **s.** geniş, belli, sınırsız.
broadcast ['bro:dka:st] **i.** radyo yayını. **f.** radyo ile yayınlamak.
broadminded [bro:d-mayndid] **s.** açık fikirli.
brochure ['brouşuı(r)] **i.** broşür.
broke [brouk] **s.** meteliksiz.
broken [broukn] **s.** kırık, kopuk, bozuk. **broken-hearted** [broukn ha:tid] kalbi kırık.
broom [bru:m] **i.** saplı süpürge. **broomstick i.** süpürge sopası.
brothel ['brothıl] **i.** genelev.
brother ['bradhı(r)] **i.** erkek kardeş. **brotherly** ['bradhı(r)li] kardeşçe.
brown [braun] **s.** kahverengi.
brush [braş] **i.** fırça, çalılık. **f.** fırçalamak.
bucket ['bakit] **i.** kova.
buddy ['badi] **i.** arkadaş, kafadar.
budget ['bacit] **i.** bütçe.
buffalo ['bafılou] **i.** manda.
buffet {1} ['bufey] **i.** büfe.
buffet {2} ['bafıt] **i.** yumruk, tokat, **f.** yumruk atmak, tokatlamak.
build [bild] **f.** inşa etmek, yapmak, kurmak. **building** ['bilding] yapı, bina.
bulb [balb] **i.** çiçek soğanı, elektrik ampulü.
Bulgaria [bal'geırıı] **i.** Bulgaristan, **Bulgarian s.** Bulgar, Bulgaristan'a ait.
bull [bul] **i.** boğa. **bulldog** buldok köpeği.
bullet ['bulit] **i.** mermi, kurşun.
bumper ['bampı(r)] **i.** (oto) tampon, ağzına kadar dolu bardak.
bunch [banç] **i.** demet, salkım.
bunny ['bani] **i.** tavşan.
burden ['bö:dın] **i.** yük, ağırlık. **f.** yüklemek, yüklenmek.
bureau ['byurou] **i.** yazıhane, büro.
burglar ['bö:glı(r)] **i.** hırsız, ev hırsızı.
burn [bö:n] **i.** yanık, yanık yeri. **f.** yanmak, yakmak.
bursar ['bö:sı(r)] **i.** muhasebeci.
burst [bö:st] **i.** patlama, çatlama. **f.** patlamak, patlatmak, yarılmak.
bus [bas] **i.** otobüs.
bush [buş] **i.** çalı, fidan.
business ['biznis] **i.** iş, meslek, görev, ticaret.
busy ['bizi] **s.** meşgul, faal, işlek.

but [bat] **ed.** fakat, ama, lakin, den başka.
butcher ['buçır] **i.** kasap. **f.** kesmek. **butchery** ['buçıri] kasaplık, katliam.
butt [bat] **i.** fıçı, dipçik. **f.** tos vurmak.
butter ['batı(r)] **i.** tereyağı. **f.** tereyağı sürmek.
butterfingers ['batı(r)fingı(r)] **i.** sakar kimse.
butterfly ['batı(r)flay] **i.** kelebek.
buttock ['batık] **i.** kalça, but, kaba et.
button ['batın] **i.** düğme, elektrik düğmesi. **button up** ['batın ap] **f.** iliklemek.
buttress ['batris] **i.** ayak, destek. **f.** desteklemek.
buy [bay] **f.** satın almak. **buyer** ['bayı(r)] **i.** alıcı, müşteri.
by [bay] **ed.** ile, kadar, tarafından, yakınında, kenarında, -in yanında, vasıtasıyla, göre.
bye bye [bay bay] **ünl.** Allahaısmarladık, güle güle, hoşça kal
by-pass [bay-pas] **i.** kestirme. **f.** gidermek, atlatmak.

C - c

cab [kæb] **i.** taksi, kiralık araba, makinist, (kamyonda) şoförün yeri.
cabbage ['kæbic] **i.** lâhana.
cabin ['kæbin] **i.** kamara, kabin, kulübe.
cabinet [ükæbinıt] **i.** bakanlar kurulu, kabine, çekmeceli dolap, küçük özel oda.
cable ['keybl] **i.** kablo, halat, telgraf. **f.** telgraf çekmek.
café ['kæfey] **i.** pastane, çayhane, kahvehane, küçük lokanta.
cafeteria [kæfi'tiıriı] **i.** kafeterya.
cage [keyc] **i.** kafes. **f.** kafese koymak.
cagey ['keyci] **s.** kurnaz, açıkgöz.
cake [keyk] **i.** pasta, kek, çörek. **f.** katılaşmak. **cake tin** kek kalıbı.
calamity [kı'læmiti] **i.** belâ, felaket.
calculate ['kælkyuleyt] **f.** hesaplamak. **calculation** [kælkyu'leyşn] hesap, **calculator i.** hesap makinesi.
calendar ['kælendı(r)] **i.** takvim.
calf [ka:f] **i.** dana, buzağı, baldır.
calico ['kælikou] **i.** basma.
call [ko:l] **f.** bağırmak, seslenmek, çağırmak, telefon etmek, isimlendirmek. **call at** uğramak. **caller** [ko:lı(r)] telefon eden, ziyaretçi.
callow ['kælou] **s.** tecrübesiz, acemi.
callus ['kælıs] **i.** nasır.
calm [ka:m] **s.** sakin, durgun. **calmness** [ka:mnes] sakinlik.

cambric [′kæmbrik] **i.** patiska, ince beyaz kumaş.
camel [′kæmıl] **i.** deve. **camelhair** deve tüyü.
camera [′kæmırı] **i.** fotoğraf makinesi, kamera.
camp [kæmp] **i.** kamp, kışla, **f.** kamp yapmak.
can {1} [kæn] **yard. fiil.** gücü yetmek, -ebilmek.
can {2} [kæn] **i.** maşrapa, teneke kutu, kap.
Canada [′kænıdı] **i.** Kanada, **Canadian s.** Kanadalı ,Kanada'ya ait.
canal [kı′næl] **i.** kanal, su yolu.
canary [kı′neıri] **i.** kanarya.
cancel [′kænsıl] **f.** iptal etmek, üstüne çizgi çekmek, silmek.
cancer [′kænsı(r)] **i.** kanser.
candid [′kændid] **s.** samimi, dürüst.
candidate [′kændıdit] **i.** aday.
candle [kændl] **i.** mum. **candlelight** [kændllayt] mum ışığı. **candlestick** şamdan.
candy [′kændi] **i.** şeker, bonbon.
capability [keypı′biliti] yetenek. **capable** [′kæpıbl] **s.** yetenekli, kabiliyetli.
capacity [kæ′pæsiti] **i.** kapasite, hacim, yetenek, güç, iktidar.
capital [′kæpıtıl] **i.** başkent, büyük harf, sermaye.
captain [′kæptin] **i.** kaptan, yüzbaşı, deniz albayı.
captivate [′kæptiveyt] **f.** büyülemek.
captive [′kæptiv] **i.** esir, tutsak, mahpus. **captivity** [kæp′tiviti] **i.** tutsaklık.
capture [′kæpçı(r)] **i.** zaptetme, ele geçirme. **f.** yakalamak, ele geçirmek, esir etmek.
car [ka:(r)] **i.** otomobil, vagon.
caravan [kærı′væn] **i.** karavan
card [ka:d] **i.** kart, karton, iskambil kağıdı.
care [keı(r)] **i.** dikkat, bakım, merak, endişe. **f.** merak etmek, ilgilenmek, önemsemek, aldırış etmek, **carefree** [keıfri:] **s.** dertsiz, kaygısız. **careful** [′keıfıl] **s.** dikkatli. **careless** [′keılis] **s.** dikkatsiz, **care about** birisini /bir şeyi önemsemek, **care for** birisine (bir hastaya yaşlıya vb.) bakmak , bir şeyden hoşlanmak.
career [kı′riı(r)] **i.** kariyer, meslek yaşamı
caress [kı′res] **i.** okşama, kucaklama. **f.** okşamak.
cargo [′ka:gou] **i.** yük, kargo.
caries [′keıri:z] **i.** diş çürümesi.
carnival [′ka:nivıl] **i.** karnaval, eğlence, şenlik.
car park [ka:(r)-pa:k] **i.** otopark
carpenter [′ka:pintı(r)] **i.** marangoz, doğramacı.
carpet [′ka:pit] **i.** halı.
carriage [′kæric] **i.** araba, vagon, taşıma, nakliye.
carrot [′kærıt] **i.** havuç.

carry ['kæri] **f.** taşımak, nakletmek.
cart [ka:t] **i.** atlı yük arabası.
carton ['ka:tın] **i.** karton kutu, mukavva kutu.
cartoon [ka:'tu:n] **i.** çizgi film, karikatür, çizgi roman.
case [keys] **i.** durum, olay,dava, sorun, kılıf. **in any case** her durumda.
cash [kæş] **i.** para, peşin para, nakit. **f.** tahsil etmek, paraya çevirmek.
cashier [kæ'şiı(r)] **i.** kasiyer.
casket ['ka:skit] **i.** mücevher kutusu.
castle [ka:sl] **i.** kale, hisar, şato.
cat [kæt] **i.** kedi.
catch [kæç] **i.** tutma, yakalama. **f.** tutmak, yakalamak, yetişmek (taşıta).
cathedral [kı'thi:drıl] **i.** katedral, büyük kilise.
catholic ['kæthılik] **i.** katolik.
cattle [kætl] **i.** sığır.
cauliflower ['koliflauı(r)] **i.** karnabahar .
cause [ko:z] **i.** neden, sebep, amaç. **f.** neden olmak, doğurmak, **causeless** [ko:zlis] nedensiz.
caution ['ko:şn] **i.** dikkat, uyarı. **f.** uyarmak.
cease [si:s] **f.** durmak, bitmek, bitirmek. **ceaseless** [si:slis] sürekli.
ceiling ['si:lingğ] **i.** tavan.
celebrate ['selibreyt] **f.** kutlamak. **celebration** [seli'breyşn] **i.** kutlama.
celebrated ['selibrıtıd] **i.** ünlü.
cell [sel] **i.** hücre, küçük oda, pil.
cement [si'ment] **i.** çimento, tutkal. **f.** yapıştırmak, beton kaplamak.
cemetery [s'emitri] **i.** mezarlık.
census ['sensas] **i.** nüfus sayımı.
cent [sent] **i.** doların yüzde biri.
center (centre) ['sentı(r)] **i.** merkez, orta. **f.** ortaya koymak, ortalamak.
central ['sentrıl] **i.** telefon santralı. **s.** merkezi, orta.
century ['sençıri] **i.** yüzyıl.
certain ['sö:tin] **s.** kesin, belli, emin. **for certain** şüphesiz, kuşkusuz.
certificate [sö:'tifikit] **i.** diploma, belge, vesika.
certitude ['sö:tityud] **i.** kesinlik.
chain [çeyn] **i.** zincir. **f.** zincirlemek. **chain down** zincirle bağlamak.
chair [çeır] **i.** sandalye, kürsü. **f.** başkanlık etmek.
chairman ['çeırmın] **i.** (toplantıda) başkan.
chalk [ço:k] **i.** tebeşir.

challenge [ˈçælinc] **i.** meydan okuma. **f.** meydan okumak.
champ [çæmp] **f.** ısırmak, çiğnemek.
champagne [şæmˈpeyn] **i.** şampanya.
champion [ˈçæmpiın] **i.** şampiyon. **f.** savunmak, desteklemek.
chance [ça:ns] **i.** şans, talih, fırsat. **f.** rast gelmek. **s.** şans eseri.
chandelier [şændılıı(r)] **i.** avize.
change [çeync] **i.** değiştirme, değişim, para bozma. **f.** değiştirmek, değişmek, para bozdurmak.
channel [çænl] **i.** kanal, nehir yatağı, televizyon kanalı. **f.** yöneltmek, kanal açmak.
chaos [ˈkeyos] **i.** kaos, büyük karışıklık
chapter [ˈçæptı(r)] **i.** bölüm
character [ˈkæræktı(r)] **i.** karakter, tip, nitelik, kişilik.
chard [ça:d] **i.** pazı.
charge [ça:c] **i.** fiyat, ücret, suçlama, şarj, görev. **f.** fiyatlandırmak, suçlamak, şarj etmek, görevlendirmek, **charge (someone) with** (birisi)ni bir şeyle suçlandırmak, (birisi)ni bir şeyle görevlendirmek, **free of charge** parasız, karşılıksız.
charitable [ˈçæritıbl] **s.** iyiliksever, cömert, şefkatli.
charity [ˈçæriti] **i.** iyilik, bağış, yardım derneği.
charm [ça:m] **i.** cazibe, büyü, muska, **f.** cezp etmek.
charter [ˈça:tı(r)] **i.** patent, **f.** (gemi, uçak) kiralamak.
chase [çeys] **i.** av. **f.** kovalamak, avlamak.
chat [çæt] **i.** sohbet. **f.** sohbet etmek, konuşmak.
cheap [çi:p] **s.** ucuz, değersiz.
cheat [çi:t] **i.** hile, dolandırıcılık, dalavere. **f.** hile yapmak, dolandırmak.
check [çek] **i.** kontrol, vestiyer fişi, lokantada hesap, çek. **f.** engellemek, kontrol etmek, emanete teslim etmek. **check out** otelden ayrılmak.
cheek [çi:k] **i.** yanak, yüzsüzlük, küstahlık. **cheeky** [çi:ki] yüzsüz, küstah.
cheer [çiı(r)] **i.** neşe, teşvik, alkış. **cheerful** [çiı(r)fıl] neşeli, şen.
cheese [çi:z] **i.** peynir.
chemist [ˈkemist] **i.** kimyager, eczacı. **chemistry** [ˈkemistri] kimya.
cheque (check) [çek] **i.** (banka) çek.
cherry [çeri] **i.** kiraz.
chess [çes] **i.** satranç.
chestnut [çesnat] **i.** kestane (ağacı), doru (at).
chew [çu:] **f.** çiğnemek.
chick [çik] **i.** civciv.
chicken [çikın] **i.** piliç, tavuk, **s.** korkak.
chief [çi:f] **i.** şef. **s.** büyük, belli başlı. **chiefly** [çi:fli] **z.** başlıca.

child [çayld] **i.** çocuk. **children** ['çildrın] çocuklar.

chilli ['çili] **i.** kırmızı biber.

chimney ['çimni] **i.** baca.

chin [çin] **i.** çene.

chip [çip] **i.** çentik, kumar fişi, kırıntı. **chips** [çips] patates kızartması.

chocolate ['çoklit] **i.** çikolata.

choice [çoys] **i.** seçme, tercih, seçenek. **s.** seçkin.

choose [çu:z] **f.** seçmek, tercih etmek.

Christ [krayst] **i.** İsa. **Christian** ['kristiın] Hıristiyan.

Christmas ['krismıs] **i.** Noel.

cider ['saydı(r)] **i.** elma şarabı.

cigar [si'ga:(r)] **i.** puro.

cigarette [sigı'ret] **i.** sigara.

cinema ['sinimı] **i.** sinema.

cinnamon ['sinımın] **i.** tarçın.

circle [sö:kl] **i.** daire, çember, halka. **f.** etrafını dönmek, çember içine almak.

circular ['sö:kyulı(r)] **s.** çember şeklinde, yuvarlak, sirküler.

circumstance ['sö:kımstæns] **i.** hal, durum.

circus ['sö:kıs] **i.** sirk.

city ['siti] **i.** şehir, kent, site.

civilization [sivilay'zeyşn] **i.** uygarlık.

claim [kleym] **i.** talep, iddia. **f.** hakkını istemek, iddia etmek.

clam [klæm] **i.** midye.

clap [klæp] **i.** el çırpma, alkışlama. **f.** alkışlamak.

clash [klæş] **i.** çarpma, çarpışma. **f.** çarpışmak.

class [kla:s] **i.** sınıf, zümre, çeşit, mevki. **f.** sınıflandırmak, **classroom i.** sınıf (odası).

classify [klæsifay] **f.** sınıflamak.

clause [klo:z] **i.** madde, fıkra, cümlecik.

claw [klo:] **i.** (hayvan) pençe, tırnak. **f.** pençelemek, tırnaklamak.

clean [kli:n] **s.** temiz, pak. **f.** temizlemek, **cleaner's i.** kuru temizleyici dükkânı

clear [kliı(r)] **s.** berrak, açık, net, temiz. **f.** temizlemek, temize çıkarmak. **z.** tamamen.

clearly [kliırli] açık bir şekilde.

clerk [kla:k] **i.** kâtip, sekreter.

clever ['klevı(r)] **s.** akıllı, zeki, becerikli.

client ['klayınt] **i.** müşteri.

climate ['klaymit] **i.** iklim, hava.

climb [klaym] **f.** tırmanmak, çıkmak. **climber** [klaymbı(r)] dağcı.

clip [klip] **i.** klips, pens, kesme. **f.** kırkmak, kırpmak.

cloak [klouk] **i.** pelerin. **cloakroom** vestiyer.

SÖZLÜK

clock [klok] **i.** saat (masa, duvar). **f.** saat tutmak.
close [klouz] **i.** yakın, son, **f.** kapatmak, **closed** [klouzd] **s.** kapalı.
closet ['klozit] **i.** küçük oda, kabine, dolap, hela.
cloth [kloth] **i.** kumaş, bez, masa örtüsü. **clothing** [klothinğ] **i.** giyim.
clothe [kloudh] **f.** giydirmek, üstünü örtmek. **clothes** [kloudhz] elbise.
cloud [klaud] **i.** bulut. **cloudy** [klaudi] bulutlu.
cloven [klouvn] **i.** karanfil.
club [klab] **i.** kulüp, dernek, sopa. **f.** sopa ile dövmek.
clue [klu:] **i.** ip ucu, iz, anahtar.
clumsy ['klamzi] **s.** hantal, sakar, beceriksiz.
clutch [klaç] **i.** kavrama, tutma, debriyaj. **f.** kavramak, kapmak.
coach [kouç] **i.** antrenör, koç, fayton. **f.** antrenörlük.
coal [koul] **i.** kömür.
coarse [ko:s] **s.** adi, kaba, işlenmemiş. **coarseness** [ko:snis] **i.** kabalık.
coast [koust] **i.** kıyı, sahil. **f.** sahil boyunca gitmek.
coat [kout] **i.** palto, ceket. **f.** kaplamak.
cock [kok] **i.** horoz, (tüfek) tetik. **f.** hazır etmek, kurmak. **s.** erkek.
cockpit [kokpit] **i.** pilot kabini.
code [koud] **i.** şifre, kanun. **f.** şifrelemek. **Morse code i.** Mors alfabesi.
coffee ['kofi] **i.** kahve. **coffeepot i.** kahve cezvesi.
coffin ['kofin] **i.** tabut.
coiffeur [kuafö:(r)] **i.** berber, kuaför.
coin [koyn] **i.** metal para. **f.** para basmak.
cold [kould] **i.** soğuk algınlığı, nezle. **s.** soğuk, üşümüş.
colic ['kolik] **i.** şiddetli mide ağrısı, sancı.
collar ['kolı(r)] **i.** yaka, gerdanlık, tasma.
colleague ['koli:g] **i.** meslektaş.
collect [kı'lekt] **f.** toplamak, biriktirmek,tahsil etmek. **s.** ödemeli,
collection [kı'lekşn] **i.** toplama, koleksiyon.
college ['kolıc] **i.** üniversite, yüksek okul, kolej.
collide [kı'layd] **f.** çarpmak, çarpışmak, **collide with** birisiyle / bir şeyle çarpışmak.
colour ['kalı(r)] **i.** renk, boya, **f.** boyamak. **coloured** ['kalı(r)d] **s.** renkli, boyalı.
column ['kolım] **i.** sütun, kolon, direk, gazete sütunu.
comb [koum] **i.** tarak, ibik, petek. **f.** taramak, taranmak.
come [kam] **f.** gelmek, sonuçlanmak. **come along** ilerlemek, acele etmek. **come back** geri gelmek. **come in** içeri girmek, **come across** rastlamak.
comedian [kı'mi:diın] **i** komedyen. **comedy** ['koumidi] **i.** güldürü, komedi.

DICTIONARY

comfort ['kamfıt] **i.** konfor, refah, teselli. **f.** teselli etmek, yatıştırmak, **comfortable** ['kamfıtıbl] **s.** rahat, konforlu.
comic ['komik] **s.** komik.
comma ['komı] **i.** virgül.
command [kı'ma:nd] **i.** emir, komuta, yetki. **f.** emretmek, yönetmek.
commander [kı'ma:ndı(r)] **i.** komutan, (deniz) binbaşı.
commend [kı'mend] **f.** övmek.
comment ['koment] **i.** yorum. **f.** fikrini söylemek.
commerce ['komö:s] **i.** ticaret, iş,
commercial [kı'mö:şl] **s.** ticari.
commission [kı'mişn] **i.** görev, hizmet, kurul, komisyon.
committee [kı'miti] **i.** kurul, heyet, komite.
common ['komın] **s.** genel, herkese ait, kamusal.
communal ['komyunıl] **s.** toplumsal.
communism ['komyunizm] **i.** komünizm.
community [kı'myu:niti] **i.** toplum, halk.
companion [kım'pænyın] **i.** arkadaş, yoldaş.
company ['kampıni] **i.** şirket, ortaklık, grup, arkadaşlık.
compare [kım'peı(r)] **f.** karşılaştırmak, kıyaslamak.
comparison [kım'pærisn] **i.** karşılaştırma, kıyaslama.
compartment [kım'pa:tmnt] **i.** daire, bölme, kompartıman.
compass ['kampıs] **i.** pusula, pergel.
compel [kım'pel] **f.** zorlamak, mecbur etmek.
compensate ['kompenseyt] **f.** bedelini ödemek, zararını karşılamak, tazmin etmek.
competence ['kompitıns] **i.** yeterlik, ustalık, salahiyet. **competent** ['kompitınt] **i.** yetkili.
competition [kompi'tişn] **i.** yarışma, rekabet. **competitor** [kompi'titı(r)] **i.** rakip.
complain [kım'pleyn] **f.** şikâyet etmek, içini dökmek. **complaint** [kım'pleynt] **i.** şikâyet, dert, keyifsizlik.
complement ['komplimınt] **i.** tamamlayıcı, tümleç. **f.** tamamlamak.
complete [kım'pli:t] **s.** tamam, eksiksiz, bütün. **f.** tamamlamak.
complex ['kompleks] **s.** karışık, kompleks.
complicate ['komplikeyt] **f.** güçleştirmek, karıştırmak. **complicated** ['komplikeytıd] **s.** karmaşık.
compliment ['komplimınt] **i.** iltifat, kompliman. **f.** iltifat etmek, övmek.
compose [kım'pouz] **f.** birleştirmek, bestelemek, dizmek. **composer** [kım'pouzı(r)] **i.** bestekâr.
composition [kompı'zişn] **i.** bileşim, kompozisyon, beste.
compound ['kompaund] **f.** birleştirmek, karıştırmak. **s.** bileşik, karışık.

comprehend [kompri'hend] **f.** anlamak, kavramak, kapsamak.

compress ['kompres] **i.** kompres. **f.** sıkmak.

compulsion [kım'palşn] **i.** zorlama, zorunluluk.

compute [kom'pyut] **f.** hesaplamak. **computer** [kom'pyutı(r)] **i.** bilgisayar.

conceal [kın'si:l] **f.** gizlemek, saklamak

concentrate ['konsıntreyt] **f.** yoğunlaş(tır)mak, aklını bir noktaya toplamak, özünü çıkartmak. **concentration** [konsın'treyşn] **i.** toplama, aklını bir noktada toplama, yoğunluk.

concept ['konsept] **i.** fikir, kavram, görüş.

concern [kın'sö:n] **i.** ilgi, endişe, merak. **f.** ilgilendirmek, **concern about** -den endişelenmek, **concerning** hakkında.

concert ['konsö:t] **i.** konser.

concession [kın'seşın] **i.** teslim, ödün, imtiyaz.

concise [kın'says] **s.** öz, kısa, özlü.

conclude [kın'klu:d] **f.** sonuçlandırmak, bir karara varmak, sonuç çıkarmak. **conclusion** [kın'klu:jn] **i.** sonuç, netice.

concrete {1} ['konkri:t] **i.** beton. **f.** beton kaplamak, **s.** betondan yapılmış.

concrete {2} ['konkri:t] **s.** somut, gerçek, belirli.

concrete {3} [kın'kri:t] **f.** katılaşmak, şekillenmek.

condition [kın'dişn] **i.** hal, durum, koşul, şart.

conditional [kın'dişnl] **s.** şartlı, kayıtlı.

conduct ['kondakt] **i.** davranış, tavır, hareket. **f.** davranmak, idare etmek.

confess [kın'fes] **f.** itiraf etmek, kabul etmek. **confession** [kın'feşn] **i.** itiraf.

confidence ['konfi:dıns] **i.** güven, gizlilik, sırdaşlık.

confidential [konfi'denşl] **s.** mahrem, gizli.

confirm [kın'fö:m] **f.** onaylamak, doğrulamak.

confront [kın'frant] **f.** karşılaştırmak, karşı gelmek.

confuse [kın'fyu:z] **f.** karıştırmak, şaşırmak.

confusion [kın'fyu:jn] **i.** şaşkınlık, karışıklık.

congratulate [kın'grætyuleyt] **f.** tebrik etmek, kutlamak, **congratulate (someone) on** (birisi)ni bir şey için kutlamak.

congress ['kongres] **i.** kongre, toplantı.

connect [kı'nekt] **f.** bağlamak, birleştirmek.

connection [kı'nekşn] **i.** bağlantı, ilgi, ilişki.

conquer ['konğkı(r)] **f.** fethetmek, zaptetmek, yenmek.

conscience ['konşıns] **i.** vicdan. **conscientious** [konşi'enşıs] vicdanlı.

conscious ['konşıs] **s.** bilinçli, haberdar, uyanık.

consent [kın'sent] **i.** rıza, izin. **f.** razı olmak, izin vermek.

consequence ['konsikwıns] **i.** sonuç, akıbet. **consequently** ['konsikwıntli] **z.** sonuç olarak, onun için.

conservation [konsı'veyşn] **i.** koruma, muhafaza. **conservative** [kın'sö:vıtiv] **s.** tutucu, muhafazakâr.
conserve [kın'sö:v] **i.** koruma, saklama. **f.** korumak, konserve yapmak.
consider [kın'sidı(r)] **f.** düşünmek, tartmak, hesaba katmak.
considerable [kın'sidırıbl] **s.** önemli, epey,hayli, çok, büyük.
consideration [kınsidı'reyşn] **i.** düşünce, hesaba katma, bedel, ilgilenme, göz önüne alma.
consist [kın'sist] **f.** ibaret olmak.
consistent [kın'sistınt] **s.** tutarlı.
console ['konsoul] **f.** teselli etmek, avutmak. **i.** konsol.
consonant ['konsınınt] **i.** sessiz harf.
conspiracy [kın'spirısi] **i.** komplo, gizli antlaşma, suikast.
conspirator [kın'spirıtı(r)] **i.** suikastçı.
constant ['konstınt] **s.** değişmez, sabit, sürekli.
constitution [konsti'tyu:şn] **i.** anayasa, yaradılış, karakter.
construct [kın'strakt] **f.** kurmak, inşa etmek. **construction** [kın'strakşn] **i.** inşaat, yapı, bina.
consulate ['konsyulit] **i.** konsolosluk.
consult [kın'salt] **f.** danışmak, müracaat etmek.
consume [kın'syu:m] **f.** tüketmek, bitirmek, yok etmek.
consumption [kın'sampşn] **i.** tüketim.
contact ['kontækt] **i.** ilişki, temas, bağlantı. **f.** bağlantı kurmak.
contagious [kın'teycius] **s.** bulaşıcı.
contain [kın'teyn] **f.** kapsamak, içermek, içine almak.
contemporary [kın'tempırıri] **i.** çağdaş.
content {1} [kın'tend] **i.** hoşnutluk, kıvanç. **f.** hoşnut etmek. **s.** hoşnut, memnun.
content {2} ['kontent] **i.** öz, içerik, gerçek anlam, içindekiler. **f.** iddia etmek, yarışmak. **contents** ['kontents] **s.** içerik, içindekiler.
contention [kın'tenşn] **i.** tartışma, çekişme, mücadele, münakaşa.
continent ['kontinınt] **i.** anakara, kıta. **continental** ['kontinentl] **s.** kıtasal.
continue [kın'tinyu:] **f.** devam etmek, sür(dür)mek. **continuous** [kın'tinyuıs] **z.** sürekli, devamlı, kesintisiz.
contort [kın'tö:t] **f.** bükmek, burmak, çarpıtmak.
contraband ['kontrıbænd] **i.** kaçak (mal), kaçakçılık.
contract {1} [kın'trækt] **f.** daral(t)mak, büzmek kısal(t)mak, (hastalık, alışkanlık, vb.) kapmak, **contraction i.** daralma, kısalma, büzülme, çekme.
contract {2} ['kontrækt] **i.** kontrat, sözleşme.
contrary ['kontrıri] **i.** aksi, ters, zıt, muhalif. **on the contrary** aksine.

contrast ['kontræst] **i.** tezat, terslik, aykırılık.
contribute ['kıntribyu:t] **f.** bağışlamak, yardım etmek, katkıda bulunmak. **contribution** [kıntri'byu:şn] **i.** bağış, katkı.
control [kın'troul] **i.** kontrol, denetim, egemenlik, idare. **controller** [kın'troulı(r)] **i.** denetçi.
convene [kın'vi:n] **f.** toplamak, toplanmak.
convenient [kın'vi:nint] **s.** uygun, rahat, elverişli.
conversation [konvı'seyşın] **i.** konuşma,sohbet
convince [kın'vins] **f.** inandırmak, ikna etmek. **convinced** [kınvisd] **s.** emin.
cook [kuk] **i.** aşçı. **f.** pişmek, pişirmek.
cool [ku:l] **i.** serinlik, soğukkanlılık. **f.** serinlemek, serinletmek. **s.** serin, sakin, kayıtsız. **cooler** [ku:lı(r)] **i.** soğutma aleti.
cooperate [kou'opıreyt] **f.** iş birliği yapmak, birlikte çalışmak.
cop [kop] **i.** polis.
copier ['kopiı(r)] **i.** kopyacı, fotokopi makinesi.
copper ['kopı(r)] **i.** bakır.
copy ['kopi] **i.** kopya, suret, yazı. **f.** kopyalamak.
core [ko:(r)] **i.** öz, göbek.
cork [ko:k] **i.** (şişe) tıpa, mantar. **f.** tıpalamak.
corkscrew [ko:kskru:] **i.** tirbuşon, mantar tıpa açacağı.
corn [ko:n] **i.** mısır, hububat, nasır. **corncob** [ko:nkob] **i.** mısır koçanı, **popcorn** [popko:n] **i.** mısır patlağı.
corner ['ko:nı(r)] **i.** köşe, köşe başı.
corporation [ko:pı'reyşn] **i.** (anonim) şirket, ortaklık, kurum, dernek.
correct [kı'rekt] **f.** düzeltmek. **s.** doğru, yanlışsız.
correspond [koris'pond] **f .** uymak, karşılamak, benzemek, haberleşmek. **correspondence** [korispondıns] **i.** yazışma, haberleşme, muhaberat.
corridor ['korido:(r)] **i.** koridor, geçit.
corset ['ko:sit] **i.** korse.
cosmic(al) ['kozmik(ıl)] **s.** evren(sel).
cosmopolitan [kozmı'politın] **i.** ulus inancı olmayan, kozmopolit.
cost [kost] **i.** eder, bedel, fiyat, maliyet. **f.** mal olmak, değeri olmak, bedeli olmak, **at any cost** neye mal olursa, her ne pahasına.
cot [kot] **i.** (çocuk) portatif karyola.
cotton [kotn] **i.** pamuk, pamuk bezi. **s.** pamuklu.
cough [kof] **i.** öksürük. **f.** öksürmek.
council [kaunsl] **i.** meclis, konsey, encümen.
count [kaunt] **f.** saymak, hesapla(ş)mak, hesaba katmak.
counter ['kauntı(r)] **i.** sayıcı, tezgah, sayaç, fiş. **f.** karşı koymak. **s.** karşı, zıt, aksi.
country ['kantri] **i.** ülke, memleket, yurt, taşra. **countryman i.** hemşehri, vatandaş.

couple [kapl] **i.** çift, karı koca. **f.** birleştirmek, çiftleştirmek.
courage ['karic] cesaret, mertlik. **courageous** [kı'reycıs] **s.** cesur, yiğit, mert.
course [ko:s] **i.** ders, kurs, rota. **of course** tabii, elbette.
court [ko:t] **i.** avlu, bahçe, alan, mahkeme (heyeti).
cousin [kazın] **i.** kuzen, amca çocuğu.
cover ['kavı(r)] **i.** kap, örtü, kılıf. **f.** kapamak, örtmek, gizlemek.
cow [kau] **i.** inek, **cowboy** [kauboy] inek çobanı, kovboy.
crab [kræb] **i.** yengeç.
craft [kra:ft] **i.** el sanatı, marifet, tekne, gemi.
crag [kræg] **i.** kayalık, sarp uçurum.
cramp [kræmp] **i.** kramp, adale kasılması, karın ağrısı.
crash [kræş] **i.** şiddetli gürültü, patırtı, ezme, buruşturma, mahvetme, **f.** düşüp parçalanmak, çatırdamak, çökmek, **crash into** bir şeye gürültü ile çarpmak.
crawl [kro:l] **f.** sürünmek, emeklemek.
crazy [kreyzi] **s.** deli, çılgın.
cream [kri:m] **i.** cilt kremi, krema, kaymak.
create [kri:'eyt] **f.** yaratmak, meydana getirmek. **creative** [kri:eytiv] **s.** yaratıcı.
creature ['kri:çı(r)] **i.** yaratık.
credit ['kredit] **i.** kredi, güven, itibar. **f.** itimat etmek, güvenmek.
creditor ['kreditı(r)] **i.** alacaklı, kredi açan kişi.
creek [kri:k] **i.** çay, dere, koy, nehir ağzı.
creep [kri:p] **f.** sürünmek, emeklemek, sürünerek gitmek, ürpermek.
crew [kru:] **i.** tayfa, mürettebat, ekip.
crime [kraym] **i.** cürüm, suç, cinayet. **criminal** ['kriminl] **i.** suçlu, cani. **s.** suça ait
crisis ['kraysis] **i.** kriz, buhran.
critic ['kritik] tenkit eden, eleştirmen, kusur bulan. **critical** ['kritikl] eleştiriye ait, tenkitçi, tehlikeli, kritik, nazik.
crock [krok] **i.** çanak, çömlek, testi, saksı.
crocodile ['krokıdayl] **i.** timsah.
crop [krop] **i.** ekin, ürün, yığın. **crop up** meydana çıkarmak.
cross [kros] **i.** çarpı işareti, haç. **f.** çarpı işareti koymak, karşıya geçmek, aşmak, çaprazlamak, karşılaşmak, **s.** dargın. **cross up** işini bozmak. **crossword** çapraz bilmece, **crossroads i.** kavşak.
crow [krou] **i.** karga, horoz ötüşü, cıvıltı. **f.** ötmek, böbürlenmek, sevinçten bağırmak.
crowbar ['krouba:(r)] **i.** kaldıraç.
crowd [kraud] **i.** kalabalık, yığın, ahali. **f.** doldurmak, sıkıştırmak.
cruel ['kruıl] **s.** zalim, gaddar.
cry [kra:y] **f.** ağlamak, bağırmak, feryat etmek
cucumber ['kyu:kambı(r)] **i.** hıyar, salatalık.

cuddle [kadl] **f.** kucaklamak, bağrına basmak.
cue [kyu:] **i.** işaret, ipucu, isteka.
cultivate ['kaltiveyt] **f.** toprağı işlemek, ekip biçmek.
culture ['kalçı(r)] **i.** kültür, terbiye, uygarlık, ekin, yetiştirme.
cup [kap] **i.** fincan, bardak, kupa.
cupboard ['kabıd] **i.** dolap, büfe.
curd [kö:d] **i.** yumuşak ve tuzsuz lor peyniri, kesilmiş süt.
cure [kyuı(r)] **i.** tedavi, çare, ilaç. **f.** tedavi etmek.
curio [kyuıriou] **i.** biblo, ender şey.
curiosity [kyuıri'ositi] **i.** merak, antika, biblo. **curious** ['kyuıriıs]
s. meraklı, hevesli.
curl [kö:l] **i.** kıvrım, bukle. **f.** kıvrılmak, bükülmek,
curly [kö:li] **s.** kıvırcık.
currency [karınsi] **i.** nakit para, geçerlilik, döviz.
current [karınt] **i.** akıntı, akım. **s.** geçerli, bu günkü, cari.
curse [kö:s] **i.** lânet, beddua. **f.** lânet etmek, küfür etmek.
curtain ['kö:tın] **i.** perde, pano, siper.
curve [kö:v] **i.** eğri, kavis, viraj. **f.** eğmek, bükmek.
custom ['kastım] **i.** örf, gelenek, alışkanlık.
customer ['kastımı(r)] **i.** müşteri, gümrükçü.
customs ['kastıms] **i.** gümrük.
cut [kat] **i.** kesik, yara, dilim, parça. **f.** kesmek, dilimlemek, **cut**
(something) **into** (bir şey)i parçalara (keserek) bölmek, ayırmak,
cut down kesip indirmek.
cutlery ['katlıri] **i.** çatal bıçak takımı.
cutlet ['katlit] **i.** pirzola, külbastı.
Cyprus ['sayprıs] **i.** Kıbrıs. **Cypriot** ['sipriot] **i.** Kıbrıslı.
cyst [sist] **i.** kist, ur.

D - d

dad(dy) ['dæd(i)] **i.** baba(cığım).
daily ['deyli] **i.** günlük, gündelik.
dairy [deiri] **i.** mandıra, sütçü dükkânı.
daisy [deyzi] **i.** papatya.
dam [dæm] **i.** bent, baraj. **f.** baraj yapmak.
damage ['dæmic] **i.** zarar, ziyan, hasar, masraf. **f.** zarar vermek,
hasar yapmak. **damages** tazminat.
damn [dæmn] **f.** lânet etmek, küfür etmek.
damp [dæmp] **i.** nem, rutubet. **f.** ıslatmak, bastırmak, söndür-
mek. **s.** nemli, ıslak.
dance [da:ns , dæ:ns] **i.** dans. **f.** dans etmek.
danger ['deyncı(r)] **i.** tehlike. **in danger** tehlikede.
dangerous ['deyncırıs] **s.** tehlikeli.
dapper ['dæpı(r)] **s.** şık, zarif, ufak tefek.

dare ['deı(r)] **f.** cesaret etmek, cüret etmek, meydan okumak.
dark [da:k] **i.** karanlık. **s.** karanlık, koyu, gizli. **darkroom** karanlık oda.
darling ['da(r)linğ] **i.** sevgili.
data ['deytı] **i.** veri, bilgi.
date [deyt] **i.** tarih, zaman, randevu. **f.** tarih atmak, randevulaşmak.
daughter ['do:tı(r)] **i.** kız evlât.
dawdle ['do:dl] **f.** zaman kaybetmek, oyalanmak.
dawn [do:n] **i.** şafak, gün ağarması. **f.** şafak sökmek, gün ağarmak, aydınlanmak.
day [dey] **i.** gün, gündüz. **the other day** geçen gün.
daylight [deylayt] **i.** gün ışığı.
dazzle [dæzl] **f.** göz kamaştırmak, başını döndürmek.
dead [ded] **s.** ölü, ölmüş, cansız.
deaf [def] **s.** sağır.
deal [di:l] **i.** pazarlık, anlaşma, oyun kâğıdı dağıtma. **dealer** [di:lı(r)] **i.** satıcı, tüccar, oyun kâğıdı dağıtan kişi.
dean [di:n] **i.** dekan.
dear [dıı(r)] **s.** sevgili, aziz, samimi, değerli.
dearth [dö:th] **i.** yokluk, kıtlık.
death [deth] **i.** ölüm.
debt [debt] **i.** borç. **debtor** [debtı(r)] **i.** borçlu.
deceive [di'si:v] **f.** aldatmak, kandırmak. **deceiver** [di'si:vı(r)] **i.** hilekar.
December [di'sembı(r)] **i.** Aralık ayı.
decency ['disnsi] **i.** terbiye, edep. **decent** [disınt] **s.** uygun, münasip, terbiyeli, zararsız.
decide [di'sayd] **f.** karar vermek, kararlaştırmak, karar verdirmek, belirlemek
decision [di'sıjın] **i.** karar, hüküm, yargı.
declare [di'kleı(r)] **f.** bildirmek, beyan etmek, ilân etmek, açıkça söylemek. **declaration** [dekli'reyşın] **i.** ilân, bildirim, beyan, açıklama.
decline [di'klayn] **i.** çöküş, batma, alçalma.
decorate ['dekıreyt] **f.** süslemek, donatmak.
decoration [dekı'reyşın] **i.** süs, süsleme.
decrease ['di:krei:s] **i.** azalma, eksilme. **f.** azalmak, eksilmek, azaltmak, eksiltmek.
decrepit [di'krepit] **s.** eskimiş, yıpranmış.
deep [di:p] **s.** derin. **deepfreeze** [di:pfri:z] **i.** derin dondurucu.
deer [dıı(r)] **i.** geyik, karaca.
default [di'fo:lt] **i.** ödememek, ihmal etmek, kusur göstermek.
defeat [di'fi:t] **i.** yenilgi, mağlubiyet. **f.** yenmek, bozguna uğratmak.
defect [di:fekt] **i.** kusur, eksik, noksan, sakatlık.

defect [di'fekt] **f.** terk etmek, ayrılmak, isyan etmek.
defence [di'fens] **i.** savunma, koruma.
defend [di'fend] **f.** savunmak, müdafaa etmek.
defile ['di:fayl] **i.** geçit, boğaz. **f.** sıra ile geçmek.
define [di'fayn] **f.** tanımlamak, tarif etmek.
definite ['definit] **s.** belli, kesin, belirli.
defy [di'fay] **f.** meydan okumak, direnmek.
degeneracy [di:'cenırısi] **i.** yozlaşma. **degenerate** [di:cenırit] **s.** yozlaşmış, dejenere olmuş.
degree [di'gri:] **i.** derece, aşama, diploma.
delay [di'ley] **i.** erteleme. **f.** ertelemek, geciktirmek.
delectation [dilek'teyşın] **i.** eğlence, hoşlanma, büyük zevk.
delegate ['deligit] **i.** delege, temsilci.
delicacy ['delikısi] **i.** zarafet, nezaket, incelik. **delicate** ['delikit] **s.** nazik, narin, ince, titiz, nefis, zarif.
delicious [di'lişıs] **s.** lezzetli, nefis.
delight [di'layt] **i.** haz, zevk, sevinç. **f.** sevindirmek, zevk almak, sevinmek. **delightful** [di'laytfıl] **s.** hoş, nefis, zevkli, **delighted with** -den hoşnut.
deliver [di'livı(r)] **f.** teslim etmek, vermek, dağıtmak, ulaştırmak.
delivery [di'livri] **i.** dağıtım, doğum, teslim.
delta ['deltı] **i.** üçgen.
demand [di'ma:nd] **i.** istek, talep. **f.** talep etmek, istemek.
demerit [di:'merit] **i.** kusur, hata.
demi- ['demi] **önek.** yarı-.
demise [di'mayz] **i.** ölüm, vefat.
demolish [di'moliş] **f.** yıkmak, tahrip etmek.
demonstrate ['demınstreyt] **f.** kanıtlamak, göstermek, gösteri yapmak.
demonstration [demın'streyşın] **i.** gösteri, kanıtlama.
dense [dens] **s.** yoğun, sık.
dentist ['dentist] **i.** dişçi.
deny [di'nay] **f.** yalanlamak, inkar etmek.
depart [di'pa:t] **f.** hareket etmek, ayrılmak.
department [di'pa:tmınt] **i.** şube, kısım, bölüm, dal, **department store i.** büyük mağaza .
departure [di'pa:çı(r)] **i.** hareket, kalkış, gidiş.
depend [di'pend] **f.** asılmak, asılı olmak. **depend on** [di'pend on] **f.** -e bağlı olmak, tabi olmak. **dependent (dependant)** [di'pendınt] **s.** bağlı, başkasının korumasına gereksinimi olan.
deplete [di'pli:t] **f.** boşaltmak, tüketmek.
deposit [di'pozit] **i.** emanet, depozit, mevduat, tabaka, tortu. **f.** emanete bırakmak, bankaya yatırmak.
deprave [di'preyv] **f.** ahlâkını bozmak, baştan çıkarmak.

depress [di'pres] **f.** bastırmak, alçaltmak, indirmek, keyfini kaçırmak, üzmek, canını sıkmak, zayıflatmak, **depression** [di'preşın] durgunluk, çöküntü.
depth [depth] **i.** derinlik.
descent [di'sent] **f.** inmek, soyundan gelmek.
describe [dis'krayb] **f.** tanımlamak, açıklamak, anlatmak. **description** [dis'kripşın] **i.** tanımlama, tarif etme, cins, çeşit.
desert {1} ['dezıt] **i.** çöl, bozkır,ıssız yer **i.**
desert {2} [di'zö:t] **f.** bırakmak, terk etmek,kaçmak, firar etmek
desert {3} [di'zö:t] **i.** değer, liyakat.
deserve [di'zö:v] **f.** hak etmek, lâyık olmak.
design [di'zayn] **i.** tasarı, taslak,desen. **f.** tasarlamak, çizmek, **designer** [di'zaynı(r)] **s.** tasarımcı, modacı.
desire [di'zayı(r)] **i.** arzu, istek. **f.** arzulamak, istemek.
desk [desk] **i.** okul sırası, yazı masası, kürsü.
desperate ['despırıt] **s.** umutsuz, çaresiz, çılgın.
despite [dis'payt] **ed.** -e rağmen, -e karşın.
dessert [di'zö:t] **i.** meyve veya tatlı (yemek sonunda).
destination [desti'neyşın] **i.** gidilecek yer, varış yeri, hedef.
destine ['destin] **f.** ayırmak, tahsis etmek.
destiny ['destini] **i.** kader, alın yazısı.
destroy [dis'troy] **f.** tahrip etmek, yıkmak, yok etmek.
detail ['di:teyl] **i.** detay, ayrıntı.
detect [di'tect] **f.** meydana çıkarmak, keşfetmek.
detective [di'tektiv] **i.** dedektif, sivil polis memuru.
determine [di'tömn] **f.** sınırlamak, belirlemek. **determination** [ditö:mi'neyşın] **i.** azim, kararlılık, sınırlama, saptama.
develop [di'velıp] **f.** gelişmek, geliştirmek, büyütmek.
development [di'velıpmınt] **i.** gelişme.
device [di'vays] **i.** aygıt, alet, cihaz, icat, hile.
devil ['devil] **i.** şeytan, **devilish** ['deviliş] şeytanca.
devote [di'vout] **f.** vakfetmek, adamak.
devour [di'vauı(r)] **f.** yutmak, silip süpürmek.
dew [dyu:] **i.** çiy, şebnem.
diabetes [dayı'bi:ti:z] **i.** şeker hastalığı, diyabet. **diabetic** [dayı'bi:tik] şeker hastası.
diagnose ['dayıgnouz] **f.** tanımak, teşhis etmek. **diagnosis** [dayıg'nousis] **i.** teşhis, tanı.
dial ['dayıl] **i.** kadran. **f.** telefon numarasını çevirmek.
dialogue ['dayılog] **i.** karşılıklı konuşma, tartışma, diyalog.
diameter [day'æmitı(r)] **i.** çap.
diamond ['dayımınd] **i.** elmas, karo (iskambilde)
diaper ['dayıpı(r)] **i.** çocuk bezi.
diary ['dayıri] **i.** hatıra defteri, günlük.

dictate ['dikteyt] **f.** dikte ettirmek, yazdırmak, zorla kabul ettirmek.

diction ['dikşın] **i.** konuşma tarzı, telâffuz. **dictionary** ['dikşınıri] **i.** sözlük.

die [day] **i.** zar, oyun zarı, şans. **f.** ölmek, vefat etmek.

diet ['dayıt] **i.** perhiz, rejim, günlük besin. **f.** perhiz yapmak.

differ ['difı(r)] **f.** farklı olmak, ayrılmak.

difference ['difırıns] **i.** ayrılık, fark. **different** ['difırınt] **s.** farklı, ayrı, başka.

difficult ['difikılt] **s.** zor, güç, çetin, inatçı.

difficulty ['difıkılti] **i.** zorluk, güçlük, sıkıntı.

dig [dig] **i.** kazı, kinaye. **f.** kazmak, kazı yapmak.

digest {1} ['daycest] **i.** özet.

digest {2} [di'cest] **f.** sindirmek, hazmetmek, öğrenmek.

digestion [di'cesçın] **i.** sindirim.

digress [day'gres] **f.** konudan ayrılmak.

dilute [day'lyu:t] **f.** sulandırmak, su katmak.

dimension [day'menşın] **i.** boyut, ebat, ölçü.

dine [dayn] **f.** akşam yemeği yemek / vermek. **dining room** yemek odası.

dinghy ['dinğgi] **i.** küçük bot.

dinner ['dinı(r)] **i.** akşam yemeği.

dip [dip] **i.** daldırma, dalıp çıkma. **f.** daldırmak, batırmak, batmak, dalmak.

diplomacy [di'ploumısi] **i.** siyaset, diplomasi.

direct [day'rekt, di'rekt] **s.** doğrudan doğruya, dolaysız. **f.** idare etmek, yönetmek, yöneltmek.

direction [day'rekşın, di'rekşın] **i.** yön, taraf, yönetim, idare.

directive [di'rektiv] **i.** talimat, direktif, yönerge, emir.

directly [di'rektli, dayrektli] **z.** doğrudan doğruya, dolaysız olarak, hemen.

director [day'rektı(r)] **i.** müdür, yönetici.

dirt [dö:t] **i.** kir, toz, leke. **dirty** [dö:ti] **s.** kirli, pis.

disappear [disi'pıı(r)] **f.** gözden kaybolmak

disappoint [disı'poynt] **f.** hayal kırıklığına uğra(t)mak.

disarm [dis'a:m] **f.** silahsızlan(dır)mak.

disaster [di'za:stı(r)] **i.** felaket, belâ. **disastrous** [di'za:stırıs] **s.** feci, yıkıcı.

discharge [dis'ça:c] **i.** boşaltma, salıverme, deşarj. **f.** çıkarmak, boşaltmak, işten çıkartmak.

disclaim [dis'kleym] **f.** inkar etmek, reddetmek, tanımamak.

disconcert [diskın'sö:t] **f.** şaşırtmak.

discount ['diskaunt] **i.** indirim, ıskonto. **f.** indirim yapmak, (senet, vb.)kırdırmak.

discourage [dis'karic] **f.** umudunu kırmak, vazgeçirmeye uğraşmak.

discover [dis'kavı(r)] **f.** keşfetmek, meydana çıkarmak. **discoverer** [dis'kavırı(r)] **i.** kâşif. **discovery** [dis'kavıri] **i.** keşif.

discuss [dis'kas] **f.** tartışmak, görüşmek.

disease [dizi:z] **i.** hastalık.

disfigure [dis'fıgı(r)] **f.** şeklini bozmak, çirkinleştirmek.

disgrace [dis'greys] **i.** rezalet, ayıp. **f.** rezil etmek, utandırmak.

disgust [dis'gast] **i.** nefret, tiksinme. **f.** tiksindirmek, bezdirmek.

dish [diş] **i.** büyük yemek tabağı, yemek, küvet. **f.** ortasını çukurlaştırmak, işini bozmak, **dishwasher i.** bulaşık makinesi.

disillusion [disi'lyu:jın] **f.** hayalini yıkmak, hayalden kurtarmak, gözünü açmak.

disinfect [disin'fekt] **f.** dezenfekte etmek.

dislike [dis'layk] **i.** hoşuna gitmeyiş, beğenmeyiş. **f.** hoşlanmamak.

dismantle [dis'mantl] **f.** sökmek.

dismiss [dis'mis] **f.** işten çıkarmak, kovmak, defetmek, dağıtmak.

disorder [dis'o:dı(r)] **i.** karışıklık, düzensizlik.

disown [dis'oun] **f.** inkar etmek, sahip çıkmamak, tanımamak.

dispatch [dis'pæç] **i.** gönderme, nakliye. **f.** göndermek, sevk etmek.

dispensary [dis'pensıri] **i.** dispanser.

disperse [dis'pö:s] **f.** dağıtmak, dağılmak, yayılmak.

display [dis'pley] **i.** gösterme, sergileme. **f.** göstermek, sergilemek.

displease [dis'pli:z] **f.** gücendirmek, beğenmemek, hoşuna gitmemek.

dispose [dis'pouz] **f.** düzenlemek.

dispute [dis'pyu:t] **i.** tartışma, münakaşa. **f.** tartışmak, kabullenmemek.

dissolve [dizolv] **f.** (suda) eritmek, çözmek, son vermek.

distance ['distıns] **i.** mesafe, uzaklık.

distend [dis'tend] **f.** şişirmek, şişmek, gerilmek.

distinct [dis'tinğkt] **s.** belli, açık, farklı. **distinction** [dis'tinğkşın] **i.** fark, ayırma.

distinguish [dis'tinğgwiş] **f.** ayırt etmek, ayırmak. **distinguished** [dis'tinğgwişd] **s.** ünlü, seçkin, mümtaz.

distract [dis'trækt] **f.** ilgiyi başka yöne çekmek.

distress [dis'tres] **i.** acı, elem, üzüntü, sıkıntı. **f.** üzmek, sıkıntıya sokmak.

distribute [dis'tribyu:t] **f.** dağıtmak, tevzi etmek, pay etmek.

district [dis'trikt] **i.** bölge, yöre, semt, mıntıka.

disturb [dis'tö:b] **f.** rahatsız etmek, düzenini bozmak.
disturbance [dis'tö:bıns] **i.** karışıklık, rahatsızlık.
ditch [diç] **i.** hendek, çukur.
dive [dayv] **f.** dalmak.
diversion [day'vö(r)jın] **i.** eğlence, sapma, başka yöne çevirme.
divide [di'vayd] **i.** bölme, pay etme. **f.** böl(üştür)mek, ayırmak,
paylaştırmak, dağıtmak, **divide (something) into** (bir şey)i par-
çalara bölmek, ayırmak.
divine [di'vayn] **s.** ilahi, kutsal. **f.** keşfetmek, kehanette bulun-
mak.
divorce [di'vo:s] **i.** boşanma. **f.** boşanmak, boşamak.
do [du:] **f.** yapmak, etmek.
doctor ['doktı(r)] **i.** doktor.
doctrine ['doktrin] **i.** öğreti, doktrin, meslek, mezhep.
document ['dokyumınt] **i.** belge, senet. **f.** belgelemek.
dog [dog] **i.** köpek.
dole [doul] **i.** sadaka, bağış.
doll [dol] **i.** (oyuncak) bebek. **dolly** [doli] **i.** bebek, kukla.
dollar ['dolı(r)] **i.** dolar.
dolphin ['dolfin] **i.** yunus balığı.
dome [doum] **i.** kubbe.
domestic [dı'mestik] **s.** eve ait, ehli, yurt içi, iç, dahili.
dominant [do'minınt] **s.** hakim, egemen, üstün, nüfuzlu.
donate [dou'neyt] **f.** hediye etmek, bağışlamak.
donkey ['donğki] **i.** eşek.
door [do:(r)] **i.** kapı.
dormitory ['do:mitıri] **i.** yatakhane, öğrenci yurdu.
dosage ['dousic] **i.** dozaj. **dose** [dous] **i.** doz. **f.** dozunu a-
yarlamak
double [dabl] **i. , s.** çift, iki misli, ikilik. . **f.** çiftlemek, iki misli
yapmak, ikilemek, iki kat yapmak. **z.** iki misli olarak.
doubt [daut] **i.** şüphe, kuşku. **f.** şüphelenmek, kuşkulanmak.
beyond doubt şüphesiz. **in doubt** şüpheli. **no doubt** hiç şüp-
hesiz. **doubtful** [dautfıl] şüpheli, kararsız.
dove [dav] **i.** kumru, güvercin.
down [daun] **s. , z. , ed.** aşağı, aşağıya doğru. **downfall**
[daunfo:l] **i.** düşüş, yağış, yıkılış, **downpour** [daunpou(r)] **i.**
sağanak. **downstairs** [daunste:(r)z] alt kat(ta), aşağıda, aşağı-
ya, merdivenden inme.
dowry ['dauri] **i.** çeyiz.
doze [douz] **f.** uyuklamak, kestirmek.
dozen ['dazn] **i.** düzine.
draft [dra:ft] **i.** taslak, tasarı. **f.** tasarlamak, çizmek, plânlamak.
drag [dræg] **f.** sürüklemek, çekmek.
dragon ['drægın] **i.** ejderha.

drain [dreyn] **i.** lağım, pis su yolu. **f.** akıtmak, (lağım suyunu) boşaltmak. **drainage** [dreynic] kanalizasyon.
draw [dro:] **i.** kura çekilişi. **f.** çekmek, germek, çizmek.
dread [dred] **i.** korku, endişe. **f.** korkmak, endişe etmek.
dream [dri:m] **i.** rüya, hayal. **f.** rüya görmek, hayal kurmak, **dream about** birisini /bir şeyi rüyada görmek, **dream of** bir şeyin / bir şey yapmanın hayalini kurmak.
dress [dres] **i.** elbise, giyim. **f.** giyinmek, giydirmek. **dressmaker i.** kadın terzisi.
drier [drayı(r)] **s.** daha kuru. **dried** [drayd] kurutulmuş.
drink [drinğk] **i.** içki, içecek. **f.** içmek, şerefe kaldırmak.
drip [drip] **f.** damlamak, damlatmak.
drive [drayv] **f.** sürmek, götürmek, yürütmek, araba kullanmak, **drive into** bir şeye araba ile çarpmak
driver [drayvı(r)] **i.** şoför, sürücü.
drizzle [drizl] **f.** çiselemek.
droop [dru:p] **f.** sarkmak, bükülmek, kuvvetten düşmek.
drop [drop] **i.** damla, düşme, düşüş. **f.** düşürmek, damlatmak.
dropper ['dropı(r)] **i.** damlalık.
drown [draun] **f.** (suda) boğmak, boğulmak.
drugstore ['dragsto:(r)] **i.** eczane
drunk [dranğk] **s.** sarhoş. **drunkard** [dranğkıd] **i.** ayyaş.
dry [dray] **f.** kurutmak, kurulamak, kurumak. **s.** kuru, susuz, kurak. **dryer** [drayı(r)] kurutucu, **dry-clean** (kuru) temizlemek.
dubious ['dyu:biıs] **s.** şüpheli, belirsiz.
duck [dak] **i.** ördek.
due [dyu:] **i.** hak. **s.** ödenmesi gereken, vadesi gelmiş, uygun, gereken. **due to** yüzünden, dolayı.
dull [dal] **s.** sıkıntılı, aptal, donuk.
dumb [dam] **s.** dilsiz, dili tutulmuş.
dump [damp] **f.** atmak, boşaltmak, fiyatları düşürmek. **dumping** [dampinğ] **i.** ucuzluk, indirim.
dung [danğ] **i.** gübre. **f.** gübrelemek.
dungeon ['dancın] **i.** zindan.
duple(x) ['dyu:pl(ex)] **s.** çift, dubleks.
duplicate ['dyu:plikit] **i.** suret, kopya, bir şeyin aynısı. **f.** kopyasını çıkarmak. **duplicator** [dyu:plikeytı(r)] çoğaltma (teksir) makinesi.
during ['dyuırinğ] **ed.** esnasında, sırasında, boyunca, süresince.
dusk [dask] **i.** akşam karanlığı, gün kararması, az karanlık.
dust [dast] **i.** toz, çöp. **f.** tozunu silkmek, fırçalamak. **dustbin** ['dast'bin] **i.** çöp tenekesi. **dustcloth** ['dast'kloth] **i.** toz bezi. **dustpan** ['dast'pen] **i.** faraş. **dusty** ['dasti] **s.** tozlu, toz gibi. **dustman** ['dast'men] **i.** çöpçü.
duty ['dyu:ti] **i.** görev, vazife, vergi.
dwarf [dwo:f] **i. s.** cüce, bodur.
dwell [dwel] **f.** oturmak, ikamet etmek.

dye [day] **i.** boya. **f.** boyamak.
dynamic [day'næmik] **s.** enerjik, dinamik.
dysentery ['disentri] **i.** dizanteri, kanlı basur.

E - e

each [i:ç] **s.** her, her bir, **each one** her biri.
eager ['i:gı(r)] **s.** istekli, gayretli.
eagle ['i:gl] **i.** kartal.
ear [iı(r)] **i.** kulak, **give ear to** kulak vermek, **earring** [ıırinğ] **i.** küpe.
early ['ö:li] **z.** ilk, önce, erken, erkenden, **early days** eski günlerde.
earn [ö:n] **f.** kazanmak, edinmek, hak etmek.
earth [ö:th] **i.** toprak, yeryüzü, dünya.
earthquake ['ö:thkweyk] **i.** deprem, zelzele.
ease [i:z] **i.** rahat, huzur, rahatlık, kolaylık, **f.** rahat ettirmek, gevşetmek.
east [i:st] **i.** doğu, **eastern** [i:stın] **s.** doğuya ait.
easy ['i:zi] **s.** kolay, rahat, **easily z.** kolayca, rahatça.
eat [i:t] **f.** yemek, tüketmek, kemirmek.
echo ['ekou] **i.** yankı, eko.
economic [i:kı'nomik] **s.** ekonomik, **economy i.** ekonomi, iktisat.
ecstasy ['ekstısi] **i.** kendinden geçme, coşkunluk.
Eden ['i:dn] **i.** cennet bahçesi, Aden İrem bağı.
edge [ec] **i.** kenar, sırt, bıçak ağzı.
edit [edit] **f.** yayımlamak, telif etmek, **edition** [i'dişın] **i.** baskı, basım, **editor** ['edıtı(r)] **i.** yazı işleri müdürü, editör, yayımcı, basımcı.
educate ['edyukeyt] **f.** eğitmek, öğretmek, **education** ['edyukeyşın] **i.** eğitim, öğretim, tahsil.
effect [i'fekt] **i.** etki, sonuç, **f.** başarmak, sonuçlandırmak, etkilemek. **effective** [i'fektiv] **s.** etkili.
effervescent [efı'vesınt] **s.** köpüren, coşkun.
efficient [i'fişınt] **s.** etkin, yeterli, ehil.
effort ['efıt] **i.** gayret, çaba.
egg [eg] **i.** yumurta.
eggplant [egpla:nt] **I** patlıcan.
ego ['i:gou] **i.** ben, ego, **egoism** ['i:goizm] **i.** bencillik, egoizm.
Egypt ['i:cipt] **i.** Mısır, **Egyptian s.** Mısırlı, Mısır'a ait.
eight [eyt] sekiz, **eighteen** [eyti:n] on sekiz **eighty** [eyti] seksen.
either ['aydhı(r) , 'i:dhı(r)] ikisinden biri, her iki, her biri.

elbow ['elbou] **i.** dirsek, **f.** dirsekle dürtmek.

elder ['eldı(r)] **i.** daha yaşlı olan, **elderly** ['eldı(r)li] **s.** yaşlı, geçkin.

elect [i'lekt] **f.** seçmek, **election** [i'lekşın] **i.** seçim, **elector** [i'lektı(r)] **i.** seçmen.

electric [i'lektrik] **s.** elektrikli, **electrician** [i'lektrişın] **i.** elektrikçi, **electricity** [ilek'trisiti] **i.** elektrik.

elegance ['elicıns] **i.** zarafet, şıklık, incelik.

elegant ['elicınt] **s.** zarif, şık.

element ['elimımt] **i.** eleman, unsur, **elementary** [eli'mentıri] **s.** temel, başlangıç, **elementary school** **i.** ilkokul.

elephant ['elifınt] **i.** fil.

elevator ['eliveytı(r)] **s.** asansör.

eleven [i'levın] **s.** on bir.

eliminate [i'limineyt] **f.** elemek, çıkarmak.

else [els] **s.** başka, daha, diğer, **what else** bundan başka ne var, **elsewhere** **z.** başka yerde.

elude [i'lyu:d] **f.** sakınmak, başından savmak, kaçamak yapmak.

embarrass [im'bærıs] **f.** şaşırtıp utandırmak, yüzünü kara çıkartmak, sıkıntıya sokmak, bozmak, rahatsız etmek.

embassy ['embısi] **i.** elçilik.

emblem ['emblım] **i.** sembol, rumuz, amblem.

embolden [im'bouldın] **f.** teşvik etmek, cesaret vermek.

embrace [im'breys] **f.** kucaklamak, bağrına basmak.

embroider [im'broydı(r)] **f.** nakış işlemek, süslemek, **embroidery** [im'broydıri] **i.** nakış, süs.

emerald ['emırıld] **i.** zümrüt.

emerge [i'mö:c] **f.** birdenbire ortaya çıkmak, doğmak.

emergency [i'mö:cınsi] **i.** acil vaka, olağanüstü durum, ani tehlike.

emery ['emıri] **i.** zımpara.

emigrant ['emigrınt] **s.** göçmen, muhacir. **emigrate** ['emigreyt] **f.** göçmek.

emission [i'mişn] **i.** yayma.

emotion [i'mouşın] **i.** heyecan, duygu, **emotional** [i'mouşınıl] **s.** duygulu, heyecanlı.

emperor ['empırı(r)] **i.** imparator,

empire ['empayı(r)] **i.** imparatorluk.

employ [em'ploy] **f.** kullanmak, işe almak, iş vermek, **employee** [emplo'yi:] **i.** işçi, memur, **employer** [em'ployı(r)] **i.** patron, işveren, **employment** [em'ploymınt] **i.** iş, görev.

empower [im'pauı(r)] **f.** yetki vermek, izin vermek.

empty ['empti] **s.** boş, **f.** boşaltmak, dökmek. emsalsiz, eşsiz.

enable [i'neybıl] **f.** güçlendirmek, olanak vermek.

enact [i'nækt] **f.** kanunlaştırmak, yasa çıkartmak.

encase [in'keys] **f.** örtmek, kapatmak.

encircle [in'sö:kl] **f.** kuşatmak, çevrelemek.

enclosure [in'kloujı(r)] **i.** zarfa konulan nesne, kapatma, çevrilmiş arsa.

encode [in'koud] **f.** şifrelemek, şifre ile yazma.

encourage [in'karic] **f.** teşvik etmek, cesaret vermek.

encyclopaedia [ensayklı'pi:dıı] **i.** ansiklopedi.

end [end] **i.** son, uç, bitim, **f.** sona ermek, bit(ir)mek.

endanger [in'deyncı(r)] **f.** tehlikeye atmak.

endless ['endlis] sonsuz.

endure [in'dyu:(r)] **f.** tahammül etmek, katlanmak, dayanmak.

enemy ['enımi] **i.** düşman.

energetic [enı'cetik] **s.** enerjik, faal, **energy** ['enıci] **i.** enerji, kudret, güç.

engage [in'geyc] **f.** işe almak, ücretle tutmak, meşgul etmek, **engaged** [in'geycd] **s.** tutulmuş, nişanlı, **engaged to** ile nişanlı.

engine ['encın] **i.** makine, motor, lokomatif.

engineer [enci'niı(r)] **i.** mühendis.

England ['inğglınd] **i.** İngiltere, **English s.** İngiliz, İngiltere'ye ait, İngilizce.

enjoy [in'coy] **f.** zevk almak, beğenmek, hoşlanmak, **enjoyable s.** zevkli, hoş.

enlarge [en'la:c] **f.** büyütmek, çoğaltmak, genişletmek.

enlighten [en'laytın] **f.** bilgi vermek, aydınlatmak.

enlist [en'list] **f.** asker yazmak/yazılmak, (gönüllü olarak) asker olmak.

enormous [i'nö:mıs] **s.** kocaman, çok büyük, aşırı.

enough [i'naf] **s.** kafi, yeter, yeterli.

enrich [in'riç] **f.** zenginleştirmek, güçlendirmek.

enrol [in'roul] **f.** üye kaydetmek, askere yaz(ıl)mak, üye olmak.

enslave [in'sleyv] **f.** köle yapmak, esir etmek.

ensure [inşuı(r)] **f.** sağlamak, temin etmek.

enter ['entı(r)] **i.** giriş, **f.** girmek, dahil olmak.

enterprise ['entıprayz] **i.** girişim, teşebbüs.

entertain [entı'teyn] **f.** eğlendirmek, ağırlamak, misafir etmek, **entertaining** [entı'teyninğ] **s.** eğlenceli, hoş, **entertainment** [entı'teynmınt] **i.** eğlence, ağırlama, ziyafet.

enthusiasm [in'thyu:ziazm] **i.** gayret, heves, istek, coşkunluk, şevk.

entice [in'tays] **f.** ayartmak.

entire [in'tayı(r)] **s.** tam, bütün, **entirely z.** büsbütün, tamamen, tümüyle.

entrance ['entrıns] **i.** giriş, antre.

entreat [in'tri:t] **f.** yalvarmak, çok rica etmek.

entry ['entri] **i.** giriş, antre, kayıt.

enumerate [i'nyu:mıreyt] **f.** teker teker saymak.

envelop [in'velıp] **f.** sarmak, kuşatmak, **envelope** ['invıloup] **i.** zarf.

environment [in'vayırınmınt] **i.** çevre, civar, yöre.

envy ['envi] **i.** gıpta, imrenme, haset, kıskanma **f.** gıpta etmek, kıskanmak, imrenmek.

epidemic [epi'demik] salgın.

epilepsy ['epilepsi] **i.** sara.

equal ['i:kwıl] **s.** eşit, aynı, eş değerli, **equality** [i'kwo:liti] **i.** eşitlik.

equator [i'kweytı(r)] **i.** ekvator.

era ['iırı] **i.** tarih, devir, çağ.

erase [i'reyz] **f.** silmek, çizmek, bozmak, **eraser** [i'reyzı(r)] **i.** silgi.

erect [i'rekt] **s.** dikili, dimdik, **f.** dikmek, inşa etmek.

error ['erı(r)] **s.** hata, yanlış.

escalator ['eskıleytı(r)] **i.** yürüyen merdiven.

escape [is'keyp] **i.** kaçma, kurtuluş, **f.** kaçmak, kurtulmak.

escort ['esko:t] **i.** koruma, muhafız, **f.** [is'ko:t] eşlik etmek.

especial [is'peşıl] **s.** özel, seçkin, **especially** [is'peşıli] **z.** bilhassa, özellikle.

essay ['esey] **i.** makale, yazı, deneme, **f.** [e'sey] denemek, tecrübe etmek.

essence ['esıns] **i.** öz, esas, asıl, ruh, esans.

essential [i'senşıl] **s.** asıl, esaslı, kaçınılmaz, gerçek, **essentially** [i'senşıli] **z.** aslında, zaten.

establish [is'tæbliş] **f.** kurmak, yerleştirmek, onaylamak, tahakkuk ettirmek, **establishment** [is'tæblişmınt] **i.** kurum, kurma, kuruluş.

estate [is'teyt] **i.** mal, mülk, arazi, emlak.

estimate ['estimeyt] **i.** tahmin etme, kestirme, değer biçme, saptama, oranlama, **f.** ['estimeyt] tahmin etmek, kestirmek, değer biçmek, saptamak, oranlamak.

etc (**et cetera**) [it'setrı] vesaire.

eternal [i'tö:nıl] **s.** ebedi, sonsuz, **eternity** [i'tö:niti] **i.** sonsuzluk, ebediyet.

ethics ['ethiks] **i.** töre bilim.

ethnic(al) ['ethnik(ıl)] etnik, ırksal, budunsal, töresel, kavmi.

Europe ['yuırıp] **i.** Avrupa.

evade [i'veyd] **f.** kaçınmak, sakınmak, -den kurtulmak.

evaporate [i'væpıreyt] **f.** buharlaşmak, buharlaştırmak.

eve [i:v] **i.** Havva, arife gecesi, akşam.

even [i:vn] **s.** düz, aynı hizada, eşit, düzenli, sakin, **z.** bile, hatta, **f.** düzeltmek, tesviye etmek, **even number** çift sayı.

evening ['i:vninğ] **i.** akşam, **good evening** iyi akşamlar.

SÖZLÜK

event [i'vent] i. olay, vaka.

eventual [i'ventyuıl] s. sonuçta, **eventually** z. sonuç olarak.

ever ['evı(r)] z. daima, her zaman, herhangi bir zamanda, **forever** [for'evı(r)] sonsuza kadar.

every ['evri] s. her, her bir, her türlü, **everybody** ['evribadi] herkes, **everyday** ['evridey] her günkü, **everything** ['evrithiğ] her şey, **everywhere** ['evriweı(r)] her yer(e), her yerde.

evidence ['evidıns] i. kanıt, delil, tanıklık.

evident ['evidınt] s. açık, aşikar, belli.

evil ['i:vl] i. fenalık, kötülük, zarar, dert, s. günahkar, fena, kötü, .

exact [ig'zækt] s. tam, kesin, aynen, **exactly** [ig'zæktli] z. tamamen, kesin olarak, aynen.

exaggerate [igzæcıreyt] f. abartmak.

examination [egzæmi'neyşın] i. sınav, yoklama, muayene.

examine [ig'zæmin] f. incelemek, muayene etmek, gözden geçirmek, imtihan etmek.

example [ig'za:mpıl] i. örnek, **for example** örneğin, mesela.

excel [ek'sel] f. üstün olmak, geçmek.

except [ek'sept] f. hariç tutmak, ayrı tutmak, saymamak, ed. -den başka, -nin dışında, **exception** [ik'sepşın] i. istisna, ayrılık.

excess [ek'ses] aşırılık, fazlalık.

exchange [eks'çeync] i. değiş tokuş, takas, f. (para, döviz) bozmak, değiştirmek.

excite [ek'sayt] f. heyecanlandırmak, uyandırmak, kışkırtmak, **excited** s. heyecanlı, **excited about** -den dolayı heyecanlı, **exciting** s. heyecan verici, **excitement** [ek'saytmınt] i. heyecan, telaş, uyarılma, coşkunluk.

exclamation [eksklı'meyşın] i. ünlem, haykırış, sevinç ya da hayret ifadesi.

exclude [eks'klu:d] f. hariç tutmak, hesaba katmamak, **exclusive** [eks'klu:siv] s. özel, umuma açık olmayan.

excursion [eks'kö:(r)jın] i. gezi, yolculuk.

excuse [eks'kyu:s] i. özür, mazeret, f. affetmek, **excuse me** özür dilerim, affedersiniz.

execute ['eksikyu:t] f. yapmak, yerine getirmek, idam etmek, **execution** i. idam, infaz.

exemption [eg'zempşın] i. muafiyet, istisna, ayrılık.

exercise ['eksısayz] i. egzersiz, idman, uygulama, alıştırma.

exhale [eks'heyl] f. nefes vermek, dışarı vermek, üflemek.

exhaust [eg'zo:st] i. egzoz, f. tüketmek, bitirmek.

exhibit [eg'zibit] i. sergi, f. sergilemek, **exhibition** [eksi'bişın] i. sergi, sergile(n)me.

exile ['eksayl] i. sürgün, f. sürgüne göndermek, sürmek.

exist [eg'zist] f. varolmak, yaşamak, bulunmak, **existence** [eg'zistıns] varoluş, varlık, yaşayış.

exit ['egzit] **i.** çıkış.

exotic [eg'zotik] yabancı ülkeden gelen, egzotik.

expect [eks'pekt] **f.** beklemek, ummak, tahmin etmek, **expectation** [ekspek'teyşın] **i.** bekleme, umut etme.

expel [eks'pel] **f.** kovmak, sürmek, çıkarmak.

expend [eks'pend] **f.** harcamak.

expense [eks'pens] **i.** masraf, gider, **expensive** [eks'pensiv] **s.** masraflı, pahalı.

experience [eks'piiriins] **i.** tecrübe, deney, **f.** başından geçmek, denemek, görmek, **experienced s.** tecrübeli, görgülü, deneyimli.

experiment [eks'perimınt] **i.** deneme, tecrübe, deneyim. **f.** deney yapmak, **experimental** [eksperi'mentıl] **s.** deneysel.

expert ['ekspö:t] **i.** uzman, bir işin ehli, usta, eksper.

expire [eks'payı(r)] **f.** sona ermek, ölmek.

explain [eks'pleyn] **f.** açıklamak, **explanation** [eksplı'neyşın] **i.** açıklama, izahat.

explode [eks'ploud] **f.** patlamak, patlatmak.

explore [eks'plo:(r)] **f** araştırmak, keşfetmek, incelemek, **explorer i.** kaşif.

explosive [eks'plousiv] **s.** patlayıcı.

export ['ekspo:t] **i.** ihraç, dış satım, ihraç malı, **f.** ihraç etmek, ihracat yapmak.

expose [eks'pouz] **f.** karşı karşıya getirmek, maruz bırakmak, teşhir etmek, açıkta bırakmak, maskesini indirmek.

exposure [eks'poujı(r)] **i.** meydana çıkarma, keşfetme, (fotoğraf) poz.

express [eks'pres] **f.** ifade etmek, anlatmak, **s.** belli, kesin, hızlı, (tren) ekspres, **expression** [eks'preşın] **i.** ifade, deyim, yüz ifadesi.

extant ['ekstænd] **s.** hâlâ mevcut, kaybolmamış.

extend ['ekstend] **f.** uzatmak, uzamak, yaymak, **extensive** [eks'tensiv] **s.** kapsamlı, yaygın, büyük çapta.

extent [eks'tent] **i.** derece, ölçü, miktar.

exterior [eks'tiırıı(r)] **s.** dış taraf, harici.

external [eks'tö:nl] **s.** dış, harici.

extra ['ekstrı] **s.** fazladan, ek, ekstra.

extraordinary [eks'tro:dnırı] **s.** olağanüstü, fevkalade, sıra dışı.

extreme [eks'tri:m] **s.** aşırı, had safhada, son derece, **extremely z.** aşırı derecede, **extremity i.** uç, sınır.

eye [ay] **i.** göz, iğne deliği, bakış, **eyebrow i.** kaş, **eyelash i.** kirpik, **eyelid i.** göz kapağı, **eyewitness i.** görgü tanığı.

SÖZLÜK

F - f

fabric ['fæbrik] **i.** yapı, bina, kumaş, bez.
fabricate ['fæbrikeyt] **f.** yapmak, imal etmek.
fabulous [fæbyu:lıs] **s.** efsanevi.
face [feys] **i.** yüz, çehre, saygınlık, karşılaşmak.
facilitate [fe'siliteyt] **f.** kolaylaştırmak, **facility** [fe'siliti] **i.** kolaylık, rahatlık, **facilities** [fe'siliti:s] **i.** olanak, vasıta.
fact [fækt] **i.** gerçek, olay, **in fact** gerçekten.
factor ['fæktı(r)] **i.** faktör, etken, çarpan.
factory ['fæktıri] **i.** fabrika.
fade [feyd] **f.** solmak, zayıflamak, eriyip gitmek.
fail [feyl] **f.** başaramamak, başarısızlığa uğramak, **failure** ['feylyı(r)] **i.** başarısızlık, **failed** başarısız.
faint [feynt] **s.** baygın, zayıf, belirsiz, **f.** bayılmak.
fair ['feı(r)] **i.** fuar, sergi, pazar, panayır, **s.** dürüst, adil, doğru, **fairly** [feı(r)li] **z.** eşitlikle, oldukça.
fairy ['feıri] **i.** peri.
faith [feyth] **i.** inanç, itikat, güven, **faithful** [feythfıl] **s.** sadık, güvenilir, **faithless** [feythlis] **s.** vefasız, sadık olmayan, hain.
falcon ['folkın] **i.** doğan, şahin.
fall [fo:l] **i.** düşme, dökülme, yıkılma, çökme, **f.** düşmek, dökülmek, yağmak, **fall asleep** uykuya dalmak, **fall in love** aşık olmak.
fallow ['fælou] **i.** nadas, **f.** nadasa bırakmak.
false [fo:ls] **s.** yanlış, sahte, taklit.
fame [feym] **i.** şan, şöhret, nam, ün.
familiar [fı'milyı(r)] **s.** aşina, bildik, tanıdık.
family ['fæmili] **i.** aile, **family name** soyadı.
famous ['feymıs] **s.** ünlü, meşhur, **famous for** -i ile ünlü.
fan [fæn] **i.** vantilatör, pervane, yelpaze, **f.** yelpazelenmek, savurmak.
fanatic [fı'nætik] **s.** bağnaz, yobaz, fanatik.
fancy ['fænsi] **i.** hayal, düş, rüya, **f.** hayal kurmak.
fantasy ['fæntısi] **i.** hayal.
far [fa:(r)] **s.** uzak, **far away** uzakta.
fare [feı(r)] **i.** yol parası, bilet ücreti,
farewell [fæı'wel] **i.** elveda.
farm [fa:m] **i.** çiftlik, tarla, **f.** ekip biçmek, çiftçilik yapmak, **farmhouse** çiftlik evi.
farther ['fædhı(r)] **s.** daha uzak, daha öte, daha fazla.
fascinating ['fæsineytinğ] **s.** büyüleyici, sürükleyici.
fashion ['fæşın] **i.** moda, tarz, biçim, **f.** şekil vermek, **fashionable** ['fæşınıbl] **s.** modaya uygun, zarif

DICTIONARY

fast [fa:st] **i.** oruç, perhiz, **f.** oruç tutmak, perhiz yapmak, **s. , z.** çabuk, hızlı, seri, **fast food** hazır yiyecek.

fasten ['fa:sn] **f.** bağlamak, tutturmak, dikmek.

fat [fæt] **i.** yağ, **s.** şişman, **fatty** şişman, semiz, yağlı, şişko.

fate [feyt] **i.** kader, yazgı.

father ['fa:dhı(r)] **i.** baba, ata.

favour ['feyvı(r)] **i.** lütuf, iltifat, yardım **f.** lütuf göstermek, kayırmak, taraftarı olmak, tercih etmek, **favourable** ['feyvırıbl] **s.** uygun, elverişli, **favourate** ['feyvrit] favori, gözde, en beğenilen.

fear [fıı(r)] **i.** korku, endişe, kuruntu, **f.** korkmak, **fearful s.** korkunç, **fearless s.** korkusuz.

february ['februıri] **i.** şubat.

federal ['fedırıl] federal, federe, **federation** ['fedıreyşın] birlik, federasyon.

fee [fi:] **i.** vizite, ücret.

feed [fi:d] **i.** yem, besin, gıda, karın doyurma, **f.** yedirmek, beslemek, yemek yemek, otlamak.

feel [fi:l] **f.** hissetmek, duymak, elle yoklamak, **feeling** [fi:linğ] **i.** his, duygu, dokunma.

feet [fi:t] **çoğul i.** ayaklar.

fellow ['felou] **i.** kişi, adam, yoldaş.

female ['fi:meyl] **i.** dişi, kadın.

fence [fens] **i.** çit, parmaklık, **f.** etrafını çit veya parmaklıkla çevirmek.

ferment ['f:mınt] **i.** maya, ekşime, **fermentation i.** mayalama.

ferry ['feri] **i.** feribot, araba vapuru, **f.** vapurla karşı sahile taşımak.

fertile ['fö:tayl] **s.** verimli, bereketli, **fertilize** ['fö:tilayz] **f.** gübrelemek, verimini artırmak.

fever ['fivı(r)] **i.** vucut ısısı, ateş, heyecan, telaş.

few [fyu:] **s.** az, az miktar veya kişi.

fiancée [fi'a:(n)se] **i.** nişanlı.

fiction ['fikşın] **i.** roman, hikâye, masal türü, düş, hayal, uydurma.

fiddle [fi:dl] **i.** keman, **fiddler** [fi:dlı(r)] **i.** kemancı.

fidelity [fi'deliti] **i.** sadakat, vefa.

field ['fıld] **i.** tarla, alan, kır.

fierce [fııs] **s.** vahşi, azgın, şiddetli.

fifteen [fif'ti:n] **i.** on beş.

fifth ['fifth] **s.** beşinci.

fifty ['fifti] **s.** elli.

fig [fig] **i.** incir (ağacı), süslü elbise, önemsiz şey.

fight [fayt] **i.** kavga, dövüş, savaş, **f.** kavga etmek, savaşmak, **fighter** ['faytı(r)] **i.** savaşçı.

figure ['fıgı(r)] **i.** şekil, biçim, sayı, rakam, vücut, **f.** hesaplamak, şekil vermek.

file [fayl] **i.** eğe, törpü, dosya, **f.** eğelemek, dosyalamak.
fill [fil] **f.** dolmak, doldurmak, **filling i.** doldurma, dolgu.
film [film] **i.** ince tabaka, zar, filim.
filter ['filtı(r)] **i.** filtre, süzgeç, **f.** süzmek.
final ['faynıl] **s.** son(uncu), kesin.
finance [fi'næns , 'faynæns] **i.** maliye, finans mali işler, **f.** masraf-
ları karşılamak, **financial** [fay'nænşıl] **s.** mali, parasal.
find [faynd] **f.** bulmak, keşfetmek.
fine [fayn] **s.** güzel, hoş, iyi, nazik.
finger ['finğgı(r)] **i.** parmak.
finish ['finiş] **i.** son, bitirme, **f.** bit(ir)mek, sona erdirmek, tüket-
mek.
Finland ['finlınd] **i.** Finlandiya.
fire ['fayı(r)] **i.** ateş, alev, yangın, **f.** ateşlemek, ateş etmek, tu-
tuşturmak, işten atmak.
fireman ['fayı(r)mın] **i.** itfaiyeci.
firm [fö:m] **i.** şirket, firma, **s.** sağlam, katı, sıkı. **f.** sağlamlaştır-
mak, pekiştirmek, sabitleştirmek.
first [fö:st] birinci, ilk, önce.
fish [fiş] **i.** balık, **f.** balık avlamak, **fisher, fisherman** ['fişı(r) ,
'fişı(r)mın] **i.** balıkçı.
fist [fist] **i.** yumruk, **f.** yumruklamak, **fistful i.** avuç dolusu.
fit [fit] **i.** hastalık nöbeti, sara, **s.** uygun, elverişli, sağlıklı, idmanlı,
formda, **f.** uymak, uydurmak, hazırlamak, donatmak.
five [fayv] **s.** beş.
fix [fiks] **f.** sabitleştirmek, tespit etmek, takmak, tamir etmek.
flabby ['flæbi] **s.** gevşek, yumuşak, sarkık.
flag [flæg] **i.** bayrak, flama, sancak, rozet, bandıra, yassı kaldırım
taşı, bir tür dere sazı, **f.** pörsümek, erimek
flame [fleym] **i.** alev, şiddet, öfke, **f.** alevlenmek, öfkelenmek.
flash [flæş] **i.** ani ışık, ışıltı, şimşek, püskül, saçak, **flashlight i.**
el feneri.
flat [flæt] **i.** apartman dairesi, **s.** düz, yassı, harap, mat, doğru-
dan.
flatter [flætyı(r)] **f.** pohpohlamak, övmek.
flavour ['fleyvı(r)] **i.** tat, lezzet, **f.** tat vermek.
flea [fli:] **i.** pire.
flee [fli:] **f.** kaç(ın)mak, tüymek, gelip geçmek.
fleet [fli:t] **i.** filo, donanma.
flesh [fleş] **i.** et, vücut, ten.
flick [flik] **i.** hafif vuruş, fiske **f.** hafifçe vurmak, fiske vurmak.
flight [flayt] **i.** uçuş, seyir, göç, kaçış.
flint [flint] **i.** çakmak taşı.
flip [flip] **f.** fiske vurmak.

SÖZLÜK

flit [flit] **f.** hızla (gölge gibi) geçmek, çırpınmak, şuraya buraya uçmak.

float [flout] **i.** şamandıra, duba, sal **f.** yüzmek, yüzdürmek, batmamak.

flog [flog] **f.** dövmek, kırbaçlamak, (argoda) satmak.

flood [flad] **i.** sel, taşkın, su basması **f.** sel basmak, taşmak.

floor [flo:(r)] **i.** yer, zemin, döşeme, taban.

flop [flop] **i.** yere ya da suya düşen bir cismin çıkardığı ses, **f.** birdenbire (suya) düşmek.

florist ['florist] **i.** çiçekçi, çiçek yetiştiricisi.

flour ['flauı(r)] **i.** un.

flout [flaut] **f.** aldırmamak, tepmek, karşı koymak, küçümsemek.

flow [flou] **f.** akmak, dolaşmak.

flower ['flauı(r)] **i.** çiçek, **f.** çiçek açmak.

flu [flu:] **i.** grip.

fluid [flu:id] **s.** akıcı, sıvı.

fluster [flastı(r)] **i.** telaş, heyecan, **f.** telaşa düşürmek, şaşırmak, şaşırtmak, bocalamak.

fly [flay] **i.** sinek, olta iğnesi, uçuş, **s.** kurnaz, açıkgöz, **f.** uçmak, uçurmak, uçakla gitmek, hızla koşmak, kaçmak.

foam [foum] **i.** köpük, **f.** köpürmek, **foam rubber** sünger.

focus ['foukıs] **i.** odak, **f.** bir noktaya getirmek, odaklamak, ayarlamak.

foe [fou] **i.** düşman, hasım.

fog [fog] **i.** sis, duman, **foggy s.** sisli, bulutlu.

foil [foyl] **i.** ince yaprak, madeni ince tabaka, foya, ayna sırrı, **f.** engellemek, işini bozmak.

fold [fould] **i.** kat, kıvrım, büklüm, ağıl, **f.** katlamak, katlanmak.

folk [foulk] **i.** halk, avam, ulus.

follow ['folou] **f.** takip etmek, izlemek,riayet etmek, **following i.** taraftar, **s.** takip eden, izleyen.

fond [fond] **s.** meraklı, düşkün, seven, **to be fond of** -ye düşkün olmak, bayılmak **fondle** ['fondl] **f.** okşamak, sevmek.

food [fu:d] **i.** yiyecek, yemek, besin, gıda.

fool [fu:l] **i.** aptal, ahmak, enayi, soytarı, maskara **f.** aldatmak, kandırmak, **foolish** ['fu:liş] **s.** akılsız, saçma, ahmak, salak.

foot [fut] **i.** ayak, kadem, (uzunluk ölçü birimi) ayak, **football** ['futbol] **i.** futbol, ayaktopu, **footnote** ['futnout] **i.** dip not.

for [fo:(r) , fı(r)] **ed.** için, -den dolayı, -den beri, nedeniyle, çünkü, zira, **for sale** satılık, **for example** örneğin, mesela.

forbid [fı'bid] **f.** yasaklamak, menetmek, **God forbid** Allah korusun.

force [fo:s] **i.** güç, kuvvet, erk, **f.** zorlamak, mecbur etmek.

ford [fo:d] **i.** (ırmakta) sığ yer, **f.** derenin sığ yerinden geçmek.

fore [fo:(r)] **s.** ön, ön taraf.

DICTIONARY

forecast ['fo:ka:st] **i.** tahmin, olacak bir şeyi belirleme, **f.** gelecekte olacak bir durum (özellikle hava) hakkında tahmin yapmak. **weather forecast i.** hava raporu

forefinger ['fo:finğgı(r)] **i.** işaret parmağı.

forehead ['forid] **i.** alın.

foreign ['forin] **s.** yabancı, harici, dış **foreigner** ['forinı(r)] **i.** yabancı, ecnebi.

foreman ['fo:(r)mın] **i.** ustabaşı, işçi başı.

foresight [fo:sayt] **i.** tedbir, ihtiyat, önsezi, basiret.

forever [fı'revı(r)] **z.** daima, her zaman.

forget [fı'get] **f.** unutmak, ihmal etmek, **forgetful** unutkan.

forgive [fı'giv] **f.** affetmek, bağışlamak, **forgive** (someone) **for** (birisi)ni yaptığı bir şey için affetmek

form [fo:m] **i.** şekil, biçim, form, tarz, yol, yöntem, kalıp, çizelge, cetvel, forma, form, başvuru, **f.** oluşturmak, biçimlendirmek, düzenlemek, meydana gelmek, oluşmak.

formal ['fo:mıl] **s.** resmi, **formality** [fo:mæliti] **i.** formalite, usul, resmiyet.

format ['fo:mæt] **i.** genel biçim.

former ['fo:mı(r)] **i.** tornacı, taslakçı, kalıp(çı), **s.** önceki, evvelki, **formerly z.** eskiden, daha önce.

fort [fo:t] **i.** kale, hisar, tabya.

forte [fo:t] **i.** hüner, beceri, ustalık.

forth [fo:th] **z.** ileri, dışarı, ileriye doğru, **forthcoming** [fo:th'kaminğ] gelecek, yakında çıkacak, önümüzdeki.

fortieth ['fo:ti:th] **s.** kırkıncı.

fortnight ['fo:tnayt] **i.** iki hafta, on beş gün.

fortunate ['fo:çınit] **s.** şanslı, talihli, **fortunately** ['fo:çınitli] çok şükür, şans eseri, bereket versin.

fortune ['fo:çın] **i.** talih, şans, kısmet, **fortune-teller i.** falcı.

forty ['fo:ti] **s.** kırk.

forward ['fo:wıd] **i.** ileri, forvet, akıncı, saldıran, **s. , z.** ilerideki, öndeki, ön, öne, ileriye doğru **f.** ilerletmek, göndermek.

foul [faul] **i.** (sporda) faul, yanılgı **f.** kirletmek, bozmak, **s.** iğrenç, pis, ayıp.

found [faund] **f.** kurmak, tesis etmek, temelini atmak, **foundation i.** kuruluş, kurum, tesis, **founder** kurucu.

fountain ['fauntın] **i.** çeşme, kaynak, fıskiye, **fountain pen i.** dolma kalem.

four [fo:(r)] dört, **fourteen** ['fo(r)ti:n] on dört, **fourth** [fo(r)th] dördüncü.

fox [foks] **i.** tilki, tilki gibi kurnaz olan kişi.

fragile ['fræcayl] **s.** kırılgan, kolay kırılır, ince, nazik.

fragment ['frægmınt] **i.** küçük parça, kısım, kesit.

frame [freym] **i.** çerçeve, bina iskeleti, kafes, çatı, **f.** çerçevelemek, taslağını yapmak, düzenlemek, birisini suçlu göstermek için tuzak kurmak, tertip yapmak, dalavere çevirmek, **framework** çatı, iskelet.

France [fra:ns] **i.** Fransa

frank ['fræŋk] Frenk, **s.** açık sözlü, samimi, **frankly z.** açıkça.

free [fri:] **s.**, **z.** hür, özgür, serbest, bedava, **f.** serbest bırakmak, **freedom** ['fri:dım] hürriyet, özgürlük, serbestlik.

freeze [fri:z] **i.** don, donma, buz tutma, **f.** donmak, dondurmak, buz tutmak, **freezing** dondurucu.

freight [freyt] **i.** navlun, yük, taşıma.

French [frenç] **i.** Fransız, Fransızca, **s.** Fransız, Fransa'ya ait, **Frenchman** Fransız.

frequency ['fri:kwınsi] **i.** sıklık derecesi, frekans, **frequently z.** sık sık.

fresh [freş] **s.** taze, körpe, canlı, yeni, **freshly z.** taze olarak, dipdiri.

friction ['frikşın] **i.** sürtme, sürtünme, friksiyon.

Friday ['fraydi] **i.** Cuma.

fridge [fric] **i.** buzdolabı.

fried [frayd] **i.** (yağda) kızarmış, kızartılmış.

friend [frend] **i.** arkadaş, dost, ahbap, **friendly s.** arkadaşça, dostça, **friendship** [frendşip] arkadaşlık, dostluk.

fright [frayt] **i.** dehşet, korku, **frighten** ['fraytın] **f.** korkutmak, ürkütmek, **frightened of** -den ürkmüş.

frog [frog] **i.** kurbağa, tırnak içi (atlarda), toka, çapraz.

from [from] **ed.** den, dan, dolayı, nedeniyle.

front [front] **i.** ön, yüz, cephe, **frontier** [frontiı(r)] **i.** sınır, boş bölge.

fruit [fru:t] **i.** meyve, yemiş, **fruitful s.** verimli.

fry [fray] **f.** tavada kızarmak, kızartmak, **frying pan i.** tava.

fuel [fyuıl] **i.** akaryakıt.

fulfil [ful'fil] **f.** yerine getirmek, ifa etmek, yapmak, gerçekleştirmek.

full [ful] **s.** dolu, meşgul, **full-time** tam gün, **full of** ile dolu.

fun [fan] **i.** eğlence, zevk, şaka.

function ['fanğkşın] **i.** görev, vazife, iş, fonksiyon, **f.** iş görmek, görevini yapmak, çalışmak.

fund [fand] **i.** fon, kapital, tahsisat.

fundamental [fandı'mentıl] **s.** asli, belli başlı, temel.

funeral ['fyu:nırıl] **i.** cenaze töreni.

funny [fani] **s.** komik, gülünç, tuhaf, acayip.

fur [fö(r)] **i.** kürk, post.

furious ['fyu:iırıs] **s.** öfkeli, kızgın, azgın, **furious about** bir şeye aşırı kızgın, **furious with** birisine aşırı kızgın.

furnish ['fö:niş] **f.** döşemek, donatmak, tedarik etmek.

furniture ['föniçı(r)] **i.** mobilya, mefruşat.

further [fö:dhı(r)] **z.** daha ileri, ayrıca.
fury [fyu:ri] **i.** öfke, kızgınlık, şiddet.
fuss [fas] **i.** gereksiz telaş, yaygara, gürültü.
futile ['fyu:tayl] **s.** boş, beyhude, değersiz.
future ['fyu:çı(r)] **i.** gelecek, istikbal.

G - g

gain [geyn] **i.** kazanç, kâr, fayda. **f.** kazanmak, elde etmek.
gallery ['gælıri] **i.** dehliz, tünel, galeri.
gallop ['gælıp] **f.** dört nala gitmek.
gallows ['gælouz] **i.** darağacı.
gamble ['gæmbl] **i.** kumar, **f.** kumar oynamak.
gambol ['gæmbıl] **f.** hoplamak, sıçramak.
game [geym] **i.** oyun, spor.
gang [gænğ] **i.** çete, güruh, ekip, takım
gangrene [gænğgri:n] **i.** kangren.
gangster ['gænğstı(r)] **i.** gangster, haydut.
gap [gæp] **i.** gedik, yarık, delik, boşluk, aralık.
gape [geyp] **f.** esnemek, hayretten ağzı açık kalmak, ağzını açarak bakmak.
garden ['ga:dın] **i.** bahçe, bostan, **gardener i.** bahçıvan.
garlic ['ga:lik] **i.** sarımsak.
garment ['ga:mınt] **i.** giyim eşyası, elbise.
garret ['gærit] **i.** tavan arası.
gas [gæs] **i.** gaz, havagazı, benzin, **gasoline** [gæso'lin] **i.** benzin.
gate [geyt] **i.** bahçe kapısı, büyük kapı.
gather ['gædhı(r)] **f.** toplamak, toplanmak, biriktirmek.
gear [gıı(r)] **i.** dişli, dişli takımı, tertibat, vites.
general ['cenırıl] **i.** general, **s.** genel, umumi, **generally z.** çoğunlukla, genel olarak.
generation ['cenıreyşın] **i.** kuşak, nesil.
generosity [cenı'rositi] **i.** cömertlik, **generous** ['cenırıs] **s.** eli açık, cömert.
genocide ['cenısayd] **i.** soykırım.
gentle ['centl] **s.** nazik, kibar, soylu, hafif, **gentleman i.** kibar adam, centilmen.
gentry ['centri] **i.** kibar tabaka, asillerden sonra gelen toplumsal sınıf.
geography [ci'ogrıfi] **i.** coğrafya.
German ['cö:mın] **i. , s.** Alman, Almanca, Almanya'ya ait, **Germany i.** Almanya.
gerund ['cerınd] **i.** fiile ' ing ' eklenerek yapılan isim.

get [get] **f.** elde etmek, almak, kazanmak, erişmek, varmak, ulaşmak, tutmak, olmak, yakalamak, vurmak, ile bağlantı kurmak, (hastalığa) yakalanmak, yaptırmak, ettirmek.
ghost [goust] **i.** hayalet, hortlak, cin.
giant ['cayınt] **i.** dev, **s.** dev gibi kocaman.
gift [gift] **i.** hediye, armağan, yetenek, kabiliyet.
giggle ['gigl] **f.** kıkır kıkır gülmek, kıkırdamak.
gill ['gil] **i.** solungaç
gin [cin] **i.** cin.
gipsy (gypsy) ['cipsi] **i.** çingene.
gird [gö:d] **f.** kuşak sarmak, kemerle bağlamak, çevrelemek, **girdle** [gö:dl] **i.** kuşak, kemer, korse.
girl [gö:l] **i.** kız, sevgili, **girl friend** kız arkadaş.
give [giv] **f.** vermek, ödemek, devretmek, **give up** vazgeçmek, bırakmak.
glad [glæd] **s.** memnun, hoşnut, neşeli, **gladly z.** memnuni-yetle.
glamour ['glæmı(r)] çekicilik, cazibe, alım, parlaklık, sihir.
glance [gla:ns] **f.** bakıvermek, göz atmak.
glare [gleı(r)] **f.** parıldamak, öfkeli bir şekilde bakmak.
glass [gla:s] **i.** cam, cam bardak, kadeh, **glasses i.** gözlük.
gleam [gli:m] **i.** ışık, parıltı, parlaklık, **f.** parıldamak.
glider [glaydı(r)] **i.** planör.
glimpse [glimps] **i.** göze ilişme, bir anlık bakış, **f.** gözüne iliş-mek.
glint [glint] **i.** parıltı, **f.** parıldamak.
globe ['gloub] **i.** küre, yuvarlak, dünya.
gloom [glu:m] **i.** sıkıntı, kasvet, hüzün, **gloomy s.** karanlık, kasvetli.
glorious ['glo:rııs] **s.** şanlı, şerefli, muhteşem, parlak.
glory ['glo:ri] **i.** şan, şeref, debdebe, parlaklık.
glossary ['glosıri] **i.** sözleri açıklayan küçük sözlük.
glove [glav] **i.** eldiven.
glue [glu:] **i.** zamk, tutkal, **f.** tutkallamak.
go [gou] **f.** gitmek, **go down** azalmak, düşmek, **go out** dışarı çıkmak.
goal [goul] **i.** amaç, hedef, gol.
God [god] **i.** Tanrı, İlâh, Allah.
gold [gould] **i.** altın, altın para.
golden ['gouldn] **s.** altın renkli, altından, **Golden Horn** [gouldın ho:n] **i.** Haliç (altın boynuz).
good [gud] **s.** iyi, güzel, hoş, **goodbye** [gudbay] Allahaıs-marladık, güle güle, hoşça kal, **goodness i.** iyilik, erdem, **goods i.** eşya, mal, **good morning** günaydın, **good afternoon** tünaydın, **good-looking** iyi görünüşlü.
goose [gu:s] **i.** kaz, budala.
gossip ['gosip] **i.** dedikodu, gevezelik, **f.** gevezelik etmek.

government ['gavınmınt] **i.** hükümet.
governor ['gavını(r)] **i.** vali, müdür, yönetici.
grab [græb] **f.** kapmak, ele geçirmek.
grace [greys] **i.** zarafet, nezaket, çekicilik merhamet, **graceful s.** zarif, nazik.
gracious ['greyşıs] **s.** cana yakın, hoş sohbet, nazik, merhametli.
grade [greyd] **i.** derece, basamak, sınıf, **f.** sınıflandırmak, derecelere ayırmak.
graduate {1} ['grædyuit] **i.** mezun, diplomalı, **f.** mezun olmak, diploma almak.
graduate {2} ['grædyueyt] **f.** üniversiteden mezun olmak, diploma almak.
grain [greyn] **i.** ekin, tahıl, tohum.
gram(me) [græm] **i.** gram.
grammar ['græmı(r)] **i.** dilbilgisi.
grand [grænd] **s.** büyük, muhteşem, görkemli, **grandchild i.** torun, **granddaughter i.** kız torun, **grandfather i.** büyükbaba, dede, **grandmother i.** büyükanne, nine, **grandparents i.** büyükanne ve büyükbaba, **grandson i.** erkek torun.
grant [gra:nt] **i.** bağış, ödenek, **f.** bağışlamak, vermek, ödemek.
grape [greyp] **i.** üzüm, asma.
grass [gra:s] **i.** ot, çimen, çayır.
grate [greyt] **i.** demir parmaklık, ızgara, **f.** rendelemek, diş gıcırdatmak.
grateful ['greytfıl] **s.** minnettar, müteşekkir.
gratitude ['grætityu:d] **i.** minnettarlık, şükran.
grave [greyv] **i.** mezar, kabir, **s.** ciddi, düşünceli, ağır (hastalık) **f.** kazımak, **gravestone i.** mezar taşı, **graveyard i.** mezarlık.
gravity ['græviti] **i.** yer çekimi, çekim, ciddiyet, önem.
grease [gri:s] **i.** makine yağı, **f.** yağlamak.
great [greyt] **s.** büyük, ulu, iri, kocaman, muazzam.
Greece [gri:s] **i.** Yunanistan.
greed [gri:d] **i.** hırs, tamah, açgözlülük, oburluk, **greedy s.** hırslı, obur, açgözlü.
Greek [gri:k] **i. , s.** Yunan(lı), (eski) Yunanca, Yunanistan'a ait.
green [gri:n] **s.** yeşil, **greengrocer** [gri:n'grousı(r)] **i.** manav.
grey [grey] **s.** gri.
grief [gri:f] **i.** keder, acı, hüzün, esef.
grill [gril] **i.** ızgara, **f.** ızgarada pişirmek.
grin [grin] **i.** sırıtma, sırıtış, **f.** sırıtmak.
grip [grip] **i.** kavrama, sıkı tutma, el sıkma, **f.** sıkı tutmak, kavramak.
groan [groun] **i.** inilti, **f.** inlemek.
grocer ['grousı(r)] **i.** bakkal, **grocery i.** bakkal dükkânı.
groom [gru:m] **i.** seyis, uşak, damat, **f.** tımar etmek.
gross [grous] **i.** düzine (on iki), hantal, toptan, brüt, **s.** kaba, şişman, hantal.

ground [graund] **i.** yer, zemin, toprak, arazi.
group [gru:p] **i.** grup, küme, takım, **f.** grup halinde toplanmak.
grove [grouv] **i.** koru, ağaçlık.
grow [grou] **f.** büyümek, gelişmek, yetiş(tir)mek, çoğalmak, artmak, **growth** **i.** kalkınma, gelişme, büyüme.
guarantee [gænn'ti:] **i.** kefil, teminat, garanti, **f.** kefil olmak, garanti etmek.
guard [ga:d] **i.** koruma, bekçi, muhafız, **f.** korumak, beklemek.
guardian ['ga:diın] **i.** gardiyan, bekçi.
guess [ges] **i.** tahmin, **f.** tahmin etmek, sanmak.
guest [gest] **i.** konuk, misafir, davetli, **guest-house** **i.** pansiyon, konuk-evi.
guide [gayd] **i.** rehber, kılavuz, **f.** yol göstermek, kılavuzluk etmek, **guidance** ['gaydıns] **i.** kılavuzluk.
guilty [gilti] **s.** suçlu, günahkâr.
gulf [galf] **i.** körfez.
gull [gal] **i.** martı(giller).
gum [gam] **i.** dişeti, zamk, **f.** yapıştırmak, **gummy s.** sakız gibi, yapışkan.
gun [gan] **i.** silâh, top, tüfek, tabanca, **gunpowder** **i.** barut.
guy [gay] **i.** adam, herif, **f.** alay etmek.
guzzle [gazl] **f.** atıştırmak, tıkınmak.
gym [cim] **i.** beden eğitimi, **gymnastics** [cim'næstiks] **i.** idman, beden eğitimi.
gypsy ['cipsi] **i.** çingene.
gyrate [cay'reyt] **f.** devretmek, dönmek.

H - h

habit ['hæbit] **i.** adet, alışkanlık, huy. **f.** giydirmek.
hail [heyl] **i.** dolu, **f.** dolu yağmak, çağırmak, alkışlamak, selamlamak.
hair [heı(r)] **i.** saç, kıl, tüy, **hairdresser** **i.** berber, kuaför, **hairdresser's** **i.** kuaför salonu, berber dükkânı, **hairpin** **i.** firkete, saç tokası.
half [ha:f] **s.** yarım, yarı, **z.** yarı yarıya.
hall [ho:l] **i.** salon, hol.
hallo [hı'lou] (telefonda) alo , baksan(ız)a, yahu.
halter ['ho:ltı(r)] **i.** yular.
ham [hæm] **i.** jambon, but, kasaba, köy.
hamburger ['hæmbö:gı(r)] **i.** köfteli sandviç.
hamlet ['hæmlit] **i.** küçük köy.
hammer ['hæmı(r)] **i.** çekiç, **f.** çekiçle çakmak, yumruklamak.
hamper ['hæmpı(r)] **i.** büyük kapağı olan sepet, **f.** engellemek.

SÖZLÜK

hand [hænd] **i.** el, ibre, saatin akrebi, **f.** el ile vermek, uzatmak, **handbook i.** el kitabı, **handbag i.** el çantası, **handmade i.** el yapımı.

handicap ['hændikæp] **i.** engel, handikap, **f.** engellemek.

handkerchief ['hæn(d)kıçi:f] **i.** mendil.

handle ['hændl] **i.** sap, kulp, **f.** el sürmek, ele almak, yönetmek, kullanmak.

handsome ['hænsım] **s.** yakışıklı.

handwriting ['hændraytinğ] **i.** el yazısı.

handy ['hændi] **s.** el altında, hazır, kullanışlı.

hang [hænğ] **f.** asmak, asılı olmak, sarkıtmak, idam etmek.

hanger [hænğgı(r)] **i.** çengel, askı.

hanker ['hænğkı(r)] **f.** arzulamak, özlemek, beslemek.

happen ['hæpın] **f.** olmak, meydana gelmek, vuku bulmak, **happen to** birisinin/bir şeyin başına bir şey gelmek.

happy ['hæpi] **s.** mutlu, sevinçli, **happiness i.** mutluluk.

harbour [ha:bı(r)] **i.** liman, barınak, **f.** barınmak, sığınmak.

hard [ha:d] **s.** zor, güç, sert, katı,kuvvetle, güçlükle, **hardly z.** hemen hemen hiç, güçlükle, **hardworking s.** çalışkan.

hare [heı(r)] **i.** yabani tavşan.

haricot ['hærikou] **i.** koyun eti yahnisi, **haricotbean i.** kuru fasulye.

hark [ha:k] **f.** dinlemek.

harlot ['ha:lıt] **i.** fahişe, orospu.

harm [ha:m] **i.** zarar, ziyan, kötülük, **f.** zarar vermek, **harmful s.** zararlı, **harmless s.** zararsız.

harmony [ha:'moni] **i.** ahenk, uyum.

harsh [ha:ş] **s.** sert, kaba, haşin, hırçın, **harshly z.** sertçe.

harvest ['ha:vist] **i.** hasat, ürün.

haste [heyst] **i.** acele, hız, **hasty s.** hızlı, aceleci, tez, seri.

hat [hæt] **i.** şapka.

hate [heyt] **i.** nefret, kin, **f.** nefret etmek, kin beslemek.

hatred [heytrid] **i.** kin, nefret.

have [hæv] **f.** sahip olmak, malik olmak, **have out** aldırtmak, çıkartmak.

haven [heyvn] **i.** liman, sığınak.

haze [heyz] **i.** sis, pus, duman, **f.** rahat vermemek, taciz etmek, **hazy s.** sisli, puslu, dumanlı.

hazelnut ['heyzılnat] **i.** fındık.

he [hi:] **zamir.** (erkek için) o.

head [hed] **i.** baş, kafa, kelle, reis, **headache** ['hedeyk] **i.** baş ağrısı, **headmaster** [hedma:stı(r)] **i.** okul müdürü, baş öğretmen, **headquarters** [hed'kwo:töz] **i.** karargâh, yönetim merkezi, **heading i.** başlık, konu.

heal [hi:l] **f.** iyileştirmek, iyileşmek.

DICTIONARY

health [helth] **i.** sıhhat, sağlık, afiyet, **healthy s.** sıhhatli, sağlıklı.
hear [hiı(r)] **f.** işitmek, duymak, haber almak.
heart [ha:t] **i.** kalp, yürek, **hearty i.** candan, yürekten, kuvvetli.
heat [hi:t] **i.** ısı, sıcaklık, öfke, **f.** ısınmak, ısıtmak, kızmak, **heating** [hi:tinğ] **s.** ısıtıcı, tahrik edici.
heave [hi:v] **f.** fırlatmak, atmak, kaldırmak.
heaven ['hevın] **i.** gök, sema, cennet.
heavy [hevi] **s.** ağır, şiddetli, güçlü, **heavily z.** şiddetli, ağır şekilde.
heed [hi:d] **i.** dikkat, ihtimam, aldırış **f.** dikkat etmek, aldırmak.
heel [hi:l] **i.** topuk, ökçe, (argoda) alçak herif.
height [hayt] **i.** yükseklik, yükselti, rakım.
heir [eı(r)] **i.** mirasçı, varis.
hell [hel] **i.** cehennem.
hello [he'lou] **ünl.** merhaba, alo.
help [help] **i.** yardım, çare, yardımcı, **f.** yardım etmek, faydalı olmak, **ünl.** imdat, yardım edin, **helper i.** yardımcı, hizmetçi, **helpless** aciz, çaresiz, gücü yetmez.
hen [hen] **i.** tavuk, dişi kuş.
henna [henı] **i.** kına.
her [hö:(r)] **zamir.** (dişi) ona, onu, onun.
herald ['herıld] **i.** haberci, müjdeci, **f.** haber vermek, müjdelemek.
herd [hö:d] **i.** hayvan sürüsü, **f.** hayvan gütmek, önüne katmak.
here [hiı(r)] **z.** burada, buraya, burası, işte.
hero ['hiırou] **i.** kahraman, yiğit.
heroin ['herouin] **i.** eroin.
hesitate ['heziteyt] **f.** tereddüt etmek, duraksamak.
hey [hey] **ünl.** haydi, hey.
heyday ['heydey] **i.** altın çağ, en güzel dönem.
hi [hay] **ünl.** merhaba.
hide [hayd] **i.** hayvan derisi, post, **f.** saklamak, saklanmak, gizlemek.
high [hay] **s.** yüksek, yukarı, **highly z.** epey, pek çok, hayli, **highway i.** anayol, karayolu, otoyol.
hijack ['haycæk] **f.** (taşıt, uçak, vb.) kaçırmak.
him [him] **z.** onu, ona (erkek için)
hint [hint] **i.** ima, kinaye, üstü kapalı anlatma **f.** ima etmek, üstü kapalı anlatmak.
hip [hip] **i.** kalça, kaba et, açıkgöz.
hire ['hayı(r)] **i.** kira, kiralama, **f.** kiralamak.
his [hiz] **z.** onun, onunki (erkek için).
history ['hıstıri] **i.** tarih.
hit [hit] **f.** vurmak, çarpmak, isabet etmek.
hive [hayv] **i.** arı kovanı, arı kovanı gibi yer.
hobby ['hobi] **i.** zevk için uğraşma, ilgi, merak, hobi.
hold [hould] **f.** tutmak, kavramak, içine almak, **hold up** durdurmak, yolunu kesip soymak.

holiday ['holidey] i. tatil, tatil günü, bayram günü.
Holland ['holınd] i. Hollanda.
holy ['houli] s. kutsal.
home [houm] i. ev, yuva, vatan, yurt, **homesick** s. yurt özlemi çeken, **homework** i. ev ödevi.
honest ['onist] s. dürüst, namuslu, hilesiz.
honey ['hani] i. bal, **honeymoon** i. balayı.
honour ['onı(r)] i. onur, şeref, namus.
hope [houp] i. umut, f. umut etmek, **hopeful** s. umutlu, **hopeless** s. umutsuz.
horizon [hı'rayzın] i. ufuk, **horizontal** s. yatay, ufka ait.
horn [ho:n] i. boynuz, klâkson, korna.
horrible [ho'ribıl] s. dehşetli, korkunç, müthiş, berbat.
horror ['horı(r)] i. korku, dehşet.
horse [ho:s] i. at, beygir.
hospital ['hospitıl] i. hastane.
hospitality [hospi'tæliti] i. konukseverlik.
host [houst] i. (erkek) ev sahibi, otel sahibi, konuk eden kişi.
hostage ['hostic] i. rehine, tutsak.
hostel ['hostl] i. öğrenci yurdu.
hostess ['houstis] i. ev sahibesi, hostes.
hot [hot] s. sıcak, kızgın, acı.
hotel [hou'tel] i. otel.
hour ['auı(r)] i. saat (zaman birimi olarak).
house [haus] i. ev, mesken, hane, f. barındırmak, evine almak, **household** i. ev halkı, aile, **housewife** i. ev kadını, **housework** i. ev işi.
how [hau] z. nasıl, ne şekilde, **how are you ?** nasılsınız ?, **how do you do ?** ne yapıyorsunuz, nasıl gidiyor ? **how long** kaç zaman, **however** z. bununla birlikte, her ne kadar.
hug [hag] f. kucaklamak, sarılmak.
huge [hyu:c] s. çok iri, kocaman.
hum [ham] i. vızıltı, uğultu, f. vızıldamak.
human ['hyu:mın] i. insan, s. insani, insanca, insana ait, **humanity** i. insanlık, beşeriyet.
humble ['hambl] s. alçak gönüllü.
humiliate [hyu:milieyt] f. utandırmak, küçük düşürmek.
humour ['hyumı(r)] i.huy, mizaç, mizah, şaka, ruh hali, geçici istek.
humorous ['hyumırıs] s. gülünç, komik.
hundred ['handrıd] s. yüz (sayı).
hunger ['hanğgır] i. açlık, şiddetli arzu, f. acıkmak, özlemini duymak, **hungry** s. aç, arzulu.
hunt [hant] f. avlamak, avlanmak, peşine düşmek, **hunter** i. avcı.
hurricane ['harikeyn] i. kasırga.

hurry ['hari] **f.** acele etmek, sık boğaz etmek, **hurry up** çabuk ol, acele et.

hurt [hö:t] **i.** yara, bere, acı, **f.** yaralamak, zarar vermek, incitmek.

husband ['hazbınd] **i.** koca (eş).

hush [haş] **i.** sessizlik, örtbas, sus, **f.** susturmak, susmak, örtbas etmek.

hut [hat] **i.** kulübe, baraka.

hydrophobia [haydrou'foubiı] **i.** kuduz hastalığı.

hyphen [hayfn] **i.** tire işareti.

hypnosis [hip'nousis] **i.** ipnoz, **hypnotic** [hip'notik] **s.** uyutucu.

hypodermic [haypou'dö:mik] **i.** iğne, şırınga.

I - i

I [ay] **zam.** ben.

ice [ays] **i.** buz, **ice cream** [ays cri:m] **i.** dondurma.

idea [ay'dıı] **i.** fikir, düşünce.

ideal [ay'dııl] **i.** ilke, ülkü, ideal, **s.** ülküsel, ideal, **idealist** [ay'dıılist] **i.** ülkücü, idealist.

identify [ay'dentifay] **f.** teşhis etmek, belirlemek, kimliğini saptamak. **identification** [aydentifi'keyşın] **i.** kimlik saptanması.

identity [ay'dentiti] **i.** kimlik, hüviyet, benzerlik.

idiom ['idiım] **i.** deyim, şive, dil.

idle ['aydl] **s.** işsiz, aylak, **f.** boşta gezmek, oyalanmak.

if [if] **bağ.** eğer, ise, şayet.

ignorant ['ignırınt] **s.** cahil, haberi olmayan.

ignore [ig'no(r)] **f.** aldırmamak, önemsememek, görmezlikten gelmek, bilmemek.

ilk [ilk] **i.** çeşit, tür, cins.

ill [il] **s.** hasta, rahatsız, kötü, **illness** **i.** hastalık.

illegal [i'li:gl] **s.** yasal olmayan, kanunsuz.

illegitimate [ili'citimit] **i.** meşru olmayan, yasa dışı, piç.

illiterate [i'lıtirit] **s.** okumamış, cahil.

illogical [i'locikl] **s.** mantıksız, mantığa aykırı.

illumination [ilyu:mi'neyşın] **i.** aydınlatma, aydınlanma.

illustrate ['ilıstreyt] **f.** resimlemek, örneklemek, **illustrated** ['ilıstreytid] **s.** resimli.

image ['imic] **i.** görüntü, şekil, imaj.

imagine [i'mæcin] **f.** hayal etmek, göz önünde canlandırmak.

imitate [imiteyt] **f.** taklit emek, benzetmek, **imitation** **i.** taklit, benzer.

immediate [i'mi:dyıt] **s.** acil, anında yapılması gereken, **immediately** **z.** derhal, hemen.

immemorial [imı'mo:riıl] **s.** çok eski.

immerse [i'mö:s] **f.** daldırmak, suya batırmak.

immigrate [imig'reyt] **f.** göç etmek, **immigrant** ['imigrınt] **i.** göçmen, **immigration** [imi'greyşın] **i.** göç.

impassable [im'pa:sıbl] **s.** geçilemez, aşılamaz.

impatient [im'peyşınt] **s.** sabırsız.

imperative [im'perıtiv] **s.** zorunlu, mecburi, emir.

imperfect [im'pö:fikt] **s.** kusurlu, eksik, tam olmayan, **imperfection** [impö:'fekşın] **i.** kusur, noksan.

imperil [im'peril] **f.** tehlikeye atmak.

impermeable [im'pö:miıbl] **s.** geçirgen olmayan.

impertinent [im'pö:tinınt] **s.** küstah, terbiyesiz.

imply [im'play] **f.** dolaylı anlatmak, demek, ima etmek.

impolite [impı'layt] **i.** terbiyesiz, nezaketsiz.

import ['impo:t] **i.** ithalat, dış alım, **f.** ithal etmek, **importer i.** ithalatçı.

importance [im'po:tıns] **i.** önem, **important** [im'po:tınt] **s.** önemli.

impossible [im'posibl] **s.** imkânsız, olanaksız.

impress[im'pres] **f.** etkilemek, **impression** [im'preşın] **i.** etki, izlenim, baskı, basım, **impressive** [im'presiv] etkileyici.

imprison [im'prizn] **f.** hapsetmek.

improbable [improbıbl] **s.** inanılmaz, olasılığı olmayan, ihtimal dışı.

improve [im'pru:v] **f.** iyileştirmek, yoluna koymak, düzeltmek, düzelmek, **improvement** [im'pru:vmınt] **i.** düzelme, gelişme, ilerleme.

impulse ['impals] **i.** itici güç, ani arzu, dürtü.

impute [im'pyu:t] **f.** atfetmek, üstüne yıkmak, suçlamak.

in [in] **ed.** içinde, içeriye, içine, de - da, **in front of** önünde, **in spite of** ...ye rağmen, karşın.

inability ['ınıbiliti] **i.** iktidarsızlık, yetersizlik.

incapable [in'keypıbl] **s.** yeteneksiz, kabiliyetsiz.

inch [inç] **i.** pus, 25.4 mm(uzunluk ölçüsü).

incident ['insıdınt] **i.** olay, hadise.

inclination [inkli'neyşın] **i.** meyil, eğilim, heves, **incline** ['inklayn] **f.** eğmek, eğilmek.

include [in'klu:d] **f.** kapsamak, içermek, içine almak, **inclusive** [in'klu:siv] **s.** içine alan, dahil.

income ['inkam] **i.** gelir, kazanç.

incomparable [in'kampırıbl] **s.** kıyaslanamaz,

inconvenient [inkın'vi:nıynt] **s.** sakıncalı, uygun olmayan, elverişsiz.

incorrect [inkı'rekt] **s.** doğru olmayan, yanlış, düzeltilmemiş.

incredible [in'kredibl] **s.** inanılmaz.

incriminate [in'krimineyt] **f.** suçlamak.

indebted [in'detid] **s.** borçlu, gönül borçlusu, müteşekkir, minnettar.

indeed [in'di:d] **z.** gerçekten, hakikaten, **ünl.** öyle mi.

indefinite [in'definit] **s.** belirsiz.

independence [indi'pendıns] **i.** bağımsızlık, **independent** [indi'pendınt] **s.** bağımsız.

index ['index] **i.** indeks, fihrist, sıralaç.

India ['indiya] **i.** Hindistan, **Indian i.** Hintli, Kızılderili.

indicate ['indikeyt] **f.** göstermek, işaret etmek.

indict [in'dayt] **f.** suçlamak, sorguya çekmek, dava açmak, mahkemeye vermek.

indifferent [in'difırınt] **s.** ilgisiz, kayıtsız, aldırmaz.

indigestion [indi'cesçın] **i.** hazımsızlık, sindirim güçlüğü

indignant [in'dignınt] **s.** öfkeli, kızgın.

indirect [indi'rekt , inday'rekt] **s.** dolaşık, dolambaçlı, dolaylı.

indispensable [indis'pensıbl] **s.** gerekli, vazgeçilmez.

individual [indi'vidyuıl] **s.** birey, kişi, fert, tek, yalnız, **individually z.** kişisel olarak, ayrı ayrı, şahsen.

indoor ['indo:(r)] **s.** ev içine ait, ev içinde yapılan.

induce [in'dyu:s] **f.** neden olmak, teşvik etmek, ikna etmek, sonuç çıkarmak.

industrial [in'dastriıl] **s.** endüstriye ait, sınai.

industrious [in'dastriıs] **s.** çalışkan.

industry [in'dastri] **i.** sanayi, endüstri.

inefficient [ini'fişınt] **s.** etkisiz, verimsiz.

inevitable [in'evitıbl] **s.** kaçınılmaz, zorunlu.

infant ['infınt] **i.** küçük çocuk, bebek.

infantry ['infıntri] **i.** piyade, yaya asker.

infection [in'fekşın] **i.** bulaşma, geçme, bulaştırma, enfeksiyon, **infectious** [in'fekşıs] **s.** bulaşıcı.

inferior [in'fiıriı(r)] **s.** aşağısında, ikinci derece, ast, kalitesiz, **inferiority i.** aşağılık, adilik.

infest [in'fest] **f.** sarmak, bol miktarda bulunmak.

infidelity [infi'deliti] **i.** sadakatsizlik, ihanet, aldatma.

infinite ['infinit] **s.** sonsuz, sınırsız, **infinitely z.** son derece, **infinity i.** sonsuzluk.

inflame [in'fleym] **f.** tutuşturmak, alevlendirmek.

inflate [in'fleyt] **f.** hava ile şişirmek, piyasaya aşırı ölçüde para çıkarmak, enflasyon yapmak.

inflexible [in'fleksibl] **s.** bükülmez, inatçı.

inflict [in'flikt] **f.** ceza vermek, dayak atmak, ağrı veya acı vermek, **infliction** [in'flikşn] **i.** ceza, eziyet, dayak.

influence ['influıns] **i.** etki, nüfus, **f.** etkilemek, **influential** [influ'enşıl] **s.** etkili, sözü geçer.

influenza [influ'enza] **i.** grip.

inform [in'fo:m] **f.** bilgi vermek, haber vermek, **information** [infı'meyşın] haber, bilgi, danışma, **informant** haber veren kimse, haberci, gammaz.

informal [in'fo:ml] **s.** teklifsiz, resmi olmayan,

inhabitant [inhæbitınt] **i.** oturan, ikamet eden kimse.

inhale [in'heyl] **f.** nefes almak, nefesi içine çekmek.

inherit [in'herit] **f.** miras almak, mirasa konmak.

inheritor [in'heritı(r)] **i.** mirasçı, varis.

inhuman [in'hyu:mın] **s.** insanlık dışı, gaddar.

initial [i'nişl] **i.** ilk harf, **s.** baştaki, ilk, birinci, önde giden, **initially z.** başlangıçta, önce.

initiate [i'nişieyt] **f.** başlatmak, alıştırmak, (ilk kuralları) göstermek.

inject [in'cekt] **f.** enjeksiyon yapmak, içeri sokmak, şırınga etmek.

injure [in'cı(r)] **f.** zarar vermek, incitmek, zedelemek, **injured** yaralı.

ink [ingk] **i.** mürekkep, **inkpot i.** mürekkep hokkası.

inn [in] **i.** han, otel, **innkeeper i.** hancı, otelci.

inner ['inı(r)] **s.** dahili, iç, gizli.

innocent ['inısınt] **s.** masum, suçsuz, günahsız.

input ['input] **i.** girdi.

inquire [in'kwayı(r)] **f.** sormak, soruşturmak, araştırmak, **inquiry** [in'kwayıri] **i.** sorgu, soruşturma, araştırma.

insane [in'seyn] **s.** deli, akıl hastası.

insect ['insekt] **i.** böcek, haşere.

insert [in'sö:t] **f.** araya sıkıştırmak, sokmak, eklemek.

inside ['insayd] **i.** iç, iç taraf, dahil, **s.** içteki, dahili. **ed.** içerisine, içerisinde.

insincere [insin'sii(r)] **s.** içten olmayan, riyakar, iki yüzlü.

insist [in'sist] **f.** ısrar etmek, üstelemek.

insolent ['insılınt] **s.** küstah, terbiyesiz, arsız.

inspect [in'spekt] **f.** denetlemek, muayene etmek, **inspector i.** müfettiş, kontrol memuru.

inspire [in'spayı(r)] **f.** esinlemek, ilham etmek, **inspiration** [inspi'reyşın] **i.** ilham, esin.

install [in'sto:l] **f.** yerine koymak, kurmak, tesis etmek, **installment** [in'sto:lmınt] **i.** taksit, kısım.

instant ['instınt] **i.** an, dakika, ani, derhal, **instantly z.** aniden, hemen, derhal.

instead [in'sted] **z.** yerine, karşılık olarak.

instep ['instep] **i.** ayağın üst kısmı.

instinct ['instingkt] **i.** içgüdü.

institute ['instityu:t] **i.** kuruluş, müessese, kurum, enstitü, **f.** kurmak, tesis etmek.

instruct [in'strakt] **f.** okutmak, öğretmek, tanıtmak, talimat vermek, **instructions i.** talimat, direktif, tanıtım.

instrument ['instrumınt] **i.** alet, enstrüman, çalgı, araç, vasıta.

insufficient [insı'fişınt] **s.** eksik, yetersiz.

insulate ['insyuleyt] **f.** yalıtmak, izole etmek.

insult [in'salt] **i.** hakaret, **f.** hakaret etmek, aşağılamak.

insure [in'şuı(r)] **f.** sigorta etmek, güvenceye almak, **insurance** [in'şuırıns] **i.** sigorta, **insured s.** sigortalı.

intellect ['intilekt] **i.** akıl, zihin, idrak, **intellectual** [inti'lektyuıl] **s.** aydın, kültürlü,akıllı, entelektüel.

intelligence [in'telicıns] **i.** akıl, zeka, istihbarat, **intelligent** [in'telicınt] **s.** zeki, akıllı, anlayışlı.

intend [in'tend] **f.** niyet etmek, kastetmek, tasarlamak.

intent [in'tent] **i.** amaç, niyet, **s.** dikkatli, niyetli, **intention** [in'tenşın] **i.** niyet, kasıt, **intentional s.** kasti, **intentionally z.** kasten, **intently** dikkatle.

inter {1} [in'tö:(r)] **f.** gömmek.

inter- {2} ['intı(r)] **önek.** -arası(nda)

intercourse ['intıko:s] **i.** ilişki, cinsel ilişki.

interest ['intırest] **i.** ilgi, merak, kazanç, faiz, **f.** ilgilendirmek, meraklandırmak, **interesting s.** ilginç, enteresan, **interested in** ile ilgili.

interfere [intıfiı(r)] **f.** karışmak, burnunu sokmak, müdahale etmek.

interior [in'tiırıı(r)] **i.** iç, dahil, **s.** dahili.

intermediate [intı'midiıt] **s.** orta, ortadaki, aradaki.

internal [in'tö:nıl] **s.** iç, dahili.

international [intı'næşınıl] **s.** uluslararası, **internationally z.** uluslararası olarak.

interpret [in'töprit] **f.** yorumlamak, tercüme etmek.

interrupt [intı'rapt] **f.** sözünü kesmek, araya girmek, yarıda kesmek.

intersect [int'sekt] **f.** kesişmek, kat etmek, kesmek.

interval ['intıvıl] **i.** fasıla, aralık, süre.

interview ['intıvyu:] **f.** röportaj yapmak, görüşmek.

into ['intu] **ed.** -ye/ya, içine, içeriye, -in içerisine, içeri doğru.

intolerable [in'tolırıbl] **s.** çekilmez, dayanılmaz, tahammül edilmez.

intoxicant [in'toksikınt] **f.** sarhoş edici.

intransitive [in'trænsitiv] **s.** geçişsiz, nesnesiz (fiil).

introduce [intrı'dyu:s] **f.** tanıştırmak, takdim etmek, başlatmak.

introduction [intrı'dakşın] **i.** takdim, tanıtma, başlangıç.

invade [in'veyd] **f.** saldırmak, istila etmek.

invalid {1} [in'vælid] **s.** geçersiz, hükümsüz, **invalidate f.** iptal etmek.

invalid {2} ['invıli:d] **i.** hasta, yatalak, sakat.
invaluable [in'vælyuıbl] **s.** çok değerli, paha biçilmez.
invasion [in'veyjın] **i.** istila, akın, tecavüz.
invent [in'vent] **f.** icat etmek, yaratmak, **invention** [in'venşın] **i.** icat, buluş.
invert [in'vö:t] **f.** ters yüz etmek, tersine çevirmek.
invest [in'vest] **f.** yatırım yapmak, para yatırmak, para harcamak, **investor i.** yatırımcı.
investigate [in'vestigeyt] **f.** araştırmak, incelemek, **investigation** [investi'geyşın] **i.** araştırma, soruşturma, tahkikat.
invisible [in'vizibl] **s.** gözle görülmez, gizli.
invite [in'vayt] **f.** davet etmek, çağırmak, **invitation** [invi'teyşın] **i.** davet, çağrı, davetiye.
invoice ['invoys] **i.** fatura.
involve [in'volv] **f.** sokmak, bulaştırmak, karıştırmak, içermek, kapsamak, gerektirmek.
inward ['inwıd] **s.** iç, dahili, içe doğru.
iron ['ayın] **i.** demir, ütü, **f.** ütülemek, **s.** demir gibi.
ironic [ay'ronik] **s.** kinayeli, alaylı, alay eden.
irregular [i'regyulı(r)] **s.** düzensiz, kuralsız.
irritate ['iriteyt] **f.** kızdırmak, sinirlendirmek, tahrik etmek, **irritable** [iritibl] **s.** çabuk kızan, sinirli, titiz.
Islam ['izla:m , iz'la:m] **i.** İslâm, İslâmiyet, Müslümanlık.
island ['aylınd] **i.** ada.
isle [ayl] **i.** adacık.
isolate ['aysıleyt] **f.** ayırmak, izole etmek.
issue ['isyu: , 'işu] **i.** yayımlama, yayın, basım, mesele, **f.** basmak, çıkmak, çıkartmak, dağıtmak, yayımlamak.
it [it] **z.** (cansızlar ve hayvanlar için) o, onu, ona.
Italy ['itıli] **i.** İtalya, **Italian s.** İtalyan, İtalya'ya ait.
its [its] **s.** (cansızlar ve hayvanlar için) onun, **z.** onunki, **itself z.** kendisi.
ivory ['ayvıri] **i.** fil dişi.

J - j

jab [cæb] **f.** dürtmek, saplamak.
jack [cæk] **i.** kriko, delikanlı (iskambilde) bacak veya vale.
jacket ['cækit] **i.** ceket.
jail [ceyıl] **i.** cezaevi, hapishane, **f.** hapsetmek.
jam [cæm] **i.** reçel, marmelat, **f.** sıkışmak, sıkıştırmak, sıkışıklık.
January ['cænyuıri] **i.** Ocak ayı.
Japan [cı'pæn] **i.** Japonya.
jar [ca:(r)] **i.** kavanoz.

jaw [co:] **i.** çene, **jawbone** **i.** çene kemiği.
jealous ['celıs] **s.** kıskanç, **jealousy** **i.** kıskançlık, haset.
jean [ci:n] **i.** kaba pamuklu kumaş, **jeans** **i.** blucin.
jeep [ci:p] **i.** cip, arazi otosu.
jeer [ciı(r)] **i.** alay, **f.** alay etmek, eğlenmek.
jelly [celi] **i.** pelte, jöle.
Jesus ['ci:zıs] **i.** İsa peygamber.
Jew [cu:] **i.** Yahudi.
jewellery ['cu:ılri , 'cu:lıri] **i.** mücevherat, kuyumculuk.
job [cob] **i.** görev, meslek, iş, hizmet.
jog [cog] **f.** sarsmak, dürtmek, yavaş yavaş yol almak.
join [coyn] **f.** katılmak, birleşmek, bir araya getirmek.
joint [coynt] **i.** eklem, (pişirmek için) et parçası, ek yeri, ortak, **s.**
  birleşik, bitişik, müşterek.
joke [couk] **i.** şaka, fıkra, **f.** şaka yapmak.
jolt [coult] **i.** sarsıntı, sarsma, **f.** sarsmak.
journal ['cö:nıl] **i.** gazete, dergi, gündem, **journalist i.** gazeteci.
journey ['cö:ni] **i.** seyahat, gezi, yolculuk, **f.** seyahat etmek.
joy [coy] **i.** sevinç, neşe, zevk.
judge [cac] **i.** yargıç, hakem, bilirkişi, **f.** hüküm vermek,
  judgement i. yargı, hüküm,karar.
juice [cu:s] **i.** meyve suyu.
July [cu'lay] **i.** Temmuz.
jump [camp] **i.** atlama, sıçrama, zıplama, **f.** atlamak, sıçramak,
  zıplamak, fırlamak.
junction ['canğkşın] **i.** kavşak.
June [cu:n] **i.** Haziran.
jungle ['cağngl] **i.** vahşi ve balta girmemiş orman.
junior ['cu:nyı(r)] **s.** genç, yaşça küçük, kıdemsiz.
just [cast] **s.** doğru, dürüst, adaletli, hak bilir, **z.** tam, az önce,
  ancak, yalnızca, sadece.
justice ['castis] **i.** adalet, hak,doğruluk.
justify ['castifay] **f.** doğrulamak, haklı çıkarmak, kanıtlamak.
jut [cat] **i.** çıkıntı, **jut out f.** ileri çıkmak, çıkıntı yapmak.

K - k

kangaroo [kænğgı'ru:] **i.** kanguru.
keel [ki:l] **i.** gemi omurgası.
keep [ki:p] **f.** tutmak, saklamak, korumak, muhafaza etmek, bı-
rakmamak.
Kenyan ['kenyın] **s.** Kenyalı, Kenya'ya ait.
kernel ['kö:nıl] **i.** tahıl tanesi, çekirdek içi, iç.
kettle ['ketl] **i.** tencere, çaydanlık.

key [ki:] **i.** anahtar.
kick [kik] **i.** tekme, **f.** tekmelemek, çiftelemek, topa vurmak.
kid [kid] **i.** çocuk , oğlak.
kidnap ['kidnæp] **f.** fidye için birini kaçırmak.
kidney ['kidni] **i.** böbrek.
kill [kil] **f.** öldürmek, **killer i.** katil.
kimono [ki'mounou] **i.** sabahlık, kimono.
kind [kaynd] çeşit, tür, cins, nevi, nazik.
kindergarten ['kindıga:tn] **i.** ana okulu, yuva.
king [kinğ] **i.** kral.
kipper ['kipı(r)] **i.** çiroz.
kiss [kis] **i.** öpücük, buse, **f.** öpüşmek.
kitchen [kiçın] **i.** mutfak.
kite [kayt] **i.** uçurtma, çaylak.
knapsack ['næpsæk] **i.** sırt çantası.
knead [ni:d] **f.** masaj yapmak, ovmak.
knee [ni:] **i.** diz, pantolonun diz kısmı.
kneel [ni:l] **f.** diz çökmek.
knife [nayf] **i.** bıçak, çakı, **f.** bıçaklamak.
knit [nit] **i.** örgü, **f.** örgü örmek, sıkı bağlamak.
knob [nob] **i.** kapı tokmağı.
knock [nok] **f.** vurmak, çarpmak, (kapı) vurmak, çalmak.
know [nou] **i.** bilgi, **f.** bilmek, tanımak, haberi olmak, **known** [noun] **s.** tanınmış, bilinen, **knowledge** ['nolic] **i.** bilgi, ilim.
kohl [koul] **i.** sürme.
kook(y) [ku:k(i)] **i.** deli, kaçık.

L - l

label ['leybl] **i.** etiket.
labour ['leybı(r)] **i.** emek, iş, işçi sınıfı, **labourer** ['leybırı(r)] **i.** işçi.
laboratory [lı'borıtri , 'læbırıtri] **i.** laboratuar.
lack ['læk] **i.** olmayış, eksiklik, yok(sun)luk, **f.** eksiği olmak, yoksun kalmak.
laconic [lı'konik] **s.** az ve öz, özlü.
lad [læd] **i.** delikanlı, genç.
ladder ['lædı(r)] **i.** portatif merdiven.
lade [leyd] **f.** yüklemek.
ladle ['læydl] **i.** kepçe.
lady ['leydi] **i.** bayan,hanımefendi.
lag [læg] **i.** geri kalma, gerileme, gecikme, **f.** geri kalmak, gerilemek, gecikmek.
lair ['leı(r)] **i.** in, yatak.
lake [leyk] **i.** göl.

lamb [læm] **i.** kuzu, kuzu eti.
lamp [læmp] **i.** lâmba.
land [lænd] **i.** ülke, kara, toprak, arsa, **f.** karaya çıkmak, yere inmek, karaya çıkarmak, **landlady i.** ev sahibesi, pansiyoncu kadın, **landlord i.** ev sahibi, otelci veya pansiyoncu adam, **landscape i.** manzara.
lane [leyn] **i.** dar yol, patika, yol şeridi.
language ['lænǧgwic] **i.** lisan, dil.
lantern ['læntın] **i.** el feneri.
large ['la:c] **i.** büyük, iri
lascivious [lı'sivyıs] **s.** şehvetli.
last [la:st] **s.** son, sonuncu, geçen, önceki, **last night** dün gece. **f.** sürmek, devam etmek, dayanmak, yetmek.
latch [læç] **i.** kapı mandalı, sürgü, **f.** sürgülemek, mandallamak.
late [leyt] **s.** geç, geç kalmış, gecikmiş, rahmetli, **later** daha geç, daha sonra, **lately z.** son günlerde, yakınlarda.
latter [lætı(r)] **s.** son, sonraki, son zamanlarda.
laud [lo:d] **i.** övme, **f.** övmek, methetmek.
laugh [la:f] **i.** gülme, gülüş, **f.** gülmek, **laughter i.** kahkaha, **laugh at** birisine / bir şeye gülmek.
launder ['lo:ndı(r)] **f.** yıkamak, yıkayıp ütülemek, **laundress** ['lo:ndris] **i.** çamaşırcı kadın.
laundry ['lo:ndri] **i.** çamaşırhane, kirli çamaşır.
lavabo ['lævıbou] **i.** lâvabo.
lavatory ['lævıtri] **i.** tuvalet, yıkanma yeri.
law [lo:] **i.** kanun, yasa, adalet, **lawful** [lo:fıl] **s.** yasal, **lawless** [lo:lis] **s.** kanunsuz, yasaya aykırı, **lawyer** [lo:yı(r)] **i.** avukat.
lawn [lo:n] **i.** çimenlik, çimen.
lawsuit ['lo:syu:t] **i.** dava.
laxative ['læksıtiv] **i.** ishal, müshil.
lay [ley] **f.** yatırmak, koymak, sermek, (sofra) kurmak, hazırlamak, **lay on** üzerine at(ıl)mak.
lazy [leyzi] **s.** tembel, haylaz.
lead {2} [li:d] **i.** liderlik etme, önde bulunma, başrol, kılavuzluk, **f.** götürmek, göstermek, idare etmek, başında olmak, liderlik etmek **leader** reis, lider, rehber, **leading s.** önde olan, yol gösteren.
lead {1} [led] **i.** kurşun, kurşundan yapılmış, **f.** kurşunla kaplamak.
leaf [li:f] **i.** yaprak.
leak [li:k] **i.** sızıntı, kaçak, **f.** sızmak, açığa vurmak.
lean [li:n] **i.** eğilim, meyil, **f.** meyletmek, eğilmek, dayanmak, yaslanmak, **s.** zayıf, yağsız, kıt.
leap [li:p] **f.** sıçramak, hoplamak, zıplamak, **leapfrog i.** birdirbir.
learn [lö:n] **f.** öğrenmek, duymak, haber almak.
lease [li:s] **i.** kiralama, kira kontratı, **f.** kiralamak.
least [li:st] **s.** , **z.** en küçük, en ufak, en az, asgari, **at least** hiç olmazsa, en azından, bari.

leather ['ledhı(r)] **i.** deri, kösele.
leave [li:v] **i.** izin, veda, ruhsat, **f.** bırakmak, terk etmek, ayrılmak.
leaves [li:vz] **i.** yapraklar.
leek [li:k] **i.** pırasa.
left [left] **i.** sol, **lefty i.** solak, **s.** kalan, artan.
leg [leg] **i.** bacak.
legal [li:gıl] **s.** kanuni, yasal, meşru.
legend ['lecınd] **i.** efsane, masal, hikâye.
lemon ['lemın] **i.** limon, **lemonade** [lemı'neyd] **i.** limonata.
lend [lend] **f.** ödünç vermek, borç vermek.
length [lenğkth] **s.** uzunluk, boy, süre.
lens [lenz] **i.** mercek, göz merceği.
lentil ['lentil] **i.** mercimek.
less [les] daha az,eksik, noksan.
lessee [le'si:] **i.** kiracı.
lesson ['lesın] **i.** ders.
let [let] **f.** izin vermek, bırakmak, kiralamak, **let's go** gidelim, **to let alone** rahat bırakmak.
lethal [li:thıl] **s.** öldürücü.
letter ['letı(r)] **i.** mektup, harf, **letterbox i.** posta kutusu.
lettuce ['letis] **i.** salata, kıvırcık salata, marul.
level ['levıl] **i.** seviye, düzey, düzlem, **f.** düzlemek, düzeltmek, tahrip etmek.
levy ['levi] **f.** (vergi, asker vb.) zorla toplamak.
lewd [lyu:d] **s.** edepsiz, ahlâksız, şehvet düşkünü.
liar ['layı(r)] **i.** yalancı.
liberal ['libırıl] **i.** açık fikirli, serbest düşünceli, liberal.
liberate ['libıreyt] **f.** özgürlüğünü sağlamak, serbest bırakmak, **liberation** [libı'reyşın] **i.** kurtuluş, kurtarma, serbest bırakma, **liberty** ['libıti] **i.** hürriyet, özgürlük.
library ['laybrıri] **i.** kütüphane, kitaplık, **librarian** [lay'breiriin] **i.** kütüphaneci.
license ['laysıns] **i.** ruhsat, izin, lisans.
licentious [lay'senşıs] **i.** ahlâksız, uçarı.
lick [lik] **i.** yalama, yalayış, **f.** yalamak, yalayıp geçmek, dayak atmak.
lid [lid] **i.** kapak.
lie [lay] **i.** yalan(lama), yalan söyleme, tekzip **f.** yalan söylemek, yatmak, uzanmak, olmak, bulunmak, durmak, kalmak, yayılmak.
lien ['li:ın] **i.** ipotek.
life [layf] **i.** hayat, yaşam, canlılık, can, **lifebelt i.** can kurtaran kemeri, **lifeboat i.** can kurtaran sandalı, **lifesaver i.** cankurtaran.
lift [lift] **i.** asansör, yükseltme, **f.** kaldırmak, yükselmek, yükseltmek.

light {1} [layt] **i.** ışık, aydınlık, lamba, elektrik, görünüm, açı, açık (koyu değil), **f.** yakmak, tutuşturmak, yanmak, tutuşmak, aydınlanmak, ışık vermek, **lighter i.** çakmak.

light {2} [layt] **f.** konmak, inmek, **s.** hafif, önemsiz, yapılması kolay.

like [layk] **ed.** gibi, benzer, **s.** eş, **f.** hoşlanmak, beğenmek.

likely ['laykli] **s.** olası, muhtemel.

lime [laym] **i.** kireç.

limit ['limit] **i.** sınır, son, uç, had, **f.** sınırlandırmak.

limp [limp] **i.** topallama, **f.** topallamak, aksamak, **s.** yumuşak, gevşek.

line [layn] **i.** hat, çizgi, yol, mısra,sıra.

linen ['linın] **i.** keten bezi, iç çamaşırı.

linesman ['laynzmın] **i.** (demiryolu vb.) hattı işçisi, (sporda) yan hakem.

lining ['layninğ] **i.** astar.

link [linğk] **i.** halka, zincir halkası, **f.** zincirlemek, birbirine bağlamak, birleştirmek.

lion ['layın] **i.** aslan.

lip [lip] **i.** dudak, **lipstick i.** ruj.

liquid ['likwid] **i.** sıvı, **s.** akıcı, paraya kolay çevrilebilir.

liquor ['likı(r)] **i.** içki, çözelti.

lira ['li:rı] **i.** lira (para).

list [list] **i.** liste, fihrist.

listen ['lisın] **f.** dinlemek, kulak vermek, dikkat etmek, **listener i.** dinleyici.

litre [li:tı(r)] **i.** litre.

literature ['litrıçı(r)] **i.** edebiyat, yazın, literatür.

little ['litıl] **i.** az miktar, az zaman, ufak şey, **s.** küçük, ufak, kısa, **a little** biraz.

live {1} [layv] **s.** canlı, diri, hayatta, neşeli.

live {2} [liv] **f.** yaşamak, oturmak, hayat sürmek, **live on** belirli bir para ya da gıda ile geçinmek, yaşamayı sürdürmek.

liver [livı(r)] **i.** karaciğer.

living ['livinğ] **i.** yaşam tarzı, geçinme, geçim, **s.** yaşayan, canlı, diri.

lizard ['lizıd] **i.** kertenkele.

load [loud] **i.** yük, kaygı, şarj, **f.** yüklemek, yükletmek, sıkıntı vermek.

loaf [louf] **i.** somun (ekmek), kelle. **f.** boş dolaşmak, kaytarmak, sallanmak, yavaş çalışmak.

loathe [louth] **f.** tiksinmek, nefret etmek

lobe [loub] **i.** kulak memesi.

lobster ['lobstı(r)] **i.** ıstakoz.

local ['loukıl] **s.** yerel, mahalli, yöresel.

locate [lou'keyt] **f.** yerleştirmek, oturmak, yerini belirlemek.

lock [lök] **i.** kilit, silâh tetiği, emniyet, perçem, bukle saç lülesi, yataklık eden kişi, **f.** kilitle(n)mek, kenetle(n)mek, iç içe geçirmek, sıkıştırarak çalışmasını engellemek.

locket [′lokit] **i.** madalyon.

locksmith [′loksmith] **i.** çilingir.

locust [′loukast] **i.** çekirge.

lodge [loc] **i.** kapıcı evi, kulübe, kır evi, **f.** misafir etmek, yerleştirmek, **lodger i.** kiracı, **lodging i.** pansiyon, kiralık oda.

lonely [lounli] **s.** yalnız, kimsesiz, ıssız.

long [lonğ] **f.** çok istemek, arzulamak, can atmak.

long [lonğ] **s.** uzun, uzun süren, yorucu, **z.** uzun zamandır, çoktan, **long ago** çok eskiden, çok önceden.

look [luk] **f.** bakmak, görünmek, gözükmek, görünüş, **looking glass i.** ayna, **look after** birisinin / bir şeyin bakımını üstlenmek, **look at** birisine / bir şeye bakmak, **look for** birisini/bir şeyi aramak, bulmaya çalışmak, **look into** incelemek, **look over** göz gezdirmek.

loose [lu:s] **s.** bol, gevşek, bağlanmamış, **loosen** [′lu:sn] **f.** gevşetmek, çözmek.

lord [lo:d] **i.** efendi, ağa, lort.

lore [′loı(r)] **i.** ilim, bilgi.

lose [lu:z] **f.** kaybetmek, yitirmek, tutamamak.

loss [los] **i.** kayıp, zarar, ziyan, hasar, **lost** kayıp

lot [lot] **i.** miktar, adet, kura, talih, kader, kısmet, arazi parçası.

lotion [′louşın] **i.** losyon.

lottery [′lotiri] **i.** piyango, lotarya,çekiliş.

loud [laud] **s.** gürültü(lü), patırtı(lı), yüksek ses(li), **loudspeaker i.** hoparlör.

lounge [launc] **i.** dinlenme odası, hol, salon, kanepe.

louse [laus] **i.** bit.

lout [laut] **i.** hantal, kaba adam.

love [lav] **i.** aşk, sevgi, sevgili, **f.** aşık olmak, sevmek, **lovely s.** sevimli, cana yakın, hoş, **lover i.** aşık, sevgili.

low [lou] **s.** alçak, basık, düşük, bodur, **lower f.** indirmek, alçaltmak, **s.** daha aşağı, daha alçak.

loyal [′loyıl] **s.** vefakar, sadık.

luck [lak] **i.** şans, baht, talih, uğur, **lucky** şanslı, talihli, uğurlu.

lug [lag] **i.** sap, kulp, çekiş, **f.** güçlükle itmek, çekmek, sürüklemek.

luggage [lagic] **i.** bagaj, yolcu eşyası, bavul.

luminary [′lu:minıri] **i.** ışık, ışık kaynağı, tanınmış kimse, **luminous s.** ışıklı, parlak.

lunch [lanç] **i.** öğle yemeği.

lung [lanğg] **i.** akciğer.

lunge [lanc] **i.** saldırı, hamle, **f.** saldırmak.

lurch [lö:ç] **i.** yalpa, müşkül durum, **f.** yalpalamak, sendelemek.

lurk [lö:k] **f.** pusuda beklemek, gizlenmek.

lust [lΛst] **i.** şehvet, hırs, **lustful s.** şehvetli.
lusty ['lΛsti] **s.** dinç, güçlü, gürbüz.
luxuriant [lag'zyuırınt] **s.** bereketli, çok bol, çok süslü, **luxurious** [lag'zyuırıs] **s.** süslü, lüks, zevk verici, çok rahat.
lynx [links] **i.** vaşak.

M - m

mac(k)intosh ['mækintoş] **i.** yağmurluk.
macabre [mı'ka:br] **s.** dehşetli, ölümle ilgili.
macaroni [mækı'rouni] **i.** makarna.
machine [mı'şi:n] **i.** makine, motorlu araç, **machine gun i.** makineli tüfek, **machinist i.** makinist.
mackerel ['mækrıl] **i.** uskumru.
macro- ['mækrou] **önek.** büyük, iri, makro.
mad [mæd] **s.** deli, çılgın, **like mad** deli gibi, **get mad** kızmak, **madhouse i.** tımarhane.
madam ['mædım] **i.** bayan, hanımefendi, madam.
madden [mædın] delirtmek.
magazine [mægı'zi:n] **i.** dergi.
magic ['mæcik] **i.** sihir, büyü, **magical** ['mæcikıl] **s.** sihirli, **magician** [mı'cişın] **i.** sihirbaz, büyücü.
magnification [mægnifi'keyşın] **i.** büyültme.
magnificent [mæg'nifisınt] **s.** fevkalade, muhteşem.
maid [meyd] **i.** kadın hizmetçi, kız, bakire.
maiden ['meydın] **i.** genç kız gibi, bakire.
mail [meyl] **i.** posta, posta arabası, **f.** postalamak, **mailbox i.** posta kutusu.
maim [meym] **f.** sakatlamak.
main [meyn] **s.** ana, esas, temel, **mainland i.** anakara, **mainly z.** başlıca, asıl.
maintenance ['meyntınıns] **i.** bakım, geçim, temin.
maize [meyz] **i.** Mısır (buğdayı).
majestic [mı'cestik] **s.** görkemli, şahane, heybetli.
major ['meycı(r)] **s.** binbaşı, esas, çok önemli, başlıca, **majority** [mı'coriti] **i.** oy çokluğu, çoğunluk, ekseriyet.
make [meyk] **f.** yapmak, yaratmak, imal etmek, meydana getirmek, **maker s.** yapıcı, imalâtçı.
male [meyl] **s.** erkek.
malign [mı'layn] **i.** zararlı, kötü, **f.** iftira etmek, kötülemek, yermek.
malt [mo:lt] **i.** malt, biralık arpa.
mam(m)a ['mæmı] **i.** anne(ciğim).

mammy ['mæmi] anne(ciğim), zenci dadı.

man [mæn] **i.** erkek, adam, insan, **manly s.** erkekçe.

manage ['mænic] **f.** idare etmek, yönetmek, kullanmak, **management** ['mænicmınt] **i.** idare, yönetim, **manager i.** yönetmen, yönetici, müdür.

manifesto [mæni'festou] **i.** bildiri, beyanname.

mantle ['mæntıl] **i.** kolsuz manto, pelerin.

manual ['mænyuıl] **s.** ele ait, elle yapılan, el kitabı.

manufacture [mænyu'fækçı(r)] **i.** imalât, **f.** imal etmek, **manufacturer i.** imalâtçı, üretici, fabrikatör.

manuscript ['mænyuskript] **i.** el yazması.

many ['meni] **s.** çok, bir çok, bir hayli, **so many** o kadar çok.

map [mæp] **i.** harita, plân, **f.** haritasını yapmak, plânlamak.

maraud [mı'ro:d] **f.** yağmalamak, talan etmek.

marble ['ma:bl] **i.** mermer, bilye, misket.

March [ma:ç] **i.** Mart ayı.

march [ma:ç] **i.** asker yürüyüşü, resmi yürüyüş, marş, sınır, **f.** yürümek, resmi yürüyüş yapmak.

mare [meı(r)] **i.** kısrak.

mariner ['mærinı(r)] **i.** gemici, bahriyeli.

maritime ['mæritaym] **s.** denizci, denizciliğe ait, deniz, denize yakın.

mark [ma:k] **i.** işaret, belirti, iz, marka, (ders) not, **f.** işaretlemek, damga vurmak, not vermek.

market ['ma:kit] **i.** çarşı, pazar, piyasa, **f.** pazarlamak, satışa çıkarmak.

marmalade ['ma:mıleyd] **i.** marmelat.

marry ['mæri] **f.** evlenmek, evlendirmek, **married** ['mærid] **s.** evli, **married to** ile evli, **marriage** ['mæric] **i.** evlilik, evlenme.

marshal ['ma:şıl] **i.** mareşal, polis müdürü, **f.** sıraya koymak, düzenlemek.

martial [ma:şl] **s.** savaşa özgü, askeri, **martial law i.** sıkı yönetim.

martyr ['ma:tı(r)] **i.** şehit, acı çeken kişi, **f.** acı çekmek, işkence etmek.

mash [mæş] **f.** ezmek, püre yapmak.

mask [ma:sk] **i.** maske, **f.** maskelemek.

masquerade [ma:sk'reyd] **i.** maskeli balo.

massacre ['mæsıkı(r)] **i.** katliam, kırım, **f.** katletmek, kılıçtan geçirmek.

massage [masa:j] **i.** ovma, masaj, **f.** ovmak, masaj yapmak.

master ['ma:stı(r)] **i.** efendi, sahip, üstat, usta, üniversitede lisans üstü derece, **masterly** ustaca, **masterpiece i.** şaheser, baş yapıt.

mat [mæt] **i.** hasır, paspas, donuk, mat.

match [mæç] **i.** kibrit, fitil, maç, **f.** uymak, uydurmak, dengi olmak, karşılaştırmak, evlendirmek.

material [mı'tiırııl] **i.** ham madde, materyal, madde, malzeme, materyal, kumaş **s.** maddesel, özdeksel, etkili, önemli.

mathematics [mæthi'mætiks] **i.** matematik.

maths [mæths] **i.** matematik .

matriculate [mı'trikyuleyt] **i.** üniversite adayı, **f.** kaydetmek, üniversiteye öğrenci olarak kaydetmek, kaydedilmek.

matter ['mætı(r)] **i.** madde, mesele, sorun, konu, iş, **f.** sorun, önemi olmak.

mature [mı'tyuı(r)] **i.** olgun, **f.** olgunlaşmak, vadesi gelmek.

maul , mall [mo:l] **f.** dövmek, berelemek, hırpalamak.

mausoleum [mo:sı'liım] **i.** anıt mezar, türbe, mozole.

maverick ['mævırik] **i.** damgalanmamış dana, bağımsız, parti disiplinine uymayan politikacı, toplum kurallarına uymayan insan.

May [mey] **i.** Mayıs ayı.

may [mey] **yard. f.** -ebilmek, mümkün olmak, olasılığı olmak.

maybe ['meybi] **z.** belki, olabilir.

mayor [meı(r)] **i.** Belediye başkanı.

me [mi:] **z.** beni, bana.

meal [mi:l] **i.** yemek, öğün, yulaf ezmesi, elenmemiş kaba un, **mealtime i.** yemek vakti.

mean [mi:n] **f.** demek istemek, kastetmek, anlamına gelmek, niyet etmek, **meaning i.** anlam.

meantime, meanwhile ['mi:ntaym, mi:nwayl] **i.** ara, aradaki zaman, süre, **z.** arada, aynı zamanda, bu sırada.

measles [mi:zlz] **i.** kızamık.

measure ['mejı(r)] **i.** ölçü, ölçü birimi, önlem, **f.** ölçmek.

meat [mi:t] **i.** et, **meaty s.** etli, özlü.

mechanic [mi'kænik] **i.** makinist, makine ustası, teknisyen, **mechanical s.** mekanik, makineye ait.

medal, medallion [medl , mı'dælyın] **i.** madalya.

medical ['medikl] **s.** tıbbi, iyileştirici.

medicine ['medisin] **i.** ilaç, deva, tıp.

Mediterranean [meditı'reyniın] **i.** Akdeniz.

medium [mi:dıım] **i.** orta durum, çevre, vasıta, araç.

medlar ['medlı(r)] **i.** muşmula.

meet [mi:t] **f.** karşılaşmak, görüşmek, rastlamak, tanışmak, buluşmak, toplanmak, **meeting i.** toplantı, miting.

melody ['melıdi] **i.** melodi, şarkı, nağme.

melon ['melın] **i.** kavun.

melt [melt] **f.** erimek, eritmek, yumuşatmak, yumuşamak.

member [membı(r)] **i.** üye, organ, aza.

memorable ['memırıbl] **s.** anılmaya değer, unutulmaz.

memorial [mi'mo:rııl] **i.** anıt, abide.

memory ['memıri] **i.** hafıza, bellek, hatıra, anı.

men [men] **çoğul i.** erkekler, adamlar.
mend [mend] **f.** tamir etmek, onarmak, iyileştirmek.
mental ['mentl] **s.** zihinsel, **mentality i.** zihniyet, akıl, zeka.
mention ['menşın] **i.** söyleme, anma, **f.** sözünü etmek, anmak.
menu ['menyu:] **i.** yemek listesi, mönü.
merciful ['mö:sifıl] **s.** merhametli.
mercy [mö:si] **i.** merhamet, acıma, rahmet, aman.
mere [miı(r)] **s.** katıksız, saf, gerçek, yalnız, ancak, **merely z.** sadece, ancak, yalnız.
meridian [mı'ridıın] **i.** meridyen, boylam.
merit ['merit] **i.** erdem, değer, fazilet, **f.** hak etmek, layık olmak.
merry ['meri] **s.** şen, neşeli.
mess [mes] **i.** karışıklık, düzensizlik, pislik.
message ['mesic] **i.** haber, mesaj.
metal [metıl] **i.** metal, maden, **metallic s.** madeni.
meter ['mi:tı(r)] **i.** sayaç, saat, metre, **f.** saatle ölçmek, **gas meter i.** gaz sayacı.
method ['methıd] **i.** metot, usul, yöntem.
metre ['mi:tı(r)] **i.** metre, şiir vezni ölçüsü.
metropolis [mi'tropılis] **i.** metropol, anakent.
mica ['maykı] **i.** mika, evren pulu.
microbe ['maykroub] **i.** mikrop.
middle ['midl] **s.** orta, ara, vasat.
midnight ['midnayt] **i.** gece yarısı.
midwife ['midwayf] **i.** ebe.
might {1} [mayt] **i.** kuvvet, kudret, güç.
might {2} [mayt] 'may' yardımcı fiilinin geçmiş zamanı.
migrant ['maygrınt] **i. , s.** göçmen, göçücü, göçen, göçebe.
migrate [may'greyt] **f.** göç etmek.
mild [mayld] **s.** ılıman, yumuşak, kibar.
mildew ['mildyu:] **i.** küf, **f.** küflenmek.
mile [mayl] **i.** mil.
military ['milıtıri] **s.** askeri.
milk [milk] **i.** süt, **f.** süt sağmak, **milkman i.** sütçü.
mill [mil] **i.** değirmen, fabrika, imalâthane, **f.** öğütmek.
millennium [mi'lenyım] **i.** bin yıllık dönem.
million ['milyın] **i.** milyon, **millionaire** [milyı'niı(r)] **i.** milyoner.
minaret ['miniret] **i.** minare.
mince [mins] **i.** kıyma, **f.** kıymak.
mind [maynd] **i.** akıl, zihin, fikir, **f.** aldırış etmek, önemsemek, bakmak.
mine [mayn] **i.** maden, maden ocağı, **z.** benimki.
mineral ['minırıl] **s.** madeni, madensel, mineral.
minimum ['minimım] **s.** asgari, en az, en aşağı, minimum.
minister ['ministı(r)] **i.** bakan, **ministry i.** bakanlık.
mink [minğk] **i.** Amerikan vizonu.

minor ['maynı(r)] **i.** rüştünü ispat etmemiş kimse, yaşça küçük kimse, ergin olmayan kimse, **s. daha** küçük, daha az, önemsiz,
minority [may'noriti] **i.** azınlık.
mint [mint] **i.** nane, darphane, **f.** madeni para basmak.
minus ['maynıs] **s.** eksi.
minute ['minit] **i.** dakika, kısa süre, an.
miracle ['mırıkl] **i.** mucize, harika.
mirage [mi'ra:j] **i.** serap.
mirror ['mırı(r)] **i.** ayna.
mis- [mis] **önek** yanlış-, kötü-.
misbehave [misbi'heyv] **f.** yaramazlık etmek, yanlış davranmak.
miscalculate [mis'kalkyuleyt] **f.** yanlış hesap etmek.
miscellaneous [misı'leyniıs] **s.** çeşitli, karışık.
miserable ['mizrıbl] **s.** yoksul, sefil, dertli, mutsuz.
misery ['mizıri] **i.** sefalet, dert, ıstırap, mutsuzluk.
misfit [mis'fit] **i.** uygun gelmeyiş.
misfortune [mis'fo:tyu:n] **i.** talihsizlik, belâ.
misgovernment [mis'gavı(r)nmınt] **i.** kötü yönetim.
mislay [mis'ley] **f.** kaybetmek, yanlış yere koymak.
misread [mis'ri:d] **f.** yanlış anlamak, yanlış okumak, yanlış yorumlamak.
miss {1} [mis] **i.** genç kız, bekâr bayan.
miss {2} [mis] **f.** isabet ettirememek, hedefi vuramamak, boşa gitmek, (otobüs vb.) kaçırmak, yakalayamamak, özlemek,
missing s. eksik, kayıp, olmayan.
missile ['misayl] **i.** mermi, kurşun, mızrak, füze.
mist [mist] **i.** duman, sis, pus, **f.** çiselemek, sisli olmak, sisle kapla(n)mak, **misty s.** sisli, puslu, dumanlı.
mistake [mis'teyk] **i.** hata, yanlışlık, **f.** hata etmek, yanlış anlamak, yanılmak.
mister ['mistı(r)] **i.** bay.
mistress ['mistris] **i.** bayan, ev sahibesi, metres.
mix [miks] **f.** karıştırmak, katmak, birleştirmek, **mixture** ['miksçı(r)] **i.** karışım.
moan [moun] **i.** inilti, **f.** inlemek.
mob [mob] **i.** insan kalabalığı, avam, ayak takımı, **f.** etrafına üşüşmek.
mobile ['moubayl] **s.** hareket eden, gezici, oynak.
mock [mok] **f.** alay etmek, eğlenmek, önem vermemek, dalga geçmek için taklit etmek.
moderate ['modırıt] **i.** makul, orta karar, ılımlı.
modern ['modı(r)n] **s.** çağdaş, yeni, modern, **modernize** ['modı(r)nayz] **f.** modernleştirmek, yenilemek, çağa uydurmak.
modest ['modist] **s.** alçak gönüllü, gösterişsiz.
mohair ['mouhiı(r)] **i.** tiftik yünü.

moist [moyst] **s.** rutubetli, nemli, ıslak, **moisture** ['moysçı(r)] **i.** nem, rutubet.

moment ['moumınt] **i.** (çok kısa) an, önem, güç, fırsat, uygun zaman.

monastery ['monıstri] **i.** manastır.

Monday ['mandi] **i.** Pazartesi.

money ['mani] **i.** para, **money order** para havalesi.

monkey ['mangki] **i.** maymun.

monopoly [mı'nopıli] **i.** tekel.

monotonous [mı'notınıs] **s.** tekdüze, sıkıcı, monoton.

month [manth] **i.** ay (otuz gün), **monthly z.** ayda bir, aylık.

monument ['monyumınt] **i.** anıt, abide.

mood [mu:d] **i.** ruh hali, keyif, uyum, akort.

moon [mu:n] **i.** ay, kamer, uydu, **moonlight i.** mehtap, ay ışığı.

moor ['muı(r)] **f.** demir atmak, güvence altına almak, şamandıraya bağlamak.

moral ['morıl] **s.** ahlâki, ahlâka ait, manevi, **morale** [mo'ra:l] maneviyat, yürek gücü.

more [mo:(r)] **i.** daha çok miktar, **s.** daha çok, daha fazla, **z.** daha, **moreover** [mo:(r)'ovı(r)] bundan başka, üstelik, zaten, ayrıca, bir de.

morello [mı'relou] **i.** vişne.

morning ['mo:ning] **i.** sabah, **good morning** günaydın.

mortal ['mo:tl] **i.** insan, beşer, **s.** ölümlü, fani.

mortar ['mo:tı(r)] **i.** harç, havai fişek kızağı, havan topu, havan **f.** harçla sıvamak, havan topu atmak.

mortgage [mo:gic] **i.** rehin, ipotek, **f.** ipotek etmek, rehine vermek.

Moslem ['mozlım] **s.** Müslüman, İslâm.

mosque [mosk] **i.** cami.

mosquito [mos'ki:tou] **i.** sivrisinek.

moss [mos] **i.** yosun, bataklık.

most [moust] **s.** en çok, çok fazla, **z.** son derece, çok, en, pek.

motel [mou'tel] **i.** motel.

mother ['madhı(r)] **i.** anne, **mother-in-law i.** kaynana.

motion ['mouşın] **i.** hareket, devinim, önerge, kanun teklifi, iş, çalışma, dürtü, güdü, **f.** yönlendirmek, işaret yapmak .

motivate ['moutiveyt] **f.** harekete getirmek, sevk etmek, **motive i.** sebep, neden, güdü, dürtü.

mountain ['mauntın] **i.** dağ, tepe.

mourn [mo:n] **f.** yas tutmak, yasını tutmak.

mouse [maus] **i.** fare, sıçan.

mouth [mauth] **i.** ağız.

move [mu:v] **f.** harekete geçmek, kımıldatmak, oynatmak, kımıldamak, taşınmak, **movement i.** hareket, **moving s.** hareketli, acıklı, dokunaklı.

movie [mu:vi] **i.** sinema filmi. **the movies i.** sinema.
mow [mau] **f.** biçmek, tırpanlamak.
Mr. ['mıstı(r)] **i.** bay.
Mrs. ['misiz] **i.** (evli) bayan.
Miss ['mis **i.** (evlenmemiş) bayan.
much [maç] **s.** çok, çok fazla, çokça, epeyce.
mud [mad] **i.** çamur, **muddy s.** çamurlu, kirli.
mule [myu:l] **i.** katır.
multiple ['maltipl] **s.** çok yönlü, çok kısımlı, çeşitli, katlı, misilli.
multiply ['maltiplay] **f.** çoğaltmak, çoğalmak, üremek, çarpmak.
mummy [mami] **i.** anne(ciğim), mumya.
municipal [myu'nisipıl] **s.** belediyeye ait, **municipality**
[myunisi'pæliti] **i.** belediye.
murder ['mö:dı(r)] **i.** cinayet, **f.** öldürmek, katletmek, **murderer**
i. katil, cani.
murmur ['mö:mı(r)] **i.** mırıltı, **f.** mırıldanmak.
muscle [masl] **i.** kas, adale.
museum [myu'ziım] **i.** müze.
mushroom ['maşrum] **i.** mantar.
mushy ['maşi] **s.** lâpa gibi.
music ['myu:zik] **i.** müzik, nağme, makam, nota, **musical**
[myu:zikıl] **i.** müzikal, **musician** [myu:'zişın] **i.** müzisyen, çal-
gıcı.
Muslim ['mazlim] **i.** Müslüman, **s.** İslam.
mussel ['masıl] **i.** midye.
must [mast] **i.** zorunluluk, **yard. f.** -meli, -malı.
mustache [mus'ta:ş] **i.** bıyık.
mustard ['mastıd] **i.** hardal.
mutter ['matı(r)] **i.** mırıltı, homurdanma, **f.** mırıldanmak, homur-
danmak.
mutton ['matın] **i.** koyun eti, **mutton-chop i.** koyun pirzolası.
my [may] benim.
myself [may'self] **z.** kendim, ben.
mystery ['mistıri] **i.** sır, esrar, gizem, **mysterious** [mis'tiiriıs] **s.**
esrarengiz, gizemli, sır dolu.
mystify [mistifay] **f.** çok şaşırtmak, hayrete düşürmek.
myth [mith] **i.** efsane, mit.

N - n

nacre ['neykı(r)] **i.** sedef, **nacreous** ['neykriıs] **s.** sedefli.
nail [neyl] **i.** çivi, tırnak, **f.** çivilemek, kavramak, meydana çıkar-
mak, yakalamak.
naked ['neykd] **s.** çıplak, yalın.

name [neym] **i.** ad, isim, ün, **f.** isimlendirmek, atamak.
nape [neyp] **i.** ense.
napkin ['næpkin] **i.** peçete.
narrow ['nærou] **s.** dar, sınırlı.
nation ['neyşın] **i.** ulus, millet, **national** ['næşınıl] **s.** ulusal, milli, **nationality** [næşı'næliti] milliyet, uyruk.
native ['neytiv] **i.** yerli, doğuştan.
natural ['næçırıl] **s.** doğal.
nature ['neyçı(r)] **i.** doğa, tabiat, yaradılış, dünya.
naval ['neyvıl] **s.** bahriye (denizcilik) ile ilgili, **naval base i.** deniz üssü.
navy ['neyvi] **i.** deniz kuvvetleri, donanma.
near [nıı(r)] **z.** yakın, yakında, hemen hemen, neredeyse, **nearby** **s.** yakınında, yanında.
neat [ni:t] **s.** temiz, düzenli, net, açık.
necessary ['nesisıri] **s.** gerekli, zorunlu, **if necessary** gerekirse.
neck [nek] **i.** boyun, boğaz, **necklace** ['neklis] **i.** gerdanlık, kolye.
need [ni:d] **i.** ihtiyaç, gereksinme, **f.** ihtiyacı olmak.
needle [ni:dl] **i.** iğne, örgü şişi, ibre.
negative ['negıtiv] **s.** olumsuzluk, eksi, ters, negatif.
neglect [ni'glekt] **f.** ihmal etmek, boşlamak, aldırmamak.
negotiate [ni'gouşieyt] **f.** müzakere etmek, görüşmek, tartışmak, **negotiation** [nigouşi'eyşın] **i.** görüşme, müzakere.
neighbour ['neybı(r)] **i.** komşu, **f.** bitişik olmak.
neither ['naydhı(r)] **s. z.** hiçbiri, ne bu, ne öteki.
nephew ['nefyu] **i.** erkek yeğen.
nervous ['nö:vıs] **s.** sinirli, asabi.
nest [nest] **i.** yuva, kuş yuvası, **f.** yuva yapmak.
net [net] **i.** ağ, tuzak, **network i.** şebeke, **s.** saf, net, kesintisiz.
Netherlands ['nædhı(r)lænds] **i.** Hollanda.
never ['nevı(r)] **z.** asla, hiçbir zaman, hiç, katiyen.
new [nyu:] **s.** yeni, taze, acemi.
news [nyu:z] **i.** haber, havadis, **newspaper i.** gazete.
next [nekst] **s.** sonraki, gelecek, ertesi, öbür, **z.** hemen sonra, **next to** -e bitişik, -nin hemen yanında.
nice [nays] **s.** hoş, güzel, iyi, zarif, nefis, tatlı.
niece [ni:s] **i.** kız yeğen.
night [nayt] **i.** gece, akşam.
nine [nayn] dokuz, **nineteen** [naynti:n] on dokuz, **ninety** [naynti] doksan.
ninth [naynth] **s.** dokuzuncu.
no [nou] **z.** hayır, yok, hiç, öyle değil.
noble ['noubl] **s.** asil, soylu.
nobody ['noubadi] **z.** hiç kimse.

noise [noyz] **i.** ses, gürültü, şamata, **noiseless** ['noyzlis] **s.** sessiz, gürültüsüz, **noisy s.** gürültülü, gürültücü, yaygaracı.

none [nan] **z.** hiçbiri, hiç kimse.

nonsense ['nonsens] **i.** saçma, anlamsız, boş.

nonstop ['nonstop] **s.** aralıksız, durmaksızın.

noon [nu:n] **i.** öğle (vakti).

nor [no:(r)] **bağ.** ne, ne de.

normal ['no:mıl] **s.** normal, **normalizationi.** normalleşme.

north [no:th] **i.** kuzey, **northern** ['no:dhın] **s.** kuzeye ait, kuzeyli.

nose [nouz] **i.** burun, **f.** koklamak.

note [nout] **i.** not, işaret, nota, **f.** not etmek, **notebook** defter.

nothing ['nathinğ] **i.** hiçbir şey, hiç.

notice ['noutis] **i.** ilan, ihbar, özen, dikkat, farkına varma, **f.** dikkat etmek, farkında olmak, önem vermek.

noun [naun] **i.** isim, ad.

nourishing ['narişinğ] **s.** besleyici.

novel ['novl] **i.** roman, **s.** yeni, yeni çıkmış, **novelist i.** romancı.

November [no'vembı(r)] **i.** Kasım ayı.

now [nau] **z.** şimdi, şu anda, **bağ.** madem ki, işte.

nowadays ['nauıdeyz] **z.** bu günlerde.

nowhere ['nouweı(r)] **z.** hiçbir yerde.

nuance [nyu'a:ns] **i.** ayrıntı, ince fark, nüans.

nude [nyu:d] **s.** çıplak, **nudity** [nyu:diti] **i.** çıplaklık.

nudge [nac] **i.** dürtme, **f.** dürtmek, sürüklemek.

nugget ['nagit] **i.** külçe.

nuisance ['nyu:sıns] **i.** sıkıntı, dert, baş belası.

numb [nam] **f.** uyuşturmak, **s.** uyuşuk, duygusuz.

number ['nambı(r)] **i.** sayı, numara, adet, rakam, **f.** numaralamak.

nun [nan] **i.** rahibe.

nurse [nö:s] **i.** hemşire, hastabakıcı, **nursery** ['nö:sıri] **i.** çocuk odası, kreş, fidanlık, **nursery school i.** ana okulu.

nut [nat] **i.** fındık, ceviz, cıvata somunu, **nutty s.** fındıklı.

nuzzle ['nazl] **f.** burnu ile dürtmek, sokulmak, koklamak.

O - o

o'clock [ı'klok] **i.** saat (saat başlarını bildirmek için), **it's five o'clock** saat beş.

oak [ouk] **i.** meşe.

oar [o:(r)] **i.** kürek, **f.** kürek çekmek, **oarsman** [o:(r)smın] **i.** kürekçi.

oat [out] **i.** yulaf.

oath [outh] **i.** yemin, ant, **take an oath** yemin etmek.

obey [ı'bey, ou'bey] **f.** itaat etmek, boyun eğmek.
obituary [ı'bityuıri] **i.** ölüm ilanı, anma yazısı.
object {1} ['obcikt] **i.** madde, nesne, hedef, amaç.
object {2} [ob'cekt] **f.** itiraz etmek, protesto etmek, karşı koymak, razı gelmemek.
objective [ıb'cektiv] **s.** duygularına kapılmadan, nesnel, objektif.
obligation [obli'geyşın] **i.** zorunluluk, senet, borç, **obligatory** [o'bligıtıri] **s.** mecburi, zorunlu.
obscene [ıb'si:n] **s.** müstehcen, açık saçık.
obstacle ['obstıkl] **i.** engel.
observation [obzı'veyşın] **i.** gözlem, inceleme, **observatory** [ob'zö:vıtıri] **i.** rasathane, gözlemevi.
obsolete [obsı'li:t] **s.** eski, eskimiş, kullanılmayan.
obstinacy ['obstinısi] **i.** inatçılık, **obstinate** ['obstinit] **s.** inatçı, dik kafalı.
obtain [ıb'teyn] **f.** bulmak, elde etmek, almak, kabul etmek.
obvious ['obviıs] **s.** aşikar, besbelli, açık, net, **obviously z.** açıkça.
occasion [o'keyjın] **i.** fırsat, vesile, sebep, gereklilik, durum, vaziyet, **f.** yol açmak, fırsat yaratmak, neden olmak.
occasionally [ı'keyjınli] **z.** ara sıra, bazen.
occupy ['okyupay] **f.** işgal etmek, meşgul etmek, uğraşmak, **occupation** [okyu'peyşın] **i.** meşguliyet, iş, meslek, sanat, işgal.
occur [ı'kö:(r)] **f.** olmak, meydana gelmek, vuku bulmak.
ocean ['ouşın] **i.** okyanus.
October [ok'toubı(r)] **i.** Ekim ayı.
octopus [oktoupıs] **i.** ahtapot.
ocular ['okyulı(r)] **s.** göze ait, gözle görülür, **oculist i.** göz doktoru.
of [ıv , ov] **ed.** -in, -nin, -li, -den, -nin hakkında, **of course** tabi (ki), mümkün, elbette.
off [of] **s.** bozuk, yorgun, kötü, listeden çıkarılmış, muhtemel, nezaketsiz, standart dışı, öteki, sağda olan, sağdaki, sapa, saygısız, solmuş, olası, bozulmuş, çalışmayan, berbat, uzak, şanssız, talihsiz, terbiyesiz, tükenmiş, uygun olmayan, izinli, **ed.** -den, -dan, -den uzak, sapa, **z.** uzağa, dışarıya, öteye, ötede.
offal ['ofıl] **i.** sakatat, süprüntü, çerçöp.
offend [ı'fend] **f.** kızdırmak, gücendirmek.
offence [ı'fens] **i.** kusur, hata, kabahat, hücum, **offensive** [ı'fensiv] **i.** hücüm, saldırı, **s.** saldırıcı, saldırgan.
offer ['ofı(r)] **i.** teklif, öneri, **f.** teklif etmek, sunmak, önermek.
offhand ['ofhænd] **s.** düşünmeden yapılmış, hazırlıksız, rasgele, nezaketsiz.
office ['ofis] **i.** yazıhane, işyeri, büro, ofis, **officer i.** memur, subay, **official** [ı'fişıl] **s.** resmi, memur.

often [ofn, oftın] **z.** sık sık, çoğu kez.
oh [ou] **ünl.** ya, öyle mi, sahi, oo.
oil [oyl] **i.** yağ, sıvı yağ, petrol, **f.** yağlamak.
okay (OK) [ou'key] **ünl.** peki, tamam, doğru, uygun.
okra ['okrı] **i.** bamya.
old [ould] **s.** yaşlı, ihtiyar, eski.
olive ['oliv] **i.** zeytin, **olive oil i.** zeytin yağı.
on [on] **ed.** üzerinde, üstünde, üstüne, -de,-da, **and so on** v.b. , vs.
once [wans] **z.** bir kez, bir defa, vaktiyle, eskiden.
one [wan] **s.** bir, tek (tane), **one way s.** tek yönlü, gidiş.
onion ['anyın] **i.** soğan.
onlooker ['onlukı(r)] **i.** seyirci.
only ['ounli] **s.** biricik, tek, **z.** yalnızca, ancak, sadece.
onto ['ontu] **ed.** üstüne.
open ['oupın] **s.** açık, serbest, meydanda, aleni, **f.** açmak, açılmak, başlamak, başlatmak, **opening i.** açılış, başlangıç, delik, açıklık, **openly z.** açıkça, saklamadan, alenen.
operate ['opıreyt] **f.** iş görmek, işlemek, ameliyat etmek.
opinion [ı'pinyın] **i.** fikir, düşünce, tahmin.
opportune ['opıtyu:n] **s.** uygun, tam yerinde, **opportunist** [opı'tyu:nist] **i.** fırsatçı, **opportunity** [opıtyu:niti] **i.** fırsat, elverişli durum, olanak.
oppose [ı'pouz] **f.** karşı gelmek, engel olmak, direnmek, **opposite** ['opızit] **s.** karşı, karşıda, karşı karşıya, zıt, ters.
opt [opt] **f.** seçmek, yeğlemek.
optic ['optik] **s.** göze ait, görsel, **optician** [op'tişn] **i.** gözlükçü.
optimist ['optimist] **i.** iyimser.
or [o:(r)] **bağ.** yahut, veya, yoksa, ya da.
oral ['o:rıl] **s.** sözlü, ağızdan.
orange ['orinc] **i.** portakal.
order ['o:dı(r)] **i.** düzen, tertip, emir, sipariş, rütbe, sınıf, biçem, **f.** düzenlemek, emretmek, sipariş etmek, ısmarlamak, atamak, tayin etmek.
ordinary ['o:dinıri] olağan, her zamanki, adi, sıradan.
organ ['o:gın] **i.** organ, uzuv, araç.
organize ['o:gınayz] **f.** kurmak, örgütlemek, tertip etmek, düzenlemek, **organization** [o:gınay'zeyşın] **i.** örgüt, kurum, organizasyon.
orient ['oriınt] **i.** doğu, doğu ülkeleri, **oriental s.** doğulu, Asyalı, doğuya ait, oryantal.
origin ['oricin] **i.** köken, başlangıç, kaynak, **original** [ı'ricinıl] **s.** ilk, asıl, ilk şekli, kökeni, başlangıcı, orijinal.
ornament ['o:nımınt] **i.** süs, ziynet, **f.** süslemek.
orphan ['o:fın] **i.** yetim, öksüz.
oscillate ['osileyt] **f.** (sarkaç gibi) sallan(dır)mak.

SÖZLÜK

ostrich ['ostriç] **i.** devekuşu.
other ['adhı(r)] **s.** diğer, öteki, öbür, başka, **z.** başka türlü, **otherwise** ['adhı(r)wayz] **z.** başka türlü, aksi takdirde.
otter ['otı(r)] **i.** su samuru, samur kürk.
Ottoman ['otımın] **i.** Osmanlı.
ought [o:t] **i.** yükümlülük, zorunluluk, **yard. f.** - meli, - malı, gerek, -sa iyi olur.
our [auı(r)] **s.** bizim, **ours z.** bizimki, bize ait.
out [aut] **z.** dışarı, dışarıya, dışarıda, uzakta, **outcome i.** sonuç, **outdoor** (evden) dışarıda olan, açık havada yapılan.
outlaw ['autlo:] **i.** kanun kaçağı, haydut, kanuna karşı gelen, **f.** yasa dışı saymak, yasaklamak.
outline ['autlayn] **i.** taslak, kroki **f.** taslağını çizmek.
output ['autput] **i.** verim, randıman.
outside [aut'sayd] **i.** dış, dış taraf, dışında, **z.** dışarıda.
outspoken [aut'spoukın] **s.** açık sözlü, samimi.
outstanding [aut'stændinğ] **s.** önemli, göze çarpan.
oven [avın] **i.** fırın.
over ['ouvı(r)] **ed.** üzerinden, üzerinde, üstünde, yukarısı, normalden fazla, aşırı, üzerinden aşarak, sırasında, **s.** bitmiş, **z.** yukarıda, tekrar, baştan, **overall s.** bir uçtan bir uca, etraflı, **z.** genel olarak, **overcast s.** bulutlu, hüzünlü, **overcharge f.** fazla hesap çıkarmak, gereğinden fazla yüklemek.
overcoat ['ouvı(r)kout] **i.** palto.
overflow [ouvı(r)'flou] **f.** taşmak.
overhear [ouvı(r)hiı(r)] **f.** kulak misafiri olmak.
overpass ['ouvı(r)pa:s] **i.** üst geçit, **f.** görmezlikten gelmek.
oversea ['ouvı(r)si:] **s.** deniz aşırı.
overt ['ouvö:t] **s.** aleni, açık olarak yapılan.
overtime ['ouvı(r)taym] **i.** fazla mesai.
overturn ['ouvı(r)tö:n] **f.** devirmek, altüst etmek.
overwork ['ouvı(r)wö:k] **f.** aşırı çalışmak.
owe [ou] **f.** borçlu olmak, borcu olmak, **owing to** ...yüzünden, ...den dolayı.
owl [aul] **i.** baykuş.
own [oun] **s.** kendisine ait, kendi kendine, has, kendi **f.** malik olmak, sahip olmak, **owner i.** mal sahibi, **ownership i.** mülkiyet.
ox [oks] **i.** öküz, sığır, **oxcart** ['okska:t] **i.** öküz arabası, **oxen** [oksn] **i.** öküzler.
oxygen ['oksicin] **i.** oksijen.
oyster ['oystı(r)] **i.** istiridye.

DICTIONARY

P - p

pace [peys] **i.** adım, yürüyüş, **f.** adımlamak.
pack [pæk] **i.** bohça, deste, denk, paket, **f.** paket yapmak, denk yapmak, istif etmek.
package ['pækic] **i.** paket, ambalaj.
pact [pækt] **i.** anlaşma, sözleşme, pakt.
pad [pæd] **i.** pamuk vs. tampon, bloknot, ıstampa.
padlock ['pædlok] **i.** asma kilit.
page [peyc] **i.** sayfa.
pail [peyl] **i.** kova.
pain [peyn] **i.** acı, ağrı, sızı, elem, keder, **painful s.** acı veren, zahmetli, **painless s.** acısız, ağrısız.
paint [peynt] **i.** (yağlı) boya, allık, makyaj, boyama **f.** boyamak, resim yapmak, **painter i.** ressam, boyacı, **painting i.** boyama.
pair [peı(r)] **i.** eş, çift, **f.** eşleştirmek.
palace [pælis] **i.** saray.
pale [peyl] **i.** sivri kazık, **s.** soluk, uçuk.
palm [pa:m] **i.** palmiye, el ayası, avuç içi.
pan [pæn] **i.** tava, çanak, kefe.
pane [peyn] **i.** pencere camının bbir parçası, levha.
panel ['pænıl] **i.** levha, pano, açık oturum, panel.
panic ['pænik] **i.** ürkme, korku, panik.
pantry ['pæntri] **i.** kiler.
pants [pænts] **i.** pantolon, don.
papa [pı'pa:] **i.** baba.
paper ['peypı(r)] **i.** kâğıt, evrak, gazete, **f.** kâğıt kaplamak.
paprika ['pæprikı] **i.** kırmızı biber.
parachute ['pærışü:t] **i.** paraşüt, **parachutist i.** paraşütçü.
paradise ['pærıdays] **i.** cennet.
parallel ['pærılıl] **s.** paralel, benzer, **f.** benzemek.
paralyze (paralyse) ['pærılayz] **f.** felce uğramak, felç olmak.
paramount [pærımaunt] **s.** üstün, en önemli.
parasite ['pærısayt] **i.** asalak, parazit.
parcel ['pa:sl] **i.** paket, koli, parsel, **f.** parsellemek.
parch [pa:ç] **f.** kavurup kurutmak, yakmak.
pardon ['pa:dın] **i.** af, bağışlama, **f.** affetmek.
parent ['peırınt] **i.** ebeveyn, anne-baba.
park [pa:k] **i.** park, otopark, **f.** park etmek, **parking i.** park yapma, **parkway i.** bulvar.
parliament ['pa:lımınt] **i.** parlamento, ulusal meclis.
parquet ['pa:key] **i.** parke.
parrot ['pærıt] **i.** papağan.
parsley ['pa:sli] **i.** maydanoz.
part [pa:t] **i.** parça, kısım, pay, hisse, organ, **f.** ayırmak, ayrılmak, bölmek.
participate [pa:'tisipeyt] **f.** katılmak, iştirak etmek.

participle [′pa:tisipl] **i.** ortaç, sıfat, eylem.
particle [′pa:tikl] **i.** zerre, tanecik, edat, ek.
particular [pı′tikyulı(r)] **i.** özel, belirli, **particularly z.** özellikle, bilhassa.
partner [′pa:tnı(r)] **i.** ortak, eş.
part-time [pa:t-taym] **s.** yarım günlük.
party [′pa:ti] **i.** parti, ziyafet, eğlence, siyasi parti.
pass [pa:s] **i.** geçit, boğaz, geçiş, şebeke, paso, **f.** geçmek, geçirmek, aşmak.
passage [′pæsic] **i.** pasaj, geçiş, gidiş, geçit.
passenger [′pæsincı(r)] **i.** yolcu.
passion [′pæşın] **i.** hırs, ihtiras, tutku, şehvet.
passive [pæsiv] **s.** eylem yapmayan, pasif, edilgen.
passport [′pa:spo:t] **i.** pasaport.
past [pa:st] **i.** geçmiş zaman, **s.** geçmiş, bitmiş, olmuş, geçmiş zamana ait, **z.** öbür tarafa geçerek, **ed.** -den sonra, ın ötesinde, ilerisinde, öbür tarafın(d)a.
pastry [′peystri] **i.** hamur işi, pasta.
path [pa:th] **i.** patika, keçi yolu.
pathetic [pı′thetik] **s.** acıklı, dokunaklı.
patience [′peyşıns] **i.** sabır, dayanıklılık.
patient [′peyşınt] **i.** hasta, **s.** sabırlı, dayanıklı.
patriot [′pætriıt] **i.** yurtsever.
patrol [pı′troul] **i.** karakol, devriye, **f.** devriye gezmek.
pattern [′pætı(r)n] **i.** örnek, model, şablon.
pave [peyv] **f.** kaldırım döşemek, **pavement i.** kaldırım.
pay [pey] **i.** maaş, ücret, bedel, **f.** ödemek, karşılığını vermek, **pay for** bir şeyin parasını ödemek.
payment [peymınt] **i.** ödeme.
pea [pi:] **i.** bezelye.
peace [pi:s] **i.** barış, sulh, rahat, huzur.
peach [pi:ç] **i.** şeftali.
peanut [′pi:nat] **i.** yer fıstığı.
pear [peı(r)] **i.** armut.
pearl [pö:l] **i.** inci.
peasant [′pezınt] **i.** köylü.
pebble [′pebl] **i.** çakıl taşı.
peck [pek] **f.** gagalamak.
peculiar [pik′yu:lıı(r)] **s.** garip, acayip.
pedal [′pedıl] **i.** pedal.
pee [pi:] **i.** çiş, işeme, **f.** işemek.
peg [peg] **i.** ağaç çivi, mandal, askı.
pelt [pelt] **f.** taşlamak, dövmek, topa tutmak.
pen [pen] **i.** dolmakalem.
pencil [pensl] **i.** kurşun kalem, **pencil sharpener i.** kalemtıraş.
penetrate [′penitreyt] **f.** delip girmek, içine gitmek, nüfus etmek.

penguin ['penguvin] **i.** penguen.
peninsula [pı'ninsyulı] **i.** yarımada.
penknife ['pennayf] **i.** çakı.
penniless ['penilis] **s.** parasız.
pension {2} [penşın] **i.** emekli maaşı.
pension {1} ['pa:nsyon] **i.** pansiyon.
people ['pi:pl] **i.** halk, ahali, insanlar, ulus, kişiler.
pepper ['pepı(r)] **i.** biber.
per [pö(r)] **ed.** aracılığıyla, tarafından, her bir, -in başına.
perceive [pı'si:v] **f.** sezmek, hissetmek, algılamak, fark etmek.
percent [pı'sent] **i.**, yüzde (oran), **percentage** [pı'sentic] **i.** yüzde (oranı), yüzdelik.
perch [pö:ç] **i.** levrek.
perfect ['pö:fıkt] **i.** geçmiş zaman, **f.** tamamlamak, bitirmek, **s.** tam, mükemmel, kusursuz, **perfectly z.** tümüyle, mükemmel o-larak.
perform [pı'fo:m] **f.** yapmak, yerine getirmek, icra etmek, (tiyatro-da) rolünü oynamak.
perfume ['pö:fyum] **i.** parfüm, güzel koku.
perhaps [pı'hæps] **z.** belki.
peril ['peril] **i.** tehlike, **f.** tehlikeye atmak, **perilous s.** tehlikeli.
period ['piırııd] **i.** devir, çağ, devre, dönem, **periodically z.** belli aralıklarla, zaman zaman.
permanent ['pö:mınınt] **s.** sürekli, devamlı, daimi.
permission [pı'mişın] **i.** izin, ruhsat.
permit ['pö:mit] **i.** izin, permi, ruhsat, paso, **f.** izin vermek, ruhsat vermek, permi.
persist [pı'sist] **f.** ısrar etmek, sebat etmek, devam etmek, da-yanmak, direnmek.
person ['pö:sın] **i.** şahıs, kişi, insan, **personal s.** kişisel, şahsi, **personally z.** şahsen, bizzat, fikrimce, kişisel olarak.
personnel [pö:sı'nel] **i.** personel, kadro.
perspire [pı'spayı(r)] **f.** terlemek, **perspiration** [pö:spi'reyşın] **i.** ter, terleme.
persuade [pı'sweyd] **f.** ikna etmek, razı etmek, kandırmak.
pert [pö:t] **s.** arsız, şımarık.
perturb [pı'tö:b] **f.** rahatsız etmek, kaygılandırmak, meraklandır-mak.
pessimism ['pesimizm] **i.** kötümserlik, karamsarlık, **pessimist i.** karamsar kişi, kötümser kişi, **pessimistic s.** kötümser.
pest [pest] **i.** baş belâsı.
petition [pi'tişın] **i.** dilekçe, rica, dilek.
petrol ['petrıl] **i.** benzin, petrol, **petrol station i.** benzin istasyo-nu, **petroleum** [pı'trouliım] **i.** petrol, gaz.
petty ['peti] **s.** önemsiz, ufak tefek.

pew [pyu:] **i.** oturulacak yer, koltuk, sandalye.
phantom ['fæntım] **i.** hayalet, hayal.
pharmacy ['fa:mısi] **i.** eczacılık, eczane.
philately [fılı'teli] **i.** pulculuk, pul koleksiyonculuğu.
philosopher [fi'losıfı(r)] **i.** filozof, felsefeci, düşünür.
phone [foun] **i.** telefon, **f.** telefon etmek.
photo ['foutou] **i.** fotoğraf, **photograph** ['foutıgra:f] **i.** fotoğraf, **photographer** [fı'togrıfı(r)] **i.** fotoğrafçı.
phrase [freyz] **i.** deyim, ibare, cümlecik.
physical ['fizikıl] **s.** fiziksel, bedensel, **physics** ['fiziks] **i.** fizik, **physician** [fi'zişın] **i.** doktor.
physique [fi'zi:k] **i.** fiziksel yapı, bünye.
piano ['pya:nou] **i.** piyano, **pianist** ['pyænist] **i.** piyona çalan, piyanist.
pick [pik] **i.** (sivri) kazma, kürdan, seçenek, seçim, **f.** toplamak, kazmak, seçmek, ayıklamak.
pickle [pikl] **i.** turşu.
picklock ['piklok] **i.** maymuncuk.
pickpocket ['pikpokit] **i.** yankesici.
pickup ['pikap] **i.** pikap, küçük kamyon, kamyonet.
picnic ['piknik] **i.** kır gezisi, piknik.
pictorial [pik'to:rııl] **s.** resimli, resimli dergi.
picture ['pikçı(r)] **i.** resim, tablo, **the pictures i.** sinema, **picturesque** [pikçı'resk] **s.** resim gibi, resme uygun, hoş.
pie [pay] **i.** börek, turta.
piece [pi:s] **i.** parça, kısım, dama taşı.
pier [pıı(r)] **i.** iskele, rıhtım, destek, kemer, payanda.
pig [pig] **i.** domuz.
pigeon ['picın] **i.** güvercin.
pilchard ['pilçıd] **i.** sardalye.
pile {1} [payl] **i.** yığın, küme, **f.** yığmak, kümelemek.
pile {2} [payl] **i.** büyük kazık, **f.** kazık çakmak.
pill [pil] **i.** hap.
pillage ['pilic] **i.** yağma, **f.** yağmalamak.
pillar ['pilı(r)] **i.** direk, sütun, dikme.
pillow ['pilou] **i.** yastık.
pilot ['paylıt] **i.** pilot, kılavuz, rehber, **f.** kılavuzluk yapmak, uçak kullanmak.
pimple ['pimpl] **i.** sivilce.
pin [pin] **i.** toplu iğne, yaka iğnesi, kravat iğnesi.
pincers ['pinsö:z] **i.** kerpeten, pense.
pinch [pinç] **i.** çimdik, **f.** çimdiklemek, sıkıştırmak, acıtmak.
pink [pinğk] **s.** pembe.
pint [paynt] **i.** 0,473 litrelik sıvı ölçü birimi, 1/8 galon.
pioneer [payı'nıı(r)] **i.** öncü, **f.** yol açmak, öncülük yapmak.
pious ['payıs] **s.** sofu, dindar.

pip [pip] **i.** çekirdek.
pipe [payp] **i.** boru, düdük, pipo, **pipeline** petrol boru hattı.
pirate ['payrıt] **i.** korsan, **f.** korsanlık yapmak.
piss [pis] **f.** işemek, bardaktan boşanırcasına yağmak.
pistachio [pis'taşyou] **i.** antep fıstığı.
pistol ['pistıl] **i.** tabanca.
pitcher ['piçı(r)] **i.** testi, sürahi, maşrapa.
piteous ['pitiıs] **s.** acıklı, acınacak.
pity ['piti] **i.** merhamet, acıma, **f.** acımak, merhamet etmek, **pitiable** ['pitiıbl] **s.** acıklı, **what a pity** ne yazık.
pivot ['pivıt] **i.** mil, eksen, mihver **f.** bir eksen etrafında dön(dür)mek.
pixy ['piksi] **i.** peri, cin.
placard ['plæka:d] **i.** duvar ilânı, afiş, **f.** afiş asmak, ilân etmek.
place [pleys] **i.** yer, mahal, alan, **f.** yerleştirmek, koymak.
plaice [pleys] **i.** pisi balığı.
plain [pleyn] **s.** düzlük, ova, açık, sade.
plan [plæn] **i.** plân, kroki, taslak, **f.** plânını çizmek, plânlamak, tasarlamak,
plane [pleyn] **i.** uçak, rende, **s.** düz, düzlem, yüzey.
planet ['plænit] **i.** gezegen.
plant [pla:nt] **i.** bitki, fabrika, **f.** fidan vs. ekmek, dikmek.
plaster ['pla:stı(r)] **i.** sıva, alçı, yakı, plaster, **f.** sıvamak, yakı yapmak, bantlamak.
plate [pleyt] **i.** tabak, madeni levha, plaka.
platform ['plætfo:m] **i.** sahanlık, kürsü, taraça, düz çatı, peron, yayla, plato, platform.
play [pley] **i.** oyun, piyes, **f.** oynamak, eğlenmek, çalgı (aleti) çalmak, **player i.** oyuncu, **playground i.** oyun alanı.
plaza ['pla:zı] **i.** meydan, çarşı yeri.
pleasant ['plezınt] **s.** hoş, güzel, **pleasantly z.** hoşça.
please [pli:z] **f.** hoşnut etmek, sevindirmek, hoşuna gitmek, **ünl.** lütfen, **pleasing s.** hoş, sevimli.
pleasure ['pleјı(r)] **i.** zevk, keyif, hoşnutluk.
plenty ['plenti] **i.** bolluk, çokluk, **s.** bereketli.
pliers ['playı(r)z] **i.** kerpeten.
plot [plot] **i.** arsa, parsel, entrika, gizli plân.
pluck ['plak] **f.** koparmak, çekmek, asılmak
plug [plag] **i.** tapa, tıkaç, elektrik fişi, buji.
plum [plam] **i.** erik.
plump [plamp] **s.** şişman, tombul.
plural ['pluırıl] **s. i.** çoğul.
plus [plas] **s.** artı, pozitif, **ed.** ayrıca, ve, ve de.
pneumonia [nyu:'mouniı] **i.** zatürree.
pocket ['pokit] **i.** cep, **f.** cebe koymak.
poem ['pouim] **i.** şiir.

poet ['pouit] **i.** şair, ozan.

point [poynt] **i.** nokta, puan, uç, özellik, amaç, **f.** işaret etmek, göstermek.

poison ['poyzın] **i.** zehir, **f.** zehirlemek, **poisonous** [poyzınıs] **s.** zehirli.

Poland ['poulınd] **i.** Polonya, **Pole i.** Polonyalı, **Polish s.** Polonyalı,Polonya'ya ait.

pole [poul] **i.** kutup, sırık, direk.

police [pı'li:s] **i.** polis, zabıta, **policeman** [pı'li:smın] **i.** polis memuru, **police station i.** karakol.

policy ['polisi] **i.** siyaset, politika, poliçe, sigorta senedi.

polish {1} ['poliş] **i.** cila, **f.** cilâlamak, parlatmak.

Polish {2} ['poliş] **i. , s.** Polonyalı, lehçe, Lehli, Polonya'ya ait.

polite [pı'layt] **s.** nazik, kibar, **politely z.** nezaketle, kibarca, **politeness i.** terbiye, nezaket, kibarlık, incelik.

political [pı'litikıl] **s.** siyasi, siyasetle ilgili, politik, **politician i.** politikacı, **political scientist i.** siyaset bilimci, **politics** politika .

poll [poul] **i.** seçim, kamuoyu araştırması, anket, oy sayısı, kişi, seçim sonucu, **f.** oy vermek, oy almak, anket yapmak, saç kesmek, ağacın tepesini budamak.

pollute [pı'lyu:t] **f.** kirletmek, **pollution** [pı'lu:şın] **i.** kirlilik, kirlenme.

pony ['pouni] **i.** midilli, bodur at.

poodle ['pu:dl] **i.** kaniş köpeği.

pool [pu:l] **i.** havuz, su birikintisi, gölcük.

poor [puı(r), po:(r)] **i.** yoksul, zavallı, **poorhouse i.** düşkünler evi, darülaceze.

pop [pop] **i.** patlama sesi, pop müziği, **f.** patlamak, patlatmak, takmak, **s.** birdenbire, ansızın, **popcorn** patlamış mısır.

pope [poup] **i.** baba, Ortodoks papazı.

poppy ['popi] **i.** gelincik, haşhaş.

populace ['popyulıs] **i.** halk, avam.

popular ['popyulı(r)] **s.** halka ait, halk için, halkın hoşuna giden, popüler.

population [popyu'leyşın] **i.** nüfus.

pork [po:k] **i.** domuz eti.

port [po:t] **i.** liman, iskele.

portable ['po:tıbl] **s.** taşınabilir, portatif.

porter ['po:tı(r)] **i.** hamal, kapıcı.

portion ['po:şın] **i.** hisse, pay, parça, porsiyon, **f.** bölüştürmek.

portrait ['po:treyt] **i.** portre, resim.

Portugal [po:tyugıl] **i.** Portekiz.

position [pı'zişın] **i.** yer, mevki, durum, pozisyon, görev.

positive ['pozitiv] **s.** olumlu, kesin, gerçek, şüphesiz, pozitif.

possess [pı′zes] **f.** sahip olmak, hükmetmek, **possessive** [pı′zesiv] **s.** hükmeden, aitlik, iyelik.

possibility [posi′biliti] **i.** olanak, imkan, ihtimal, olabilirlik, **possible** [′posibl] **s.** mümkün, olanaklı, olası.

post [poust] **i.** posta, direk, kazık, görev, **f.** asmak, yapıştırmak, ilan etmek, postalamak, koymak, yerleştirmek, **postage** [′poustic] **i.** posta ücreti, **poster** [′poustı(r)] **i.** afiş, **postman** [poustmın] **i.** postacı, **post office** [poust-′ofis] **i.** postane.

postpone [poust′poun] **f.** ertelemek.

posy [′pouzi] **i.** çiçek demeti.

pot [pot] **i.** toprak kap, çömlek, kavanoz, **potter** [′potı(r)] **i.** çömlekçi, **pottery i.** çanak, çömlek, çömlekçilik.

potato [pı′teytou] **i.** patates.

pouch [pauç] **i.** kese, torba.

poultry [′poultri] **i.** kümes hayvanları.

pound [paund] **i.** İngiliz lirası, sterlin, libre (454 gram).

pour [po:(r)] **f.** akmak, akıtmak, dökülmek.

poverty [′povıti] **i.** yoksulluk.

powder [′paudı(r)] **i.** pudra, toz, barut.

power [′pauı(r)] **i.** kuvvet, kudret, güç, yetki, **powerful s.** kuvvetli, güçlü, etkili, sert.

practical [′præktikl] **s.** kolay uygulanabilir, kullanışlı, becerikli, pratik.

practice [′præktis] **i.** uygulama, tatbikat, egzersiz, idman, prova, **f.** uygulamak, yapmak, **practise f.** yapmak, uygulamak, çalışmak.

praise [preyz] **i.** övgü, **f.** övmek.

pray [prey] **f.** dua etmek, ibadet etmek, yalvarmak, **prayer i.** dua.

preach [pri:ç] **f.** vaaz vermek, nasihat etmek, **preacher i.** vaiz.

precious [′preşıs] **s.** kıymetli, değerli, pahalı.

predicate [′predikit] **i.** yüklem, **f.** bildirmek, onaylamak, doğrulamak.

preface [′prefis] **i.** önsöz, başlangıç.

prefer [pri′fö:(r)] **f.** tercih etmek, yeğlemek.

prefix [′pri:fiks] **i.** önek.

pregnant [′pregnınt] **s.** gebe, hamile.

preliminary [pri′limınıri] **s.** başlangıca ait, hazırlayıcı, ilk, ön.

premier [′premyı(r)] **i.** başbakan, **s.** birinci, ilk, asıl, **premiere i.** gala.

premium [′pri:mıım] **i.** prim, satıştaki hediye.

prepare [pri′peı(r)] **f.** hazırlamak, hazırlanmak.

preposition [prepı′zişın] **i.** edat, ilgeç, öntakı.

prescription [pri:′skripşın] **i.** reçete.

present {1} [′prezınt] **s.** şimdiki, hazır, halihazır, hediye, **i.** şimdiki (zaman), hediye, armağan.

present {2} [pri′zent] **f.** takdim etmek, sunmak, arz etmek, huzura çıkarmak, **presenter** **i.** sunucu.

president [′prezidınt] **i.** başkan.

press [pres] **i.** baskı, basın, basım, basımevi, basın mensupları, ütü, sıkıştırma, pres, cendere, matbaa makinesi, **f.** basmak, baskı yapmak, sıkıştırmak, ütülemek.

pressure [′preşı(r)] **i.** basınç, baskı, zorlama.

prestige [pres′ti:j] **i.** prestij, saygınlık, itibar.

presume [pri′zyu:m] **f.** farz etmek, varsaymak, öngörmek, tahmin etmek, ihtimal vermek.

pretty [′priti] **s.** hoş, sevimli, güzel, **z.** oldukça, hayli.

prevail [pri′veyl] **f.** yenmek, galip gelmek, geçerli olmak.

prevent [pri′vent] **f.** engel olmak, önlemek, durdurmak, **preventive** **s.** önleyici, engelleyici.

previous [′pri:vyıs] **s.** önceki, sabık.

prey [prey] **i.** av, kurban.

price [prays] **i.** fiyat, bedel, değer.

prick [prik] **f.** (diken) batmak, sokmak, delmek, **prickle** [′prikl] **i.** karıncalanma, diken, iğne, **f.** iğnelemek.

pride [prayd] **i.** gurur, kibir.

priest [pri:st] **i.** papaz, rahip.

primary [′praymıri] **i.** asıl, ana, en önemli, başlıca, **primary school** **i.** ilkokul.

prime [praym] **i.** gençlik, en güzel çağ, olgunluk çağı, başlangıç, **s.** birinci, ilk, esas, başlıca, baş.

primitive [′primitiv] **s.** ilkel, basit, kaba, iptidai.

prince [prins] **i.** prens.

princess [′prinsis] **i.** prenses.

principal [′prinsipl] **i.** başlıca, en önemli, şef, baş, müdür.

principle [′prinsipl] **i.** prensip, ilke, ahlak.

print [print] **i.** damga, basma, basma işi, **f.** basmak, yayımlamak, **printer** [printı(r)] **i.** basımcı, matbaacı, yazıcı.

priority [pray′oriti] **i.** kıdemlilik, öncelik, üstünlük hakkı.

prison [′prizın] **i.** cezaevi, hapishane, **prisoner** **i.** mahkum, tutuklu, esir.

private [′prayvit] **i.** er, asker, **s.** özel, kişisel, gizli, mahrem.

privilege [′privilic] **i.** ayrıcalık, imtiyaz, özel izin, **privileged** **s.** imtiyazlı.

prize [prayz] **i.** ödül, mükafat, **f.** değer vermek.

probable [′probıbl] **s.** muhtemel, olası, **probably** [′probıbli] **z.** muhtemelen, belki de, galiba.

problem [′problım] **i.** sorun, mesele, problem.

procedure [prı′si:cı(r)] **i.** işlem, yol, usul, prosedür.

proceed [prı′si:d] **f.** ilerlemek, devam etmek, takip etmek.

process [′prouses] **i.** işlem, yöntem, eylem, süreç, gelişme.

produce [′prodyu:s] **f.** meydana getirmek, üretmek, çıkarmak.

product ['prodakt] **i.** ürün, mahsul, sonuç, **production** [prı'dakşın] **i.** imal, üretim, sahneye koyma.

profane [prı'feyn] **f.** kirletmek, saygısızca kullanmak.

profess [prı'fes] **f.** itiraf etmek, açıkça söylemek, bildirmek.

profession [prı'feşın] **i.** meslek, iş kolu, **professional s.** mesleki, mesleğe ait, profesyonel.

professor [prı'fesı(r)] **i.** profesör.

proficiency [prı'fişınsi] **i.** yeterlilik, beceriklilik.

profit ['profit] **i.** kâr, kazanç, fayda, **f.** kâr etmek, yararlanmak.

profound [prı'faund] **s.** çok derin, engin, içten.

programme ['prougræm] **i.** program, **f.** programlamak.

progress [prı'gres] **i.** ilerleme, gelişme, kalkınma, yükselme, gidiş, yürüyüş, **f.** ilerlemek, kalkınmak, gelişmek, ileriye gitmek.

prohibit [prou'hibit] **f.** yasaklamak, engel olmak.

project ['procekt] **i.** plân, proje, tasarı, **f.** fırlatmak, plânlamak, tasarlamak, **projection** [pro'cekşın] **i.** fırlatma, yansıtma, gösterim.

proletarian [prouli'teıriın] **i.** işçi sınıfı, emekçi.

promise ['promis] **i.** vaat, söz, umut, **f.** vaat etmek, söz vermek, **promising s.** umut verici.

promote [prı'mout] **f.** ilerletmek, terfi ettirmek, teşvik etmek, **promotion i.** terfi, ilerleme.

promptly [promptli] **z.** hemen, derhal, çabucak.

pronoun ['prounaun] **i.** zamir.

pronounce [prı'nauns] **f.** telâffuz etmek, söylemek, beyan etmek.

pronunciation [prı'nansieyşın] **i.** telâffuz, söyleniş.

proof [pru:f] **i.** delil, kanıt.

propeller [prı'pelı(r)] **i.** uçak pervanesi, uskur, çark.

proper ['propı(r)] **s.** uygun,**properly** ['propı(r)li] **z.** uygun şekilde, haklı olarak, tümüyle.

property ['propiti] **i.** mal, mülk, emlak.

prophet ['profit] **i.** peygamber, nebi.

proportion [prı'po:şın] **i.** oran, nispet, orantı.

proposal [prı'pouzıl] **i.** öneri, teklif, evlenme teklifi.

propose [prı'pouz] **f.** önermek, teklif etmek, evlenme teklifinde bulunmak.

proprietor [prı'prayırı(r)] **i.** mal sahibi.

prospect ['prospect] **i.** manzara, görünüş, umut, bekleyiş, ihtimal, olasılık.

prospectus [prıs'pektıs] **i.** tarife, tanıtım ilânı, prospektüs.

prosper ['prospı(r)] **f.** başarılı olmak, gelişmek, zenginleşmek, **prosperous s.** başarılı, işi yolunda, refah içinde.

prostitute ['prostityu:t] **i.** orospu, fahişe.

protect [prı'tekt] **f.** korumak, kayırmak, **protection** [prı'tekşın] **i.** koruma, himaye.

protest {1} [prı′test] **f.** protesto etmek, itiraz etmek, iddia etmek, beyan etmek, bildirmek.

protest {2} [′proutest] **i.** protesto, itiraz, ihbar, iddia, beyanname, bildirim.

proud [praud] **s.** gururlu, mağrur, kibirli, kendini beğenmiş.

prove [′pru:v] **f.** kanıtlamak, ispat etmek, doğruluğunu saptamak.

proverb [′provö:b] **i.** atasözü, deyiş.

provide [prı′vayd] **f.** temin etmek, sağlamak, donatmak.

province [′provins] **i.** il, eyalet

provision [prı′vijın] **i.** hazırlık, tedarik, koşul, şart, **provisions i.** erzak.

provoke [prı′vouk] **f.** kışkırtmak, tahrik etmek, neden olmak.

psychology [saykou′loci] **i.** psikoloji, ruhbilim.

public [′pablik] **s.** umumi, halk için, halka ait, aleni, ulusal, **publication** [pabli′keyşın] **i.** yayın, ilân, duyuru, **publicity** [pab′lisiti] **i.** propaganda, umuma açıklık.

publish [′pabliş] **f.** (kitap vs.) yayımlamak, basmak, ilân etmek.

pull [pul] **i.** çekme, çekiş, dayanıklılık, **f.** çekmek, koparmak.

pulse [pals] **i.** nabız, **f.** nabız atmak, çarpıntı.

pump [pamp] **i.** pompa, tulumba, **f.** tulumbayla çekmek, pompalamak.

punctual [′pangktyuıl] **s.** dakik, tam vaktinde, zamanında.

punctuate [′pangktyueyt] **f.** noktalamak, **punctuation** [pangktyu′eyşın] **i.** noktalama.

puncture [′pangkçı(r)] **i.** delme, delik, patlama, **f.** delmek, lâstiği patlamak.

punish [′paniş] **f.** cezalandırmak, **punishment i.** ceza.

pup [pap] **i.** köpek yavrusu, kendini beğenmiş kişi, **f.** yavrulamak.

pupil [′pyu:pl] **i.** öğrenci, gözbebeği.

puppet [′papit] **i.** kukla.

puppy [′papi] **i.** köpek yavrusu.

purchase [′pö:çis] **i.** satın alınan şey, **f.** satın almak.

pure [pyu:ı(r)] **s.** saf, halis, arı, temiz.

purge [pö:c] **f.** temizlemek, yok etmek.

purple [pö:pl] **s.** mor.

purpose [′pö:pıs] **i.** maksat, amaç, niyet, **f.** niyet etmek.

purse [pö:s] **i.** para kesesi, hazine.

pursue [pı′syu:] **f.** izlemek, takip etmek, kovalamak.

push [puş] **i.** itme, dürtme, çaba, **f.** itmek, dürtmek.

put [put] **f.** koymak, yerleştirmek.

puzzle [pazl] **i.** bilmece, bulmaca, **f.** şaşırmak, şaşırtmak.

pygmy [pigmi] **i.** cüce.

pyramid [′pırımid] **i.** piramit.

Q - q

quad [kwod] **i.** hapis, kodes, üniversite avlusu, hapishane avlusu.
quail {2} [kweyl] **i.** bıldırcın.
quail {1} [kweyl] **f.** cesaretini yitirmek, sinmek, ürkmek.
quake [kweyk] **i.** titreme, deprem, zelzele, **f.** titremek, sallanmak, sarsılmak.
qualification [kwolifi'keyşın] **i.** nitelendirme, nitelik, vasıf, özellik, **qualified** [kwolifayd] **s.** kaliteli, vasıflı, ehliyetli, **quality** ['kwoliti] kalite, nitelik, vasıf.
quantity ['kwontiti] **i.** nicelik, miktar, sayı.
quarrel ['kworıl] **i.** kavga, çekişme, **f.** kavga etmek.
quarter ['kwo:tı(r)] **i.** dörtte bir, çeyrek.
quay [ki:] **i.** rıhtım, iskele.
queen [kwi:n] **i.** kraliçe.
queer [kwiı:(r)] **s.** acayip, garip, şüpheli, hasta, alışılmamış, sapık.
quern [kwö:n] **i.** el değirmeni.
question ['kwesçın] **i.** soru, söz konusu, mesele, **f.** sormak, sorguya çekmek, şüphe etmek, karşı gelmek.
queue [kyu:] **i.** kuyruk (bekleyen kişiler), sıra, dizi, saç örgüsü.
quick [kwik] **s.** çabuk, hızlı, çevik, tez elden, **quickly z.** çabuk, acele.
quiet ['kwayıt] **s.** sessiz, sakin, durgun, hareketsiz, **quietly z.** sakin bir şekilde, sessizce, hareketsizce.
quit [kwit] **f.** bırakmak, terk etmek, vazgeçmek, ayrılmak.
quite [kwayt] **z.** tamamen, epey, bütün bütün, oldukça.
quiver [kwivı(r)] **i.** titreme, kıpırtı, sadak, ok kılıfı **f.** titre(ş)mek.
quiz [kwiz] **i.** küçük sınav, test, alay, şaka, **f.** alay etmek, şaka yapmak, sorgulamak, sorguya çekmek.
quota ['kwoutı] **i.** hisse, pay, kontenjan, kota.
quote [kwout] **f.** aktarmak, sözünden veya yazıdan parça almak, piyasa fiyatını bildirmek, tırnak içine almak.
quotidian [kwou'tidıın] **s.** günlük, gündelik.

R - r

rabbit ['ræbit] **i.** tavşan.
race {1} [reys] **i.** yarış, koşu, **f.** yarışmak, koşmak.
race {2} [reys] **i.** ırk, soy, nesil.

rack [ræk] **i.** parmaklıklı raf, ot yemliği, askı, fırtına izi, yayvan bulut, işkence aracı **f.** işkence etmek, rafa koymak, rahvan gitmek, rüzgârın önünde uçmak.

racket ['rækit] **i.** raket.

radar ['reyda:(r)] **i.** radar.

radiance ['reydiıns] **i.** parlaklık.

radiate ['reydieyt] **f.** saçmak, ısı veya ışın yaymak, **radiator** ['reydieytı(r)] **i.** radyatör.

radical ['rædikıl] **s.** köke ait, köklü, esaslı, radikal.

radio ['reydiou] **i.** radyo, telsiz telefon, telgraf.

radish ['radiş] **i.** (kırmızı) turp.

radius [reydiıs] **i.** yarıçap.

raft [ra:ft] **i.** sal.

rage [reyc] **i.** aşırı öfke, hiddet, tutku, **f.** çok öfkelenmek, kudurmak, köpürmek.

ragged ['rægid] **s.** pejmürde, düzensiz, olgunlaşmamış.

raid [reyd] **i.** akın, hücum, baskın, **f.** akın etmek, baskın yapmak.

rail [reyl] **i.** tırabzan, merdiven parmaklığı, (demiryolu) ray.

railroad , railway i. demiryolu.

rain [reyn] **i.** yağmur, **f.** yağmur yağmak, **rainbow i.** gökkuşağı, **rainy** yağmurlu.

raise [reyz] **f.** kaldırmak, yüksel(t)mek, yetiştirmek, çoğaltmak, artırmak.

Ramadan [remı'dæn] **i.** Ramazan ayı.

rampart ['ræmpa:t] **i.** sur, set, savunma aracı, koruma.

ranch [rænç] **i.** hayvan üretme çiftliği.

rancour ['rænğkö:(r)] **i.** kin, hınç, **rancorous s.** kinci.

range [reync] **i.** sıra, dizi, menzil, uzaklık, **f.** sıralamak, dizmek, sınıflandırmak, **ranger i.** korucu.

rank [rænğk] **i.** sıra, dizi, rütbe, derece.

rap [ræp] **i.** hafif vuruş, darbe, **f.** vurmak.

rape [reyp] **f.** tecavüz etmek, ırzına geçmek.

rapid ['ræpid] **s.** çabuk, hızlı, **rapidly z.** hızlı şekilde.

rare [reı(r)] **s.** nadir, az bulunur, seyrek, **rarely z.** nadiren, seyrek olarak.

rascal ['ra:skıl] **i.** yaramaz, çapkın, serseri, namussuz adam, dolandırıcı.

rat [ræt] **i.** büyük fare, sıçan.

rate [reyt] **i.** oran, nispet, fiyat, derece.

rather ['ra:dhı(r)] **z.** oldukça, epeyce, az çok.

ratio ['reyşiou] **i.** nispet, oran.

rational ['ræşınıl] **s.** makul, mantıklı, aklı başında, rasyonel.

rattle ['rætl] **i.** takırtı, zırıltı, gevezelik, boş laf, **f.** çatırdatmak, aklını karıştırmak, takırdamak, zırıldatmak.

raw [ro:] **s.** pişmemiş, çiğ, ham, tecrübesiz.

ray [rey] **i.** ışın, şua.

raze [reyz] **f.** tahrip etmek, (temelinden) yıkmak.

razor ['reyzı(r)] **i.** ustura, tıraş makinesi.

reaction [ri'ækşın] **i.** tepki, karşılık, reaksiyon.

read [ri:d] **f.** okumak, yorumlamak, **reader i.** okuyucu.

ready ['redi] **s.** hazır.

real [rııl] **s.** gerçek, asıl, hakikat, **real estate** gayrimenkul, mülk, taşınmaz mal, **reality i.** gerçek, sahi, hakikat, **really z.** gerçekten, hakikaten.

realize [rıılayz] **f.** gerçekleştirmek, anlamak, idrak etmek, farkında olmak, tanımak, kavramak.

rear [rıı(r)] **i.** geri, arka, **f.** (çocuk, hayvan, bitki, vb.) yetiştirmek, **s.** gerideki, arkadaki.

reason [ri:zın] **i.** sebep, neden, gerekçe, akıl, mantık, **reasonable** [ri:zınıbl] **s.** makul, mantıklı, akla uygun.

rebel {1} ['rebl] **s.** asi, isyan eden, baş kaldıran.

rebel {2} [ri'bel] **f.** isyan etmek, ayaklanmak, **rebellion** [ri'belyın] **i.** isyan, **rebellious** [ri'belyıs] **s.** isyankar.

rebound [ri'baund] **f.** geri sıçramak, geri tepmek.

recall [ri'ko:l] **f.** geri çağırmak, hatırlatmak, anımsamak.

receipt [ri'si:t] **i.** makbuz, alındı.

receive [ri'si:v] **f.** almak, kabul etmek, karşılamak, **receiver i.** alıcı (radyo vs.), tahsildar.

recent ['ri:sınt] **s.** bu yakında, son, geçenlerde, yeni olmuş, **recently z.** son zamanlarda.

reception [ri'sepşın] **i.** kabul, kabul etme, resepsiyon, kabul merasimi.

recess [ri'ses] **i.** tatil, teneffüs, girinti, oyuk, ara, paydos, **f.** oymak, hücreye koymak, hücre yapmak, **recession** [ri'seşın] **i.** geri çekilme, istirahata çekilme, durgunluk.

recipe ['resipi] **i.** yemek tarifesi, reçete.

reckless [reklis] **s.** umursamaz, korkusuz, dikkatsiz.

recognize ['rekıgnayz] **f.** tanımak, onaylamak, seçmek, ayırt etmek, itiraf etmek, kabul etmek, doğrulamak.

recollect {1} [rekı'lekt] **f.** hatırlamak, anımsamak.

recollect {2} [ri:'kılekt] **f.** yeniden toplamak.

recommend [rekı'mend] **f.** tavsiye etmek, öğütlemek, önermek.

recompense ['rekımpens] **i.** ödül, ödeme, misilleme, karşılığını verme, **f.** ödüllendirmek, telafi etmek, tazmin etmek, karşılığını vermek.

record {1} ['reko:d] **i.** kayıt, plak, rekor.

record {1} [ri'ko:d] **f.** kaydetmek, plağa almak

recorder [ri'ko:dı(r)] **i.** kaydeden kişi, kaydeden alet, teyp.

recourse [ri'ko:s] **i.** başvuru, müracaat, yardım dileme, yardım kaynağı.

recover [ri'kavı(r)] **f.** geri almak, tekrar ele geçirmek, iyileşmek, düzelmek, **recovery i.** geri alma, düzelme, iyileşme, kalkınma.

recur [ri'kö:(r)] **f.** yinelemek, yeniden olmak, tekrarlamak.
red [red] **s.** kırmızı.
reduce [ri'dyu:s] **f.** azalmak, küçülmek, **reduction** [ri'dakşın] **i.** indirim, tenzilât.
refer [ri'fö:(r)] **f.** göndermek, havale etmek, başvurmak, danışmak.
referee [refı'ri:] **i.** hakem.
reference ['refırıns] **i.** müracaat, başvuru, ilgi, bonservis, söz etme, belge, delil, gözetme, hesaba katma, yetki, tanıklık, ekspertiz.
refine [ri'fayn] **f.** arıtmak, inceltmek, rafine etmek, **refinery i.** rafineri, tasfiyehane.
reflect [ri'flekt] **f.** yansıtmak, yansımak, düşünmek, **reflection** [ri'flkşın] **i.** yansıma, düşünce, **reflector** [ri'flektı(r)] **i.** yansıtıcı, reflektör.
reflex ['ri:fleks] **i.** tepki, yansıtma, refleks.
reform [ri'fo:m] **f.** ıslah etmek, iyileştirmek, düzeltmek, reform, **f.** ıslah etmek, düzeltmek, reform yapmak.
refrain [ri'freyn] **f.** sakınmak, çekinmek.
refresh [ri'freş] **f.** tazelemek, canlandırmak, dinlendirmek, **refreshment i.** hafif yiyecek, içecek, serinletici (içki vs.)
refrigerator [ri'fricırıtı(r)] **i.** buzdolabı, soğutucu.
refund {1} [ri'fand] **f.** ödemek, parayı geri vermek.
refund {2} [ri:'fand] **i.** yeniden sermaye sağlamak.
refund {3} ['ri:fand] **i.** paranın geri verilmesi, iade edilen para.
refuse [ri'fyu:z] **i.** süprüntü, çerçöp, mutfak artığı, çöpçü arabası **f.** reddetmek, kaçınmak, kabul etmemek, çekinmek.
regard [ri'ga:d] **i.** ilişki, bakış, itibar, hürmet, saygı. **f.** göz önünde bulundurmak, bakmak, saymak, varsaymak, ait olmak, **regarding** [ri'ga:ding] **ed.** hakkında, ait, nazaran, **regardless i.** bakmaksızın, önemsemeden.
regatta [ri'gætı] **i.** deniz sporları günü, yat ve kotra yarışları.
region ['ri:cın] **i.** diyar, ülke, bölge, mıntıka, nahiye.
register ['recistı(r)] **i.** sicil, kütük, **f.** kaydetmek, deftere yazmak, **registered s.** kayıtlı, taahhütlü.
regret [ri'gret] **i.** esef, üzüntü, **f.** esef etmek, üzülmek.
regular ['regulı(r)] **s.** düzenli, muntazam, kurallı.
regulate ['reguleyt] **f.** düzenlemek, ayarlamak, **regulator i.** düzenleyici, regülatör.
rehabilitate [ri:hı'biliteyt] **f.** eski hakları geri vermek, onarmak, ıslah etmek, iyileştirmek.
reign [reyn] **i.** egemenlik, hükümdarlık, **f.** saltanat sürmek, egemen olmak.
rein [reyn] **i.** dizgin, yular, yönetim. **f.** yönetmek, sevk etmek.
reinforce [ri:in'fo:s] **f.** güçlendirmek, takviye etmek.
reject [ri'cekt] **f.** reddetmek, geri çevirmek.
rejoin {1} [ri'coyn] **f.** kavuşmak, karşılık vermek, yeniden katılmak.

rejoin {2} [ri:'coyn] **f.** tekrar birleştirmek, yeniden katılmak.

relate [ri'leyt] **f.** anlatmak, bağlantısı olmak, ilgili olmak, **relation i.** ilişki, akraba, ilgi, anlatış.

relative ['relıtiv] **s.** bağlantılı, göreli, ilişkin, akraba.

relax [ri'læks] **f.** gevşe(t)mek, dinlen(dir)mek, yumuşa(t)mak, **relaxation i.** gevşeme, dinlenme, istirahat.

relay ['ri:ley] **f.** naklen yayınlamak, nakletmek, elden ele geçirmek, başkalarına vermek,.

release [ri'li:s] **f.** kurtarmak, serbest bırakmak, piyasaya çıkarmak, harekete geçirmek.

relent [ri'lent] **f.** yumuşamak, merhamete gelmek.

relevant ['relivınt] **s.** uygun, ilgili, bağlı.

reliable [ri'læyıbl] **s.** güvenilir.

reliance [ri'læyıns] **i.** güvenme, itimat.

relic ['relik] **i.** kalıntı, kutsal emanet, yadigar, armağan.

relief [ri'li:f] **i.** yardım, kurtarma, ferahlama, rahatlama, kabartma resim.

relieve [ri'li:v] **f.** ferahlatmak, hafifletmek, sakinleştirmek, kurtarmak, nöbetini almak.

religion [ri'licın] **i.** din, inanç, **religious** [ri'licıs] **s.** dindar, dinsel.

reluctant [ri'laktınt] **s.** isteksiz, gönülsüz.

rely [ri'lay] **f.** güvenmek, itimat etmek, **rely on** birisine / bir şeye güvenmek.

remain [ri'meyn] **f.** (elde) kalmak, artmak, durmak.

remark [ri'ma:k] **i.** söz, yorum, hatırlatma, **f.** söylemek, demek, beyan etmek, gözlemlemek.

remedy [ri'mi:di] **i.** çare, ilâç, deva, **f.** gereğine bakmak, bakmak, düzeltmek, iyileştirmek.

remember [ri'membı(r)] **f.** hatırlamak, anımsamak, anmak.

remind [ri'maynd] **f.** hatırlatmak, anımsatmak.

remittance [ri'mitıns] **i.** para havalesi, gönderilen para.

remorse [ri'mo:s] **i.** pişmanlık, vicdan azabı.

remove [ri'mu:v] **f.** kaldırmak, uzaklaştırmak, taşınmak, çıkarmak, **removal** [ri'mu:vıl] **i.** kaldırma, taşınma, uzaklaştırma, yerini değiştirme, çıkarma.

rent [rent] **i.** kira, **f.** kiralamak.

repair [ri'peı(r)] **i.** tamir, onarım, **f.** tamir etmek, onarmak.

reparation [repı'reyşın] **i.** onarım, tamirat.

repayment [ri:'peymınt] **i.** geri ödeme

repeat [ri'pi:t] **i.** tekrar, **f.** tekrarlamak, ezbere söylemek.

repel [ri'pel] **f.** defetmek, reddetmek, püskürtmek.

repent [ri'pent] **f.** pişman olmak, **repentance** [ri'pentıns] **i.** pişmanlık.

repetition [repi'tişın] **i.** tekrarlama, tekrarlanma.

replace [ri'pleys] **f.** yerine başkasını koymak, yerini doldurmak, iade etmek, yerini almak.

reply [ri'play] **i.** cevap, yanıt **f.** yanıtlamak, cevap vermek, karşılık vermek.

report [ri'po:t] **i.** önerge, rapor, anlatış, fezleke, bildiri, **f.** söylemek, haber vermek, bildirmek, rapor etmek, **reporter i.** (gazetede) muhabir.

represent [repri'zent] **f.** göstermek, temsil etmek, sunmak, anlatmak, vekili olmak, **representative** [repri'zentıtiv] **i.** vekil, temsilci, delege, milletvekili.

repress [ri'pres] **f.** baskı altında tutmak, bastırmak.

reproach [ri'prouç] **i.** kınama, ayıplama, **f.** sitem etmek, kınamak, ayıplamak.

reproduce [ri:prı'dyu:s] **f.** yeniden oluşturmak, doğurmak, üretmek, tekrarlamak, kopya etmek, **reproduction** [ri:prı'dakşın] **i.** üretme, kopya, yeniden basma.

reprove [ri'pru:v] **f.** (hafifçe) azarlamak, serzenişte bulunmak.

republic [ri'pablik] **i.** Cumhuriyet.

reputation [repyu'teyşın] **i.** ad, ün, şöhret.

request [ri'kwest] **i.** dilek, istek, rica, talep, **f.** rica etmek, istemek.

require [ri'kwayı(r)] **f.** gerek(sin)mek, istemek, **requirement** [ri'kwayı(r)mınt] **i.** gereksinim, ihtiyaç.

rescue ['reskyu:] **i.** kurtarma, kurtuluş, **f.** kurtarmak, **rescuer i.** kurtarıcı.

research [ri'sö:ç] **i.** araştırma, tetkik, **f.** araştırmak.

resemble [ri'zembl] **f.** benzemek, **resemblance** [ri'zemblıns] **i.** benzeyiş.

reserve [ri'zö:v] **i.** ihtiyat, yedek, kayıt, koşul, koruma bölgesi, çekingenlik, **f.** yedek olarak saklamak, saklamak, ayırmak, kenara koymak, **reservation** [rezı'veyşın] **i.** yer ayırtma, rezervasyon, ayrıcalık, hak kullanabilme koşulu.

reserved [ri'zö:vd] **s.** ayrılmış, saklı, ağzı sıkı.

reservoir ['rezıvua(r)] **i.** su deposu, biriktirici.

residence ['rezidıns] **i.** ikamet, konut, ikametgah, **resident** ['rezidınt] **s.** bir yerde devamlı oturan, sakin.

resign [ri'zayn] **f.** istifa etmek, bırakmak, vazgeçmek.

resist [re'zist] **f.** direnmek, dayanmak, **resistance** [re'zistıns] **i.** direnç, rezistans, **resistant** [re'zistınt] **s.** direnen.

resolute ['rezılyu:t] **s.** sebatkar, cesur, kararlı, azimli, **resolution** [rezıl'yu:şın] **i.** azim, karar, kararlılık.

resolve [ri'zolv] **f.** kararlaştırmak, karar vermek, halletmek, çözmek.

resort [ri'zo:t] **i.** dinlenme yeri, sayfiye, barınak, **f.** sık gitmek, **resort to** başvurmak.

resource [ri'so:s] **i.** kaynak, olanak, çare.
respect [ri'spekt] **i.** saygı, itibar, bakım, yön, ilişki, **f.** saygı göstermek, **respectable** [ri'spektıbl] **s.** saygıdeğer, saygın.
respond [ri'spond] **f.** yanıtlamak, cevap vermek, **response i.** cevap, yanıt.
responsible [ri'sponsibl] **s.** sorumlu, güvenilir, **responsible for** bir şeyden sorumlu.
rest {1} [rest] **i.** kalan, ötesi, diğerleri, artan.
rest {2} [rest] **f.** dinlenmek, yatmak, oturmak, kalmak.
restaurant ['restıra:n] **i.** lokanta.
restoration [restı'reyşın] **i.** onarma, **restore** [re'sto:(r)] **f.** geri vermek, eski haline getirmek, yenilemek, onarmak.
restriction [ri'strikşın] **i.** sınırlama, kısıtlama, şart, koşul.
result [ri'zalt] **i.** sonuç.
resume [riz'yu:m] **i.** yeniden başlamak.
retail ['ri:teyl] **i.** perakende, **retailer i.** perakendeci.
retire [ritayı(r)] **f.** çekilmek, emekli olmak, yatağa gitmek.
retort [ri'to:t] **i.** cevap, yanıt, karşılık **f.** sert yanıt vermek, cevabı yapıştırıvermek.
return [ri'tö:n] **i.** geri dönüş, iade, kazanç, **f.** geri dönmek, geri gelmek, geri vermek, kâr sağlamak.
reveal [ri'vi:l] **f.** açıklamak, açığa vurmak.
revenge [ri'venc] **i.** intikam, rövanş, **f.** intikam almak.
reverend [ri'viırınd] **s.** saygıdeğer, muhterem.
reverse [ri'vö:s] **s.** ters, zıt, arka, sırt, **f.** tersine çevirmek, geri götürmek, yerlerini değiştirmek.
revile [ri'vayl] **f.** küfretmek, sövmek, tahkir etmek, yermek.
revision [ri'vijın] **i.** düzeltme, revizyon.
revive [ri'vayv] **f.** yeniden canlandırmak.
revolt [ri'voult] **i.** isyan, **f.** isyan etmek, ayaklanmak, karşı koymak.
revolution [revı'lu:şın] **i.** devrim, inkılap, dönme, devir.
revolve [ri'volv] **f.** dönmek, devretmek, çevirmek.
reward [ri'wo:d] **i.** ödül, mükâfat, **f.** ödüllendirmek.
reword [ri'wö:d] **f.** yeni sözcüklerle konuşmak.
rheumatism ['ru:mıtizm] **i.** romatizma.
rib [rib] **i.** kaburga kemiği.
ribbon ['ribın] kurdele, şerit.
rice [rays] **i.** pirinç.
rich [riç] **s.** zengin, verimli, bol, bereketli, **riches i.** servet, zenginlik, varlık.
rid [rid] **f.** kurtarmak, **get rid of** başından savmak, kurtulmak.
ride [rayd] **f.** (ata, bisiklete vs.) binmek, gitmek **rider i.** binici, **riding i.** binicilik.
ridiculous [ri'dikyulıs] **s.** gülünç, tuhaf, saçma.

rifle ['rayfl] **i.** yivli tüfek, **f.** namluya yiv açmak, cepleri karıştırıp soymak, soyup soğana çevirmek.

right [rayt] **i.** sağ taraf, **s.** sağ (taraf), doğru, haklı, uygun, tam, **z.** doğru, dosdoğru.

ring [rinğg] **i.** zil sesi, çan sesi, halka, çember, yüzük, ring, **f.** (zil, çan) çalmak, çınlamak, çember içine almak, kuşatmak.

rinse [rins] **f.** çalkalamak, durulamak.

riot ['rayıt] **i.** kargaşa, ayaklanma, **f.** ayaklanmak.

ripe [rayp] **s.** olgun, olgunlaşmış, **ripen f.** olgunlaşmak.

rise [rayz] **i.** doğuş, yükseliş, artış, **f.** yükselmek, artmak, ayağa kalkmak, (güneş) doğmak.

risk [risk] **i.** tehlike, risk **f.** tehlikeye girmek, göze almak, **risky s.** tehlikeli.

rival ['rayvıl] **i.** rakip, **f.** rekabet etmek.

river ['rivı(r)] **i.** nehir, ırmak.

road [roud] **i.** yol.

roar [ro:(r)] **f.** gürlemek, kükremek.

roast [roust] **i.** kızartma, **f.** fırında kızartmak, kavurmak, **s.** kızarmış, kızartılmış.

rob [rob] **f.** soymak, çalmak, **robber i.** hırsız, soyguncu, haydut, **robbery i.** hırsızlık, soygun.

rock [rok] **i.** kaya(lık), sallanma, **f.** sallamak, sallanmak, sarsılmak, **rocky i.** kayalık.

rod [rod] **i.** çubuk, değnek, sırık.

role [roul] **i.** rol.

roll [roul] **i.** makara, silindir, top, rulo, yuvarlanma, **f.** yuvarlanmak, yuvarlamak, dönmek, rulo yapmak, **roller i.** silindir, tekerlek, paten.

romance [rou'mæns] **i.** romantizm, romantik aşk, aşk màcerası.

romantic [rou'mæntik] **s.** romantik, şiirsel.

roof [ru:f] **i.** çatı, dam.

room [ru(:)m] **i.** oda, yer.

root [ru:t] **i.** kök, esas, temel, kaynak, **f.** kökleşmek, kökleştirmek.

rope [roup] **i.** ip, halat, **f.** iple bağlamak.

rosary ['rouzıri] **i.** tespih.

rose [rouz] **i.** gül.

rosy ['rouzi] **s.** pembemsi, gül renkli.

rot [rot] **f.** çürümek, çürütmek.

rotten ['rotn] **s.** çürük, bozuk, berbat.

rough [raf] **s.** taslak, pürüzlü, inişli çıkışlı, kaba, sert, zahmetli, (deniz) dalgalı, **z.** kabaca, **roughly z.** aşağı yukarı, yaklaşık olarak, kabaca.

round ['raund] **i.** daire, yuvarlak, sefer, dönem, gezi, dolaşma, sıra, devir, dağıtım yapma, **f.** etrafını dolaşmak, çevrelemek, yuvarlaklaştırmak, (köşeyi, vb.) dönmek, **ed.** hakkında, dair, **roundtrip** gidiş-dönüş.

rouse [rauz] **f.** uyandırmak, uyanmak, kışkırtmak, canlanmak.
route [ru:t] **i.** yol, rota.
routine [ru:'tin] **i.** alışılmış iş programı, alışıldığı gibi, rutin, **s.** alışılmış.
row {1} [rou] **i.** dizi, sıra, **f.** kürek çekmek.
row {2} [rau] **i.** kavga, gürültü, **f.** kavga çıkarmak.
royal ['royıl] **s.** krala ait, şahane, muhteşem.
rub [rab] **i.** sürtme, sürtünme, ovma, ovalama, engel, **f.** sürtmek, sürtünmek, ovmak, ovalamak.
rubber ['rabı(r)] **i.** kauçuk, lâstik, silgi.
ruby ['ru:bi] **i.** yakut, lal, **s.** kırmızı.
rudder ['radı(r)] **i.** dümen.
rude [ru:d] **s.** kaba, terbiyesiz, ilkel.
rug [rag] **i.** kilim, halı.
ruin ['ru:in] **i.** harabe, yıkıntı, yıkılma, **f.** tahrip etmek, yıkmak.
rule [ru:l] **i.** kural, usul, idare, **f.** idare etmek, yönetmek, hükmetmek, **ruler i.** yönetici, hükümdar, cetvel.
rumour [ru:mı(r)] **i.** söylenti, dedikodu.
run [ran] **i.** koşu, rağbet, süre, zincir, yürürlük, dörtnal, kaçamak, **f.** koşmak, kaçmak, akmak, işlemek, işletmek, uza(n)mak, akın etmek, **runner i.** koşucu, **run into** bir şeye çarpmak, **run off** sıvışmak, kaçmak.
rush [raş] **i.** acele, hamle, saldırış, **f.** acele ile gitmek, acele etmek, acele et(tir)mek, koşmak, saldırmak.
Russia ['raşa] **i.** Rusya, **Russian s,i.** Rus, Rusya'ya ait.

rust [rast] **i.** pas, **f.** paslanmak, **rusty s.** paslı.
rustle ['rasl] **i.** hışırtı, **f.** hışırdamak, hışırdatmak.
rut [rat] **i.** tekerlek izi, oluk, değişmez program.
ruthless ['ru:thlis] **s.** merhametsiz, acımasız.
rye [ray] **i.** çavdar.

S - s

sable [seybl] **i.** samur kürkü, samur rengi **s.** siyah renk.
sabotage ['sæbıta:j] **i.** sabotaj, **f.** baltalamak.
sacred ['seykrid] **s.** kutsal.
sacrifice ['sækrifays] **i.** kurban, **f.** kurban etmek.
sad [sæd] **s.** kederli, acıklı, üzgün.
safe [seyf] **s.** emin, sağlam, güvenceli, emniyetli, tehlikesiz, **safety z.** emniyet, güvenlik.
sail [seyl] **i.** yelkenli, yelken, deniz yolculuğu, **f.** gemi ile gitmek, yelken açmak, **sailor i.** gemici, denizci.
saint [seynt] **i.** aziz, evliya.

SÖZLÜK

sake [seyk] hatır (**for** ile kullanılır), **for my sake** hatırım için, **for God's sake** Allah aşkına.

salad ['sælıd] **i.** salata.

salary ['sælıri] **i.** maaş, aylık, ücret.

sale [seyl] **i.** satış, **salesman** ['seylzmın] **i.** satıcı.

salmon ['sæmın] **i.** somon balığı.

saloon [sı'lu:n] **i.** salon, bar, meyhane.

salt [solt] **i.** tuz, **f.** tuzlamak, **salty s.** tuzlu.

salve [salv] **i.** merhem.

same [seym] **s.** aynı, tıpkı.

sample ['sæmpl] **i.** örnek, numune, model.

sandal ['sændıl] **i.** çarık, sandal, sandalet.

sarcastic [sa:'kæstik] **s.** küçümseyen, iğneleyen, alaycı.

sardine [sa:'din] **i.** sardalye.

Satan ['seytın] **i.** şeytan.

satellite ['sætılayt] **i.** uydu.

satisfy ['sætisfay] **f.** memnun etmek, hoşnut etmek, tatmin etmek, **satisfaction** [sætis'fækşın] **i.** memnuniyet, hoşnutluk, tatmin.

Saturday ['sætıdi] **i.** Cumartesi.

sauce [so:s] **i.** salça, sos.

saucer [so:sı(r)] **i.** çay tabağı, fincan tabağı.

sausage ['sosic] **i.** sucuk, sosis, salam.

save [seyv] **ed., bağ.** -den başka, hariç, ancak, yalnız.

save [seyv] **f.** kurtarmak, korumak, saklamak, biriktirmek, tasarruf etmek, **savings** ['seyvinğs] **i.** biriktirilmiş para, birikim, tasarruflar, **saviour** ['seyvyı(r)] **i.** kurtarıcı, Hz. İsa.

saw [so:] **i.** testere, bıçkı, atasözü **f.** testere ile kesmek, **sawdust i.** talaş.

say [sey] **f.** söylemek, demek, **z.** aşağı yukarı, mesela, **saying** ['seyinğ] **i.** söz, deyim, atasözü.

scaffold ['skæfould] **i.** yapı iskelesi, darağacı.

scale [skeyl] **i.** ölçü, ölçek, terazi kefesi, derece, cetvel, balık pulu, **f.** tırmanmak, pullarını temizlemek, üst kısmını kazımak, ağırlığında olmak, hesaplamak, tartmak, uydurmak, ayarlamak.

scallop ['skælıp] **i.** tarak denilen deniz böceği kap olarak kullanılan tarak kabuğu, tarak kabuğu biçiminde işlenmiş oya, fisto, **f.** tarak kabuğu biçiminde kesmek.

scandal ['skændıl] **i.** skandal, rezalet, kepazelik, iftira, dedikodu.

Scandinavia [skændi'neyviı] **i.** İskandinavya.

scarce [skeıs] **s.** az bulunur, seyrek, nadir, kıt.

scare [skeı(r)] **i.** korku, panik, **f.** korkutmak, ürkütmek.

scarlet ['ska:lit] **s.** kırmızı, kızıl, al.

scatter ['skætı(r)] **f.** dağıtmak, serpmek, yaymak,.

scenario [si:'na:riou] **i.** senaryo.

scene [si:n] **i.** manzara, sahne, olay, olay yeri, **scenery i.** manzara, sahne dekoru.

DICTIONARY

schedule ['şedyu:l , 'skedyu:l] **i.** liste, program, tarife, **f.** liste yapmak, programlamak.

scheme [ski:m] **i.** plân, proje, tasarı.

scholar ['skolı(r)] **i.** burslu, okumuş kişi, bilgin, **scholarship i.** burs, ilim.

school [sku:l] **i.** okul, **schoolroom i.** sınıf, dershane.

science ['sayıns] **i.** ilim, bilim, bilgi, fen, **scientist** ['sayntist] **i.** bilim adamı.

scissors ['sizız] **i.** makas.

scold [skould] **f.** azarlamak, paylamak.

scope [skoup] **i.** saha, alan, teleskop, mikroskop.

scorch [sko:ç] **f.** kavurmak, dağlamak, yakmak.

score [sko:(r)] **i.** sayı, puan, işaret, çizgi, hesap, **f.** sayı kazanmak, çizmek, puanları saymak.

scorn [sko:n] **i.** küçümseme, hor görme, **f.** küçümsemek.

Scot [skot] **s.** İskoçyalı.

Scotland ['skotlınd] **i.** İskoçya.

scoundrel ['skaundrıl] **i.** kötü adam, **s.** hain, adi, alçak.

scourge [skö:c] **i.** felâket, afet, kamçı.

scout [skaut] **i.** izci, öncü, gözcü, **f.** keşfetmek.

scratch [kræç] **f.** tırmalamak, kaşımak, kazımak.

scream [skri:m] **i.** haykırma, çığlık, feryat, **f.** haykırmak, çığlık atmak, feryat etmek.

screen [skri:n] **i.** beyaz perde, ekran, paravan, elek, kalbur, **f.** perde çekmek, elekten ya da kalburdan geçirmek.

screw [skru:] **i.** vida, uskur, **f.** vidalamak, **screw-driver i.** tornavida.

script [skript] **i.** el yazısı, senaryo, yazı düzeni.

sculptor [skalptı(r)] **i.** heykeltıraş, **sculpture** [skalpçı(r)] **i.** heykel, heykeltıraşlık.

scurf [skö:f] **i.** kepek, kabuk.

sea [si:] **i.** deniz.

seal [si:l] **i.** mühür, damga, ayı balığı, fok, **f.** mühürlemek, kapatmak.

seaport [si:po:t] **i.** liman, iskele.

search [sö:ç] **i.** ara(ştır)ma, **f.** araştırmak, aramak, yoklamak, **search on** birisini / bir şeyi aramak, araştırmak.

seaside [si:sayd] **i.** kıyı, deniz kenarı, sahil.

season ['si:zın] **i.** mevsim.

seat [si:t] **i.** oturacak yer, koltuk, **f.** oturtmak, yerleştirmek.

second ['sekınd] **i.** ikinci, yardımcı, saniye, **f.** yardım etmek, **seconder i.** destekleyici, **secondary s.** ikinci derecede, **second-class** ikinci mevki, **second-hand** kullanılmış, elden düşme.

secret ['si:krit] **i.** sır, giz, **s.** gizli, saklı, esrarlı, **top secret** çok gizli.

secretary ['sekrıtıri] **i.** sekreter.

section ['sekşın] **i.** kısım, bölüm, parça, şube, kesit, manga.

security [se'kyuıriti] **i.** güvenlik, emniyet, rehin, güvence.

seduce [se'dyu:s] **f.** ayartmak, baştan çıkartmak, kandırmak.

see [si:] **f.** görmek, bakmak, anlamak.

seed [si:d] **i.** tohum, çekirdek.

seek [si:k] **f.** aramak, araştırmak, öğrenmeye çalışmak.

seem [si:m] **f.** (gibi) görünmek, gibi gelmek.

seep [si:p] **f.** sızmak, süzülmek.

seesaw ['si:so:] **i.** tahtaravelli, inip çıkma. tahterevalli

seize [si:z] **f.** tutmak, yakalamak, kavramak, kapmak.

seldom ['seldım] **z.** nadiren, seyrek olarak, pek az.

select [si'lekt] **f.** seçmek, **s.** seçme, seçkin, **selection** [si'lekşın] **i.** seçme, seçmeler.

self [self] **i.** kendi, kişi, öz, **selfish** ['selfiş] **s.** bencil, **self-willed** [self-wild] **i.** inatçı, bencil.

sell [sel] **f.** satmak, **seller i.** satıcı.

semen ['si:mın] **i.** meni, sperma.

semester [si'mestı(r)] **i.** dönem, sömestr.

semicolon [semi'kouln] **i.** noktalı virgül.

senate ['senit] **i.** senato, **senator** ['senitı(r)] **i.** senatör.

send [send] **f.** göndermek, yollamak.

senior ['si:niı(r)] **s.** yaşça büyük, kıdemli.

sensation [sen'seyşın] **i.** duyu, duygu, his, heyecan.

sense [sens] **i.** anlam, his, duyu, zeka, duygu, akıl. **f.** hissetmek, farkında olmak, **sensible** duyarlı.

sensitive ['sensitiv] **s.** duygulu, duyarlı, alıngan, duygusal, hassas.

sensual ['sensyuıl] **s.** şehvetli, şehvete düşkün, **sensuality i.** şehvet.

sentence ['sentıns] **i.** cümle, karar, hüküm, **f.** mahkum etmek.

separable ['sepırıbl] **s.** ayrılabilir, ayrılabilen.

separate {1} ['seprit] **i.** ayrı, bağımsız, müstakil, **f.** ayırmak, ayrılmak, bölmek.

separate {2} ['sepıreyt] **f.** ayırmak, ayrılmak, bölmek.

September [sep'tembı(r)] **i.** Eylül ayı.

sergeant ['sö:cınt] **i.** çavuş, komiser yardımcısı.

serial [siıriıl] **s.** seri halinde, dizi, tefrika.

series ['siıri:z] **i.** seri, sıra, dizi.

serious ['siırııs] **s.** ciddi, ağırbaşlı, önemli, **seriously z.** ciddi olarak.

serpent ['sö:pınt] **i.** yılan, bir tür havai fişek, yılan takım yıldızı.

servant ['sö:vınt] **i.** hizmetçi, uşak.

serve [sö:v] **f.** hizmet etmek, iş görmek.

service ['sö:vis] **i.** hizmet, yardım, fayda, **f.** bakmak, bakım yapmak, onarmak.

session ['seşın] **i.** toplantı, oturum.

set [set] **i.** takım, grup, seri, koleksiyon, televizyon ya da radyo a-lıcısı, biçim, durum, bükülme, tavır, hal, **s.** belirli, yerleşmiş, düzenli, ayarlı, **f.** tanzim etmek, kurmak, batmak, koymak, götürmek, yerleştirmek, kararlaştırmak, saptamak.

settee [se'ti:] **i.** kanepe, şezlong.

settle ['setl] **f.** yerleşmek, yerleştirmek, iskan etmek, durulmak, düzeltmek, karara bağlamak, halletmek, imar etmek.

seven [sevn] **i.** yedi, **seventeen** ['sevnti:n] **i.** on yedi, **seventy** ['sevnti] **i.** yetmiş.

sever ['sevı(r)] **f.** ayırmak, bölmek, kesmek, yarmak, parçala(n)mak.

several ['sevrıl] **s.** bir miktar, birkaç, çeşitli, ayrı, başka.

severe [si'vıı(r)] **s.** sert, şiddetli, haşin, fazla ciddi.

sew [sou] **f.** (dikiş) dikmek.

sex [seks] **i.** cinsellik, cinsel ilişki, cins, seks.

shabby ['şæbi] **s.** pejmürde, eski püskü, kılıksız.

shade [şeyd] **i.** gölgelik, gölge, siper, perde, **shady s.** gölgeli, şüpheli, gizli.

shadow ['şædou] **i.** gölge, karanlık, yansıma, hayalet, **f.** gölgelemek, kararmak, gizlice takip etmek.

shaft [şa:ft] **i.** ok, mil, sütun gövdesi, maden kuyusu.

shake [şeyk] **f.** sarsmak, sarsılmak, sallamak, sallanmak, çalkalamak, titremek, el sıkmak.

shall [şæl] **yard. f.** -ecek, -acak.

shallow ['şælou] **s.** sığ, yüzeysel, derinliği olmayan.

shame [şeym] **i.** utanç, ayıp, rezalet, **f.** utandırmak.

shampoo [şæm'pu:] **i.** şampuan.

shape [şeyp] **i.** şekil, biçim, **f.** şekil vermek, biçimlendirmek.

share [şeı(r)] **i.** pay, hisse, hisse senedi, **f.** paylaşmak.

shark [şa:k] **i.** köpek balığı.

sharp [şa:p] **i.** keskin, sivri, zeki, çok dikkatli.

sharpen ['şa:pın] **f.** bilemek, keskinleştirmek.

shave [şeyv] **i.** (sakal) tıraş, **f.** tıraş olmak, tıraş etmek.

shawl [şo:l] **i.** şal.

she [şi] **z.** (dişi) o, **i.** kadın, **s.** dişi.

sheep [şi:p] **i.** koyun(lar).

sheet [şi:t] **i.** yatak çarşafı, kâğıt yaprağı, levha, tabaka.

shelf [şelf] **i.** raf.

shell [şel] **i.** kabuk, midye kabuğu, mermi kovanı.

shelter [şeltı(r)] **i.** sığınak, barınak, siper, **f.** barındırmak.

shepherd ['şepö:d, 'şepıd] **i.** çoban, rehber, **f.** yol göstermek, çobanlık etmek.

shield [şiıld] **i.** kalkan, siper, **f.** korumak, siper olmak.

shift [şift] **i.** değişme, değiştirme, nöbet, vardiya, **f.** değişmek, değiştirmek, yerini değiştirmek.

shine [şayn] **i.** parıltı, parlaklık, **f.** parlamak, parlatmak.

ship [şip] **i.** gemi, vapur, **f.** (mal) gemi ile nakletmek, **shipyard i.** tersane.

shirt [şö:t] **i.** gömlek.

shiver ['şivı(r)] **i.** ufak parça, titreme, heyecan, **f.** titremek, çok üşümek, parçala(n)ma.

shock [şok] **i.** sarsıntı, sarsma, darbe, şok, **f.** sarsmak, çok şaşırmak.

shoe [şu:] **i.** ayakkabı.

shoot [şu:t] **i.** atış, filiz, sürgün, **f.** atmak, fırlatmak, top veya tüfek atmak, (tüfekle) vurmak, (resim) çekmek, fışkırmak.

shop [şop] **i.** dükkân, **shopkeeper i.** dükkâncı, **shopping i.** alışveriş.

shore [şo:(r)] **i.** kıyı, sahil, destek, dayanak, **shoreline i.** kıyı hattı.

short [şo:t] **s.** kısa, kısa boylu, **shortage** ['şo:tic] kıtlık, yokluk, **short of** bir şeyden yoksun, mahrum, **shorten f.** kısalmak, kısaltmak, **shorthand i.** stenografi.

shorts i. kısa pantolon/don, şort.

should [şud] tavsiye, öneri, hafif zorunluluk belirten yardımcı fiil, - meli/malı.

shoulder ['şouldı(r)] **i.** omuz, destek, **f.** omuzlamak, destek vermek.

shout [şaut] **i.** bağırma, feryat, çığlık, **f.** bağırmak, çığlık atmak, **shout at** birisine (kızgın şekilde) bağırmak, **shout to** birisine (duyması için) bağırmak.

shovel [şavl] **i.** kürek, kürek dolusu, **f.** küremek.

show [şou] **i.** gösteri, sergi, **f.** göstermek, sergilemek.

shower [şauı(r)] **i.** duş, sağanak, **f.** sağanak halinde yağmak.

shrimp [şrimp] **i.** karides.

shrink [şrinğk] **f.** çekmek, daralmak, büzülmek, küçülmek.

shudder [şadı(r)] **i.** ürperti, titreme, **f.** ürkmek, titremek.

shut [şat] **f.** kapamak, kapatmak, kapanmak, **s.** kapalı, kapanmış, **shut up** [şat ap] sus, çeneni kapa.

shy [şay] **s.** utangaç, sıkılgan, çekingen.

sick [sik] **s.** hasta, **sickness i.** hastalık.

side [sayd] **i.** kenar, yan, taraf.

sidle [saydl] **f.** sokulmak.

siege [si:c] **i.** kuşatma.

siesta [si'esta] **i.** öğle uykusu.

sieve [siv] **i.** kalbur, elek.

sigh [say] **f.** iç çekmek.

sight [sayt] **i.** görme, manzara, nişangah, görüş, **sightseeing i.** turistik gezi, **sightseer i.** turist.

sign [sayn] **i.** işaret, iz, belirti, **f.** işaret etmek, imzalamak, **signal** ['signıl] **i.** işaret, **f.** işaret etmek.

signature ['signiçı(r)] **i.** imza.

significant [sig'nifikınt] **s.** anlamlı, önemli.

silence [′saylıns] **i.** sükut, sessizlik, **f.** susturmak, **silent** [′saylınt] **s.** sessiz, az konuşan, suskun.
silk [silk] **i.** ipek, **s.** ipekli.
silly [′sili] **s.** aptal, sersem, budala.
silver [′silvı(r)] **i.** gümüş, gümüş para, gümüş eşya.
similar [′simılı(r)] **s.** benzer, gibi, **similar to** bir şeyle benzer.
simple [simpl] **s.** basit, kolay, yalın, sade, **simplify** [sim′plifay] **f.** basitleştirmek, sadeleştirmek, **simply z.** sadece, sade bir şekilde.
sin [sin] **i.** günah, suç, kabahat, **f.** günah işlemek.
since [sins] **ed.** -den beri, **bağ.** -den dolayı, madem ki, **z.** o zamandan beri, önce.
sincere [sin′sıı(r)] **s.** candan, içten, samimi, **sincerely** [sin′siırli] **z.** içtenlikle, samimiyetimle.
sing [sinğ] **f.** şarkı söylemek, ötmek, şakımak, **singer** [′sinğgı(r)] **i.** şarkıcı.
single [sinğgl] **i.** tek kişilik oda, **s.** tek, yegane, yalnız, ayrı, bekâr, tek kişilik, **singly z.** yalnız, tek başına.
singular [′sinğyulı(r)] **s.** tekil, yalnız, tek, eşsiz.
sink [sinğk] **i.** lâvabo, bulaşık çukuru, musluk taşı, fosseptik, pislik çukuru, **f.** batmak, batırmak, gömülmek, azal(t)mak.
sinner [′sını(r)] **s.** günahkar.
sip [sip] **i.** yudum, **f.** yudumlamak.
sir [sö:(r)] **i.** efendim, beyefendi.
sister [′sistı(r)] **i.** kız kardeş, abla, hemşire.
sit [sit] **f.** oturmak, tünemek, **sitting room** oturma odası.
site [sayt] **i.** yer, mahal, konum, mevki, arsa.
situation [sityu′eyşın] **i.** durum, görev, yer, mevki.
six [siks] **s.** altı, **sixteen s.** on altı, **sixty s.** altmış.
size [sayz] **i.** hacim, büyüklük, boy, boyut, ölçü.
skeleton [′skelıtın] **i.** iskelet, çatı, kafes.
sketch [skeç] **i.** taslak, kroki, skeç.
ski [ski:] **i.** kayak, **f.** kaymak, kayak yapmak.
skill [skil] **i.** hüner, marifet, beceri, ustalık.
skin [skin] **i.** deri post, kabuk, **f.** derisini yüzmek, kabuğunu soymak.
skip [skip] **f.** zıplamak, sıçramak, atlamak.
skirt [skö:t] **i.** etek, eteklik, kenar, **f.** kenarından geçmek.
skull [skal] **i.** kafatası, kafa.
skunk [skanğk] **i.** kokarca.
sky [skay] **i.** gökyüzü, gök, hava, **skyline i.** ufuk çizgisi, **skyscraper i.** gökdelen.
slander [′sla:ndı(r)] **i.** iftira, **f.** iftira etmek.
slang [slænğ] **i.** argo.
slap [slæp] **i.** tokat, **f.** tokatlamak, **z.** ansızın.

slaughter [ˈsloːtı(r)] **i.** hayvan kesme, katliam, **f.** kesmek, kan dökmek.

slave [sleyv] **i.** köle, esir.

sledge [slec] **i.** kızak.

sleep [sliːp] **i.** uyku, **f.** uyumak, **sleepy s.** uykulu, uykusu gelmiş, **sleeping bag i.** uyku tulumu.

sleeve [sliːv] **i.** (ceket, gömlek) kolu, kol düzeni.

slender [ˈslendı(r)] **s.** narin, ince, uzun, yetersiz.

slice [slays] **i.** dilim, parça, **f.** dilimlemek.

slide [slayd] **i.** kayma, kaydırma, kaydırak, slayt, **f.** kaymak, kaydırmak.

slight [slayt] **s.** önemsiz, hafif, az, **f.** küçümsemek, **slightly z.** az, biraz, hafifçe.

slim [slim] **s.** ince uzun yapılı, narin, zayıf.

slip [slip] **i.** yanlış, hata, sürçme, don, kayma, **f.** kaymak, kayar gibi gitmek, **slippery s.** kaygan, kaypak.

slipper [ˈslipı(r)] **i.** terlik.

slit [slit] **i.** kesik, yara, yırtık, yarık, yırtmaç, **f.** kesmek, yarmak, sökmek.

slogan [ˈslougın] **i.** parola, slogan.

slope [sloup] **i.** bayır, yamaç, meyil, yokuş, **f.** meyletmek, eğilim göstermek.

slot [sot] **i.** yarık, delik, aralık, zaman dilimi, mevki.

slow [slou] **s.** yavaş, ağır, gecikmiş, hantal, **f.** yavaşlamak, **slowly z.** yavaş yavaş, ağır ağır.

slump [slamp] **f.** birden düşmek, çökmek, kendini atıvermek, yığılmak.

smack [smæk] **i.** şamar, **f.** şaplatmak.

small [smoːl] **s.** ufak, küçük, az, önemsiz.

smart [smaːt] **s.** akıllı, kurnaz, şık, zarif.

smash [smæş] **f.** ezmek, ezilmek.

smell [smel] **i.** koku, **f.** koklamak, kokmak.

smelt [smelt] **f.** eritmek, maden arıtmak, arındırmak.

smile [smayl] **i.** gülümseme, **f.** gülümsemek, **smile at** birisine / bir şeye gülmek.

smoke [smouk] **i.** duman, **f.** sigara içmek, tütmek, **smoking i.** sigara içme, **no smoking** sigara içilmez.

smooth [smuːdh] **s.** düz, düzgün, pürüzsüz, akıcı.

smuggler [ˈsmaglı(r)] **i.** kaçakçı (gemisi).

snack [snæk] **i.** hafif yemek, çerez.

snail [sneyl] **i.** salyangoz.

snake [sneyk] **i.** yılan.

snap [snæp] **i.** ısırma, çıt çıt, **f.** kopmak, koparmak, ısırmak için saldırmak.

snatch [snæç] **f.** kapmak, koparmak, kavramak, zorla almak.

sneeze [sniːz] **f.** aksırmak, hapşırmak.

snob [snob] **i.** züppe, **snobbery i.** züppelik.

snore [sno:(r)] **i.** horultu, **f.** horlamak.

snow [snou] **i.** kar, **f.** kar yağmak.

so [sou] **z.** öyle, öyleyse, böyle, böylece, şöyle, o kadar, bundan dolayı.

soak [souk] **f.** ıslanmak, ıslatmak.

soap [soup] **i.** sabun, **f.** sabunlamak.

sober ['soubı(r)] **s.** aklı başında, ağırbaşlı, ayık.

soccer ['sokı(r)] **i.** futbol.

social ['souşıl] **s.** sosyal, toplumsal.

society [sou'sayıti] **i.** topluluk, toplum, sosyete, kurum, dernek.

sock [sok] **i.** kısa çorap.

socket ['sokit] **i.** duy, priz, fiş, yuva.

soda ['soudı] **i.** soda.

soft [soft] **s.** yumuşak, tatlı, hafif, uysal, **soften** **f.** yumuşatmak, yumuşamak.

soil [soyl] **i.** toprak, **f.** kirletmek, lekelemek, lekelenmek.

solar ['soulı(r)] **s.** güneşe ait, güneşle ilgili.

soldier ['so(l)cı(r)] **i.** asker, er.

sole [soul] **i.** ayakkabı tabanı (pençesi), taban, dil balığı, **s.** yalnız, tek.

solid ['solid] **s.** katı, sağlam, kesiksiz, tam.

solve [solv] **f.** halletmek, çözmek.

some [sam] **s.** bazı, kimi, biraz, birkaç, bir takım, **somebody** ['sambodi] **z.** birisi, bir kimse, **somehow** [samhau] **z.** her nasılsa, **someone** ['samwan] **z.** birisi, **someplace** [sampleys] **z.** bir yere, bir yerde, **something** ['samthingğ] **i.** bir şey, **sometime** ['samtaym] **s.** eski, sabık, **z.** bir zaman, ileride **sometimes** ['samtaymz] **z.** bazen, ara sıra, **somewhere** ['samweı(r)] **z.** bir yere, bir yerde.

son [san] **i.** oğul, erkek evlât.

song [songğ] **i.** şarkı, türkü, nağme.

soon [su:n] **z.** hemen, şimdi, yakında, çok geçmeden.

sop [sop] **i.** hıçkırık, **f.** hıçkırmak.

sorcerer ['so:sırı(r)] **i.** sihirbaz, büyücü.

sore [so:(r)] **s.** ağrılı, yaralı, acıyan, küskün.

sorrow ['sorou] **i.** acı, keder, üzüntü, dert.

sorry ['sori] **s.** üzgün, kederli, müteessir, pişman, üzücü.

sort [so:t] **i.** tür, çeşit.

soul [soul] **i.** ruh, can, kişi, kimse.

sound [saund] **i.** ses, gürültü, **f.** ses çıkarmak, ses vermek, gibi gelmek.

soup [su:p] **i.** çorba.

sour ['sauı(r)] **s.** ekşi, hırçın, huysuz.

source [so:s] **i.** kaynak, köken.

south [sauth] **i.** güney, **southeast** [sath'i:st] **i.** güneydoğu, **southern** ['sadhı:n] **s.** güneye ait, güneyli, güney ....

souvenir ['su:vını(r)] **i.** hatıra.

space [speys] **i.** uzay, yer, alan, mesafe, boşluk, **spaceman i.** astronot.

Spain [speyn] **i.** İspanya, **Spaniard i.** İspanyol, **Spanish s.** İspanyol, İspanyolca, İspanya'ya ait.

span [spæn] **i.** karış.

spangle ['spænğgl] **i.** küçük parlak nesne, pul.

spare [speı(r)] **s.** yedek, fazla, zayıf, az, eksik, yetersiz, pinti, serbest, **f.** esirgemek, kayırmak, bir kenara koymak, zaman vermek, tutumlu olmak, kullandırmamak, sağ bırakmak, olmaksızın yapmak, bağışlamak.

spark [spa:k] **i.** kıvılcım.

sparkle ['spa:kl] **f.** parlamak, parıldamak.

sparrow ['spærou] **i.** serçe.

sparse [spa:s] **s.** seyrek, dağınık.

spasm ['spæzm] **i.** kasılma, spazm.

speak [spi:k] **f.** konuşmak, ifade etmek, söylemek, **speak to** birisiyle konuşmak, **speaker i.** konuşmacı, spiker.

spear [spiı(r)] **i.** mızrak, zıpkın.

special [speşıl] **s.** özel, müstesna, **specialist i.** uzman, **specially z.** bilhassa, özel olarak, özellikle.

specify ['spesifay] **f.** (açıkça, kesin olarak) belirtmek, nitelendirmek.

specimen ['spesimin] **i.** örnek, model, numune, simge.

spectacle ['spektikl] **i.** manzara, görünüm, **spectacles** [spektikıls] **i.** gözlük.

spectacular [spek'tækyulı(r)] **s.** görülmeye değer, hoş görünüşlü, harikulade.

spectator [spek'teytı(r)] **i.** (maç vs.) seyirci, izleyici.

speculate ['spekuleyt] **f.** tahmin etmek, düşünmek, istif yapmak, spekülasyon yapmak, **speculator** ['spekuleytı(r)] **i.** spekülatör, vurguncu, kara borsacı.

speech [spi:ç] **i.** konuşma, nutuk.

speed [spi:d] **i.** hız, sürat, çabukluk.

spell [spel] **i.** büyü, **f.** hecelemek, büyülemek.

spend [spend] **f.** harcamak, (vakit) geçirmek, **spend (money) on** bir şey için (para) harcamak.

spice [spays] **i.** baharat, **f.** baharat koymak.

spider [spaydı(r)] **i.** örümcek.

spill [spil] **f.** dökmek, dökülmek, akıtmak, yuvarlamak, yayılmak, saçılmak.

spin [spin] **f.** eğmek, eğirmek, bükmek, iplik yapmak, döndürmek.

spinach ['spiniç] **i.** ıspanak.

spine [spayn] **i.** bel kemiği, omurga, diken, kılçık.

spiral ['spayrıl] **i.** helezon, spiral, sarmal eğri, sarmal hareket, **s.** sarmal, helezoni, burmalı, **f.** sarmal yapmak, helezon şekline getirmek.

spirit [spirit] **i.** ruh, can, cin, heves, maneviyat.
spiritual ['spiriçuıl] **s.** ruhani, kutsal.
spit [spit] **i.** tükürük, **f.** tükürmek.
spite [spayt] **i.** kin, garez.
splendid ['splendid] **s.** muhteşem, şahane, mükemmel.
split [split] **i.** yarık, çatlak, **f.** yarmak, çatlatmak, bölmek.
spoil [spoyl] **i.** avanta, çalıntı, ganimet, kalıntı, **f.** bozmak, berbat etmek, şımartmak, **spoilt s.** şımarık, bozulmuş.
spokesman ['spouksmın] **i.** sözcü.
sponge ['spanc] **i.** sünger.
sponsor ['sponsı(r)] **i.** kefil, sponsor, **f.** kefil olmak, para vermek, himaye etmek, desteklemek.
spook [spu:k] **i.** hayalet, casus, **f.** birden korkutmak.
spool [spu:l] **i.** makara, masura.
spoon [spu:n] **i.** kaşık.
sport [spo:t] **i.** spor, oyun, eğlence, **f.** eğlenmek, oynamak, **sportsman** [spo:tsmın] **i.** sporcu.
spot [spot] **i.** benek, nokta, yer, mahal, projektör ışığı, **spotless s.** lekesiz, temiz, kusursuz.
spouse [spauz] **i.** eş, karı veya koca.
spray [sprey] **i.** serpinti, püskürtücü, **f.** püskürtmek, toz gibi serpmek.
spread [spred] **f.** yaymak, sermek, uzatmak, yayılmak, dağıtmak.
spring [sprinğ] **i.** ilkbahar, kaynak, pınar, **f.** sıçramak, fırlamak.
sprite [sprayt] **i.** cin, peri, hayalet, hortlak.
spur [spö:(r)] **i.** mahmuz, teşvik.
spy [spay] **i.** casus, ajan, **f.** casusluk etmek.
squad [skwod] **i.** takım, ekip.
square [skweı(r)] **i.** kare, alan, meydan.
squash [skwoş] **i.** bal kabağı, ezme, **f.** ezmek.
squeak [skwi:k] **f.** gıcırdamak, ciyak ciyak bağırmak, tiz sesle ko-nuşmak, kıl payı başarmak.
squeeze [skwi:z] **f.** sıkmak, sıkıştırmak, sığdırmak.
squire ['skwayı(r)] **i.** bey, köy ağası, kavalye, şövalyeliğin bir al-tındaki rütbe.
squirrel ['skwirıl] **i.** sincap.
stab [stæb] **i.** bıçak yarası, bıçaklama, girişim, sancı, **f.** bıçakla-mak, saplamak, ağrı saplanmak.
stability [stı'biliti] **i.** değişmezlik, istikrar, denge, **stabilize** ['steybilayz] **f.** saptamak, dengesini sağlamak, sağlamlaştırmak.
stable ['steybl] **i.** özel ahır, yarış atı, **s.** sabit, değişmez, sürekli, kararlı, kalıcı, **f.** ahıra koymak.
stadium ['steydiım] **i.** stat, stadyum.
staff [sta:f] **i.** değnek, sopa, kadro, personel.
stage [steyc] **i.** sahne, sahne hayatı, merhale, aşama, derece, safha, tiyatro sahnesi, **f.** sahneye koymak, temsil etmek.

stagger ['stægı(r)] **f.** sendelemek, yalpalamak, bocalamak, şaşır(t)mak, sersemle(t)mek.

stain [steyn] **i.** leke, boya, **f.** lekelemek, lekelenmek.

stair [steı(r)] **i.** merdiven basamağı, **stairs** merdiven.

stake [steyk] **i.** kazık, hisse, **f.** kazığa bağlamak, çubuklarla desteklemek, tehlikeye sokmak.

stale [steyl] **s.** bayat, eski, yıpranmış, **f.** bayatlamak.

stall [sto:l] **i.** küçük dükkân, ahır, araba park yeri, tezgah, aldatma, oyalama, **f.** ahıra kapatmak, dur(dur)mak , aldatma girişiminde bulunmak, zaman kazanmak, çamura (kara, vb.) saplanmak.

stammer ['stæmı(r)] **i.** kekemelik, **f.** kekelemek.

stamp [stæmp] **i.** posta pulu, pul, damga, kaşe, mühür, **f.** damgalamak, ayağını yere vurmak.

stand [stænd] **i.** duruş, yer, tezgâh, sergi, **f.** ayakta durmak, dayanmak, katlanmak, **standard** ['stændıd] **i.** ölçü birimi, düzey, standart.

star [sta:(r)] **i.** yıldız, sinema yıldızı.

stare [steı(r)] **f.** dik dik bakmak, bakıp kalmak.

start [sta:t] **i.** başlangıç, başlama, kalkış, çıkış, **f.** başlamak, harekete geçmek, kalkmak, hareket etmek.

startle [sta:tl] **f.** ürkütmek, korkutmak, şaşırtmak.

starve [sta:v] **f.** açlıktan ölmek.

state [steyt] **i.** durum, vaziyet, devlet, **f.** bildirmek, söylemek, **s.** resmi, devlete ait, **statesman** **i.** devlet adamı.

statement [steytmınt] **i.** ifade, demeç.

station ['steyşın] **i.** istasyon, durak yeri.

stationer ['steyşını(r)] **i.** kırtasiyeci, **stationery i.** kırtasiye.

statue [stætyu:] **i.** heykel.

status ['steytıs] **i.** durum, hal, vaziyet, sosyal ya da hukuki durum, yetki, rol, **status quo** ['steytıs kwou] şu andaki durum, statü.

stay [stey] **f.** kalmak, durmak, konuk olmak, **stay away** uzak durmak.

steady [stedi] **s.** devamlı, sabit, **steadily z.** durmadan.

steak [steyk] **i.** biftek.

steal [sti:l] **f.** çalmak, aşırmak, hırsızlık yapmak.

steam [sti:m] **i.** buhar, buğu, **steamboat i.** buharlı gemi.

steel [sti:l] **i.** çelik.

steep [sti:p] **s.** dik, yalçın, sarp.

steer [stiı(r)] **f.** dümenle idare etmek, seyretmek, ilerlemek.

steering wheel i. direksiyon.

step [step] **i.** adım, basamak, kapı eşiği, ayak sesi, **f.** adım atmak, yürümek, gitmek.

steppe [step] **i.** bozkır.

stern [stö:n] **s.** sert, haşin, ciddi, arka taraf, geminin kıçı.

steward ['styu:ıd] **i.** vekilharç, kamarot, gemi garsonu, **stewardess i.** kadın kamarot.

stick [stik] **i.** tahta parçası, çubuk, değnek, sopa, baston, **f.** saplamak, delmek, yapıştırmak, **sticky s.** yapışkan.

stiff [stif] **s.** katı, sert, eğilmez, bükülmez, inatçı.

still [stil] **s.** hareketsiz, durgun, **f.** sakinleştirmek, yatıştırmak, **z.** hâlâ, yine de, daima, bununla beraber.

stimulate ['stimyuleyt] **f.** uyarmak, canlandırmak, teşvik etmek.

sting [stiŋ] **f.** (akrep, arı vs.) sokmak, batmak, acı vermek.

stingy [stinci] **i.** cimri.

stir [stö:(r)] **f.** harekete geçirmek, karıştırmak, uyarmak, tahrik etmek.

stock [stok] **i.** stok, depo malları, hisse senedi, **f.** stok yapmak, yığmak, **stock exchange** menkul kıymetler borsası.

stocking ['stokiŋ] **i.** uzun çorap.

stomach ['stamık] **i.** mide, karın, **f.** hazmetmek, sindirmek.

stone [stoun] **i.** taş, değerli taş, meyve çekirdeği, 3,14 librelik İngiliz ölçüsü (=6,35 kg.), **f.** taşlamak, çekirdeğini çıkarmak, hadım etmek, döşemek.

stool [stu:l] **i.** tabure, oturak.

stop [stop] **i.** durma, durak, **f.** durmak, durdurmak, stop etmek, engellemek, kalmak.

store [sto:(r)] **i.** mağaza, dükkân, depo, **f.** saklamak, depo etmek, biriktirmek.

stork [sto:k] **i.** leylek.

storm [sto:m] **i.** fırtına, bora, **stormy s.** fırtınalı.

story ['sto:ri] **i.** hikâye, öykü, masal, palavra, makale.

stove [stouv] **i.** soba, ocak, fırın.

straight [streyt] **s.** düz, dümdüz, doğru, derli toplu, **straighten out** düzeltmek.

strain [streyn] **f.** çabalamak, burkmak, burkulmak, germek, gerilmek.

strange [streync] **s.** tuhaf, acayip, yabancı.

stranger ['streyncı(r)] **i.** yabancı.

strangle ['stræŋgl] **f.** boğmak, boğazlamak.

strap [stræp] **i.** kayış, şerit, **f.** kayışla bağlamak.

straw [stro:] **i.** saman çöpü, zerre, çok küçük şey, kamış.

strawberry ['stro:bıri] **i.** çilek.

stray [strey] **f.** yoldan ayrılmak, yoldan sapmak, **s.** başıboş, serseri, kaybolmuş çocuk ya da hayvan.

stream [stri:m] **i.** çay, dere, akıntı, **f.** akmak.

street [stri:t] **i.** cadde, sokak, yol.

strength [streŋth] **i.** kuvvet, güç, dayanıklılık.

stress [stres] **i.** baskı, gerilim, gerginlik, vurgu.

stretch [streç] **f.** uzanmak, uzayıp gitmek, uzatmak, gerilmek, **stretcher i.** sedye.

strict [strikt] **s.** sıkı, kesin, şiddetli, tam, **strictly z.** tam anlamıyla.

strike [strayk] **i.** grev, çarpma, vurma, **f.** vurmak, çarpmak, grev yapmak.

string [strinğ] **i.** ip, sicim, dizi, tel, kordon.

strip [strip] **i.** şerit, uzun dar parça, **f.** soymak, soyunmak.

stroke [strouk] **i.** vuruş, darbe, **f.** okşamak, vurmak, sıvazlamak, kürekçilere hareket için işaret vermek.

strong [stronğ] **s.** sağlam, güçlü, dayanıklı, şiddetli, keskin.

structure ['strakçı(r)] **i.** yapı, bina, bünye.

struggle ['stragl] **i.** uğraş, mücadele, çaba, **f.** uğraşmak, mücadele etmek, çabalamak.

student ['styu:dınt] **i.** öğrenci, talebe.

studio ['styu:diou] **i.** stüdyo.

studious ['styu:dııs] **s.** çalışkan, gayretli, dikkatli, çabalayan.

study ['stadi] **i.** tahsil, öğrenim, tetkik, inceleme, çalışma, okuma, çalışma odası, **f.** okumak, çalışmak, araştırmak, öğrenim yapmak.

stuff [staf] **i.** madde, malzeme, eşya, **f.** tıka basa doldurmak.

stumble [stambl] **f.** kösteklenmek, tökezlemek, sendelemek, sürçmek, hata yapmak.

stupid ['styu:pid] **s.** akılsız, aptal, ahmak, budala.

style [stayl] **i.** tarz, biçim, üslup, moda.

subject {1} ['sabcekt] **i.** konu, ders, mevzu, söz konusu, (dilbilgisi) özne, uyruk, fail, gerekçe **s.** bağlı, tabi, maruz.

subject {2} [sab'cekt] **f.** boyun eğdirmek, maruz bırakmak, uğratmak, boyunduruk altına aldırmak.

subjunctive [sab'canğktiv] **i.** şart kipi, dilek kipi.

submarine ['sabmıri:n] **i.** denizaltı.

submit [sab'mit] **f.** teslim etmek, arz etmek, sunmak, boyun eğmek.

subordinate [sab'o:dinit] **s.** tabi, bağlı, ikincil.

subscribe [sab'skrayb] **f.** abone olmak, kayıt olmak, yazılmak, **subscription** [sab'skripşın] **i.** abonelik, imza, bağış, katkı, üye aidatı.

subsequent ['sabsikwınt] **s.** sonra gelen, sonraki.

substance ['sabstıns] **i.** madde, cisim, öz, esas, varlık.

substantial [sab'stænşıl] **s.** gerçek, önemli, sağlam, esaslı.

substantive ['sabstıntiv] **i.** ad, isim, **s.** dayanıklı, sağlam, müstakil, bağımsız.

substitute ['sabstityu:t] **i.** vekil, bedel, **f.** yerine koymak, vekil tayin etmek.

subtract [sab'trækt] **f.** (matematikte) çıkarmak.

suburb ['sabö:b] **i.** civar, mahalle, banliyö, varoş.

subversive [sab'vö:siv] **s.** yıkıcı, altüst eden.

subway ['sabwey] **i.** metro, yeraltı geçidi.

succeed [sık'si:d] **f.** başarmak, becermek, izlemek, yerine geçmek.

success [sık′ses] **i.** başarı, başarılı kişi, **successful** [sık′sesfıl] **s.** başarılı, **successfully z.** başarılı şekilde.

successive [sık′sesiv] **s.** art arda gelen, birbirini izleyen, aralıksız.

such [saç] **s.** öyle, böyle, şöyle, bunun gibi, bu derece.

suck [sak] **f.** emmek.

sudden [sadın] **s.** ani, **suddenly** [′sadınli] **z.** ansızın.

suffer [′safı(r)] **f.** acı çekmek, zarar görmek, katlanmak, cefa çekmek.

suffice [sa′fays] **f.** kafi gelmek, yetişmek, yetmek, **sufficient** [sa′fişınt] **s.** yeterli, kafi.

suffix [′safıks] (dilbilgisinde) sonek.

suffocate [safıkeyt] **f.** (dumandan) boğ(ul)mak, nefes alamamak.

sugar [şugı(r)] **i.** şeker.

suggest [sı′cest] **f.** önermek, ima etmek, teklif etmek, **suggestion** [sı′cesçın] **i.** öneri, teklif.

suicide [syu:i′sayd] **i.** intihar.

suit [syu:t] **i.** takım elbise, kostüm, **f.** yakışmak, uygun gelmek.

suitable [syu:tıbl] **s.** uygun.

suitcase [su:tkeys] **i.** valiz, bavul.

suite [swi:t] **i.** maiyet, (otel) dairesi.

sum [sam] **i.** toplam, tutar, **f.** toplamak.

summer [′samı(r)] **i.** yaz.

sun [san] **i.** güneş, **sunflower i.** ay çiçeği, **sunlight i.** güneş ışığı, **sunny s.** güneşli, aydınlık, **sunrise i.** şafak vakti, gün doğuşu, **sunset i.** gün batımı, akşam.

Sunday [′sandi] **i.** Pazar (gün).

super [syu:pı(r)] **s.** üstün, yüksek, süper, mükemmel.

superior [su:′pirıı(r)] **s.** daha üstün, yüksek.

superlative [su:′pölıtiv] **s.** en yüksek, en üstün.

superstition [su:pı(r)′sti:şın] **i.** batıl inanç.

supper [sapı(r)] **i.** akşam yemeği, yemekli gece toplantısı, akşama doğru yenen hafif yemek.

supply [sı′play] **i.** arz, sunu, tedarik, sağlama, stok, mevcut, **f.** ihtiyacı karşılamak, tedarik etmek, arz etmek, sunmak.

support [sı′po:t] **i.** destek, yardım, **f.** desteklemek.

suppose [sı′pouz] **f.** sanmak, farz etmek, varsaymak.

suppress [sı′pres] **f.** bastırmak, zorla tutmak, önlemek, örtmek.

supreme [s(y)u:′pri:m] **s.** en üstün, en yüksek.

sure [şuı, şoı, şo:] **s.** emin, kesin, güvenilir, sağlam, **ünl.** tabii, elbette, **surely z.** elbette, muhakkak.

surf [sö:f] **i.** kıyıdaki dalgaların köpükleri, kıyıya çarpan dalgalar, **f.** sörf yapmak, dalga üzerinde gitmek.

surface [′sö:fis] **i.** yüz, yüzey, dış görünüş.

surgeon [′sö:cın] **i.** cerrah, operatör, **surgery** [′söcırı] **i.** ameliyat.

surname [′sö:neym] **i.** soyadı.

surpass [sö:'pæs] **f.** üstün olmak, geçmek.

surplus ['sö:plıs] **i.** fazla, artan miktar.

surprise [sı'prayz] **i.** sürpriz, hayret, şaşkınlık, **f.** şaşır(t)mak, **surprised at/by** bir şeye şaşırmış.

surrender [sı'rendı(r)] **i.** teslim olma, teslim etme, **f.** teslim olmak, teslim etmek, bırakmak, vazgeçmek.

surround [sı'raund] **f.** etrafını çevirmek, kuşatmak, **surroundings i.** çevre, muhit.

survey ['sö:vey] **i.** plânlama, araştırma, yoklama, inceleme, anket, **f.** bakmak, göz gezdirmek, dikkatle incelemek.

survive [sı'vayv] **f.** sağ kalmak, yaşamak, **survivor i.** sağ kalan kimse.

suspect [sıs'pekt] **i.** sanık, şüpheli, **f.** şüphelenmek, tahmin etmek, **suspect someone of** birisinin bir şey yapmasından şüphelenmek.

suspend [sıs'pend] **f.** asmak, ertelemek, vazgeçmek, askıda bırakmak.

suspender i. askı, pantolon askısı, jartiyer.

suspension [sıs'penşın] **i.** asma, asılma, erteleme, vazgeçme.

suspicion [sıs'pişın] **i.** şüphe, kuşku.

suspicious [sıs'pişıs] **s.** şüpheli, şüpheye düşmüş.

swallow ['swolou] **i.** kırlangıç, boğaz, yudum, yutma, **f.** yut(kun)mak, sineye çekmek, sözünden dönmek, katlanmak, caymak.

swan [swon] **i.** kuğu.

swarm [swo:m] **i.** arı kümesi, kabalık, küme, **f.** oğul vermek, yığılmak, yığın halinde üşüşmek, toplanmak.

swear [sweı(r)] **f.** yemin etmek, küfretmek.

sweater [swetı(r)] **i.** kazak, süveter.

Sweden ['swi:dn] **i.** İsveç, **Swedish s.** İsveçli, İsveç'e ait.

sweet [swi:t] **s.** tatlı, şekerli, hoş, **sweetheart i.** sevgili.

swell [swel] **f.** şişmek, kabarmak, **swelling i.** şiş, şişlik.

swift [swift] **s.** hızlı, süratli.

swim [swim] **f.** yüzmek, **swimmer i.** yüzücü.

swindler ['swindlı(r)] **i.** dolandırıcı.

swine [swayn] **i.** domuz, herifçioğlu, hınzır.

swing [swinğ] **i.** salıncak, **f.** sallanmak, sallamak.

switch [swiç] **i.** elektrik düğmesi, şalter, demiryolu makası, **f.** (düğme, şalter, vb.) çevirmek, makas değiştirmek, öbür hatta geçirmek, vurmak, dövmek .

sword [so:d] **i.** kılıç.

syllable [silıbl] **i.** hece.

symbol ['simbıl] **i.** simge, sembol.

sympathy [simpıthi] **i.** ilgi duyma, şefkat, sempati.

symptom ['simptım] **i.** belirti.

synonym ['sinınim] **i.** eş anlamlı sözcük.
synthetic [sin'thetik] **s.** sentetik, suni.
Syria ['sirıı] **i.** Suriye.
syrup ['sinıp] **i.** şurup.
system ['sistim] **i.** sistem, yöntem, usul, **systematic** [sisti'mætik] **s.** sistemli, düzenli, sistematik.

T - t

tab [tæb] **i.** askı, kayış, etiket.
table ['teybl] **i.** masa, sofra, cetvel, liste, tablo.
tacky ['tæki] **s.** yapışkan, yırtık pırtık.
tag [tæg] **i.** küçük etiket, fiş, pusula, ek, takı, saçak, **f.** takmak, damgalamak, birleştirmek, eklemek.
tail [teyl] **i.** kuyruk, paranın resimli yanı (yazı).
tailor ['teylı(r)] **i.** terzi.
take [teyk] **f.** almak, götürmek, yakalamak, anlamak, **take away** alıp götürmek, **take care of** birisine/bir şeye bakmak, ilgilenmek, dikkat etmek.
tale [teyl] **i.** masal, hikâye, yalan, dedikodu.
talent ['tælınt] **i.** yetenek, hüner.
talk [to:k] **f.** konuşmak, söylemek, görüşmek, dedikodu yapmak, **talk to** birisiyle konuşmak.
tall [to:l] **s.** uzun (boylu).
tallow ['tælou] **i.** mum yağı, donyağı.
tandem ['tændım] **z.** art arda.
tangerine [tæncı'ri:n] **i.** mandalina.
tank [tænğk] **i.** sarnıç, tank, depo, **tanker** **i.** tanker.
tap [tæp] **i.** musluk, tapa, fıçı tapası, **f.** hafifçe vurmak.
tape [teyp] **i.** bant, şerit, kurdele, teyp, **tape recorder** **i.** kasetçalar .
tar [ta:(r)] **i.** katran, **f.** katranlamak.
target ['ta:git] **i.** hedef, amaç.
tart [ta:t] **i.** turta, ekşi, **s.** ters, acı.
task [ta:sk] **i.** görev, iş, vazife, hizmet.
tassel ['tæsl] **i.** püskül.
taste [teyst] **i.** tat, lezzet, zevk, **f.** tatmak, tat vermek, tadı olmak, **tasty s.** lezzetli, tatlı.
tatter [tætı(r)] **i.** paçavra.
tattoo [tæ'tu:] **i.** dövme, **f.** dövme yapmak.
tavern ['tævın] **i.** meyhane, taverna.
tax [tæks] **i.** vergi, **f.** vergilendirmek.
tea [ti:] **i.** çay, **teacup i.** çay bardağı, **teapot i.** çaydanlık.
teach [ti:ç] **f.** öğretmek, okutmak, eğitmek, **teacher i.** öğretmen.

team [ti:m] **i.** takım, ekip, **f.** takım kurmak.
tear {1} [tiı(r)] **i.** gözyaşı, **tearful s.** ağlayan, **tearfully z.** ağlayarak.
tear {2} [teı(r)] **f.** yırtmak, yırtılmak, yaralamak, kesmek, parçalamak, çok üzmek, bölmek.
tease [ti:z] **f.** taciz etmek, kızdırmak, takılmak.
teat [ti:t] **i.** emzik, meme (ucu).
technical ['teknikıl] **s.** teknik, **technician** [tek'nişın] **i.** teknisyen.
teem [ti:m] **f.** çok olmak, dolu olmak, kaynamak, dökülmek.
teenager ['ti:neycı(r)] **i.** on üç ile on dokuz yaşlar arasındaki genç.
teens [ti:nz] **i.** on üç ile on dokuz yaşlarındaki gençler.
teethe [ti:dh] **f.** diş çıkarmak.
teetotaler [ti:'toutılı(r)] **i.** alkol kullanmayan kişi.
telegram ['teligræm] **i.** telgraf.
telephone ['telifoun] **i.** telefon, **f.** telefon etmek.
television ['telivijın] **i.** televizyon.
tell [tel] **f.** anlatmak, söylemek, bildirmek, fark etmek, etkilemek, **telling i.** anlatma, söyleme, **s.** etkili, tesirli.
tell **i.** söylemek, anlatmak
temperature ['tempriçı(r)] **i.** ısı, hararet, sıcaklık.
temple ['templ] **i.** şakak, tapınak.
temporal ['tempınl] **i.** şakak kemiği, **s.** zamana ait, dünyevi, şakak kemiği ile ilgili.
temporary ['tempınri] **s.** geçici.
tempt [tempt] **f.** ayartmak, baştan çıkarmak, tahrik etmek, **temptation** [temp'teyşın] **i.** ayartma, baştan çıkarma.
ten [ten] **s.** on, **tenth** [tenth] **s.** onuncu.
tenant ['tenınt] **i.** kiracı.
tend [tend] **f.** eğilimi olmak, meyletmek, yöneltmek, bakmak, gütmek.
tender ['tendı(r)] **i.** yardımcı gemi, hizmet eden, bakıcı, kömür vagonu, kayık, teklif, **f.** sunmak, teklif etmek, teklif mektubu vermek, **s.** yumuşak, nazik, sevgi dolu.
tennis ['tenis] **i.** tenis.
tense [tens] **i.** fiil zamanı, **f.** ger(il)mek, gerginleşmek, **s.** gergin, sinirli.
tension ['tenşın] **i.** gerilim, gerginlik, tansiyon.
tent [tent] **i.** çadır.
term [tö:m] **i.** terim, söz, süre, şart, dönem, sömestr.
terminal ['tö:minıl] **i.** son, nihayet, uçta olan, dönem sonu, gar, terminal.
terminate ['tö:mineyt] **f.** bitirmek, son vermek, yok etmek.
terrace ['terıs] **i.** taraça, teras.
terrible ['teribl] **s.** korkunç, dehşetli.
terrify ['terifay] **f.** korkutmak, dehşete düşürmek.

territory [teritıri] **i.** bölge, ülke, arazi. toprak, alan.

terror ['terı(r)] **i.** dehşet, korku, terör, **terrorist i.** terörist.

terse [tö:s] **s.** kısa, özlü.

test [test] **i.** sınav, test, deney, tecrübe, **f.** tecrübe etmek, denemek, sınav yapmak.

testify ['testifay] **f.** tanıklık etmek, ifade vermek, kanıtlamak.

testimonial [testi'mounyıl] **i.** bonservis, tavsiye mektubu.

testimony [testimıni] **i.** tanıklık, ifade, kanıt, belge.

testy ['testi] **i.** ters, hırçın.

text [tekst] **i.** metin, okuma parçası, konu, **textbook i.** okuma kitabı, ders kitabı.

textile ['tekstayl] **i.** tekstil, mensucat, dokuma.

than [dhæn, dhın] **bağ.** -dan, -den, daha.

thank [thænğk] **f.** teşekkür etmek, **thank God** Allaha şükür, **thanks i.** teşekkür, teşekkürler, **thank** someone **for** birisine bir şey yaptığı için teşekkür etmek.

that [dhæt, dhıt] **z.** şu, o, ki, ki o, öyle, o kadar.

theatre ['thiıtı(r)] **i.** tiyatro.

theft [theft] **i.** hırsızlık.

their [dheı(r)] **s.** onların, **theirs z.** onlarınki.

them [dhem, dhım] **z.** onları, onlara, **themselves** [dhemselvz] kendileri.

theme [thi:m] **i.** konu, tema.

then [dhen] **z.** o zaman, ondan sonra, şu halde, sonra.

theory [thiıri] **i.** teori, kuram.

there [dheı(r)] **z.** orada, oraya, orası, **therefore z.** onun için, o yüzden, bundan dolayı.

these [dhi:z] **z.** bunlar.

they [dhey] **z.** onlar.

thick [thik] **s.** kalın, koyu, sık.

thief [thi:f] **i.** hırsız.

thin [thin] **s.** ince, zayıf, seyrek, hafif.

thing [thinğ] **i.** şey, nesne, madde.

think [thinğk] **f.** düşünmek, sanmak, tasarlamak, **thinker i.** düşünür, **think about / think of** birisi ya da bir şey hakkında düşünmek.

third [thö:d] **s.** üçüncü.

thirst [thö:st] **i.** susuzluk, **f.** susamak.

thirteen ['thö:'ti:n] **s.** on üç, **thirty** ['thö:ti] **s.** otuz.

this [dhis] **z. s.** bu, şu.

thorough ['tharı] **s.** tam, mükemmel, **thoroughly** ['tharıli] **z.** tamamen, adamakıllı, bütünüyle.

those [dhouz] **z.** onlar, şunlar.

though [dhou] **bağ.** her ne kadar, gerçi, -diği halde, ise de, olsa da.

thought [tho:t] **i.** fikir, düşünce, görüş, **thoughtful s.** düşünceli.

thousand ['thauzınd] **s.** bin.

SÖZLÜK

threat [thret] **i.** tehdit, gözdağı, tehlike, **threaten f.** tehdit etmek, gözdağı vermek.
three [thri:] **s.** üç.
thrice [thrays] **z.** üç kere, üç misli.
thrill [thril] **f.** heyecanlandırmak, heyecanlanmak, titremek.
throat [throut] **i.** boğaz, gırtlak.
throb [throb] **f.** çarpmak, vurmak, zonklamak, nabız atmak.
throes [throuz] **i.** şiddetli sancı.
throne [throun] **i.** taht.
through [thru:] **ed.** vasıtasıyla, sayesinde, **z.** bir yandan öbür yana, sonuna kadar, içinden, arasından, **throughout ed.** baştan başa, her tarafında, süresince.
throw [throu] **i.** atma, **f.** atmak, fırlatmak, **throw** something **at** birisine vurmak amacıyla bir şey atmak, **throw** something **to** birisine tutması amacıyla bir şey atmak.
thumb [tham] **i.** baş parmak.
thunder ['thandı(r)] **i.** gök gürültüsü, **f.** gürlemek.
Thursday ['thö:zdi] **i.** Perşembe.
thus [dhas] **z.** böylece, bu nedenle.
thyme [taym] **i.** kekik.
tick [tik] **i.** kene, tıkırtı, kılıf, **f.** tıkırdamak, işlemek, yürümek.
ticket ['tikit] **i.** bilet.
tide [tayd] **i.** gel-git.
tidy ['taydi] **s.** temiz, düzenli, muntazam, toplu.
tie [tay] **i.** bağ, boyunbağı, kravat, **f.** bağlamak.
tiger ['taygı(r)] **i.** kaplan.
tight [tayt] **s.** sıkı, gergin, dar, sızdırmaz, eli sıkı, **tighten f.** sıkıştırmak, sıkışmak.
tile [tayl] **i.** kiremit, yassı tuğla, çini, fayans.
till [til] **ed.** -e kadar, -e gelinceye kadar, -e değin, o kadar, **i.** kasa, para çekmecesi.
timber ['timbı(r)] **i.** kereste.
time [taym] **i.** zaman, vakit, süre, mühlet, vade, kere, defa, saat.
timid ['timid] **s.** korkak, sıkılgan, ürkek, utangaç.
tin [tin] **i.** teneke, teneke kutu, kalay, **f.** kalaylamak, kutulara doldurmak, konserve yapmak.
tiny ['tayni] **s.** minicik, ufacık.
tip [tip] **i.** uç, burun, tepe, ağızlık, bahşiş, ipucu.
tipsy ['tipsi] **s.** sarhoş, çakırkeyif.
tire ['tayı(r)] **f.** yormak, yorulmak, usandırmak, usanmak, bıkmak, bıktırmak, **tired s.** yorgun, bitkin, usanmış, **tired of** bir şeyden yorgun, yorulmuş, **tiresome s.** yorucu.
tissue ['tisyu:, 'tişyu:] **i.** doku, ince kâğıt, kâğıt mendil.
title ['taytl] **i.** kitap başlığı, başlık, isim, unvan.
to [tu , tu: , tı] **ed.** -a, -e, -ya, -ye, -e doğru, için, -mak, -mek, ile.
toad [toud] **i.** kurbağa, iğrenç kişi.

DICTIONARY

toast [toust] **i.** kızartılmış ekmek, tost, **f.** şerefine kadeh kaldırmak, sıhhatine içmek, **toaster i.** tost makinesi.

tobacco [tı'bækou] **i.** tütün.

today [tı'dey] **z.** bugün.

toe [tou] **i.** ayak parmağı, ayak ucu, **toenail i.** ayak tırnağı.

together [tı'gedhı(r)] **z.** beraber, birlikte, bir arada.

toil [toyl] **i.** çok zor iş, zahmetli iş, **f.** yorulmak, didinmek, zahmet çekmek.

toilet ['toylit] **i.** tuvalet.

tolerate ['tolıreyt] **f.** hoş görmek, katlanmak.

tomato [tı'ma:tou] **i.** domates.

tomorrow [tı'morou] **z. i.** yarın.

tone [toun] **i.** ton, ses tonu, müzik sesi, renk tonu.

tongs [tongz] **i.** maşa.

tongue [tang] **i.** dil, lisan, konuşma tarzı.

tonic ['tonik] **i.** ilâç, tonik.

tonight [tı'nayt] **z.** bu gece, bu akşam.

tonsil ['tonsl] **i.** bademcik.

too [tu:] **z.** da, de, dahi, çok, fazla, aşırı, ilaveten, keza.

tool [tu:l] **i.** alet, **tools i.** takım.

tooth [tu:th] **i.** diş, **toothache i.** diş ağrısı, **toothbrush i.** diş fırçası, **toothpaste i.** diş macunu, **toothpick i.** kürdan.

top [top] **i.** zirve, doruk, üst, önde gelen, birinci sınıf, topaç, **f.** zirvede olmak, listenin birincisi olmak, kapak takmak, (engel) aşmak, **top-secret s.** çok gizli.

topic ['topik] **i.** konu, mevzu.

torch [to:ç] **i.** meşale, el feneri.

toreador ['toriıdo:] **i.** boğa güreşçisi.

torment ['to:mınt] **i.** eziyet, işkence, azap, dert, **f.** işkence etmek, azap çektirmek, üzmek.

tornado [to:'neydou] **i.** kasırga.

torpedo [to:'pi:dou] **i.** torpil, havai fişek, **f.** torpillemek.

torrent ['torınt] **i.** sel, akıntı.

tortoise ['to:tıs] **i.** kaplumbağa.

torture ['to:çı(r)] **i.** işkence, eziyet, **f.** işkence etmek.

tosh [toş] **i.** saçma, uydurma.

total ['toutıl] **s.** tüm, bütün, toplam, **totally z.** tamamen, büsbütün.

touch [taç] **i.** temas, dokunuş, **f.** dokunmak, ellemek, değmek.

tough [taf] **s.** çok sert, sağlam, zor, inatçı, çetin.

tour [tuı(r)] **i.** gezi, seyahat, tur, turne, **tourist i.** turist.

tournament ['tuı(r)nımınt] **i.** yarışma, turnuva.

toward(s) [tı'wo:d(z)] **ed.** -e doğru, tarafına doğru, -e karşı, -e yakın.

tower ['tauı(r)] **i.** kule, burç, hisar.

town [taun] **i.** kasaba, şehir.

toy [tɔy] **i.** oyuncak, süs eşyası.
trace [treys] **i.** iz, belirti, kalıntı, **f.** izlemek.
trachea [trı'ki:ı] **i.** nefes borusu.
track [træk] **i.** iz, eser, keçi yolu, patika, ray.
tractor ['træktı(r)] **i.** traktör.
trade [treyd] **i.** iş, meslek, sanat, zanaat, alışveriş, takas, esnaf sınıfı, **f.** ticaret yapmak, iş yapmak, alışveriş yapmak, **trading i.** alışveriş.
tradition [trı'dişın] **i.** gelenek, görenek, örf, adet, anane.
traffic ['træfik] **i.** trafik.
tragedy ['trædidi] **i.** trajedi, acıklı olay, felâket.
trail [treyl] **i.** iz, patika, keçi yolu, kuyruk, **f.** izlemek, sürüklemek, **trailer i.** römork, karavan, treyler.
train [treyn] **i.** tren, katar, sıra, dizi, silsile, takım, **f.** alıştırmak, terbiye etmek, idman yaptırmak, **trainer i.** antrenör, **trained s.** eğitilmiş, terbiye edilmiş, yetiştirilmiş, **training i.** terbiye, eğitim, talim, idman.
traitor ['treytı(r)] **i.** vatan haini, hain.
tram [træm] **i.** tramvay.
tramp [træmp] **i.** serseri, avare, serserice dolaşma, **f.** ağır adımlarla (serserice) yürümek.
transfer [tra:nz'fö:] **i.** nakil, devir, **f.** nakletmek, devretmek, aktarmak, değiştirmek, havale etmek.
transform [trænz'fo:m] **f.** (huyunu, biçimini, vb.) değiştirmek.
transient [rænziınt] **s.** geçici.
transit ['trænsit] **i.** geçme, geçiş, transit, **f.** transit geçmek, **transitive s.** geçişli.
translate [trænsleyt] **f.** tercüme etmek, çevirmek, dönüştürmek, **translation** [træns'leyşın] **i.** tercüme, çeviri.
transmit [trænz'mit] **f.** göndermek, geçirmek, yaymak, ulaştırmak.
transparent [træns'peırınt] **s.** saydam, açık, berrak, geçirgen, kolay fark edilen, aşikar.
transplant [træns'pla:nt] **f.** bir yerden alıp başka yere yerleştirmek, başka yere nakletmek.
transport ['trænspo:t] **f.** taşımak, nakletmek, sürgün etmek.
transpose [træns'pouz] **f.** yerini veya sırasını değiştirmek.
trap [træp] **i.** tuzak, kapan, **f.** tuzağa düşürmek.
travel ['trævl] **i.** yolculuk, seyahat, **f.** seyahat etmek, hareket etmek.
tray [trey] **i.** tepsi, tabla, **ashtray i.** kül tablası.
treachery ['treçırı] **i.** hainlik, ihanet.
treason ['tri:zn] **i.** vatana ihanet, hainlik.
treasure ['trejı(r)] **i.** hazine, define, servet.
treat [tri:t] **f.** muamele etmek, davranmak, tedavi etmek, ele almak, müzakere etmek, ikramda bulunmak, **treatment i.** muamele, davranış, işlem, tedavi, bakım.

treaty ['tri:ti] **i.** antlaşma.
tree [tri:] **i.** ağaç.
tremble ['trembl] **f.** titremek, ürpermek.
tremendous [tri'mendıs] **s.** çok büyük, kocaman, heybetli.
trench [trenç] **i.** hendek, çukur, siper.
trial ['trayıl] **i.** deneme, tecrübe, prova, yargılama, teşebbüs.
triangle ['trayænğgl] **i.** üçgen, üç köşeli, gönye.
tribe [trayb] **i.** kabile, aşiret, oymak, boy **tribal** [traybl] **s.** kabile-
ye ait.
trice [trays] **i.** an, lâhza.
trick [trik] **i.** hile, dolap, numara, oyun, muziplik, şeytanlık,
trickster [trikstı(r)] **i.** düzenbaz, hilekar.
trigger ['trigı(r)] **i.** tetik, deklanşör, **f.** başlatmak, eyleme geçir-
mek.
trim [trim] **s.** temiz, düzenli, **f.** temizlemek, düzenlemek, buda-
mak, kazıklamak.
trinket ['trinğkit] **i.** biblo, ufak süs eşyası, öteberi.
trio ['tri:ou] **i.** üçlü, üçlü grup.
trip [trip] **i.** kısa yolculuk, gezinti, hata, yanlış.
tripe [trayp] **i.** işkembe.
triple ['tripl] **s.** üç kat, üç misli.
tripod ['traypod] **i.** üç ayaklı sehpa, üç ayak.
triumph ['trayımf] **i.** zafer, başarı.
trivial ['triviıl] **s.** önemsiz, saçma, ufak tefek, sıradan.
trolley ['troli] **i.** tramvay, el arabası, servis arabası.
troop [tru:p] **i.** kalabalık, sürü, takım, askerler, askeri birlikler.
trophy ['troufi] **i.** kupa, ganimet, hatıra.
trouble ['trabl] **i.** dert, üzüntü, sıkıntı, zorluk, güçlük, ıstırap, tasa,
f. rahatsız etmek, canını sıkmak, zahmet vermek.
trousers ['trauzız] **i.** pantolon.
trousseau ['tru:sou] **i.** çeyiz.
trout [traut] **i.** alabalık.
Troy [troy] **i.** Truva, Hisarlık.
truce [tru:s] **i.** ateşkes, anlaşma, mütareke, fasıla, ara.
truck [trak] **i.** el arabası, yük arabası, kamyon, takas, değiş tokuş,
değersiz eşya, döküntü, ilişki, alışveriş, meyve-sebze, **f.** trampa
etmek, takas etmek, alışveriş yapmak, kamyonla taşımak, nak-
letmek.
true [tru:] **s.** doğru, gerçek, sadık, vefalı, **truly z.** gerçekten, iç-
tenlikle, doğru olarak.
trumpet ['trampit] **i.** borazan, trompet.
trust [trast] **i.** güven, itimat, emniyet, **f.** güvenmek, itimat etmek,
emniyet etmek.
truth [tru:th] **i.** gerçek, doğru.

try [tray] **i.** tecrübe, deney, deneme, uğraşma, **f.** uğraşmak, gayret etmek, denemek, araştırmak, **trying s.** güç, yorucu, zahmetli.

tub [tab] **i.** tekne, leğen, küvet, yarım fıçı.

tube [tyu:b] **i.** tüp, boru, tünel, iç lâstik, **tubeless s.** iç lastiksiz.

tuberculosis [tyubökyu'lousis] **i.** verem, tüberküloz.

Tuesday ['tyu:zdi] **i.** Salı.

tuition ['tyuişın] **i.** öğretim, okul ücreti, okul taksiti.

tulip ['t(y)u:lip] **i.** lâle.

tumbler ['tamblı(r)] **i.** su bardağı, akrobat, cambaz, hacı yatmaz, takla atan güvercin, mandal.

tumult ['tyu:malt] **i.** gürültü, patırtı.

tuna ['t(y)u:nı] **i.** ton balığı, orkinos.

tune [tyu:n] **i.** nağme, melodi, müzik, beste.

tunnel ['tanl] **i.** tünel, galeri.

turban ['töbın] **i.** sarık, türban.

turbot ['tö:bıt] **i.** kalkan balığı.

turbulence ['töbyulıns] **i.** çalkantılı hava, bozuk hava, gürültü, karışıklık, hava boşluğu.

Turk [tö:k] **i.** Türk, **Turkey** ['tö:ki] **i.** Türkiye, **Turkish** ['tö:kiş] **s.** Türklere/Türkiye'ye ait, Türkçe.

turkey [tö:ki] **i.** hindi,

turmoil ['tö:moyl] **i.** gürültü, hengâme, telâş.

turn [tö:n] **i.** dönme, dönüş, devir, viraj, sıra, köşe, **f.** dönmek, çevirmek, döndürmek, dönüşmek, haline getirmek, ters yüz etmek, **turner i.** tornacı, döndüren kişi ya da şey, beden eğitimi uzmanı, **turn out** çıkmak, olmak, sonuçlanmak.

turtle ['tö:tl] **i.** deniz kaplumbağası.

tutor ['tyu:tı(r)] **i.** özel öğretmen, **f.** özel ders vermek.

tweezers ['twi:zız] **i.** cımbız.

twelve [twelv] **s.** on iki. **twelfth** [twelfth] **s.** on ikinci.

twenty [twenti] **s.** yirmi.

twig [twig] **i.** ince dal, sürgün, çubuk, atardamarın küçük kolu.

twilight ['twaylayt] **i.** alaca karanlık, şafak, son günler.

twin [twin] **s. i.** ikiz, benzer, eş, çift.

twinkle ['twinğkl] **f.** göz kırpıştırmak, parıldamak, yanıp sönmek.

twist [twist] **f.** bükmek, bükülmek, burmak, burkulmak, kıvırmak, çevirmek, döndürmek.

two [tu:] **s.** iki.

type [tayp] **i.** tip, cins, çeşit, örnek, model, sembol, **f.** daktilo ile yazmak, **typewriter i.** yazı makinesi, daktilo.

typhoid ['tayfoyd] **i.** tifo.

typhoon [tay'fu:n] **i.** tayfun, kasırga, tufan.

typhus ['tayfıs] **i.** tifüs.

typical ['tipikl] **s.** tipik, örnek.

typify ['tipifay] **f.** temsil etmek, simgelemek.

typo ['taypou] **i.** baskı hatası.
tyrant ['tayırınt] **i.** gaddar, zalim.
tyre ['tayı(r)] **i.** otomobil lâstiği.

U - u

udder ['adı(r)] **i.** inek memesi.
ugly ['agli] **s.** çirkin, nahoş, kötü, iğrenç.
ulcer ['alsı(r)] **i.** yara, ülser.
ultimate ['altimit] **s.** son, en son, nihai.
ultra- ['altrı] **önek.** son derece, **ultraviolet s.** mor ötesi, ültravi-
yole.
ultra ['altrı] **s.** son derece, aşırı.
umbrella [am'brelı] **i.** şemsiye.
unable [an'eybıl] **s.** güçsüz, elinden gelmez, beceriksiz.
unanimity [yu:nı'nimiti] **i.** oybirliği, **unanimously** [yu:'nænimısli]
z. oybirliğiyle, ittifakla.
unaware ['anıweı(r)] **s.** habersiz.
unbearable [an'beırıbl] **s.** tahammül edilmez, dayanılmaz, bunal-
tıcı.
unbutton [an'batın] **f.** düğmelerini çözmek.
uncertain [an'sö:tın] **s.** kuşkulu, şüpheli, belirsiz.
unclaimed [an'kleymd] **s.** sahipsiz, istenmemiş.
uncle ['angkl] **i.** amca, dayı, enişte.
unclean [an'kli:n] **s.** kirli, pis.
uncomfortable [an'kamfıtıbl] **s.** rahatsız, rahatsız edici.
unconscious [an'konşıs] **s.** baygın, bilinçsiz, bihaber.
unconventional ['ankın'venşınıl] **s.** göreneklere uymayan, resmi
olmayan.
uncover [an'kavı(r)] **f.** örtüsünü açmak, meydana çıkarmak.
under ['andı(r)] **ed.** altında, altına, -den aşağı, aşağısına,
underclothes ['andıkloudhz] **i.** iç çamaşırı.
underfoot [andı'fu:t] **z.** ayak altında, yol üstünde, geçilecek yerde.
undergo [andı'gou] **f.** maruz kalmak, katlanmak.
undergraduate ['andı'grædyuit] **i.** üniversite öğrencisi.
underground ['andıgraund] **z.** yeraltında, gizli, metro, yeraltı geçi-
di.
underline [andı'layn] **f.** (satır) altını çizmek, belirtmek.
undermine ['andımayn] **f.** baltalamak, sabote etmek, yıkmak.
underneath [andı'ni:th] **z. ed.** altına, altında, altından.
understand [andı'stænd] **f.** anlamak, kavramak, bilmek.
understandable [andı'stændıbl] **s.** anlaşılabilir.
undertake [andı'teyk] **f.** üstlenmek, üzerine almak, garanti etmek.

undertaker [andı'teykı(r)] **i.** cenaze işleri görevlisi.

underwear [andı'weı(r)] **i.** iç çamaşırı.

underwrite [andı'rayt] **f.** sigorta etmek.

undesirable [andi'zayrıbl] **s.** sakıncalı, istenilmeyen.

undeveloped [andi'velopd] **s.** gelişmemiş, banyo edilmemiş.

undoubted [an'dautid] **s.** şüphesiz, kuşkusuz, kesin.

undress [an'dres] **f.** soyunmak, soymak.

undying [an'dayinğ] **s.** ölmez, sonsuz.

uneasy [an'i:zi] **s.** rahatsız, huzursuz, gergin, endişeli.

unemployed [anim'ployd] **s.** işsiz, **unemployment** [anim'ploymınt] **i.** işsizlik.

unending [an'endinğ] **s.** bitmez, tükenmez, sonsuz.

unerring [an'ö:rinğ] **s.** yanılmaz, doğru, kesin.

unexpected [aniks'pektid] **s.** beklenilmedik, umulmadık, **unexpectedly z.** beklenmedik şekilde.

unfasten [an'fa:sn , aan'fæsn] **f.** çözmek, gevşetmek, çözülmek.

unfit [an'fit] **s.** uygun olmayan, uygunsuz, uymaz.

unforgettable [anfı'getıbl] **s.** unutulmaz.

unforgivable [anfı'givıbl] **s.** affedilmez.

unfortunate [an'fo:çınit] **s.** şanssız, biçare, başarısız, aksi, **unfortunately z.** maalesef, ne yazık ki.

unhappy [an'hæpi] **s.** mutsuz, üzüntülü.

unhealthy [an'helthi] **s.** sağlıksız

unhurt [an'hö:t] **s.** zarar görmemiş.

unification [yu:nifi'keyşın] **i.** birleştirme.

uniform ['yu:nifo:m] **s.** üniforma, muntazam, bir kararda.

union ['yu:nyın] **i.** birleşme, birlik, sendika.

unique [yu:'nik] **s.** tek, eşsiz, yegâne, biricik.

unit ['yu:nit] **i.** birim, unite.

unite [yu:'nayt] **f.** birleştirmek, bağlamak, birleşmek, **United Kingdom i.** Britanya Krallığı, **United Nations i.** Birleşmiş Milletler, **United States i.** Birleşik Devletler (A.B.D.)

unity ['yu:niti] **i.** birlik.

universal [yu:ni'vö:sıl] **s.** evrensel.

universe ['yu:nivö:s] **i.** evren, kâinat.

university [yu:ni'vö:siti] **i.** üniversite.

unjust [an'cast] **s.** haksız, adaletsiz.

unknown [an'noun] **i.** meçhul kişi, **s.** bilinmeyen, meçhul, tanınmayan, yabancı.

unlace [an'leys] **f.** bağını çözmek.

unlearn [an'lö:n] **f.** unutmak.

unless [an'les] **bağ.** meğer ki, -medikçe.

unlike [an'layk] **s.** farklı, benzemez, **unlikely s.** muhtemel olmayan, ihtimal dışı.

unload [an'loud] **f.** yükünü boşaltmak.

unlucky [an'laki] **s.** talihsiz, şansız.

unmarried [an'mærid] **s.** evli olmayan, bekâr.

unmatched [an'mæçd] **s.** eşsiz, emsalsiz.

unnatural [an'næçırıl] **s.** doğal olmayan, anormal, tuhaf.

unobserved [anob'zö:vd] **s.** görülmemiş, fark edilmemiş.

unpack [an'pæk] **f.** bavuldan çıkarmak, bohça açmak.

unpaid [an'peyd] **s.** ödenmemiş.

unpleasant [an'plezınt] **s.** nahoş, hoş olmayan, çirkin.

unpopular [an'popyulı(r)] **s.** tutulmayan, sevilmeyen, gözden düşmüş.

unpractical [an'præktikl] **s.** pratik olmayan, kolay uygulanamayan.

unprepared [anpri'peid] **s.** hazırlıksız, hazırlanmadan söylenmiş.

unquestionable [an'kwesçınıbl] **s.** şüphesiz, muhakkak, kuşku götürmez.

unreasonable [an'ri:znıbl] **s.** mantıksız.

unrest [an'rest] **i.** huzursuzluk, rahatsızlık, kargaşa.

unripe [an'rayp] **s.** ham, olgunlaşmamış.

unsafe [an'seyf] **s.** tehlikeli, güvenilmez, emniyetsiz.

unsaid [an'sed] **s.** söylenmemiş.

unsatisfactory [ansætis'fæktıri] **s.** tatmin etmeyen, yetersiz.

unseen [an'si:n] **s.** göze görünmeyen, gizli, keşfedilmemiş.

unsteady [an'stedi] **s.** sallanan, sağlam olmayan, oynak, değişken.

unsuccessful [an'sıksesfıl] **s.** başarısız.

unsuitable [an'syu:tıbl] **s.** uygunsuz, yakışıksız.

unsurpassed [ansö:'pa:st] **s.** geçilemez, üstün, eşsiz.

untidy [an'taydi] **s.** düzensiz, dağınık

until [an'til] **ed. bağ.** -e kadar, -e değin, -e dek.

unto ['antu] **ed.** -e kadar.

untrue [an'tru:] **s.** yalan, sahte, vefasız.

unusual [an'yu:juıl] **s.** nadir, görülmemiş, seyrek.

unwary [an'weıri] **s.** uyanık olmayan, dikkatsiz, tedbirsiz.

unwell [an'wel] **s.** rahatsız, hasta.

unwilling [an'wilinğ] **s.** isteksiz, gönülsüz.

unwrap [an'ræp] **f.** çözmek, açmak, çözülmek, açılmak.

up [ap] **z.** yukarı(ya), yukarıda, **up to** ...ye kadar , -e ait, -e bağlı, **up to date** ['aptı'deyt] **s.** güncel, şimdiki, en yeni, modern.

upbeat [apbi:t] **s.** eğlenceli, neşeli, mutlu.

uphold [ap'hould] **f.** desteklemek, kaldırmak, onaylamak.

upkeep ['apki:p] **i.** bakım, bakım masrafı.

upland ['aplænd] **i.** yayla, yüksek arazi.

upon [ı'pon] **ed.** üstüne, üzerine, üstünde, üzerinde.

upper ['apı(r)] **s.** üst, daha üst, yukarıdaki, rütbece daha büyük.

upraise [ap'reyz] **f.** yukarı kaldırmak.

upright [ap'rayt] **s.** dik, dikey, dürüst, **z.** dikine.

uprising [ap′rayzing̃] **i.** kalkma, yükselme, güneş doğması, isyan, ayaklanma, başkaldırma.

upset [ap′set] **s.** huzursuz, keyifsiz, bozulmuş, **f.** keyfini bozmak, altüst etmek, bozmak.

upshot [′apşot] **i.** netice, sonuç.

upside-down [′apsayd-daun] **s.** altüst, tepe taklak.

upstairs [′apsteız] **i.** üst kat, **s.** yukarıdaki, **z.** yukarıya, yukarıda.

upward(s) [apwıd(z)] **z.** yukarı, yukarıya doğru.

urban [′ö:bın] **s.** şehirle ilgili, kentsel, şehirde bulunan.

urge [ö:c] **f.** ısrar etmek, zorlamak, sıkıştırmak, uyarmak, **urgent** [′ö:cınt] **s.** acil, zorunlu, kaçınılmaz.

urine [′yuırin] **i.** idrar.

us [as] **z.** bizi, bize.

usage [′yu:zic] **i.** kullanım, örf, adet, usul.

use [yu:z] **i.** yarar, fayda, kullanım, **f.** kullanmak, yararlanmak, **used s.** kullanılmış, **useful s.** yararlı, faydalı, **useless s.** faydasız, işe yaramaz, yararsız.

usual [′yu:juıl] **s.** olağan, alışılmış, her zamanki, **usually** genellikle.

usurp [yu:′zö:p] **f.** gasp etmek, el koymak.

usury [′yu:zıri] **i.** tefecilik.

utility [yu:′tiliti] **i.** yarar, fayda.

utilize [′yu:tilayz] **f.** yararlanmak, kullanmak.

utmost [′atmoust] **s.** azami, en uzak, en büyük, son derece.

utter [′atı(r)] **f.** söylemek, dile getirmek, anlatmak **s.** tam, son derece, kesin.

V - v

vacancy [′veykınsi] **i.** boşluk, boş yer, aralık, **vacant** [′veykınt] **s.** boş.

vacate [vı′keyt , vey′keyt] **f.** boşaltmak, terk etmek, bırakmak, **vacation** [vı′keyşın, vey′keyşın] **i.** tatil.

vaccinate [′væksineyt] **f.** aşılamak, aşı yapmak.

vacuum [′vækyuım] **i.** boşluk, **vacuum cleaner i.** elektrik süpürgesi.

vagabond [′vægıbınd] **s.** serseri, külhanbeyi, derbeder, aylak, amaçsız.

vague [veyg] **s.** belirsiz, şüpheli.

vain [veyn] **s.** sonuçsuz, boş, nafile, anlamsız, değersiz, kibirli, gururlu, kendini beğenmiş, boş, **in vain** boş yere.

valentine ['vælıntayn] **i.** seçilen sevgili, gönderilen mektup, resim vb., yazılı uyarı.
valid ['vælid] **s.** yürülükte olan, geçerli.
valley ['væli] **i.** vadi, dere.
valour ['vælı(r)] **i.** yiğitlik, mertlik, cesaret.
value ['vælyu:] **i.** değer, **f.** değer biçmek, **valuable** ['vælyuıbl] **i.** değerli şey, **s.** değerli.
valve [vælv] **i.** supap, valf, kapakçık, lâmba, tüp.
vamp [væmp] **i.** şuh kadın, yamalık, kundura yüzü, **f.** para için baştan çıkarmak, yamamak, yeni yüz geçirmek.
van [væn] **i.** kapalı yük arabası, yük vagonu, kamyonet, minibüs, öncü (gemi), karavan. elebaşı.
vanguard ['vænga:d] **i.** öncü, ileri kol, ön cephe.
vanish ['væ:niş] **f.** gözden kaybolmak, yok olmak.
vanity ['væniti] **i.** kibir, gurur, hiçlik, gösteriş.
vanquish ['vænğkwiş] **f.** yenmek.
vapour ['veypı(r)] **i.** buhar, duman.
variety [vı'rayiti] **i.** değişiklik, farklılık, çeşit, tür.
various ['veırııs] **s.** çeşitli, farklı, türlü, değişik.
varnish ['va:niş] **i.** vernik, cilâ.
vase [va:z] **i.** vazo.
vast [va:st] **i.** geniş, engin, çok büyük.
vault [vo:lt] **i.** kubbe, gök, mahzeni atlayış, çatı kemeri, **f.** atlamak, üstünü kemerle örtmek.
veal [vi:l] **i.** dana eti.
vegetable ['vecitıbl] **i.** sebze, yeşillik, bitki, **s.** bitkisel, **vegetarian** ['veciterıın] **i.** et yemeyen kişi .
vehicle ['vi:ıkl] **i.** taşıt, araç, vasıta.
veil [veyl] **i.** peçe, örtü, perde, duvak, **f.** örtmek.
vein [veyn] **i.** (toplar)damar.
velvet ['velvit] **i.** kadife, **s.** kadife gibi.
vend [vend] **f.** sat(ıl)mak.
venerable ['venırıbl] **s.** saygıdeğer, muhterem, kutsal.
vengeance ['vencıns] **i.** öç, intikam.
ventilate ['ventileyt] **f.** havalandırmak, **ventilator i.** vantilatör.
venture ['vençı(r)] **i.** risk, riziko, cüret, **f.** cüret etmek, göze almak, riske atmak.
verb [vö:b] **i.** fiil, eylem.
verdict ['vö:dikt] **i.** karar, hüküm, yargı.
verify ['verifay] **f.** doğrulamak, soruşturmak, gerçekleşmek.
vermin ['vö:min] **i.** haşarat, böcek.
versatile ['vö:sıtayl] **s.** iş bilir, çok yönlü, verimli, becerikli.
verse [vö:s] **i.** şiir, dize, mısra.
version ['vö:jın] **i.** çeviri, tercüme, yorum.
vertical ['vö:tikl] **s.** dikey, düşey.
very [veri] **s.** pek, çok, tıpkı, aynısı.

vessel ['vesl] **i.** gemi, tekne, kap, tas, kanal.
veteran ['vetırın] **i.** kıdemli asker, emekli asker, **s.** kıdemli.
veterinary ['vetırınıri] **i.** veteriner.
veto ['vi:tou] **i.** yasak, veto.
via ['vayı] **ed.** yolu ile, -den geçerek.
vice {1} [vays] **i.** kötü huy, günah, suç, çapkınlık.
vice {2} [vays] **ed.** –in yerine, yerinde.
vice {3} [vays] **öntakı.** ikinci , as, yardımcı, muavin.
vice {4} [vays] **i.** mengene.
vice versa ['vays 'vö:sı] **z.** karşılık olarak, ve tersine.
vicinity [vi'siniti] **i.** etraf, civar, çevre, semt, komşuluk.
victim ['viktim] **i.** kurban, mağdur.
victory ['viktıri] **i.** zafer, galibiyet.
view [vyu:] **i.** bakış, görüş, manzara, fikir, düşünce.
vile [vayl] **s.** aşağılık, pis, iğrenç, alçak.
village ['vilic] **i.** köy, **villager i.** köylü.
vine [vayn] **i.** asma, **vineyard** [vin'ya:d] **i.** üzüm bağı.
vinegar ['vinigı(r)] **i.** sirke.
violate ['vayıleyt] **f.** bozmak, ihlâl etmek, tecavüz etmek.
violent ['vayılınt] **s.** şiddetli, zorlu, sert.
violet ['vayılit] **i.** menekşe (rengi), mor.
violin [vayı'lin] **i.** keman, **violinist i.** kemancı.
virgin ['vö:cin] **i.** bakire, kız.
virtue ['vö:tyu:, vö:çu:] **i.** erdem, fazilet, meziyet.
visa ['vi:zı] **i.** vize, **f.** vize etmek.
visible ['vizibl] **s.** görülebilir, görünür, belli.
vision ['vijın] **i.** görüş, görme gücü, hayal, rüya.
visit ['vizit] **i.** ziyaret, teftiş, misafirlik, **f.** ziyaret etmek, **visitor i.** ziyaretçi.
vista ['vistı] **i.** manzara, açık alan, koridor.
visual ['vizyuıl , 'vijyuıl] **s.** optik, görmeye ait, görülebilir.
vital ['vaytıl] **s.** yaşamsal, yaşayan, hayat dolu.
vivacious [vi'veyşıs, vay'veyşıs] **s.** canlı, neşeli, hayat dolu, şen.
vivid ['vivid] **s.** parlak, canlı.
vocabulary [vou'kæbıliri] **i.** kısa sözlük, kelime bilgisi.
vocation [vou'keyşın] **i.** meslek, iş, sanat, çağrı.
vogue [voug] **i.** moda, rağbet, beğenme.
voice [voys] **i.** insan sesi, ses, ifade, söz söyleme hakkı.
void [voyd] **i.** boşluk, eksiklik, **s.** boş, ıssız, anlamsız, yararsız, etkisiz, hükümsüz.
volcano [vol'keynou] **i.** volkan.
volley ['voli] **i.** yaylım ateş, vole, atma.
voltage ['voultic] **i.** gerilim, voltaj.
voluble ['volyu:bl] **s.** konuşkan, dilli.
volume ['volyum] **i.** cilt, hacim, güç.

voluntary [ˈvolıntıri] **s.** isteyerek, gönüllü, **volunteer** [volıntiı(r)] **i.** gönüllü.

vomit [ˈvomit] **i.** kusma, **f.** kusmak.

vortex [ˈvoːteks] **i.** girdap, kasırga, anafor.

vote [vout] **i.** oy, oy hakkı, **f.** oy vermek.

vow [vau] **i.** ant, yemin, adak, **f.** ant içmek, adamak.

vowel [ˈvauıl] **i.** ünlü, sesli harf.

voyage [ˈvoyic] **i.** yolculuk, deniz yolculuğu, seyahat, **f.** yolculuk etmek.

vulgar [ˈvalgı(r)] **s.** kaba, terbiyesiz, bayağı, aşağılık.

vulture [ˈvalçı(r)] **i.** akbaba.

W - w

wacky [ˈwæki] **i.** kaçık, deli, saçma, sapık.

wag [wæg] **f.** sallamak, sallanmak, okuldan kaçmak.

waggon [ˈwægın] **i.** yük vagonu, çekçek, katar, zırhlı araç.

wage [weyc] **i.** ücret, haftalık, maaş.

wail [weyl] **f.** feryat etmek, çığlık atmak.

wait [weyt] **f.** beklemek, hazır olmak, **wait for** birisini / bir şeyi beklemek, **waitress i.** bayan garson.

waive [weyv] **f.** hakkından vazgeçmek, feragat etmek, ertelemek, göz önüne almamak.

wake [weyk] **f.** uyanmak, uyandırmak, farkında olmak.

walk [woːk] **f.** yürümek, dolaşmak, gezinmek, **walker i.** yaya, **walking i.** yürüyüş.

wall [woːl] **i.** duvar, sur, **f.** duvar çekmek.

wallet [ˈwolit] **i.** para cüzdanı.

want [wont] **f.** istemek, arzu etmek, **wanted s.** aranan, istenen.

war [woː(r)] **i.** savaş, mücadele, çatışma, **f.** savaşmak.

warble [ˈwoːbl] **f.** şakımak, ötmek.

wardrobe [woːˈdroub] **i.** elbise dolabı, gardırop.

warfare [ˈwoːfeı(r)] **i.** savaş, harp hali.

warm [woːm] **s.** ılık, sıcak, hararetli, canlı, heyecanlı, **warm-blooded s.** sıcak kanlı.

warn [woːn] **f.** uyarmak, **warn** someone **about** birisini bir şey hakkında uyarmak, **warn** someone **against** birisini bir şey yapmaması için uyarmak.

warrant [ˈworınt] **i.** yetki, hak, ruhsat, garanti, haklı neden, kefalet.

warrior [ˈworiı(r)] **i.** savaşçı.

wash [woş] **f.** yıkamak, yıkanmak.

wasp [wosp] **i.** eşek arısı.

wastage [ˈweystic] **i.** gereksiz, israf, fire.

waste [weyst] **f.** çarçur etmek, harcamak, israf etmek, **s.** atılmış, kullanılmaz, ıssız, boş, harap.

watch [woç] **i.** cep veya kol saati, gözetleme, nöbetçilik, **f.** izlemek, gözlemek, beklemek, kollamak, seyretmek.

water ['wo:tı(r)] **i.** su, deniz, göl, gölet, maden suyu, **watery s.** sulu.

wave [weyv] **i.** dalga, el sallama, **f.** sallamak, dalgalanmak, **cold wave i.** soğuk dalgası, **wavelength i.** dalga boyu.

wax [wæks] **i.** bal mumu, mum, parafin, öfke, kızgınlık, **f.** büyümek, artmak, mumlamak, kesilmek, **wax paper i.** yağlı kâğıt, **wax beautiful f.** gittikçe güzelleşmek.

way [wey] **i.** yol, taraf, geçilen yer, gidiş, tarz, yöntem, biçim, gitme, **byway i.** sapa yol, **by the way** giderken, yolda, aklıma gelmişken, unutmadan söyleyeyim ki, **wayside i.** yol kenarı, **way-worn s.** yol yorgunu.

we [wi(:)] **z.** biz.

weak [wi:k] **s.** zayıf, güçsüz, halsiz, bitkin.

wealth [welth] **i.** zenginlik, servet, varlık, **wealthy s.** zengin, varlıklı.

weapon ['wepın] **i.** silâh.

wear [weı(r)] **f.** giymek, takmak, taşımak, kullanmak, eskitmek.

weasel ['wi:sl] **i.** sansar, çakal, sinsi kişi, muhbir, samur, gelincik.

weather ['wedhı(r)] **i.** hava, **weather forecast i.** hava raporu.

web [web] **i.** dokuma, örgü, ağ, örümcek ağı.

wed [wed] **f.** evlenmek, evlendirmek, **wedded s.** evli, **wedding i.** nikâh, düğün.

Wednesday ['wenzdi] **i.** Çarşamba.

week [wi:k] **i.** hafta, **weekday i.** iş günü, **weekend i.** hafta sonu, **weekly s.** haftalık.

weep [wi:p] **f.** ağlamak, (gözyaşı) dökmek, su sızmak.

weigh [wey] **f.** tartmak, iyice hesaplamak, düşünmek, ağırlığında olmak.

weight [weyt] **i.** ağırlık, yük, sıklet.

welcome ['welkım] **f.** hoş karşılamak, içtenlikle karşılamak, nezaket göstermek, **ünl.** hoş geldiniz, buyurun.

welfare ['welfeı(r)] **i.** sağlık, esenlik, sıhhat, iyi hal, refah.

well [wel] **s.** sağlıklı, sıhhatli, iyi, **z.** iyi, hoş, güzel, **ünl.** pekâlâ, ya.

west [west] **i.** batı, **western i.** kovboy romanı veya filmi, **s.** batıya ait.

wet [wet] **s.** ıslak, rutubetli, **f.** ıslatmak.

whale [weyl] **i.** balina.

wharf [wo:f] **i.** iskele, rıhtım.

what [wat , wot] **z.** ne, ne kadar, nasıl, hangi.

whatever [wot'evı(r)] her ne, herhangi.

whatsoever [wotsou'evı(r)] **s. , z.** ne, hangi, bütünü, hepsi, herhangi biri.

wheat [wi:t] **i.** buğday.
wheel [wi:l] **i.** tekerlek, çark, dolap.
when [wen] **z.** ne zaman, **bağ.** ne zaman ki, ta ki, -e kadar, olur olmaz, olduğu zaman, olduğunda, -iken, **whenever** [wen'evı(r)] **bağ.** her ne zaman.
where [weı(r)] **z.** nerede, nereye, **wherever** [weı(r)'evı(r)] her nereye, nerede olursa.
whether [wedhı(r)] **bağ.** olup olmadığını, -mediğini, -ise de, -mi acaba.
which [wiç] **z. , s.** hangi, hangisi, **bağ.** olan, bulunan, ki o(nlar) **which so ever s. , z.** herhangisi.
while [wayl] **i.** müddet, süre, **bağ.** -iken, sırasında, müddetçe, sürece, olduğu halde, **for a while** bir süre.
whip [wip] **i.** kamçı, **f.** kamçılamak.
whirl [wö:l] **f.** hızla dönmek, savrulmak.
whisky (whiskey) ['wiski] **i.** viski.
whisper ['wispı(r)] **i.** fısıltı, **f.** fısıldamak.
whistle ['wisl] **i.** ıslık, düdük, **f.** ıslık çalmak.
white [wayt] **s.** beyaz, **whiteness s.** beyazlık, **whitewash i.** badana, **f.** badana yapmak.
who [hu:] **z.** kim, **bağ.** o(nlar) ki, **whoever** [hu:'evı(r)] **z.** kim o-lursa olsun, her kim, **whose** kimin.
whole [houl] **s.** tam, bütün, toptan, **wholesale i.** toptan satış.
whore [ho:(r)] **i.** orospu, fahişe.
why [way] **z.** niçin, neden, niye.
wick [wik] **i.** fitil, köy, şehir, mandıra.
wicker ['wikı(r)] **i.** sepet işi, hasır.
wide [wayd] **s.** geniş, açık, engin, **widely z.** genellikle, geniş öl-çüde, **widespread s.** yaygın.
widow ['widou] **i.** dul kadın, **widower i.** dul erkek.
width [width] **i.** en, genişlik.
wield [wi:ld] **f.** kullanmak, icra etmek, elinde bulundurmak, sa-vurmak, para çalmak.
wife [wayf] **i.** karı, eş, zevce, hanım.
wig [wig] **i.** peruk, takma saç.
wile [wayl] **i.** oyun, hile.
will {1} [wil] **yard. f.** -acak, -ecek.
will {2} [wil] **i.** istek, dilek, amaç, vasiyetname, **f.** dilemek, iste-mek, vasiyetname bırakmak, **willing s.** istekli.
willow ['wilou] **i.** söğüt, hallaç makinesi.
win [win] **f.** kazanmak, yenmek, galip gelmek, elde etmek.
wind {1} [wind] **i.** rüzgâr, yel, **f.** dönmek, dolaşmak, dolaştır-mak, dolanmak, sarmak, çevirmek, saat kurmak, **winding s.** do-lambaçlı, sarmal, **windmill i.** yel değirmeni, **windpipe i.** nefes borusu, **windy s.** rüzgârlı.
wind {2} [waynd] **f.** sar(ıl)mak, dola(n)mak,çevirmek.
window ['windou] **i.** pencere, pencere çerçevesi, vitrin.

windscreen ['windskri:n] **i.** otomobil ön camı.

windward ['windwıd] **s. i.** rüzgâr üstünde, rüzgâr yönünde, rüzgâra karşı olan.

wine [wayn] **i.** şarap, **winery i.** şaraphane.

wing [wing] **i.** kanat, kol, (otomobilde) çamurluk.

wink [wingk] **i.** göz kırpma, gözle işaret, **f.** göz kırpmak.

winner ['wını(r)] **i.** kazanan kimse, yenen.

winter ['wıntı(r)] **i.** kış, **f.** kışlamak.

wipe [wayp] **f.** silmek, kurulamak, temizlemek.

wire [wayı(r)] **i.** tel, kablo, telgraf teli, **wireless i.** radyo, **s.** telsiz.

wisdom ['wizdım] **i.** akıl, akıllılık.

wise [wayz] **i.** usul, tarz, yöntem, **s.** akıllı, tedbirli, bilge, anlayışlı, yetenekli, usta.

wish [wiş] **i.** arzu, istek, dilek, **f.** istemek, arzu etmek, dilemek, **wishful s.** arzulu, istekli, **wishbone i.** lades kemiği.

wit [wit] **i.** akıl, zekâ, duygu, nükte.

witch [wiç] **i.** büyücü kadın, cadı.

with [widh , with] **ed.** ile, birlikte, -den, -e, -e rağmen, -e karşı, -in yanında.

withdraw [widh'dro:] **f.** geri çek(il)mek, geri almak, **withdrawal i.** geri çekilme.

within [widh'in] **z.** içeride, **ed.** zarfında, süresinde, -in içinde.

without [widh'aut] **ed.** -sız, -meden, hariç, dışında, olmaksızın.

witness ['witnis] **i.** tanık, şahit, kanıt, **f.** şahit olmak.

wizard ['wizıd] **i.** sihirbaz.

wolf [wulf] **i.** kurt.

woman ['wumın] **i.** kadın.

wonder ['wandı(r)] **i.** harika, mucize, hayret, şaşılacak şey, **f.** hayret etmek, şaşmak, hayran olmak, **I wonder** acaba, **wonderful s.** harikulade, şahane, olağanüstü.

wood [wud] **i.** tahta, odun, orman, koru, **wooden s.** tahtadan yapılmış, ahşap işi, **woodpecker i.** ağaçkakan.

wool [wul] **i.** yün, yapağı, **woolen s.** yünlü.

word [wö:d] **i.** söz, sözcük, kelime.

work [wö:k] **i.** iş, görev, çalışma, eser, **f.** çalışmak, iş yapmak, işletmek, çalıştırmak, **worker i.** işçi, **workman i.** işçi, **workshop i.** atölye.

world [wö:ld] **i.** dünya, evren, **world war i.** dünya savaşı, **worldwide s.** dünya çapında, evrensel.

worm [wö:m] **i.** kurt, solucan, aşağılık kimse, **wormy s.** kurtlu.

worry ['wari] **i.** üzüntü, tasa, endişe, **f.** tasalanmak, üzülmek, **worried s.** endişeli, üzgün.

worse [wö:s] **s.** daha kötü, beter.

worship ['wö:şip] **i.** ibadet, tapınma, **f.** ibadet etmek, tapınmak.

worst [wö:st] **s.** en kötü, **z.** en kötü şekilde.

worth [wö:th] **i.** değer, kıymet, bedel, **ed.** değerinde, **f.** değerinde olmak, **worthy s.** değerli.

would [wud] **yard. f.** -ecek(ti) , -irdi (**will**'in geçmiş zamanı)

wound [wu:nd] **i.** yara, bere, gönül yarası, **f.** yaralamak, incitmek.

wreak [ri:k] **i.** öç, hınç, **f.** öç almak, şiddetle dile getirmek.

wreath [ri:th] **i.** çelenk.

wreck [rek] **i.** virane, harabe, **f.** gemiyi karaya oturtmak, enkaz haline getirmek.

wren [ren] **i.** çalıkuşu, çok küçük ötücü bir kuş.

wrench [renç] **i.** ingiliz anahtarı, bük(ül)me, bur(kul)ma, **f.** burmak, burkmak, burkulmak.

wrest [rest] **f.** zorla elde etmek, bükmek, zorlamak, **wrestler i.** güreşçi.

wretch [reç] **i.** sefil, zavallı, alçak.

wrinkle ['ringkl] **i.** buruşuk, kırışık, **f.** buruşturmak, kırıştırmak.

wrist [rist] **i.** bilek, **wristwatch i.** kol saati

write [rayt] **f.** yazmak, **writer i.** yazar, **writing i.** yazı, el yazısı, yazarlık.

writhe [rayth] **f.** kıvranmak, kıvırmak, debelenmek.

wrong [rongğ] **s.** yanlış, haksız, ters, uygunsuz.

wry [ray] **s.** eğri, çarpık, acı, yanlış, iğneleyici.

X - x

xenon ['zenon] **i.** ksenon, ağır bir gaz türü.

xenophobia ['zenıfoubia] **i.** yabancı düşmanlığı.

Xmas (Christmas) [eksmıs, (krismıs)] **i.** Noel, Hıristiyan yortusu.

X-ray [eks-rey] **i.** röntgen ışını.

xylonite ['zaylınayt] **i.** selüloit.

Y - y

yacht [yot] **i.** yat, **f.** yatla dolaşmak, **yachting i.** yatçılık.

Yank [yængk] **n.** Amerikalı.

Yankee ['yængki] **n.** Kuzey Amerikalı, Amerikalı.

yap [yæp] **f.** (acı acı) havlamak, saçma sapan konuşmak.

yard [ya:d] **i.** yarda (0.914 m.), avlu, alan, tersane.

yawn [yo:n] **f.** esnemek.

year [yiı(r)] **i.** sene, yıl, yaş, **yearly s.** yıllık, **z.** her yıl.

yell [yel] **i.** feryat, çığlık, bağırma, **f.** çığlık atmak, bağırmak.
yellow ['yelou] **s.** sarı, **yellowness i.** sarılık.
yes [yes] **z.** evet.
yesterday ['yestıdi , 'yestıdey] **i. z.** dün.
yet [yet] **z.** henüz, daha, şimdiye kadar, hâlâ, **bağ.** ama, ancak, ve yine, gerçi, bununla beraber.
yolk [youk] **i.** yumurta sarısı.
you [yu , yu:] **z.** sen, siz, seni, sizi, sana, size.
young [yanğ] **i.** genç, yavru, **s.** genç, küçük, yeni, taze, tecrübe-siz, **youngster i.** çocuk, delikanlı.
your [yuı(r) , yo:] **z.** senin, sizin, **yours** seninki, sizinki, **yourself** kendin(iz).
Yule [yu:l] **i.** Noel.
yummy ['yami] **s.** lezzetli, tatlı, nefis.

Z - z

zany ['zeyni] **i.** soytarı, palyaço, maskara, **s.** tuhaf, gülünç.
zeal [zi:l] **i.** gayret, heves, istek, **zealous s.** gayretli, istekli.
zebra ['zebrı] **i.** yaban eşeği, zebra.
zenith ['zenith] **i.** zirve, doruk, başucu.
zephyr ['zefı(r)] **i.** meltem, esinti.
zero ['zıırou] **i.** sıfır.
zigzag ['zigzæg] **i.** dolambaçlı yol, **f.** zikzak çizerek gitmek, **s.** zikzak, dolambaçlı, eğri büğrü.
zilch [zilç] **i.** hiç, sıfır.
zinc [zinğk] **i.** çinko.
zip [zip] **i.** vız sesi, çaba, gayret, **f.** fermuarı kapatmak/açmak, hızlı gitmek, **zipper i.** fermuar.
zone [zoun] **i.** mıntıka, bölge, yöre, kuşak, daire.
zoo [zu:] **i.** hayvanat bahçesi, **zoology i.** hayvanbilim.